JN065063

六訂（補訂）版

# 公職選挙関係小六法

選挙犯罪研究会　編集

東京法令出版

# はしがき

選挙が真に公正に行われることは民主政治の基盤をなすものであり、国民は警察が違反取締りを通じて選挙の公正を確保することを強く期待しています。

警察がこの期待に応えるためには、公職選挙法その他の関係法令を十分に理解することが必要不可欠であります。しかしながら、これらの法令は複雑かつ難解であると言わざるを得ません。これには様々な原因が挙げられますが、その一つには、これらの法令においては、ある行為に対する規制が複数の条文により規定されているため、当該規制の全体像を理解することに困難を伴うことがあると考えられます。

そこで、本書においては、第一線の警察官が選挙違反取締りを行うに当たり特に関係が深い法令を抽出した上で、法律による規制を上段に、当該規制に関係がある罰則、政令及び規則を下段にそれぞれ掲載し、この問題点を解消することとしました。

本書が、選挙違反取締りに当たる警察官の必携書として広く活用されることを期待しています。

令和五年一月

選挙犯罪研究会

# 目次

ページ

# 凡　例

〈収録の基準〉

本書に収録した法令は、令和四年一二月三一日現在の内容とした。

〈二段対照の表示〉

目次に◎を付した法令は、使用の利便を図るため二段対照とし、法律による規制を上段に、当該規制に関係がある罰則、政令及び規則を下段にそれぞれ掲載した。

# 公職選挙法条索引

ページ

補則

# ○公職選挙法

（昭和二五年四月一五日　法律第一〇〇号）

改正　昭二六・二・一法二、三・一三法一八、一九法二二五、昭二七・四・二一法九四、七・三一法二五一、法二六二、法二八九、八・一五法三〇六、一六法三〇七、昭二八・八・七法一八〇、一五法二一三、昭二九・五・二四法一二二、六・八法一六三、一〇法一七〇、一二・八法二〇七、昭三〇・一・二八法四、一二・一四法一八三、昭三一・三・一五法八、五・四法九四、六・一二法一四八、三〇法一六三、昭三二・六・一法一五八、法一五九、昭三三・三・二五法一七、四・二二法七五、昭三五・六・二一法九七、二五法一〇五、三〇法一一三、昭三七・五・一〇法一一二、一五法一三三、一六法一四〇、九・一五法一六一、昭三八・七・一一法一三三、昭三九・二・二九法三、七・二法一三三、一〇法一六四、昭四〇・四・三〇法四九、五・一八法六九、六・二法一一五、昭四一・六・一法七七、二八法八九、一二・二六法一四九、昭四二・七・二〇法七三、二五法八一、二九法九九、八・一法一二五、一九法一三八、昭四三・五・二法三九、二九法七三、六・一法八三、一五法九九、昭四四・三・二五法二、五・九法二二、一六法三〇、六・二三法四八、昭四五・五・二〇法八一、一二・二四法一二七、昭四六・六・二法九八、一二・三一法一三〇、昭四七・五・一三法三一、六・一六法七四、昭四九・五・二法四三、六・一法六九、法七一、三法七二、昭五〇・六・二五法四五、七・一五法六三、法六四、昭五三・六・二〇法七五、二七法八三、昭五五・四・一一法二五、一二・八法一〇七、昭五六・四・七法二〇、二五法二八、五・二二法四八、昭五七・六・一法六〇、七・一六法六六、八・二四法八一、一二・二八法九三、昭五八・一一・二九法六六、一二・二法七八、法八〇、昭五九・八・一〇法七一、一四法七五、一二・二五法八七、昭六一・五・二三法六七、一二・四法九三、昭六三・五・六法二九、一七法四四、一二・一三法九四、平元・一一・一七法六九、一二・一九法八一、平四・四・二法二九、一二・一六法九七、法九八、平五・一一・一二法八九、平六・二・四法二、法四、三・一一法一〇、六・二九法四七、一一・二五法一〇四、法一〇五、平七・五・一二法九一、一二・二〇法一三五、平八・六・二六法一〇二、法一〇三、法一一〇、平九・六・一三法八三、二〇法九三、一二・一九法一二七、平一〇・五・六法四七、八法五四、平一一・三・三一法一九、五・二八法五六、六・一一法七〇、法七三、一六法七六、七・一六法八七、法一〇二、法一〇四、八・一三法一二二、一二・八法一五一、一二・二二法一六〇、平一二・二・九法一、五・一七法六二、法六三、一一・一法一一八、二九法一三〇、平一三・六・二二法六一、二九法八五、平一四・六・一二法六五、七・二六法九三、三一法九五、法九八、法一〇〇、一二・四法一三〇、一三法一四九、法一五二、一八法一八〇、法一八二、平一五・六・一一法六九、二〇法一〇〇、七・一六法一一九、一八法一二四、二五法一二七、一〇・一六法一四〇、平一六・四・二一法三五、五・二六法五七、六・九法八八、法一〇二、一二・一法一五〇、平一七・五・二五法五〇、六・二九法七二、七・六法八二、一〇・

〈二段対照部分の略号〉

**法**……公職選挙法（罰則）
**令**……公職選挙法施行令
**規**……公職選挙法施行規則

# ○公職選挙法施行令〔抄〕

（昭和二五年四月二〇日　政令第八九号）

最終改正　令四・一二・二三政三八七

# ○公職選挙法施行規則〔抄〕

（昭和二五年四月二〇日　総理府令第一三号）

最終改正　令四・一二・二三総務令八一

二一法一〇二、平一八・六・七法五二、一四法六二、二三法九三、一二・二〇法一一三、二二法一一八、平一九・二・二八法三、五・二三法五三、二五法五八、三〇法六四、六・一五法八六、平二一・一二・三法六五、平二三・五・二法三五、平二四・五・八法三〇、八・二二法六七、九・五法八〇、一一・二六法九四、法九五、平二五・四・二六法一〇、五・三一法二一、一二・一一法九三、平二六・四・一八法二二、五・三〇法四二、六・一三法六七、法六九、法七〇、平二七・六・一〇法三六、一九法四三、八・五法六〇、平二八・四・一三法二五、五・二七法四九、一二・二法九三、法九四、平二九・六・二一法六六、平三〇・六・二七法六五、七法七五、令元・五・一五法一、三一法一六、令二・六・一〇法四一、一二法四五、令三・六・二法五一、令四・一一・二八法八九

**注1**　令和四年四月六日法律第一六号の改正は、公布の日から起算して二年を超えない範囲内において政令で定める日から施行のため、改正を加えてありません。
**注2**　令和四年五月二五日法律第四八号の改正は、公布の日から起算して四年を超えない範囲内において政令で定める日から施行のため、改正を加えてありません。
**注3**　令和四年五月二五日法律第五二号の改正は、令和六年四月一日から施行のため、改正を加えてありません。
**注4**　令和四年六月一七日法律第六八号の改正は、令和四年六月一七日から起算して三年を超えない範囲内において政令で定める日から施行のため、改正を加えてありません。

公職選挙法をここに公布する。

公職選挙法

目　次

## 第一章　総則

（この法律の目的）

**第一条**　この法律は、日本国憲法の精神に則り、衆議院議員、参議院議員並びに地方公共団体の議会の議員及び長を公選する選挙制度を確立し、その選挙が選挙人の自由に表明せる意思によつて公明且つ適正に行われることを確保し、もつて民主政治の健全な発達を期することを目的とする。

（この法律の適用範囲）

**第二条**　この法律は、衆議院議員、参議院議員並びに地方公共団体の議会の議員及び長の選挙について、適用する。

（公職の定義）

**第三条**　この法律において「公職」とは、衆議院議員、参議院議員並びに地方公共団体の議会の議員及び長の職をいう。

（議員の定数）

**第四条**　衆議院議員の定数は、四百六十五人とし、そのうち、二百八十九人を小選挙区選出議員、百七十六人を比例代表選出議員とする。

２　参議院議員の定数は二百四十八人とし、そのうち、百人を比例代表選出議員、百四十八人を選挙区選出議員とする。

３　地方公共団体の議会の議員の定数は、地方自治法（昭和二十二年法律第六十七号）の定めるところによる。

（選挙事務の管理）

**第五条**　この法律において選挙に関する事務は、特別の定めがある場合を除くほか、衆議院（比例代表選出）議員又は参議院（比例代表選出）議員の選挙については中央選挙管理会が管理し、衆議院（小選挙区選出）議員、参議院（選挙区選出）議員、都道府県の議会の議員又は都道府県知事の選挙については都道府県の選挙管理委員会が管理し、市町村の議会の議員又は市町村長の選挙については市町村の選挙管理委員会が管理する。

（中央選挙管理会）

**第五条の二**　中央選挙管理会は、委員五人をもつて組織する。

2　委員は、国会議員以外の者で参議院議員の被選挙権を有する者の中から国会の議決による指名に基いて、内閣総理大臣が任命する。

3　前項の指名に当つては、同一の政党その他の政治団体に属する者が、三人以上とならないようにしなければならない。

4　内閣総理大臣は、委員が次の各号のいずれかに該当するに至つた場合は、その委員を罷免するものとする。ただし、第二号及び第三号の場合においては、国会の同意を得なければならない。

一　参議院議員の被選挙権を有しなくなつた場合

二　心身の故障のため、職務を執行することができない場合

三　職務上の義務に違反し、その他委員たるに適しない非行があつた場合

5　委員のうち同一の政党その他の政治団体に属する者が三人以上となつた場合においては、内閣総理大臣は、くじで定める二人以外の委員を罷免するものとする。

6　国会は、第二項の規定による委員の指名を行う場合においては、同時に委員と同数の予備委員の指名を行わなければならない。予備委員が欠けた場合においては、同時に委員の指名を行うときに限り、予備委員の指名を行う。

7　予備委員は、委員が欠けた場合又は故障のある場合に、その職務を行う。

8　第二項から第五項までの規定は、予備委員について準用する。

9　委員の任期は、三年とする。但し、補欠委員の任期は、その前任者の残任期間とする。

10　前項の規定にかかわらず、委員は、国会の閉会又は衆議院の解散の場合に任期が満了したときは、あらたに委員が、その後最初に召集された国会における指名に基いて任命されるまでの間、なお、在任するものとする。

11　委員は、非常勤とする。

12　委員長は、委員の中から互選しなければならない。
13　委員長は、中央選挙管理会を代表し、その事務を総理する。
14　中央選挙管理会の会議は、その委員の半数以上の出席がなければ開くことができない。
15　中央選挙管理会の議事は、出席委員の過半数で決し、可否同数のときは委員長の決するところによる。
16　中央選挙管理会の庶務は、総務省において行う。
17　前各項に定めるものの外、中央選挙管理会の運営に関し必要な事項は、中央選挙管理会が定める。

**（中央選挙管理会の技術的な助言及び勧告並びに資料の提出の要求）**

**第五条の三**　中央選挙管理会は、衆議院（比例代表選出）議員又は参議院（比例代表選出）議員の選挙に関する事務について、都道府県又は市町村に対し、都道府県又は市町村の事務の運営その他の事項について適切と認める技術的な助言若しくは勧告をし、又は当該助言若しくは勧告をするため若しくは都道府県又は市町村の事務の適正な処理に関する情報を提供するため必要な資料の提出を求めることができる。

2　中央選挙管理会は、衆議院（比例代表選出）議員又は参議院（比例代表選出）議員の選挙に関する事務について、都道府県の選挙管理委員会に対し、地方自治法第二百四十五条の四第一項の規定による市町村に対する助言若しくは勧告又は資料の提出の求めに関し、必要な指示をすることができる。

3　都道府県又は市町村の選挙管理委員会は、中央選挙管理会に対し、衆議院（比例代表選出）議員又は参議院（比例代表選出）議員の選挙に関する事務の管理及び執行について技術的な助言若しくは勧告又は必要な情報の提供を求めることができる。

**（中央選挙管理会の是正の指示）**

**第五条の四**　中央選挙管理会は、この法律又はこの法律に基づく政令に係る都道府県の地方自治法第二条第九項第一号に規定する第一号法定受託事務（衆議院比例代表選出議員又は参議院比例代表選出議員の選挙に関する事務に限る。以下この条及び次条において「第一号法定受託事務」という。）の処理が法令の規定に違反していると認めるとき、又は著しく適正を欠き、かつ、明らかに公益を害していると認めるときは、当該都道府県に対し、当該第一号法定受託事務の処理について違反の是正又は改善のため講ずべき措置に関し、必要な指示をすることができる。

2　中央選挙管理会は、この法律又はこの法律に基づく政令に係る市町村の第一号法定受託事務の処理について、都道府県の選挙管理委員会に対し、地方自治法第二百四十五条の七第二項の規定による市町村に対する指示に関し、必要な指示をすることができる。

３　中央選挙管理会は、前項の規定によるほか、この法律又はこの法律に基づく政令に係る市町村の第一号法定受託事務の処理が法令の規定に違反していると認める場合、又は著しく適正を欠き、かつ、明らかに公益を害していると認める場合において、緊急を要するときその他特に必要があると認めるときは、自ら当該市町村に対し、当該第一号法定受託事務の処理について違反の是正又は改善のため講ずべき措置に関し、必要な指示をすることができる。

**（中央選挙管理会の処理基準）**

**第五条の五**　中央選挙管理会は、この法律又はこの法律に基づく政令に係る都道府県の第一号法定受託事務の処理について、都道府県が当該第一号法定受託事務を処理するに当たりよるべき基準を定めることができる。

２　都道府県の選挙管理委員会が、地方自治法第二百四十五条の九第二項の規定により、市町村の選挙管理委員会がこの法律の規定に基づき担任する第一号法定受託事務の処理について、市町村が当該第一号法定受託事務を処理するに当たりよるべき基準を定める場合において、当該都道府県の選挙管理委員会の定める基準は、次項の規定により中央選挙管理会の定める基準に抵触するものであつてはならない。

３　中央選挙管理会は、特に必要があると認めるときは、この法律又はこの法律に基づく政令に係る市町村の第一号法定受託事務の処理について、市町村が当該第一号法定受託事務を処理するに当たりよるべき基準を定めることができる。

４　中央選挙管理会は、この法律又はこの法律に基づく政令に係る市町村の第一号法定受託事務の処理について、都道府県の選挙管理委員会に対し、地方自治法第二百四十五条の九第二項の規定により定める基準に関し、必要な指示をすることができる。

５　第一項又は第三項の規定により定める基準は、その目的を達成するために必要な最小限度のものでなければならない。

**（参議院合同選挙区選挙管理委員会）**

**第五条の六**　二の都道府県の区域を区域とする参議院（選挙区選出）議員の選挙区内の当該二の都道府県（以下「合同選挙区都道府県」という。）は、協議により規約を定め、共同して参議院合同選挙区選挙管理委員会を置くものとする。

２　参議院（選挙区選出）議員の選挙のうち二の都道府県の区域を区域とする選挙区において行われるもの（以下「参議院合同選挙区選挙」という。）に関する事務は、第五条の規定にかかわらず、参議院合同選挙区選挙管理委員会が管理する。この場合において、参議院合同選挙区選挙管理委員会が管理する事務は、地方自治法

第二条第九項第一号に規定する第一号法定受託事務とみなして、同法その他の法令の規定を適用する。
3　参議院合同選挙区選挙管理委員会は、委員八人をもつて組織する。
4　委員は、合同選挙区都道府県の選挙管理委員会の委員をもつて充てる。
5　委員は、合同選挙区都道府県の選挙管理委員会の委員でなくなつたときに限り、その職を失う。
6　委員の任期は、合同選挙区都道府県の選挙管理委員会の委員としての任期による。ただし、地方自治法第百八十三条第一項ただし書の規定により後任者が就任する時まで合同選挙区都道府県の選挙管理委員会の委員として在任する間は、委員として在任する。
7　委員は、非常勤とする。
8　委員は、合同選挙区都道府県に対しその職務に関し請負をする者及びその支配人又は主として同一の行為をする法人（当該合同選挙区都道府県が出資している法人で政令で定めるものを除く。）の無限責任社員、取締役、執行役若しくは監査役若しくはこれらに準ずべき者、支配人及び清算人たることができない。
9　参議院合同選挙区選挙管理委員会の委員長は、委員の中から互選しなければならない。
10　委員長は、参議院合同選挙区選挙管理委員会を代表し、その事務を総理する。
11　参議院合同選挙区選挙管理委員会の会議は、五人以上の委員の出席がなければ開くことができない。
12　参議院合同選挙区選挙管理委員会の議事は、出席委員の過半数で決し、可否同数のときは委員長の決するところによる。
13　参議院合同選挙区選挙管理委員会に職員を置く。
14　前項の職員は、合同選挙区都道府県の選挙管理委員会が協議して定めるところにより、合同選挙区都道府県の選挙管理委員会の職員をもつて充てるものとする。ただし、合同選挙区都道府県の知事が協議して定めるところにより、その補助機関である職員をもつて充てることを妨げない。
15　第十三項の職員は、委員長の命を受け、参議院合同選挙区選挙管理委員会に関する事務に従事する。
16　参議院合同選挙区選挙管理委員会の設置に関する規約には、次に掲げる事項につき規定を設けなければならない。
一　参議院合同選挙区選挙管理委員会の名称
二　参議院合同選挙区選挙管理委員会の経費の支弁の方法
三　参議院合同選挙区選挙管理委員会の執務場所
四　前三号に掲げるものを除くほか、参議院合同選挙区選挙管理委員会に関し必要な事項

17　参議院合同選挙区選挙管理委員会の処分又は裁決（行政事件訴訟法（昭和三十七年法律第百三十九号）第三条第二項に規定する処分又は同条第三項に規定する裁決をいう。）に係る同法第十一条第一項（同法第三十八条第一項（同法第四十三条第二項において準用する場合を含む。）又は同法第四十三条第一項において準用する場合を含む。）の規定による合同選挙区都道府県を被告とする訴訟については、参議院合同選挙区選挙管理委員会が当該合同選挙区都道府県を代表する。

18　この法律又はこれに基づく政令で特別の定めをするものを除くほか、参議院合同選挙区選挙管理委員会については、これを各合同選挙区都道府県の地方自治法第百三十八条の四第一項に規定する委員会とみなして、同法その他の法令の規定を適用する。

19　この法律及びこれに基づく政令並びに参議院合同選挙区選挙管理委員会の設置に関する規約に規定するものを除くほか、参議院合同選挙区選挙管理委員会に関し必要な事項は、参議院合同選挙区選挙管理委員会が定める。

**（参議院合同選挙区選挙管理委員会の技術的な助言及び勧告並びに資料の提出の要求）**

**第五条の七**　参議院合同選挙区選挙管理委員会は、参議院合同選挙区選挙に関する事務（合同選挙区都道府県の選挙管理委員会が担任する事務に係るものを除く。次項及び第三項並びに次条第一項において同じ。）について、市町村に対し、市町村の事務の運営その他の事項について適切と認める技術的な助言若しくは勧告をし、又は当該助言若しくは勧告をするため若しくは市町村の事務の適正な処理に関する情報を提供するため必要な資料の提出を求めることができる。

2　総務大臣は、参議院合同選挙区選挙に関する事務について、参議院合同選挙区選挙管理委員会に対し、前項の規定による市町村に対する助言若しくは勧告又は資料の提出の求めに関し、必要な指示をすることができる。

3　参議院合同選挙区選挙管理委員会は総務大臣に対し、市町村の選挙管理委員会は参議院合同選挙区選挙管理委員会に対し、参議院合同選挙区選挙に関する事務の管理及び執行について技術的な助言若しくは勧告又は必要な情報の提供を求めることができる。

**（参議院合同選挙区選挙管理委員会の是正の指示）**

**第五条の八**　参議院合同選挙区選挙管理委員会は、この法律又はこの法律に基づく政令に係る市町村の選挙管理委員会の担任する地方自治法第二条第九項第一号に規定する第一号法定受託事務（参議院合同選挙区選挙に関する事務に限る。以下この条及び次条において「第一号法定受託事務」という。）の処理が法令の規定に違反していると認めるとき、又は著しく適正を欠き、かつ、明らかに公益を害していると認めるときは、当該市町村に対し、当該第一号法定受託事務の処理について違反の是正又は改善のため講ずべき措置に関し、必要な指示をすることができる。

２　総務大臣は、この法律又はこの法律に基づく政令に係る市町村の第一号法定受託事務の処理について、参議院合同選挙区選挙管理委員会に対し、前項の規定による市町村に対する指示に関し、必要な指示をすることができる。

３　地方自治法第二百四十五条の七第二項及び第三項の規定は、この法律又はこの法律に基づく政令に係る市町村の第一号法定受託事務については、適用しない。

４　第一項の規定による指示を行つた参議院合同選挙区選挙管理委員会は地方自治法第二百四十五条の七第二項の規定による指示を行つた都道府県の執行機関と、第二項の指示を行つた総務大臣は同条第三項の指示を行つた各大臣とみなして、同法第二百五十二条第三項及び第四項の規定を適用する。

**（参議院合同選挙区選挙管理委員会の処理基準）**

**第五条の九**　参議院合同選挙区選挙管理委員会は、この法律又はこの法律に基づく政令に係る市町村の選挙管理委員会の担任する第一号法定受託事務の処理について、市町村が当該第一号法定受託事務を処理するに当たりよるべき基準を定めることができる。この場合において、参議院合同選挙区選挙管理委員会の定める基準は、地方自治法第二百四十五条の九第三項の規定により総務大臣の定める基準に抵触するものであつてはならない。

２　総務大臣は、この法律又はこの法律に基づく政令に係る市町村の第一号法定受託事務の処理について、参議院合同選挙区選挙管理委員会に対し、前項の規定により定める基準に関し、必要な指示をすることができる。

３　第一項の規定により定める基準は、その目的を達成するために必要な最小限度のものでなければならない。

４　地方自治法第二百四十五条の九第二項及び第四項の規定は、この法律又はこの法律に基づく政令に係る市町村の第一号法定受託事務については、適用しない。

**（合同選挙区都道府県の選挙管理委員会の委員の失職の特例）**

**第五条の一〇**　合同選挙区都道府県の選挙管理委員会の委員は、地方自治法第百八十四条第一項に定めるもののほか、参議院合同選挙区選挙管理委員会の委員として第五条の六第八項の規定に該当するときは、その職を失う。この場合において、同項の規定に該当するかどうかは、当該委員の属する合同選挙区都道府県の選挙管理委員会がこれを決定する。

２　地方自治法第百四十三条第二項から第四項までの規定は、前項の場合について準用する。

**（選挙に関する啓発、周知等）**

**第六条**　総務大臣、中央選挙管理会、参議院合同選挙区選挙管理委員会、都道府県の選挙管理委員会及び市町村

の選挙管理委員会は、選挙が公明かつ適正に行われるように、常にあらゆる機会を通じて選挙人の政治常識の向上に努めるとともに、特に選挙に際しては投票の方法、選挙違反その他選挙に関し必要と認める事項を選挙人に周知させなければならない。

２　中央選挙管理会、参議院合同選挙区選挙管理委員会、都道府県の選挙管理委員会及び市町村の選挙管理委員会は、選挙の結果を選挙人に対して速やかに知らせるように努めなければならない。

３　選挙人に対しては、特別の事情がない限り、選挙の当日、その選挙権を行使するために必要な時間を与えるよう措置されなければならない。

（選挙取締の公正確保）

**第七条**　検察官、都道府県公安委員会の委員及び警察官は、選挙の取締に関する規定を公正に執行しなければならない。

（特定地域に関する特例）

**第八条**　交通至難の島その他の地において、この法律の規定を適用し難い事項については、政令で特別の定をすることができる。

## 第二章　選挙権及び被選挙権

（選挙権）

**第九条**　日本国民で年齢満十八年以上の者は、衆議院議員及び参議院議員の選挙権を有する。

２　日本国民たる年齢満十八年以上の者で引き続き三箇月以上市町村の区域内に住所を有する者は、その属する地方公共団体の議会の議員及び長の選挙権を有する。

３　日本国民たる年齢満十八年以上の者でその属する市町村を包括する都道府県の区域内の一の市町村の区域内に引き続き三箇月以上住所を有していたことがあり、かつ、その後も引き続き当該都道府県の区域内に住所を有するものは、前項に規定する住所に関する要件にかかわらず、当該都道府県の議会の議員及び長の選挙権を有する。

４　前二項の市町村には、その区域の全部又は一部が廃置分合により当該市町村の区域の全部又は一部となつた市町村であつて、当該廃置分合により消滅した市町村（この項の規定により当該消滅した市町村に含むものとされた市町村を含む。）を含むものとする。

５　第二項及び第三項の三箇月の期間は、市町村の廃置分合又は境界変更のため中断されることがない。

（被選挙権）

**第一〇条**　日本国民は、左の各号の区分に従い、それぞれ当該議員又は長の被選挙権を有する。

一　衆議院議員については年齢満二十五年以上の者

二　参議院議員については年齢満三十年以上の者

三　都道府県の議会の議員についてはその選挙権を有する者で年齢満二十五年以上のもの

四　都道府県知事については年齢満三十年以上の者

五　市町村の議会の議員についてはその選挙権を有する者で年齢満二十五年以上のもの

六　市町村長については年齢満二十五年以上の者

2　前項各号の年齢は、選挙の期日により算定する。

（選挙権及び被選挙権を有しない者）

**第一一条**　次に掲げる者は、選挙権及び被選挙権を有しない。

一　削除

二　禁錮以上の刑に処せられその執行を終わるまでの者

三　禁錮以上の刑に処せられその執行を受けることがなくなるまでの者（刑の執行猶予中の者を除く。）

四　公職にある間に犯した刑法（明治四十年法律第四十五号）第百九十七条から第百九十七条の四までの罪又は公職にある者等のあっせん行為による利得等の処罰に関する法律（平成十二年法律第百三十号）第一条の罪により刑に処せられ、その執行を終わり若しくはその執行の免除を受けた者でその執行を終わり若しくはその執行の免除を受けた日から五年を経過しないもの又はその刑の執行猶予中の者

五　法律で定めるところにより行われる選挙、投票及び国民審査に関する犯罪により禁錮以上の刑に処せられその刑の執行猶予中の者

2　この法律の定める選挙に関する犯罪に因り選挙権及び被選挙権を有しない者については、第二百五十二条の定めるところによる。

3　市町村長は、その市町村に本籍を有する者で他の市町村に住所を有するもの又は他の市町村において第三十条の六の規定による在外選挙人名簿の登録がされているものについて、第一項又は第二百五十二条の規定により選挙権及び被選挙権を有しなくなるべき事由が生じたこと又はその事由がなくなつたことを知つたときは、遅滞なくその旨を当該他の市町村の選挙管理委員会に通知しなければならない。

（被選挙権を有しない者）

**第十一条の二**　公職にある間に犯した前条第一項第四号に規定する罪により刑に処せられ、その執行を終わり又はその執行の免除を受けた者でその執行を終わり又はその執行の免除を受けた日から五年を経過したものは、当該五年を経過した日から五年間、被選挙権を有しない。

## 第三章　選挙に関する区域

**（選挙の単位）**

**第十二条**　衆議院（小選挙区選出）議員、衆議院（比例代表選出）議員、参議院（選挙区選出）議員及び都道府県の議会の議員は、それぞれ各選挙区において、選挙する。

２　参議院（比例代表選出）議員は、全都道府県の区域を通じて、選挙する。

３　都道府県知事及び市町村長は、当該地方公共団体の区域において、選挙する。

４　市町村の議会の議員は、選挙区がある場合にあつては、各選挙区において、選挙区がない場合にあつてはその市町村の区域において、選挙する。

**（衆議院議員の選挙区）**

**第十三条**　衆議院（小選挙区選出）議員の選挙区は、別表第一で定め、各選挙区において選挙すべき議員の数は、一人とする。

２　衆議院（比例代表選出）議員の選挙区及び各選挙区において選挙すべき議員の数は、別表第二で定める。

３　別表第一に掲げる行政区画その他の区域に変更があつても、衆議院（小選挙区選出）議員の選挙区は、なお従前の区域による。ただし、二以上の選挙区にわたつて市町村の境界変更があつたときは、この限りでない。

４　前項ただし書の場合において、当該市町村の境界変更に係る区域の新たに属することとなつた市町村が二以上の選挙区に分かれているときは、当該区域の選挙区の所属については、政令で定める。

５　衆議院（比例代表選出）議員の二以上の選挙区にわたつて市町村の廃置分合が行われたときは、第三項の規定にかかわらず、別表第一が最初に更正されるまでの間は、衆議院（比例代表選出）議員の選挙区は、なお従前の区域による。

６　地方自治法第六条の二第一項の規定による都道府県の廃置分合があつても、衆議院（比例代表選出）議員の選挙区は、なお従前の区域による。

７　別表第二は、国勢調査（統計法（平成十九年法律第五十三号）第五条第二項本文の規定により十年ごとに行われる国勢調査に限る。以下この項において同じ。）の結果によつて、更正することを例とする。この場合において、各選挙区の議員数は、各選挙区の人口（最近の国勢調査の結果による日本国民の人口をいう。以下この項において同じ。）を比例代表基準除数（その除数で各選挙区の人口を除して得た数（一未満の端数が生じたときは、これを一に切り上げるものとする。）の合計数が第四条第一項に規定する衆議院比例代表選出議員の定数に相当する数と合致することとなる除数をいう。）で除して得た数（一未満の端数が生じたときは、これを一に切り上げるものとする。）とする。

**（参議院選挙区選出議員の選挙区）**

**第一四条**　参議院（選挙区選出）議員の選挙区及び各選挙区において選挙すべき議員の数は、別表第三で定める。

2　地方自治法第六条の二第一項の規定による都道府県の廃置分合があつても、参議院（選挙区選出）議員の選挙区及び各選挙区において選挙すべき議員の数は、なお従前の例による。

**（地方公共団体の議会の議員の選挙区）**

**第一五条**　都道府県の議会の議員の選挙区は、一の市の区域、一の市の区域と隣接する町村の区域を合わせた区域又は隣接する町村の区域を合わせた区域のいずれかによることを基本とし、条例で定める。

2　前項の選挙区は、その人口が当該都道府県の人口を当該都道府県の議会の議員の定数をもつて除して得た数（以下この条において「議員一人当たりの人口」という。）の半数以上になるようにしなければならない。この場合において、一の市の区域の人口が議員一人当たりの人口の半数に達しないときは、隣接する他の市町村の区域と合わせて一選挙区を設けるものとする。

3　一の市の区域の人口が議員一人当たりの人口の半数以上であつても議員一人当たりの人口に達しないときは、隣接する他の市町村の区域と合わせて一選挙区を設けることができる。

4　一の町村の区域の人口が議員一人当たりの人口の半数以上であるときは、当該町村の区域をもつて一選挙区とすることができる。

5　一の市町村（地方自治法第二百五十二条の十九第一項の指定都市（以下「指定都市」という。）にあつては、区（総合区を含む。第六項及び第九項において同じ。）。以下この項において同じ。）の区域が二以上の衆議院（小選挙区選出）議員の選挙区に属する区域に分かれている場合における前各項の規定の適用については、当該各区域を市町村の区域とみなすことができる。

6　市町村は、特に必要があるときは、その議会の議員の選挙につき、条例で選挙区を設けることができる。ただし、指定都市については、区の区域をもつて選挙区とする。

7　第一項から第四項まで又は前項の規定により選挙区を設ける場合においては、行政区画、衆議院（小選挙区選出）議員の選挙区、地勢、交通等の事情を総合的に考慮して合理的に行わなければならない。

8　各選挙区において選挙すべき地方公共団体の議会の議員の数は、人口に比例して、条例で定めなければならない。ただし、特別の事情があるときは、おおむね人口を基準とし、地域間の均衡を考慮して定めることができる。

9　指定都市に対し第一項から第三項までの規定を適用する場合における市の区域（市町村の区域に係るものを含む。）は、当該指定都市の区域を二以上の区域に分けた区域とする。この場合において、当該指定都市の区域を分けるに当たつては、第五項の場合を除き、区の区域を分割しないものとする。

10　前各項に定めるもののほか、地方公共団体の議会の議員の選挙区及び各選挙区において選挙すべき議員の数に関し必要な事項は、政令で定める。

**（選挙区の選挙期間中の特例）**

**第一五条の二**　衆議院（小選挙区選出）議員の選挙の期日の公示又は告示がなされた日からその選挙の期日までの間において二以上の選挙区にわたつて市町村の境界変更があつても、当該選挙区は、第十三条第三項ただし書の規定にかかわらず、当該選挙については、変更しないものとする。

2　衆議院（比例代表選出）議員の選挙の期日の公示又は告示がなされた日からその選挙の期日までの間において二以上の選挙区にわたつて都道府県の境界の変更があつても、当該選挙区は、第十三条第二項の規定にかかわらず、当該選挙については、変更しないものとする。

3　参議院（選挙区選出）議員の選挙の期日の公示又は告示がなされた日からその選挙の期日までの間において二以上の選挙区にわたつて都道府県の境界の変更があつても、当該選挙区は、第十四条第一項の規定にかかわらず、当該選挙については、変更しないものとする。

4　都道府県の議会の議員の選挙の期日の告示がなされた日からその選挙の期日までの間において市町村の区域の変更（都道府県の境界にわたるものを除く。）があつても、当該選挙区は、前条第一項から第五項までの規定にかかわらず、当該選挙については、変更しないものとする。

**（選挙区の異動と現任者の地位）**

**第一六条**　現任の衆議院議員、参議院（選挙区選出）議員、都道府県の議会の議員及び市町村の議会の議員は、行政区画その他の区域の変更によりその選挙区に異動があつても、その職を失うことはない。

**（投票区）**

**第一七条**　投票区は、市町村の区域による。

2　市町村の選挙管理委員会は、必要があると認めるときは、市町村の区域を分けて数投票区を設けることができる。

３　前項の規定により、投票区を設けたときは、市町村の選挙管理委員会は、直ちに告示しなければならない。

（開票区）

**第一八条**　開票区は、市町村の区域による。ただし、衆議院（小選挙区選出）議員の選挙若しくは都道府県の議会の議員の選挙において市町村が二以上の選挙区に分かれているとき、又は第十五条第六項の規定による選挙区があるときは、当該選挙区の区域により市町村の区域を分けて数開票区を設けるものとする。

２　都道府県の選挙管理委員会は、政令で定めるところにより、特別の事情があると認めるときに限り、前項の規定にかかわらず、市町村の区域を分けて、又は数市町村の区域の全部若しくは一部を合わせて、開票区を設けることができる。

３　前項の規定により開票区を設けたときは、都道府県の選挙管理委員会は、直ちに告示しなければならない。

## 第四章　選挙人名簿

（永久選挙人名簿）

**第一九条**　選挙人名簿は、永久に据え置くものとし、かつ、各選挙を通じて一の名簿とする。

２　市町村の選挙管理委員会は、選挙人名簿の調製及び保管の任に当たるものとし、毎年三月、六月、九月及び十二月（第二十二条及び第二十四条第一項において「登録月」という。）並びに選挙を行う場合に、選挙人名簿の登録を行うものとする。

３　選挙人名簿は、政令で定めるところにより、磁気ディスク（これに準ずる方法により一定の事項を確実に記録しておくことができる物を含む。以下同じ。）をもつて調製することができる。

４　選挙を行う場合において必要があるときは、選挙人名簿の抄本（前項の規定により磁気ディスクをもつて選挙人名簿を調製している市町村の選挙管理委員会にあつては、当該選挙人名簿に記録されている全部若しくは一部の事項又は当該事項を記載した書類。以下同じ。）を用いることができる。

（選挙人名簿の記載事項等）

**第二〇条**　選挙人名簿には、選挙人の氏名、住所（次条第二項に規定する者にあつては、その者が当該市町村の区域内から住所を移す直前に住民票に記載されていた住所）、性別及び生年月日等の記載（前条第三項の規定により磁気ディスクをもつて調製する選挙人名簿にあつては、記録）をしなければならない。

２　選挙人名簿は、市町村の区域を分けて数投票区を設けた場合には、その投票区ごとに編製しなければならない。

３　前二項に規定するもののほか、選挙人名簿の様式その他必要な事項は、政令で定める。

（被登録資格等）

**第二一条**　選挙人名簿の登録は、当該市町村の区域内に住所を有する年齢満十八年以上の日本国民（第十一条第一項若しくは第二百五十二条又は政治資金規正法（昭和二十三年法律第百九十四号）第二十八条の規定により選挙権を有しない者を除く。次項において同じ。）で、その者に係る登録市町村等（当該市町村及び消滅市町村（その区域の全部又は一部が廃置分合により当該市町村の区域の全部又は一部となつた市町村であつて、当該廃置分合により消滅した市町村をいう。第三項において同じ。）をいう。以下この項及び次項において同じ。）の住民票が作成された日（他の市町村から登録市町村等の区域内に住所を移した者で住民基本台帳法（昭和四十二年法律第八十一号）第二十二条の規定により届出をしたものについては、当該届出をした日。次項において同じ。）から引き続き三箇月以上登録市町村等の住民基本台帳に記録されている者について行う。

2　選挙人名簿の登録は、前項の規定によるほか、当該市町村の区域内から住所を移した年齢満十八年以上の日本国民のうち、その者に係る登録市町村等の住民票が作成された日から引き続き三箇月以上登録市町村等の住民基本台帳に記録されていた者であつて、登録市町村等の区域内に住所を有しなくなつた日後四箇月を経過しないものについて行う。

3　第一項の消滅市町村には、その区域の全部又は一部が廃置分合により当該消滅市町村の区域の全部又は一部となつた市町村であつて、当該廃置分合により消滅した市町村（この項の規定により当該消滅した市町村に含むものとされた市町村を含む。）を含むものとする。

4　第一項及び第二項の住民基本台帳に記録されている期間は、市

---

令（住所移転者の投票）

**第二九条**　法第二十一条第一項に規定する者に該当して選挙人名簿に登録された者で他の市町村の区域内に住所を移したもの又は他の市町村の区域内に住所を移した者で同条第二項に規定する者に該当して選挙人名簿に登録されたものは、なお選挙権を有するときは、当該他の市町村の選挙人名簿に登録されるまでの間、現に選挙人名簿に登録されている市町村において投票をすることができる。

2　選挙人名簿に登録されている者は、その市町村の区域内の他の投票区の区域内に住所を移した場合において、第十七条の規定により登録の移替えがされたときは、当該他の投票区の投票所において投票をしなければならない。

令（国外への住所移転者の投票）

**第三〇条**　法第二十一条第一項に規定する者に該当して選挙人名簿に登録された者で国外へ住所を移したもの又は国外へ住所を移した者で同条第二項に規定する者に該当して選挙人名簿に登録されたもの（第二十三条の十三第二項の規定により在外選挙人名簿の表示を消除された者を除く。）は、なお選挙権を有するときは、在外選挙人名簿の登録又は在外選挙人名簿への登録の移転がされるまでの間、現に選挙人名簿に登録されている市町村において投票をすることができる。

町村の廃置分合又は境界変更のため中断されることがない。

5　市町村の選挙管理委員会は、政令で定めるところにより、当該市町村の選挙人名簿に登録される資格を有する者を調査し、その者を選挙人名簿に登録するための整理をしておかなければならない。

（登録）

**第二二条**　市町村の選挙管理委員会は、政令で定めるところにより、登録月の一日現在により、当該市町村の選挙人名簿に登録される資格を有する者を同日（同日が地方自治法第四条の二第一項の規定に基づき条例で定められた地方公共団体の休日（以下この項及び第二百七十条第一項において「地方公共団体の休日」という。）に当たる場合（当該市町村の区域の全部又は一部を含む区域において選挙が行われる場合において、登録月の一日が当該選挙の期日の公示又は告示の日から当該選挙の期日の前日までの間にあるときを除く。）には、登録月の一日又は同日の直後の地方公共団体の休日以外の日。以下この項において「通常の登録日」という。）に選挙人名簿に登録しなければならない。ただし、市町村の選挙管理委員会は、天災その他特別の事情がある場合には、政令で定めるところにより、登録の日を通常の登録日後に変更することができる。

2　前項の規定による登録は、当該市町村の区域の全部又は一部を含む区域において選挙が行われる場合において、登録月の一日が当該選挙の期日の公示又は告示の日から当該選挙の期日の前日までの間にあるとき（同項ただし書の規定により登録の日を当該選挙の期日後に変更する場合を除く。）には、同項本文の規定にかかわらず、登録月の一日現在（当該市町村の選挙人名簿に登録される資格のうち選挙人の年齢については、当該選挙の期日現在）により、行わなければならない。

3　市町村の選挙管理委員会は、選挙を行う場合には、政令で定めるところにより、当該選挙に関する事務を管理する選挙管理委員会（衆議院比例代表選出議員又は参議院比例代表選出議員の選挙については中央選挙管理会、参議院合同選挙区選挙については当該選挙に関する事務を管理する参議院合同選挙区選挙管理委員会）が定める日（以下この条において「選挙時登録の基準日」という。）現在（当該市町村の選挙人名簿に登録される資格のうち選挙人の年齢については、当該選挙の期日現在）により、当該市町村の選挙人名簿に登録される資格を有する者を当該選挙時登録の基準日に選挙人名簿に登録しなければならない。

4　第一項の規定による登録は、選挙時登録の基準日と登録月の一日とが同一の日となる場合には、行わない。

**第二三条**　削除

（異議の申出）

**第二四条**　選挙人は、選挙人名簿の登録に関し不服があるときは、次の各号に掲げる区分に応じ、当該各号に定める期間又は期日に、文書で当該市町村の選挙管理委員会に異議を申し出ることができる。
一　第二十二条第一項の規定による選挙人名簿の登録（当該市町村の区域の全部又は一部を含む区域において選挙が行われる場合において、登録月の一日が当該選挙の期日の公示又は告示の日から当該選挙の期日の前々日までの間にあるとき（同項ただし書の規定により登録の日を当該選挙の期日後に変更する場合を除く。）を除く。）　当該登録が行われた日の翌日から五日間
二　第二十二条第一項の規定による選挙人名簿の登録（当該市町村の区域の全部又は一部を含む区域において選挙が行われる場合において、登録月の一日が当該選挙の期日の公示又は告示の日から当該選挙の期日の前々日までの間にあるとき（同項ただし書の規定により登録の日を当該選挙の期日後に変更する場合を除く。）に限る。）及び同条第三項の規定による選挙人名簿の登録　当該登録が行われた日の翌日

2　市町村の選挙管理委員会は、前項の異議の申出を受けたときは、その異議の申出を受けた日から三日以内に、その異議の申出が正当であるかないかを決定しなければならない。その異議の申出を正当であると決定したときは、その異議の申出に係る者を直ちに選挙人名簿に登録し、又は選挙人名簿から抹消し、その旨を異議申出人及び関係人に通知し、併せてこれを告示しなければならない。その異議の申出を正当でないと決定したときは、直ちにその旨を異議申出人に通知しなければならない。

3　行政不服審査法（平成二十六年法律第六十八号）第九条第四項、第十九条第二項（第三号及び第五号を除く。）、第二十三条、第二十四条、第二十七条、第三十一条（第五項を除く。）、第三十二条第一項及び第三項、第三十九条、第四十一条第一項及び第二項、第四十四条並びに第五十三条の規定は、第一項の異議の申出について準用する。この場合において、これらの規定（同法第四十四条の規定を除く。）中「審理員」とあるのは「審査庁」と、同法第九条第四項中「審査庁」とあるのは「公職選挙法第二十四条第一項の異議の申出を受けた選挙管理委員会（以下「審査庁」という。）」と、同法第二十四条第一項中「第四十五条第一項又は第四十九条第一項の規定に基づき、裁決で」とあるのは「決定で」と、同法第三十一条第二項中「審理関係人」とあるのは「異議申出人」と、同法第四十四条中「行政不服審査会等から諮問に対する答申を受けたとき（前条第一項の規定による諮問を要しない場合（同項第二号又は第三号に該当する場合を除く。）にあっては審理員意見書が提出されたとき、同項第二号又は第三号に該当する場合にあっては同項第二号又は第三号に規定する議を経たとき）」とあるのは「審理手続を終結したとき」と読み替えるものとする。

4　第二百十四条の規定は、第一項の異議の申出について準用する。

**（訴訟）**

**第二五条**　前条第二項の規定による決定に不服がある異議申出人又は関係人は、当該市町村の選挙管理委員会を被告として、決定の通知を受けた日から七日以内に出訴することができる。

2　前項の訴訟は、当該市町村の選挙管理委員会の所在地を管轄する地方裁判所の専属管轄とする。

3　前項の裁判所の判決に不服がある者は、控訴することはできないが、最高裁判所に上告することができる。

4　第二百十三条、第二百十四条及び第二百十九条第一項の規定は、第一項及び前項の訴訟について準用する。この場合において、同条第一項中「一の選挙の効力を争う数個の請求、第二百十条第二項の規定により一の選挙における当選の効力を争う数個の請求、第二百十一条の規定により公職の候補者等であつた者の当選の効力を争う数個の請求又は選挙の効力を争う請求とその選挙における当選の効力に関し第二百七条若しくは第二百八条の規定によりこれを争う請求と」とあるのは、「一の第二十四条第一項各号に定める期間又は期日に異議の申出を行うことができる一の市町村の選挙管理委員会が行う選挙人名簿の登録に関し争う数個の請求」と読み替えるものとする。

**（補正登録）**

**第二六条**　市町村の選挙管理委員会は、第二十二条第一項又は第三項の規定により選挙人名簿の登録をした日後、当該登録の際に選挙人名簿に登録される資格を有し、かつ、引き続きその資格を有する者が選挙人名簿に登録されていないことを知つた場合には、その者を直ちに選挙人名簿に登録し、その旨を告示しなければならない。

**（表示及び訂正等）**

**第二七条**　市町村の選挙管理委員会は、選挙人名簿に登録されている者が第十一条第一項若しくは第二百五十二条若しくは政治資金規正法第二十八条の規定により選挙権を有しなくなつたこと又は当該市町村の区域内に住所を有しなくなつたことを知つた場合には、直ちに選挙人名簿にその旨の表示をしなければならない。

2　市町村の選挙管理委員会は、第二十一条第二項に規定する者を選挙人名簿に登録する場合には、同時に、選挙人名簿に同項の規定に該当する者である旨の表示をしなければならない。

3　市町村の選挙管理委員会は、選挙人名簿に登録されている者の記載内容（第十九条第三項の規定により磁気ディスクをもつて調製する選挙人名簿にあつては、記録内容）に変更があつたこと又は誤りがあることを知つた場合には、直ちにその記載（同項の規定により磁気ディスクをもつて調製する選挙人名簿にあつては、記録）の修正又は訂正をしなければならない。

**（登録の抹消）**

**第二八条**　市町村の選挙管理委員会は、当該市町村の選挙人名簿に登録されている者について次の各号のいずれかに該当するに至つたときは、これらの者を直ちに選挙人名簿から抹消しなければならない。この場合において、第四号に該当するに至つたときは、その旨を告示しなければならない。

一　死亡したこと又は日本の国籍を失つたことを知つたとき。

二　前条第一項又は第二項の表示をされた者が当該市町村の区域内に住所を有しなくなつた日後四箇月を経過するに至つたとき。

三　第三十条の六第二項の規定による第三十条の二第三項に規定する在外選挙人名簿への登録の移転をすることとするとき。

四　登録の際に登録されるべきでなかつたことを知つたとき。

**（登録の確認及び政治活動を目的とした選挙人名簿の抄本の閲覧）**

**第二八条の二**　市町村の選挙管理委員会は、選挙の期日の公示又は告示の日から当該選挙の期日後五日に当たる日までの間を除き、次の表の上欄に掲げる活動を行うために、同表の中欄に掲げる者から選挙人名簿の抄本を閲覧することが必要である旨の申出があつた場合には、その活動に必要な限度において、それぞれ同表の下欄に掲げる者に選挙人名簿の抄本を閲覧させなければならない。この項前段に規定する期間（第二十四条第一項各号に定める期間又は期日に限る。）においても、特定の者が選挙人名簿に登録された者であるかどうかの確認を行うために、選挙人から当該申出があつた場合には、当該確認に必要な限度において、当該申出をした選挙人に選挙人名簿の抄本を閲覧させなければならない。

| | | |
|---|---|---|
| 特定の者が選挙人名簿に登録された者であるかどうかの確認 | 選挙人 | 選挙人名簿の抄本の閲覧の申出をした選挙人 |
| 政治活動（選挙運動を含む。） | 公職の候補者となろうとする者（公職にある者を含む。以下この条において「公職の候補者等」という。） | 選挙人名簿の抄本の閲覧の申出をした公職の候補者等又は当該公職の候補者等が指定する者 |
| | 政党その他の政治団体 | 選挙人名簿の抄本の閲覧の申出をした政党その他の政治団体の役職員又は構成員で、当該政党その他の政治団体が指定するもの |

２　前項の申出は、総務省令で定めるところにより、次に掲げる事項を明らかにしてしなければならない。ただし、総務省令で定める場合には、第四号イに定める事項については、この限りでない。

一　選挙人名簿の抄本の閲覧の申出をする者（以下この条から第二十八条の四までにおいて「申出者」という。）の氏名及び住所（申出者が政党その他の政治団体である場合には、その名称、代表者の氏名及び主たる事務所の所在地）

二　選挙人名簿の抄本の閲覧により知り得た事項（以下この条から第二十八条の四までにおいて「閲覧事項」という。）の利用の目的

三　選挙人名簿の抄本を閲覧する者（以下この条から第二十八条の四までにおいて「閲覧者」という。）の氏名及び住所

四　次に掲げる場合の区分に応じ、それぞれ次に定める事項

イ　申出者が選挙人又は公職の候補者等である場合　閲覧事項の管理の方法

ロ　申出者が政党その他の政治団体である場合　閲覧事項の管理の方法及び当該政党その他の政治団体の役職員又は構成員のうち、閲覧事項を取り扱う者の範囲

五　前各号に掲げるもののほか、総務省令で定める事項

３　第一項の規定にかかわらず、市町村の選挙管理委員会は、閲覧事項を不当な目的に利用されるおそれがあること、閲覧事項を適切に管理することができないおそれがあることその他同項の申出に係る閲覧を拒むに足りる相当な理由があると認めるときは、当該申出に係る閲覧を拒むことができる。

４　公職の候補者等である申出者は、第二項第二号に掲げる利用の目的（以下この条から第二十八条の四までにおいて「利用目的」という。）を達成するために当該申出者及び閲覧者以外の者（当該申出者に使用される者に限る。）に閲覧事項を取り扱わせることが必要な場合には、第一項の申出をする際に、その旨並びに閲覧事項を取り扱う者として当該申出者が指定する者の氏名及び住所をその市町村の選挙管理委員会に申し出ることができる。

５　前項の規定による申出を受けた市町村の選挙管理委員会は、当該申出に相当な理由があると認めるときは、その申出を承認するものとする。この場合において、当該承認を受けた申出者は、当該申出者が指定した者（当該承認を受けた者に限る。第十二項及び第二十八条の四において「候補者閲覧事項取扱者」という。）にその閲覧事項を取り扱わせることができる。

６　政党その他の政治団体である申出者は、閲覧者及び第二項第四号ロに規定する範囲に属する者のうち当該申

出者が指定するもの（第十二項及び第二十八条の四において「政治団体閲覧事項取扱者」という。）以外の者にその閲覧事項を取り扱わせてはならない。

7　政党その他の政治団体である申出者は、利用目的を達成するために当該申出者以外の法人（法人でない団体で代表者又は管理人の定めのあるものを含む。以下この条から第二十八条の四までにおいて同じ。）に閲覧事項を取り扱わせることが必要な場合には、第一項の申出をする際に、当該法人についての次に掲げる事項を明らかにして、その旨をその市町村の選挙管理委員会に申し出ることができる。

一　法人の名称、代表者又は管理人の氏名及び主たる事務所の所在地

二　法人に閲覧事項を取り扱わせる事由

三　法人の役職員又は構成員のうち、閲覧事項を取り扱う者の範囲

四　法人の閲覧事項の管理の方法

五　前各号に掲げるもののほか、総務省令で定める事項

8　前項の規定による申出を受けた市町村の選挙管理委員会は、当該申出に相当な理由があると認めるときは、その申出を承認するものとする。この場合において、当該承認を受けた申出者は、第六項の規定にかかわらず、当該承認に係る法人（第十項から第十二項まで及び第二十八条の四において「承認法人」という。）にその閲覧事項を取り扱わせることができる。

9　前項の規定による承認を受けた政党その他の政治団体に対する第一項の規定の適用については、同項の表の下欄中「構成員」とあるのは、「構成員（第十項に規定する承認法人閲覧事項取扱者を含む。）」とする。

10　承認法人は、第七項第三号に掲げる範囲に属する者のうち当該承認法人が指定するもの（次項及び第二十八条の四において「承認法人閲覧事項取扱者」という。）以外の者にその閲覧事項を取り扱わせてはならない。

11　承認法人は、承認法人閲覧事項取扱者による閲覧事項の漏えいの防止その他の閲覧事項の適切な管理のために必要な措置を講じなければならない。

12　申出者は、閲覧者、候補者閲覧事項取扱者、政治団体閲覧事項取扱者又は承認法人による閲覧事項の漏えいの防止その他の閲覧事項の適切な管理のために必要な措置を講じなければならない。

（政治又は選挙に関する調査研究を目的とした選挙人名簿の抄本の閲覧）

**第二八条の三**　市町村の選挙管理委員会は、前条第一項に定めるもののほか、統計調査、世論調査、学術研究その他の調査研究で公益性が高いと認められるもののうち政治又は選挙に関するものを実施するために選挙人名簿の抄本を閲覧することが必要である旨の申出があつた場合には、同項前段に規定する期間を除き、次の各号

に掲げる場合の区分に応じ、当該各号に定める者に、当該調査研究を実施するために必要な限度において、選挙人名簿の抄本を閲覧させなければならない。
一　申出者が国又は地方公共団体（以下この条及び次条において「国等」という。）の機関である場合　選挙人名簿の抄本の閲覧の申出をした国等の機関の職員で、当該国等の機関が指定するもの
二　申出者が法人である場合　選挙人名簿の抄本の閲覧の申出をした法人の役職員又は構成員（他の法人と共同して申出をする場合にあつては、当該他の法人の役職員又は構成員を含む。）で、当該法人が指定するもの
三　申出者が個人である場合　選挙人名簿の抄本の閲覧の申出をした個人又はその指定する者

2　前項の申出は、総務省令で定めるところにより、次に掲げる事項を明らかにしてしなければならない。
一　申出者の氏名及び住所（申出者が国等の機関である場合にはその名称、申出者が法人である場合にはその名称、代表者又は管理人の氏名及び主たる事務所の所在地）
二　利用目的
三　閲覧者の氏名及び住所（申出者が国等の機関である場合には、その職名及び氏名）
四　閲覧事項を利用して実施する調査研究の成果の取扱い
五　次に掲げる場合の区分に応じ、それぞれ次に定める事項
イ　申出者が法人である場合　閲覧事項の管理の方法及び当該法人の役職員又は構成員のうち、閲覧事項を取り扱う者の範囲
ロ　申出者が個人である場合　閲覧事項の管理の方法
六　前各号に掲げるもののほか、総務省令で定める事項

3　第一項の規定にかかわらず、市町村の選挙管理委員会は、閲覧事項を不当な目的に利用されるおそれがあること、閲覧事項を適切に管理することができないおそれがあることその他同項の申出に係る閲覧を拒むに足りる相当な理由があると認めるときは、当該申出に係る閲覧を拒むことができる。

4　法人である申出者は、閲覧者及び第二項第五号イに規定する範囲に属する者のうち当該申出者が指定するもの（第七項及び次条において「法人閲覧事項取扱者」という。）以外の者にその閲覧事項を取り扱わせてはならない。

5　個人である申出者は、利用目的を達成するために当該申出者及び閲覧者以外の者に閲覧事項を取り扱わせることが必要な場合には、第一項の申出をする際に、その旨並びに閲覧事項を取り扱う者として当該申出者が指

定する者の氏名及び住所をその市町村の選挙管理委員会に申し出ることができる。

6　前項の規定による申出を受けた市町村の選挙管理委員会は、当該申出に相当な理由があると認めるときは、その申出を承認するものとする。この場合において、当該承認を受けた申出者は、当該申出者が指定した者（当該承認を受けた者に限る。次項及び次条において「個人閲覧事項取扱者」という。）にその閲覧事項を取り扱わせることができる。

7　申出者（国等の機関である申出者を除く。）は、閲覧者、法人閲覧事項取扱者又は個人閲覧事項取扱者による閲覧事項の漏えいの防止その他の閲覧事項の適切な管理のために必要な措置を講じなければならない。

（選挙人名簿の抄本の閲覧に係る勧告及び命令等）

**第二八条の四**　申出者、閲覧者、候補者閲覧事項取扱者、政治団体閲覧事項取扱者、承認法人、承認法人閲覧事項取扱者、法人閲覧事項取扱者又は個人閲覧事項取扱者は、本人の事前の同意を得ないで、当該閲覧事項を利用目的以外の目的のために利用し、又は当該閲覧事項に係る申出者、閲覧者、候補者閲覧事項取扱者、政治団体閲覧事項取扱者、承認法人、承認法人閲覧事項取扱者、法人閲覧事項取扱者及び個人閲覧事項取扱者以外の者に提供してはならない。

2　市町村の選挙管理委員会は、閲覧者若しくは申出者が偽りその他不正の手段により第二十八条の二第一項（同条第九項において読み替えて適用される場合を含む。第四項、第七項及び第八項において同じ。）若しくは前条第一項の規定による選挙人名簿の抄本の閲覧をし、若しくはさせた場合又は申出者、閲覧者、候補者閲覧事項取扱者、政治団体閲覧事項取扱者、承認法人、承認法人閲覧事項取扱者、法人閲覧事項取扱者若しくは個人閲覧事項取扱者が前項の規定に違反した場合において、個人の権利利益を保護するため必要があると認めるときは、当該閲覧事項に係る申出者、当該閲覧をし、若しくはさせた者又は当該違反行為をした者に対し、当該閲覧事項が利用目的以外の目的で利用され、又は当該閲覧事項に係る申出者、閲覧者、候補者閲覧事項取扱者、政治団体閲覧事項取扱者、承認法人、承認法人閲覧事項取扱者、法人閲覧事項取扱者及び個人閲覧事項取扱者以外の者に提供されないようにするための措置を講ずることを勧告することができる。

3　市町村の選挙管理委員会は、前項の規定による勧告を受けた者が正当な理由がなくてその勧告に係る措置を講じなかつた場合において、個人の権利利益が不当に侵害されるおそれがあると認めるときは、その者に対し、その勧告に係る措置を講ずることを命ずることができる。

4　市町村の選挙管理委員会は、前二項の規定にかかわらず、閲覧者若しくは申出者が偽りその他不正の手段により第二十八条の二第一項若しくは前条第一項の規定による選挙人名簿の抄本の閲覧をし、若しくはさせた場合又は申出者、閲覧者、候補者閲覧事項取扱者、政治団体閲覧事項取扱者、承認法人、承認法人閲覧事項取扱者、法人閲覧事項取扱者若しくは個人閲覧事項取扱者が第一項の規定に違反した場合において、個人の権利利益が不当に侵害されることを防止するため特に措置を講ずる必要があると認めるときは、当該閲覧事項に係る申出者、当該閲覧をし、若しくはさせた者又は当該違反行為をした者に対し、当該閲覧事項が利用目的以外の目的で利用され、又は当該閲覧事項に係る申出者、閲覧者、候補者閲覧事項取扱者、政治団体閲覧事項取扱者、承認法人、承認法人閲覧事項取扱者、法人閲覧事項取扱者及び個人閲覧事項取扱者以外の者に提供されないようにするための措置を講ずることを命ずることができる。

5　市町村の選挙管理委員会は、第二十八条の二からこの条までの規定の施行に必要な限度において、申出者に対し、必要な報告をさせることができる。

6　前各項の規定は、申出者が国等の機関である場合には、適用しない。

7　市町村の選挙管理委員会は、その定めるところにより、毎年少なくとも一回、第二十八条の二第一項及び前条第一項の申出に係る選挙人名簿の抄本の閲覧（総務省令で定めるものを除く。）の状況について、申出者の氏名（申出者が国等の機関である場合にあつてはその名称、申出者が法人である場合にあつてはその名称及び代表者又は管理人の氏名）及び利用目的の概要その他総務省令で定める事項を公表するものとする。

8　市町村の選挙管理委員会は、第二十八条の二第一項又は前条第一項の規定により閲覧させる場合を除いては、選挙人名簿の抄本を閲覧させてはならない。

**（通報及び調査の請求）**

**第二九条**　市町村長及び市町村の選挙管理委員会は、選挙人の住所の有無その他選挙資格の確認に関し、その有している資料について相互に通報しなければならない。

2　選挙人は、選挙人名簿に脱漏、誤載又は誤記があると認めるときは、市町村の選挙管理委員会に選挙人名簿の修正に関し、調査の請求をすることができる。

**（選挙人名簿の再調製）**

**第三〇条**　天災事変その他の事故により必要があるときは、市町村の選挙管理委員会は、更に選挙人名簿を調製しなければならない。

2　前項の選挙人名簿の調製の期日及び異議の申出期間その他その調製について必要な事項は、政令で定める。

## 第四章の二　在外選挙人名簿

（在外選挙人名簿）

**第三〇条の二**　市町村の選挙管理委員会は、選挙人名簿のほか、在外選挙人名簿の調製及び保管を行う。

２　在外選挙人名簿は、永久に据え置くものとし、かつ、衆議院議員及び参議院議員の選挙を通じて一の名簿とする。

３　市町村の選挙管理委員会は、第三十条の五第一項の規定による申請に基づき在外選挙人名簿の登録を行い、及び同条第四項の規定による申請に基づき在外選挙人名簿への登録の移転（選挙人名簿から抹消すると同時に在外選挙人名簿の登録を行うことをいう。以下同じ。）を行うものとする。

４　在外選挙人名簿は、政令で定めるところにより、磁気ディスクをもつて調製することができる。

５　選挙を行う場合において必要があるときは、在外選挙人名簿の抄本（前項の規定により磁気ディスクをもつて在外選挙人名簿を調製している市町村の選挙管理委員会にあつては、当該在外選挙人名簿に記録されている全部若しくは一部の事項又は当該事項を記載した書類。第二百五十五条の四第一項第一号及び第二百七十条第一項第三号において同じ。）を用いることができる。

（在外選挙人名簿の記載事項等）

**第三〇条の三**　在外選挙人名簿には、選挙人の氏名、最終住所（選挙人が国外へ住所を移す直前に住民票に記載されていた住所をいう。以下同じ。）又は申請の時（選挙人が第三十条の五第一項の規定による申請書を同条第二項に規定する領事官又は同項に規定する総務省令・外務省令で定める者に提出した時をいう。同条第一項及び第三項において同じ。）における本籍、性別及び生年月日等の記載（前条第四項の規定により磁気ディスクをもつて調製する在外選挙人名簿にあつては、記録）をしなければならない。

２　市町村の選挙管理委員会は、市町村の区域を分けて数投票区を設けた場合には、政令で定めるところにより、在外選挙人名簿を編製する一以上の投票区（以下「指定在外選挙投票区」という。）を指定しなければならない。

３　前二項に規定するもののほか、在外選挙人名簿の様式その他必要な事項は、政令で定める。

（在外選挙人名簿の被登録資格等）

**第三〇条の四**　在外選挙人名簿への登録の移転に係るものを除く。以下同じ。）は、在外選挙人名簿に登録されていない年齢満十八年以上の日本国民（第十一条第一項若しくは第二百五十二条又は政治資金規正法第二十八条の規定により選挙権を有しない者を除く。次項及び次条において同じ。）で、同条第一項の規定による申請がされ、かつ、在外選挙人名簿に関する事務についてその者の住所を管轄する領事官（領事官の職務を行う大使館若しくは公使館の長又はその事務を代理する者を含む。以下同じ。）の管轄区域（在外選挙人名簿に関する事務についての領事官の管轄区域として総務省令・外務省令で定める区域をいう。同項及び同条第三項第二号において同じ。）内に引き続き三箇月以上住所を有するものについて行う。

２　在外選挙人名簿への登録の移転は、在外選挙人名簿に登録されていない年齢満十八年以上の日本国民で最終住所の所在地の市町村の選挙人名簿に登録されている者のうち、次条第四項の規定による申請がされ、かつ、国外に住所を有するものについて行う。

**（在外選挙人名簿の登録の申請等）**

**第三〇条の五**　年齢満十八年以上の日本国民で、在外選挙人名簿に関する事務についてその者の住所を管轄する領事官の管轄区域内に住所を有するものは、政令で定めるところにより、文書で、最終住所の所在地の市町村の選挙管理委員会（その者が、いずれの市町村の住民基本台帳にも記録されたことがない者である場合には、申請の時におけるその者の本籍地の市町村の選挙管理委員会）に在外選挙人名簿の登録の申請をすることができる。

２　前項の規定による申請は、政令で定めるところにより、在外選挙人名簿に関する事務について当該申請をする者の住所を管轄する領事官（当該領事官を経由して当該申請をすることが著しく困難である地域として総務省令・外務省令で定める地域にあつては、総務省令・外務省令で定める者。以下この章において同じ。）を経由してしなければならない。

３　前項の場合において、領事官は、政令で定めるところにより、次の各号に掲げる場合の区分に応じ、当該各号に定める日以後速やかに、第一項の規定による申請書にその申請をした者に係る前条第一項に定める在外選挙人名簿に登録される資格（次条第一項及び第三十条の十三第二項において「在外選挙人名簿の被登録資格」という。）に関する意見を付して、当該申請をした者の最終住所の所在地の市町村の選挙管理委員会（当該申請をした者が、いずれの市町村の住民基本台帳にも記載されたことがない者である場合には、申請の時におけるその者の本籍地の市町村の選挙管理委員会）に送付しなければならない。

一　次号に掲げる場合以外の場合　当該申請の時の属する日

二　当該申請の時の属する日が当該申請書に当該領事官の管轄区域内に住所を有することとなつた日として記載された日から三箇月を経過していない場合　当該記載された日から三箇月を経過した日

4　年齢満十八年以上の日本国民で国外に転出をする旨の住民基本台帳法第二十四条の規定による届出（以下この項において「国外転出届」という。）がされた者のうち、当該国外転出届がされた市町村の選挙人名簿に登録されているもの（当該市町村の選挙人名簿に登録されていない者で、当該国外転出届に転出の予定年月日として記載された日までに、当該市町村の選挙人名簿に登録される資格を有することとなるものを含む。）は、政令で定めるところにより、同日までに、文書で、当該市町村の選挙管理委員会に在外選挙人名簿への登録の移転の申請をすることができる。

5　市町村の選挙管理委員会は、前項の規定による申請があつた場合には、政令で定めるところにより、外務大臣に対し、当該申請をした者（当該市町村の選挙人名簿から抹消された者を除く。次項において同じ。）の国外における住所に関する意見を求めなければならない。

6　外務大臣は、前項の規定により第四項の規定による申請をした者の国外における住所に関する意見を求められたときは、政令で定めるところにより、市町村の選挙管理委員会に対し、当該申請をした者の国外における住所に関する意見を述べなければならない。

（在外選挙人名簿の登録等）

**第三〇条の六**　市町村の選挙管理委員会は、前条第一項の規定による申請をした者が当該市町村における在外選挙人名簿の被登録資格を有する者である場合には、遅滞なく、当該申請をした者を在外選挙人名簿に登録しなければならない。

2　市町村の選挙管理委員会は、前条第四項の規定による申請をした者が当該市町村における第三十条の四第二項に定める在外選挙人名簿への登録の移転をされる資格（第三十条の十三第二項において「在外選挙人名簿の被登録移転資格」という。）を有する者である場合には、遅滞なく、当該申請をした者について在外選挙人名簿への登録の移転をしなければならない。

3　市町村の選挙管理委員会は、衆議院議員又は参議院議員の選挙の期日の公示又は告示の日から選挙の期日までの期間においては、前二項の規定にかかわらず、在外選挙人名簿の登録又は在外選挙人名簿への登録の移転を行わない。

4　市町村の選挙管理委員会は、第一項の規定による登録をしたときは、前条第三項の規定により同条第一項の規定による申請書を送付した領事官を経由して、同項の規定による申請をした者に、在外選挙人名簿に登録されている者であることの証明書（以下「在外選挙人証」という。）を交付しなければならない。

5　市町村の選挙管理委員会は、第二項の規定による在外選挙人名簿への登録の移転をしたときは、在外選挙人名簿に関する事務について前条第四項の規定による申請をした者の住所を管轄する領事官を経由して、当該申請をした者に、在外選挙人証を交付しなければならない。

**第三〇条の七**　削除

**（在外選挙人名簿の登録等に関する異議の申出）**

**第三〇条の八**　選挙人は、在外選挙人名簿の登録又は在外選挙人名簿への登録の移転に関し不服があるときは、これらに関する処分の直後に到来する次に掲げる期間又は期日に、文書で当該市町村の選挙管理委員会に異議を申し出ることができる。

一　第二十二条第一項の規定による選挙人名簿の登録が行われた日の翌日から五日間

二　衆議院議員又は参議院議員の選挙に係る第二十二条第三項の規定による選挙人名簿の登録が行われた日の翌日

2　市町村の選挙管理委員会は、前項の異議の申出を受けたときは、その異議の申出を受けた日から三日以内に、その異議の申出が正当であるかないかを決定しなければならない。その異議の申出を正当であると決定したときは、その異議の申出に係る者を直ちに在外選挙人名簿に登録し、若しくは在外選挙人名簿から抹消し、又はその者について在外選挙人名簿への登録の移転をし、若しくは在外選挙人名簿からの抹消と同時に選挙人名簿の登録（選挙人名簿の登録については、当該市町村の選挙人名簿に登録される資格を有する場合に限る。）をし、その旨を異議申出人及び関係人に通知し、併せてこれを告示しなければならない。その異議の申出を正当でないと決定したときは、直ちにその旨を異議申出人に通知しなければならない。

3　行政不服審査法第九条第四項、第十九条第二項（第三号及び第五号を除く。）、第二十三条、第二十四条、第二十七条、第三十一条（第五項を除く。）、第三十二条第一項及び第三項、第三十九条、第四十一条第一項及び第二項、第四十四条並びに第五十三条の規定は、第一項の異議の申出について準用する。この場合において、これらの規定（同法第四十四条の規定を除く。）中「審理員」とあるのは「審査庁」と、同法第九条第四項中「審査庁」とあるのは「公職選挙法第三十条の八第一項の異議の申出を受けた選挙管理委員会（以下「審査庁」という。）」と、同法第二十四条第一項中「第四十五条第一項又は第四十九条第一項の規定に基づき、裁決で」とあるのは「決定で」と、同法第三十一条第二項中「審理関係人」とあるのは「異議申出人」と、同法第四十四条中「行政不服審査会等から諮問に対する答申を受けたとき（前条第一項の規定による諮問を要しない場合（同項第二号又は第三号に該当する場合を除く。）にあつては審理員意見書が提出されたとき、同項第二号又は第三号に該当する場合にあつては同項第二号又は第三号に規定する議を経たとき）」とあるのは「審理手続を終結したとき」と読み替えるものとする。

４　第二百十四条の規定は、第一項の異議の申出について準用する。

（在外選挙人名簿の登録等に関する訴訟）

**第三〇条の九**　第二十五条第一項から第三項までの規定は、在外選挙人名簿の登録及び在外選挙人名簿への登録の移転に関する訴訟について準用する。この場合において、同条第一項中「前条第二項」とあるのは「第三十条の八第二項において準用する前条第二項」と、「七日」とあるのは「七日（政令で定める場合には、郵便又は民間事業者による信書の送達に関する法律（平成十四年法律第九十九号）第二条第六項に規定する一般信書便事業者、同条第九項に規定する特定信書便事業者若しくは同法第三条第四号に規定する外国信書便事業者による同法第二条第二項に規定する信書便による送付に要した日数を除く。）」と読み替えるものとする。

２　第二百十三条、第二百十四条及び第二百十九条第一項の規定は、前項において準用する第二十五条第一項及び第三項の訴訟について準用する。この場合において、第二百十九条第一項中「一の選挙の効力を争う数個の請求、第二百七条若しくは第二百八条の規定により一の選挙における当選の効力を争う数個の請求、第二百十条第二項の規定により公職の候補者であつた者の当選の効力を争う数個の請求、第二百十一条の規定により公職の候補者等であつた者の当選の効力若しくは立候補の資格を争う数個の請求又は選挙の効力を争う請求とその選挙における当選の効力に関し第二百七条若しくは第二百八条の規定によりこれを争う請求と」とあるのは、「一の第三十条の八第一項各号に掲げる期間又は期日に異議の申出を行うことができる一の市町村の選挙管理委員会が行う在外選挙人名簿の登録又は在外選挙人名簿への登録の移転に関し争う数個の請求」と読み替えるものとする。

（在外選挙人名簿の表示及び訂正等）

**第三〇条の一〇**　市町村の選挙管理委員会は、在外選挙人名簿に登録されている者が第十一条第一項若しくは第二百五十二条若しくは政治資金規正法第二十八条の規定により選挙権を有しなくなつたこと又は在外選挙人名簿に登録されている者に係る住民票が国内の市町村において新たに作成されたことを知つた場合には、直ちに在外選挙人名簿にその旨を表示しなければならない。

２　市町村の選挙管理委員会は、在外選挙人名簿に登録されている者の記載内容（第三十条の二第四項の規定により磁気ディスクをもつて調製する在外選挙人名簿にあつては、記録内容。第三十条の十四第一項において同じ。）に変更があつたこと又は誤りがあることを知つた場合には、直ちにその記載（第三十条の二第四項の規定により磁気ディスクをもつて調製する在外選挙人名簿にあつては、記録）の修正又は訂正をしなければならない。

（在外選挙人名簿の登録の抹消）

**第三〇条の一一**　市町村の選挙管理委員会は、当該市町村の在外選挙人名簿に登録されている者について次の各号のいずれかに該当するに至つたときは、これらの者を直ちに在外選挙人名簿から抹消しなければならない。この場合において、第三号に該当するに至つたときは、その旨を告示しなければならない。

一　死亡したこと又は日本の国籍を失つたことを知つたとき。

二　前条第一項の表示をされた者について国内の市町村の区域内に住所を定めた年月日として戸籍の附票に記載された日後四箇月を経過するに至つたとき。

三　在外選挙人名簿の登録又は在外選挙人名簿への登録の移転の際に在外選挙人名簿の登録又は在外選挙人名簿への登録の移転をされるべきでなかつたことを知つたとき。

（在外選挙人名簿の抄本の閲覧等）

**第三〇条の一二**　第二十八条の二から第二十八条の四までの規定は、在外選挙人名簿について準用する。この場合において、第二十八条の二第一項中「第二十四条第一項各号に定める」とあるのは、「第三十条の八第一項各号に掲げる」と読み替えるものとする。

（在外選挙人名簿の修正等に関する通知等）

**第三〇条の一三**　市町村長は、その市町村に本籍を有する者で他の市町村の在外選挙人名簿に登録されているもの（以下この項において「他市町村在外選挙人名簿登録者」という。）について戸籍に関する届書、申請書その他の書類を受理し、若しくは職権で戸籍の記載をした場合又は戸籍の附票の記載、消除若しくは記載の修正をした場合において、当該他の市町村の選挙管理委員会において在外選挙人名簿の修正若しくは訂正をすべきこと若しくは当該他市町村在外選挙人名簿登録者を在外選挙人名簿から抹消すべきこと又は当該他市町村在外選挙人名簿登録者に係る住民票が国内の市町村において新たに作成されたことを知つたときは、遅滞なく、その旨を当該他の市町村の選挙管理委員会に通知しなければならない。

2　第二十九条の規定は、在外選挙人名簿の被登録資格及び在外選挙人名簿の被登録移転資格の確認に関する通報並びに在外選挙人名簿の修正に関する調査の請求について準用する。

（在外選挙人証交付記録簿の閲覧）

**第三〇条の一四**　領事官は、特定の者が在外選挙人名簿に登録された者であるかどうかの確認をするために、選挙人から、当該領事官を経由して在外選挙人証を交付された者についてその登録されている在外選挙人名簿の属する市町村名及び当該登録されている者の氏名その他の在外選挙人名簿の記載内容に関する事項を記載した政令で定める文書（以下この条において「在外選挙人証交付記録簿」という。）を閲覧することが必要である旨の申出があつた場合には、当該申出をした選挙人に、その確認に必要な限度において、在外選挙人証交付記録簿を閲覧させなければならない。

2　前項の申出は、総務省令で定めるところにより、当該申出をする者の氏名及び住所その他総務省令で定める事項を明らかにしてしなければならない。

3　第一項の規定にかかわらず、領事官は、同項の規定による在外選挙人証交付記録簿の閲覧により知り得た事項（次項において「閲覧事項」という。）を不当な目的に利用されるおそれがあることその他第一項の申出に係る閲覧を拒むに足りる相当な理由があると認めるときは、当該申出に係る閲覧を拒むことができる。

4　第一項の規定により在外選挙人証交付記録簿を閲覧した者は、本人の事前の同意を得ないで、当該閲覧事項を特定の者が在外選挙人名簿に登録された者であるかどうかの確認をする目的以外の目的のために利用し、又は第三者に提供してはならない。

5　領事官は、第一項の規定により閲覧させる場合を除いては、在外選挙人証交付記録簿を閲覧させてはならない。

**（在外選挙人名簿の再調製）**

**第三〇条の一五**　第三十条の規定は、在外選挙人名簿の再調製について準用する。

**（在外選挙人名簿の登録等に関する政令への委任）**

**第三〇条の一六**　第三十条の四から第三十条の六まで及び第三十条の八から前条までに規定するもののほか、在外選挙人名簿の登録及び在外選挙人名簿への登録の移転に関し必要な事項は、政令で定める。

## 第五章　選挙期日

**（総選挙）**

**第三一条**　衆議院議員の任期満了に因る総選挙は、議員の任期が終る日の前三十日以内に行う。

2　前項の規定により総選挙を行うべき期間が国会開会中又は国会閉会の日から二十三日以内にかかる場合においては、その総選挙は、国会閉会の日から二十四日以後三十日以内に行う。

3　衆議院の解散に因る衆議院議員の総選挙は、解散の日から四十日以内に行う。
4　総選挙の期日は、少なくとも十二日前に公示しなければならない。
5　衆議院議員の任期満了に因る総選挙の期日の公示がなされた後その期日前に衆議院が解散されたときは、任期満了に因る総選挙の公示は、その効力を失う。

（通常選挙）
**第三二条**　参議院議員の通常選挙は、議員の任期が終る日の前三十日以内に行う。
2　前項の規定により通常選挙を行うべき期間が参議院開会中又は参議院閉会の日から二十三日以内にかかる場合においては、通常選挙は、参議院閉会の日から二十四日以後三十日以内に行う。
3　通常選挙の期日は、少なくとも十七日前に公示しなければならない。

**（一般選挙、長の任期満了に因る選挙及び設置選挙）**
**第三三条**　地方公共団体の議会の議員の任期満了に因る一般選挙又は長の任期満了に因る選挙は、その任期が終る日の前三十日以内に行う。
2　地方公共団体の議会の解散に因る一般選挙は、解散の日から四十日以内に行う。
3　地方公共団体の設置による議会の議員の一般選挙及び長の選挙は、地方自治法第六条の二第四項又は第七条第七項の告示による当該地方公共団体の設置の日から五十日以内に行う。
4　地方公共団体の議会の議員の任期満了に因る一般選挙の期日の告示がなされた後その任期の満了すべき日前に当該地方公共団体の議会の議員がすべてなくなつたとき、又は地方公共団体の長の任期満了に因る選挙の期日の告示がなされた後その任期の満了すべき日前に当該地方公共団体の長が欠け、若しくは退職を申し出たときは、更にこれらの事由に因る選挙の告示は、行わない。但し、任期満了に因る選挙の期日前に当該地方公共団体の議会が解散されたとき、又は長が解職され、若しくは不信任の議決に因りその職を失つたときは、任期満了に因る選挙の告示は、その効力を失う。
5　第一項から第三項までの選挙の期日は、次の各号の区分により、告示しなければならない。
一　都道府県知事の選挙にあつては、少なくとも十七日前に
二　指定都市の長の選挙にあつては、少なくとも十四日前に
三　都道府県の議会の議員及び指定都市の議会の議員の選挙にあつては、少なくとも九日前に
四　指定都市以外の市の議会の議員及び長の選挙にあつては、少なくとも七日前に
五　町村の議会の議員及び長の選挙にあつては少なくとも五日前に

（衆議院議員及び参議院議員の再選挙及び補欠選挙）

**第三三条の二**　衆議院議員及び参議院議員の第百九条第一号に掲げる事由による再選挙は、これを行うべき事由が生じた日から四十日以内に、衆議院議員及び参議院議員の同条第四号に掲げる事由による再選挙（選挙の無効による再選挙に限る。）は、当該選挙に関する事務を管理する選挙管理委員会（衆議院比例代表選出議員又は参議院比例代表選出議員の選挙については中央選挙管理会、参議院合同選挙区選挙については当該選挙に関する事務を管理する参議院合同選挙区選挙管理委員会）が第二百二十条第一項後段の規定による通知を受けた日から四十日以内に行う。

2　衆議院議員及び参議院議員の再選挙（前項に規定する再選挙を除く。以下「統一対象再選挙」という。）又は補欠選挙は、九月十六日から翌年の三月十五日まで（以下この条において「第一期間」という。）にこれを行うべき事由が生じた場合は当該期間の直後の四月の第四日曜日に、三月十六日からその年の九月十五日まで（以下この条において「第二期間」という。）にこれを行うべき事由が生じた場合は当該期間の直後の十月の第四日曜日に行う。

3　衆議院議員の統一対象再選挙又は補欠選挙は、参議院議員の任期が終わる年において第二期間の初日から参議院議員の任期が終わる日の五十四日前の日（その日後に国会が開会されていた場合は、当該通常選挙の期日の公示の日の直前の国会閉会の日）までにこれを行うべき事由が生じた場合は、前項の規定にかかわらず、当該通常選挙の期日に行う。

4　参議院議員の統一対象再選挙又は補欠選挙は、在任期間を異にする参議院議員の任期が終わる年において第二期間の初日から通常選挙の期日の公示がなされるまでにこれを行うべき事由が生じた場合は、第二項の規定にかかわらず、当該通常選挙の期日に行う。

5　参議院議員の統一対象再選挙又は補欠選挙は、次の各号の区分による選挙が行われるときにおいて当該選挙の期日の告示がなされるまでにこれを行うべき事由が生じた場合は、第二項及び前項の規定にかかわらず、次の各号の区分による選挙の期日に行う。

一　比例代表選出議員の場合には、在任期間を異にする比例代表選出議員の第一項に規定する再選挙（選挙の一部無効による再選挙を除く。）が行われるとき。

二　選挙区選出議員の場合には、当該選挙区において在任期間を同じくする選挙区選出議員の第一項に規定する再選挙（当選人がその選挙における議員の定数に達しないことによる再選挙に限る。）又は在任期間を異にする選挙区選出議員の同項に規定する再選挙（選挙の一部無効による再選挙を除く。）が行われるとき。

6　衆議院議員及び参議院議員の再選挙（統一対象再選挙を除く。）は、当該議員の任期（参議院議員については在任期間を同じくするものの任期をいう。以下この項において同じ。）が終わる前六月以内にこれを行うべき事由が生じた場合は行わず、衆議院議員及び参議院議員の統一対象再選挙又は補欠選挙は、当該議員の任期が終わる日の六月前の日が属する第一期間又は第二期間の初日以後これを行うべき事由が生じた場合は行わない。

7　衆議院議員及び参議院議員の再選挙又は補欠選挙は、その選挙を必要とするに至つた選挙についての第二百四条又は第二百八条の規定による訴訟の出訴期間又は訴訟が係属している間は、行うことができない。この場合において、これらの期間に第一項又は第二項に規定する事由が生じた選挙についての前各項の規定の適用については、第一項中「これを行うべき事由が生じた日」とあるのは「第二百四条若しくは第二百八条に規定する出訴期間の経過又は当該選挙に関する事務を管理する選挙管理委員会（衆議院比例代表選出議員又は参議院比例代表選出議員の選挙については中央選挙管理会、参議院合同選挙区選挙については当該選挙に関する事務を管理する参議院合同選挙区選挙管理委員会）の第二百二十条第一項後段の規定による通知の受領のうちいずれか遅い方の事由が生じた日」と、第二項から前項までの規定中「これを行うべき事由が生じた場合」とあるのは「第二百四条若しくは第二百八条に規定する出訴期間の経過又はこれらの規定による訴訟が係属しなくなつたことのうちいずれか遅い方の事由が生じた場合」とする。

8　衆議院議員及び参議院議員の再選挙及び補欠選挙の期日は、特別の定めがある場合を除くほか、次の各号の区分により、告示しなければならない。

一　衆議院議員の選挙にあつては、少なくとも十二日前に

二　参議院議員の選挙にあつては、少なくとも十七日前に

**（地方公共団体の議会の議員及び長の再選挙、補欠選挙等）**

**第三四条**　地方公共団体の議会の議員及び長の再選挙、補欠選挙（第百十四条の規定による選挙を含む。）又は増員選挙若しくは第百十六条の規定による一般選挙は、これを行うべき事由が生じた日から五十日以内に行う。

2　前項に掲げる選挙のうち、第百九条、第百十条又は第百十三条の規定による地方公共団体の議会の議員の再選挙、補欠選挙又は増員選挙は、当該議員の任期が終わる前六月以内にこれを行うべき事由が生じた場合は行わない。ただし、議員の数がその定数の三分の二に達しなくなつたときは、この限りでない。

3　第一項に掲げる選挙は、その選挙を必要とするに至つた選挙についての第二百二条若しくは第二百六条の規定による異議の申出期間、第二百二条若しくは第二百六条の規定による異議の申出に対する決定若しくは審査

の申立てに対する裁決が確定しない間又は第二百三条若しくは第二百七条の規定による訴訟が係属している間（次項及び第五項において「争訟係属等期間」と総称する。）は、行うことができない。

4　第一項に掲げる選挙のうち、次の各号に掲げる選挙についての同項の規定の適用については、同項中「これを行うべき事由が生じた日」とあるのは、当該各号に定める日（第二号から第六号までに定める日が争訟係属等期間にあるときは、第一号に定める日）に読み替えるものとする。

一　その選挙を必要とするに至つた選挙についての争訟係属等期間にこれを行うべき事由が生じた選挙　第二百二条若しくは第二百六条に規定する異議の申出期間の経過、第二百二条若しくは第二百六条に規定する異議の申出に対する決定若しくは審査の申立てに対する裁決の確定又は当該選挙に関する事務を管理する選挙管理委員会の第二百二十条第一項後段の規定による通知の受領のうち最も遅い事由が生じた日

二　第百九条第五号に掲げる事由による再選挙　当該選挙に関する事務を管理する選挙管理委員会が第二百二十条第二項の規定による通知を受領した日（第二百十条第一項の規定による訴訟が提起されなかつたことに係るものによる再選挙にあつては、同項に規定する出訴期間が経過した日）

三　第百九条第六号に掲げる事由による再選挙　当該選挙に関する事務を管理する選挙管理委員会が第二百五十四条の規定による通知を受領した日

四　補欠選挙又は増員選挙（前二号の規定の適用がある場合を除く。）　当該選挙に関する事務を管理する選挙管理委員会が最後に第百十一条第一項又は第三項の規定による通知を受領した日

五　第百十四条の規定による選挙　当該選挙に関する事務を管理する選挙管理委員会が第百十一条第一項第四号の規定による通知を受領した日

六　第百十六条の規定による一般選挙　第二号から第四号までに定める日のうち最も遅い日

5　地方公共団体の議会の議員の再選挙、補欠選挙又は増員選挙のうち、その選挙を必要とするに至つた選挙についての争訟係属等期間に第二項に規定する事由が生じた選挙についての同項の規定の適用については、同項中「これを行うべき事由が生じた場合」とあるのは、「第二百二条若しくは第二百六条に規定する異議の申出期間の経過、第二百二条若しくは第二百六条に規定する異議の申出に対する決定若しくは審査の申立てに対する裁決の確定又は第二百三条若しくは第二百七条の規定による訴訟が係属しなくなつたことのうち最も遅い事由が生じた場合」とする。

6　第一項の選挙の期日は、特別の定めがある場合を除くほか、次の各号の区分により、告示しなければならない。

一　都道府県知事の選挙にあつては、少なくとも十七日前に

二　指定都市の長の選挙にあつては、少なくとも十四日前に
三　都道府県の議会の議員及び指定都市の議会の議員の選挙にあつては、少なくとも九日前に
四　指定都市以外の市の議会の議員及び長の選挙にあつては、少なくとも七日前に
五　町村の議会の議員及び長の選挙にあつては、少なくとも五日前に

**（地方公共団体の議会の議員及び長の任期満了による選挙の期日の特例）**

**第三四条の二**　地方公共団体の議会の議員の任期満了の日が当該地方公共団体の長の任期満了の日前九十日に当たる日から長の任期満了の日の前日までの間にある場合において当該地方公共団体の議会の議員の任期満了による一般選挙と長の任期満了による選挙を第百十九条第一項の規定により同時に行おうとするときは、第三十三条第一項の規定にかかわらず、これらの選挙は、当該地方公共団体の長の任期満了の日前五十日に当たる日又は当該地方公共団体の議会の議員の任期満了の日前三十日に当たる日のいずれか遅い日から当該地方公共団体の議会の議員の任期満了の日後五十日に当たる日又は当該地方公共団体の長の任期満了の日のいずれか早い日までの間に行うことができる。

2　都道府県の選挙管理委員会又は市町村の選挙管理委員会は、前項の規定により選挙を行おうとする場合には、当該地方公共団体の議会の議員の任期満了の日前六十日までにその旨を告示しなければならない。

3　第三十三条第一項及び第一項の規定にかかわらず、前項の規定による告示がなされた後当該地方公共団体の長の任期満了による選挙の期日の告示がなされるまでに当該地方公共団体の議会の議員が任期満了以外の事由によりすべてなくなつた場合（当該地方公共団体の議会の議員の任期満了による一般選挙の期日の告示がなされている場合（第三十三条第四項ただし書の規定の適用がある場合を除く。）を除く。）における当該地方公共団体の長の任期満了による選挙は、当該地方公共団体の長の任期満了の日前五十日に当たる日又は当該地方公共団体の議会の議員の任期が満了することとされていた日前三十日に当たる日のいずれか遅い日から当該地方公共団体の長の任期満了の日までの間に行い、前項の規定による告示がなされた後当該地方公共団体の議会の議員の任期満了による一般選挙の期日の告示がなされるまでに当該地方公共団体の長が欠け、又は退職を申し出た場合（当該地方公共団体の長の任期満了による選挙の期日の告示がなされている場合（第三十三条第四項ただし書の規定の適用がある場合を除く。）を除く。）における当該地方公共団体の議会の議員の任期満了による一般選挙は、当該地方公共団体の議会の議員の任期満了の日前三十日に当たる日から当該地方公共団体の長の任期が満了することとされていた日後五十日に当たる日又は当該地方公共団体の議会の議員の任期満了の日後五十日に当たる日のいずれか早い日までの間に行う。

４　前三項の規定は、地方公共団体の長の任期満了の日が当該地方公共団体の議会の議員の任期満了の日前九十日に当たる日から議員の任期満了の日の前日までにある場合について、準用する。この場合において、第一項中「長の任期満了の日前五十日」とあるのは「議会の議員の任期満了の日前五十日」と、「議会の議員の任期満了の日前三十日」とあるのは「長の任期満了の日前三十日」と、「議会の議員の任期満了の日後五十日」とあるのは「長の任期満了の日後五十日」と、「当該地方公共団体の長の任期満了の日の」とあるのは「当該地方公共団体の議会の議員の任期満了の日の」と、第二項中「前項」とあるのは「第四項において準用する前項」と、「議会の議員の任期満了の日」とあるのは「長の任期満了の日」と、前項中「第一項の」とあるのは「次項において準用する第一項の」と、「前項」とあるのは「次項において準用する前項」と、「長の任期満了による選挙」とあるのは「議会の議員の任期満了による一般選挙」と、「議会の議員が任期満了以外の事由によりすべてなくなつた」とあるのは「長が任期満了以外の事由により欠け、又は退職を申し出た」と、「議会の議員の任期満了による一般選挙」とあるのは「長の任期満了による選挙」と、「長の任期満了の日」とあるのは「議会の議員の任期満了の日」と、「議会の議員の任期が満了することとされていた日」とあるのは「長の任期が満了することとされていた日」と、「長が欠け、又は退職を申し出た」とあるのは「議会の議員がすべてなくなつた」と、「議会の議員の任期満了の日」とあるのは「長の任期満了の日」と、「長の任期が満了することとされていた日」とあるのは「議会の議員の任期が満了することとされていた日」と読み替えるものとする。

５　第三十三条第五項の規定は、第一項又は第三項（これらの規定を前項において準用する場合を含む。）の規定により行われる選挙について、準用する。

## 第六章　投票

（選挙の方法）

**第三五条**　選挙は、投票により行う。

（一人一票）

**第三六条**　投票は、各選挙につき、一人一票に限る。ただし、衆議院議員の選挙については小選挙区選出議員及び比例代表選出議員ごとに、参議院議員の選挙については選挙区選出議員及び比例代表選出議員ごとに一人一票とする。

（投票管理者）

**第三七条**　各選挙ごとに、投票管理者を置く。

2　投票管理者は、選挙権を有する者の中から市町村の選挙管理委員会の選任した者をもつて、これに充てる。

3　衆議院議員の選挙において、小選挙区選出議員の選挙と比例代表選出議員の選挙を同時に行う場合においては、市町村の選挙管理委員会は、小選挙区選出議員についての投票管理者を同時に比例代表選出議員についての投票管理者とすることができる。

4　参議院議員の選挙において、選挙区選出議員の選挙と比例代表選出議員の選挙を同時に行う場合においては、市町村の選挙管理委員会は、選挙区選出議員についての投票管理者を同時に比例代表選出議員についての投票管理者とすることができる。

5　投票管理者は、投票に関する事務を担任する。

6　投票管理者は、選挙権を有しなくなつたときは、その職を失う。

7　市町村の選挙管理委員会は、市町村の区域を分けて数投票区を設けた場合には、政令で定めるところにより一以上の投票区を指定し、当該指定した投票区の投票管理者に、政令で定めるところ

---

**令**（投票管理者又はその職務代理者の氏名等の告示）

**第二五条**　市町村の選挙管理委員会は、法第三十七条第二項又は前条第一項の規定により投票管理者又はその職務を代理すべき者を選任した場合には、直ちにその者の住所及び氏名（二人以上の投票管理者又は二人以上の投票管理者の職務を代理すべき者に交替して職務を行わせることとしたときは、これらの者の住所及び氏名並びにこれらの者が職務を行うべき時間）を告示しなければならない。ただし、住所の全部の告示に支障があると認めるときは、当該住所の一部の告示をもつて当該住所の全部の告示に代えることができる。

により、当該投票区以外の投票区に属する選挙人がした第四十九条の規定による投票に関する事務のうち政令で定めるものを行わせることができる。

（投票立会人）

**第三八条**　市町村の選挙管理委員会は、各選挙ごとに、選挙権を有する者の中から、本人の承諾を得て、二人以上五人以下の投票立会人を選任し、その選挙の期日前三日までに、本人に通知しなければならない。

2　投票立会人で参会する者が投票所を開くべき時刻になつても二人に達しないとき又はその後二人に達しなくなつたときは、投票管理者は、選挙権を有する者の中から二人に達するまでの投票立会人を選任し、直ちにこれを本人に通知し、投票に立ち会わせなければならない。

3　当該選挙の公職の候補者は、これを投票立会人に選任することができない。

4　同一の政党その他の政治団体に属する者は、一の投票区において、二人以上を投票立会人に選任することができない。

5　投票立会人は、正当な理由がなければ、その職を辞することができない。

（投票所）

**第三九条**　投票所は、市役所、町村役場又は市町村の選挙管理委員会の指定した場所に設ける。

（投票所の開閉時間）

**第四〇条**　投票所は、午前七時に開き、午後八時に閉じる。ただし、市町村の選挙管理委員会は、選挙人の投票の便宜のため必要があると認められる特別の事情のある場合又は選挙人の投票に支障を来さないと認められる特別の事情のある場合に限り、投票所を開く時刻を二時間以内の範囲内において繰り上げ若しくは繰り下げ、又は投票所を閉じる時刻を四時間以内の範囲内において繰り上げることができる。

2　市町村の選挙管理委員会は、前項ただし書の場合においては、直ちにその旨を告示するとともに、これをその投票所の投票管理者に通知し、かつ、市町村の議会の議員又は長の選挙以外の選挙にあつては、直ちにその旨を都道府県の選挙管理委員会に届け出なければならない。

**（投票所の告示）**

**第四十一条**　市町村の選挙管理委員会は、選挙の期日から少くとも五日前に、投票所を告示しなければならない。

2　天災その他避けることのできない事故に因り前項の規定により告示した投票所を変更したときは、選挙の当日を除く外、市町村の選挙管理委員会は、前項の規定にかかわらず、直ちにその旨を告示しなければならない。

**（共通投票所）**

**第四十一条の二**　市町村の選挙管理委員会は、選挙人の投票の便宜のため必要があると認める場合（当該市町村の区域を分けて数投票区を設けた場合に限る。）には、投票所のほか、その指定した場所に、当該市町村の区域内（衆議院小選挙区選出議員の選挙若しくは都道府県の議会の議員の選挙において当該市町村が二以上の選挙区に分かれているとき、又は第十五条第六項の規定による選挙区があるときは、当該市町村の区域内における当該選挙区の区域内）のいずれの投票区に属する選挙人も投票をすることができる共通投票所を設けることができる。

2　市町村の選挙管理委員会は、前項の規定により共通投票所を設ける場合には、投票所において投票をした選挙人が共通投票所に

---

**令（共通投票所を設ける場合における関係規定の適用の特例）**

**第四八条の三**　法第四十一条の二第一項の規定により共通投票所を設ける場合における次の表の上欄に掲げる規定の適用については、これらの規定中同表の中欄に掲げる字句は、それぞれ同表の下欄に掲げる字句とする。

| | | |
|---|---|---|
| 第二十七条 | 投票所 | 投票所又は共通投票所 |
| 第二十八条第一項 | 各投票区 | 各投票区及び共通投票所 |
| | 投票所 | 投票所又は共通投票所 |

おいて投票をすること及び共通投票所において投票をした選挙人が投票所又は他の共通投票所において投票をすることを防止するために必要な措置を講じなければならない。

3　天災その他避けることのできない事故により、共通投票所において投票を行わせることができないときは、市町村の選挙管理委員会は、当該共通投票所を開かず、又は閉じるものとする。

4　市町村の選挙管理委員会は、前項の規定により共通投票所を開かず、又は閉じる場合には、直ちにその旨を告示しなければならない。

5　第一項の規定により共通投票所を設ける場合における次の表の上欄に掲げる規定の適用については、これらの規定中同表の中欄に掲げる字句は、それぞれ同表の下欄に掲げる字句とする。

| 上欄 | 中欄 | 下欄 |
|---|---|---|
| 第三十八条第二項 | 投票所 | 投票所又は共通投票所 |
| 第三十八条第四項 | 投票区 | 投票所又は一の共通投票所 |
| 次条第一項ただし書、第四十四条第一項、第四十五条第一項、第四十六条第一項から第三項まで、第四十六条の二第一項及び第四十八条第二項 | 投票所 | 投票所又は共通投票所 |
| 第五十一条 | 第六十条 | 第六十条（第四十一条の二第六項において準用する場合を含む。） |

| 上欄 | 中欄 | 下欄 |
|---|---|---|
| 第二十八条第一項各号 | 区域 | 区域又は共通投票所 |
| 第二十九条第二項及び第三十一条第二項 | 投票所 | 投票所又は共通投票所 |
| 第三十二条 | 投票所 | 投票所及び共通投票所 |
| 第三十四条 | 投票所内 | 投票所内又は共通投票所内 |
| 第四十条第一項 | 投票所 | 投票所又は共通投票所 |
| 第四十一条第四項 | 第四十八条第二項 | 第四十一条の二第五項の規定により読み替えて適用される法第四十八条第二項 |
| 第四十二条 | 投票所外 | 投票所外若しくは共通投票所外 |
| | 第六十条 | 第六十条（法第四十一条の二第六項において準用する場合を含む。） |
| 第四十三条 | 第五十三条第一項 | 第四十一条の二第五項の規定により読み替えて適用される法第五十三条第一項 |
| 第四十四条 | 投票所 | 投票所又は共通投票所 |

| | 投票所外 | 投票所外又は共通投票所外 |
|---|---|---|
| 第五十一条ただし書及び第五十三条第一項 | 投票所 | 投票所又は共通投票所 |
| 第六十六条第二項 | 各投票所 | 各投票所、共通投票所 |
| 第百三十二条及び第百六十五条の二 | 投票所 | 投票所又は共通投票所 |
| 第百七十五条第一項 | 投票所内 | 投票所内及び共通投票所内 |
| 第二百一条の十二第二項 | 投票所 | 投票所又は共通投票所 |

６　前二条及び第五十八条から第六十条までの規定は、共通投票所について準用する。この場合において、第四十条第一項ただし書中「選挙人の投票の便宜のため必要があると認められる特別の事情のある場合又は選挙人の投票に支障を来さないと認められる特別の事情のある場合に限り」とあるのは「必要があると認めるときは」と、「若しくは」とあるのは「若しくは当該時刻を」と、「時刻を四時間以内の範囲内において」とあるのは「時刻を」と読み替えるものとする。

７　第一項の規定により共通投票所を設ける場合において、第五十六条又は第五十七条第一項の規定により投票の期日を定めたときにおける次の表の上欄に掲げる規定の適用については、これらの規定中同表の中欄に掲げる字句は、それぞれ同表の下欄に掲げる字句とする。

| 第四十九条の五第二項 | 投票所内 | 投票所内及び共通投票所内 |
|---|---|---|
| 第九十三条第一項 | 各投票所 | 各投票所及び共通投票所 |
| 第百四条 | 投票所 | 投票所、共通投票所 |

**令（共通投票所を開かず、又は閉じる場合の通知）**

**第四八条の四**　市町村の選挙管理委員会は、法第四十一条の二第三項の規定により共通投票所を開かず、又は閉じる場合には、直ちにその旨を当該共通投票所の投票管理者及び関係のある開票管理者に通知しなければならない。

**令（市町村の区域が数開票区に分かれている場合における投票箱等の送致を受けるべき開票管理者）**

**第四九条**　市町村の区域（指定都市においては、区の区域）（当該区域が二以上の選挙区に分かれている場合には、当該選挙区の区域）が分割開票区により数開票区に分かれている場合には、当該市町村の選挙管理委員会（指定都市においては、当該区の選挙管理委員会）が設けた共通投票所の投票管理者から法第五十五条の規定により投票箱等（投票箱、投票録、選挙人名簿又はその抄本及び在外選挙人名簿又はその抄本（当該在外選挙人名簿が法第三十条の二第四項の規定により磁気ディスクをもつて調製されている場合には、当該在外選挙人名簿に記録されている全部若しくは一部の事項又は当該事項を記載した書類。第六十五条の十一第二項及び第七十五条第一項において同じ。）をいう。次項から第四項までにおいて同じ。）の送致を受けるべき開票管理者は、当該市町村の選挙管理委員会（指定都市においては、当該区の選挙管理委員会）が指定した開票区の開票管理者とする。

| | | |
|---|---|---|
| 第一項 | 場所に、 | 場所に、選挙の期日においては当該選挙の期日に投票を行う |
| | ）の | 。以下この項において同じ。）、第五十六条又は第五十七条第一項の規定により定めた投票の期日においては当該投票の期日に投票を行う当該市町村の区域内の |
| 前項 | 「時刻を」 | 「時刻を」と、前条第二項中「天災その他避けることのできない事故に因り前項」とあるのは「第五十六条又は第五十七条第一項の規定により投票の期日を定めた場合において、前項の規定、次条第六項において準用する第四十一条第二項の規定又はこの項」と、「変更したときは、選挙の当日を除く外」とあるのは「設置する場所若しくは期日を変更し、又は当該共通投票所を設けないこととしたときは」 |

2　指定都市以外の市町村の区域（当該区域が二以上の選挙区に分かれている場合には、当該選挙区の区域）が次に掲げる開票区のいずれかにより数開票区に分かれている場合には、当該市町村の選挙管理委員会が設けた共通投票所の投票管理者から法第五十五条の規定により投票箱等の送致を受けるべき開票管理者は、関係市町村の選挙管理委員会が協議して定めた開票区の開票管理者とする。その協議が調わない場合には、都道府県の選挙管理委員会が指定した開票区の開票管理者とする。

一　分割開票区及び数市町村合同開票区

二　数市町村合同開票区

3　指定都市の区の区域（当該区域が二以上の選挙区に分かれている場合には、当該選挙区の区域）が次に掲げる開票区のいずれかにより数開票区に分かれている場合には、当該区の選挙管理委員会が設けた共通投票所の投票管理者から法第五十五条の規定により投票箱等の送致を受けるべき開票管理者は、関係市町村の選挙管理委員会が協議して定めた開票区の開票管理者とする。その協議が調わない場合には、都道府県の選挙管理委員会が指定した開票区の開票管理者とする。

一　分割開票区及び数市町村合同開票区

二　分割開票区、数市町村合同開票区及び数区合同開票区

三　数市町村合同開票区

四　数市町村合同開票区及び数区合同開票区

4　指定都市の区の区域（当該区域が二以上の選挙区に分かれている場合には、当該選挙区の区域）が次に掲げる開票区のいずれかにより数開票区に分かれている場合には、当該区の選挙管理委員会が設けた共通投票所の投票管理者から法第五十五条の規定により投票箱等の送致を受けるべき開票管理者は、当該指定都市の選

８　前各項に定めるもののほか、共通投票所に関し必要な事項は、政令で定める。

（選挙人名簿又は在外選挙人名簿の登録と投票）

挙管理委員会が指定した開票区の開票管理者とする。

一　分割開票区及び数区合同開票区

二　数区合同開票区

５　市町村の選挙管理委員会（指定都市においては、区の選挙管理委員会）は、第一項の規定により開票区を指定した場合には、直ちにその旨を告示するとともに、当該開票区の開票管理者に通知しなければならない。

６　指定都市以外の市町村の選挙管理委員会（第二項の規定による協議に係る共通投票所を設けたものに限る。）は、同項の規定により開票区を定めた場合には、直ちにその旨を告示するとともに、当該開票区の開票管理者に通知しなければならない。

７　指定都市の選挙管理委員会（第三項の規定による協議に係る共通投票所を設けた区の選挙管理委員会の置かれた区の属する指定都市の選挙管理委員会に限る。）は、同項の規定により開票区を定めた場合には、直ちにその旨を告示するとともに、当該区の選挙管理委員会を経て当該開票区の開票管理者に通知しなければならない。

８　都道府県の選挙管理委員会は、第二項又は第三項の規定により開票区を指定した場合には、直ちにその旨を告示するとともに、市町村の選挙管理委員会（指定都市においては、当該指定都市の選挙管理委員会及び区の選挙管理委員会）を経て当該開票区の開票管理者に通知しなければならない。

９　指定都市の選挙管理委員会は、第四項の規定により開票区を指定した場合には、直ちにその旨を告示するとともに、区の選挙管理委員会を経て当該開票区の開票管理者に通知しなければならない。

**第四二条**　選挙人名簿又は在外選挙人名簿に登録されていない者は、投票をすることができない。ただし、選挙人名簿に登録されるべき旨の決定書又は確定判決書を所持し、選挙の当日投票所に至る者があるときは、投票管理者は、その者に投票をさせなければならない。

2　選挙人名簿又は在外選挙人名簿に登録された者であつても選挙人名簿又は在外選挙人名簿に登録されることができない者であるときは、投票をすることができない。

（選挙権のない者の投票）

**第四三条**　選挙の当日（第四十八条の二の規定による投票にあつては、投票の当日）、選挙権を有しない者は、投票をすることができない。

（投票所における投票）

**第四四条**　選挙人は、選挙の当日、自ら投票所に行き、投票をしなければならない。

2　選挙人は、選挙人名簿又はその抄本（当該選挙人名簿が第十九条第三項の規定により磁気ディスクをもつて調製されている場合には、当該選挙人名簿に記録されている全部若しくは一部の事項又は当該事項を記載した書類。次項、第五十五条及び第五十六条において同じ。）の対照を経なければ、投票をすることができない。

3　第九条第三項の規定により都道府県の議会の議員及び長の選挙権を有する者が、従前住所を有していた現に選挙人名簿に登録されている市町村において当該都道府県の議会の議員又は長の選挙の投票をする場合には、前項の選挙人名簿又はその抄本の対照を経る際に、引き続き当該都道府県の区域内に住所を有することを証するに足りる文書を提示し、又は引き続き当該都道府県の区域内に住所を有することの確認を受けなければならない。

---

令（投票記載の場所の設備）

**第三二条**　市町村の選挙管理委員会は、投票所において選挙人が投票の記載をする場所について、他人がその選挙人の投票の記載を見ること又は投票用紙の交換その他の不正の手段が用いられることがないようにするために、相当の設備をしなければならない。

令（投票用紙の交付）

**第三五条**　投票管理者は、投票立会人の面前において、選挙人が選挙人名簿に登録されている者であることを、次の各号に掲げる場合の区分に応じ、当該各号に定める方法により確認した後（法第九条第三項の規定により都道府県の議会の議員及び長の選挙権を有する者で従前住所を有していた現に選挙人名簿に登録されている市町村において当該都道府県の議会の議員又は長の選挙の投票をしようとするものにあつては、併せて、その者について、法第四十四条第三項の規定により提示された引続居住証明書類（同項に規定する引き続き当該都道府県の区域内に住所を有することを

（投票用紙の交付及び様式）

**第四五条**　投票用紙は、選挙の当日、投票所において選挙人に交付しなければならない。

2　投票用紙の様式は、衆議院議員又は参議院議員の選挙については総務省令で定め、地方公共団体の議会の議員又は長の選挙については当該選挙に関する事務を管理する選挙管理委員会が定める。

（投票の記載事項及び投函）

**第四六条**　衆議院（比例代表選出）議員又は参議院（比例代表選出）議員の選挙以外の選挙の投票については、選挙人は、投票所において、投票用紙に当該選挙の公職の候補者一人の氏名を自書して、これを投票箱に入れなければならない。

2　衆議院（比例代表選出）議員の選挙の投票については、選挙人は、投票所において、投票用紙に一の衆議院名簿届出政党等（第八十六条の二第一項の規定による届出をした政党その他の政治団体をいう。以下同じ。）の同項の届出に係る名称又は略称を自書して、これを投票箱に入れなければならない。

3　参議院（比例代表選出）議員の選挙の投票については、選挙人は、投票所において、投票用紙に公職の候補者たる参議院名簿登載者（第八十六条の三第一項の参議院名簿登載者をいう。以下この章から第八章までにおいて同じ。）一人の氏名を自書して、これを投票箱に入れなければならない。ただし、公職の候補者たる参議院名簿登載者の氏名を自書することに代えて、一の参議院名簿届出政党等（同項の規定による届出をした政党その他の政治団体をいう。以下同じ。）の同項の届出に係る名称又は略称を自書することができる。

4　投票用紙には、選挙人の氏名を記載してはならない。

証するに足りる文書をいう。第五章において同じ。）を確認し、又は前条第三項の規定による市町村の選挙管理委員会の回答に基づき引き続き当該都道府県の区域内に住所を有することを確認した後）に、当該選挙人に投票用紙を交付しなければならない。

一　次号に掲げる場合以外の場合　選挙人名簿又はその抄本と対照する方法

二　選挙人名簿が法第十九条第三項の規定により磁気ディスクをもつて調製されている場合　次に掲げるいずれかの方法

イ　市町村の選挙管理委員会から送付された当該選挙人名簿に記録されている全部若しくは一部の事項又は当該事項を記載した書類と対照する方法

ロ　当該投票管理者及び市町村の選挙管理委員会の使用に係る電子計算機を相互に電気通信回線で接続した電子情報処理組織を使用して、当該市町村の選挙管理委員会が管理する当該選挙人名簿に記録されている全部又は一部の事項と対照する方法

2　投票管理者は、第十八条に規定する選挙人名簿登録証明書（以下この項及び第五章において「選挙人名簿登録証明書」という。）の交付を受けた船員に投票用紙を交付すべき場合には、当該選挙人名簿登録証明書を提示させ、これに投票用紙を交付した旨を記入しなければならない。

3　投票管理者は、衆議院議員の総選挙又は参議院議員の通常選挙において、第五十九条の七第一項に規定する南極選挙人証（以下第五十三条までにおいて「南極選挙人証」という。）の交付を受けた選挙人に投票用紙を交付すべき場合には、当該南極選挙人証を提示させ、これに投票用紙を交付した旨を記入しなければならない。

（記号式投票）

**第四六条の二**　地方公共団体の議会の議員又は長の選挙の投票（次条、第四十八条の二及び第四十九条の規定による投票を除く。）については、地方公共団体は、前条第一項の規定にかかわらず、条例で定めるところにより、選挙人が、自ら、投票所において、投票用紙に氏名が印刷された公職の候補者のうちその投票しようとするもの一人に対して、投票用紙の記号を記載する欄に〇の記号を記載して、これを投票箱に入れる方法によることができる。

２　前項の場合においては、第四十八条第一項中「当該選挙の公職の候補者の氏名」とあるのは「〇の記号」と、「第四十六条第一項から第三項まで」とあるのは「第四十六条の二第一項及び第二項」と、同条第二項中「公職の候補者（公職の候補者たる参議院名簿登載者を含む。）一人の氏名」とあるのは「公職の候補者一人に対して〇の記号」と、第六十八条第一項第一号中「用いないもの」とあるのは「用いないもの又は所定の〇の記号の記載方法によらないもの」と、同項第二号中「公職の候補者となることができない者の氏名」とあるのは「公職の候補者となることができない者に対して〇の記号」と、同項第四号及び第五号中「公職の候補者の氏名」とあるのは「公職の候補者に対して〇の記号」と、同項第六号中「公職の候補者の氏名のほか、他事を記載したもの。ただし、職業、身分、住所又は敬称の類を記入したものは、この限りでない。」とあるのは「〇の記号以外の事項を記載したもの」と、同項第七号中「公職の候補者の氏名を自書しないもの」とあるのは「〇の記号を自ら記載しないもの」と、同項第八号中「公職の候補者の何人」とあるのは「公職の候補者のいずれに対して〇の記号」と、第八十六条の四第五項中「三日」とあるのは「四日」と、「二日」とあるのは「三日」と、同条第六項中「第一項

---

令（投票用紙の引換）

**第三六条**　選挙人は、誤つて投票用紙を汚損した場合においては、投票管理者に対して、その引換を請求することができる。

令（投票用紙の投入）

**第三七条**　法第四十八条第一項に規定する代理投票の場合を除く外、投票用紙は、投票管理者及び投票立会人の面前において、選挙人が自ら投票箱に入れなければならない。

から第四項までの規定の例により、都道府県知事又は市長の選挙にあつてはその選挙の期日前三日までに、町村の長の選挙にあつてはその選挙の期日前二日までに、当該選挙における候補者の届出をすることができる」とあるのは「選挙の期日は、政令で定める日に延期するものとする。この場合においては、当該選挙に関する事務を管理する選挙管理委員会は、直ちにその旨を告示しなければならない」と、同条第七項中「前項」とあるのは「前項の規定により選挙の期日を延期した場合における次項」と、「第三十三条第五項（第三十四条の二第五項において準用する場合を含む。）、第三十四条第六項又は第百十九条第三項の規定により告示した期日後五日に当たる日」とあるのは「政令で定める日」と、同条第八項中「前項」とあるのは「前二項」と、「当該選挙の期日前三日までに」とあるのは「政令で定める日までに」と、第百二十六条第一項中「第七項」とあるのは「第六項又は第七項」と、同条第二項中「第七項」とあるのは「第六項又は第七項」と、「七日以内」とあるのは「政令で定める日以内」と、同条第三項中「第七項」とあるのは「第六項又は第七項」とし、第六十八条第一項第三号及び第六十八条の二の規定は、適用しない。

3　第一項の場合において、○の記号の記載方法、投票用紙に印刷する公職の候補者の氏名の順序の決定方法及び公職の候補者が死亡し、又は公職の候補者たることを辞したものとみなされた場合における投票用紙における公職の候補者の表示方法その他必要な事項は、政令で定める。

（点字投票）

**第四七条**　投票に関する記載については、政令で定める点字は文字とみなす。

（代理投票）

---

令（代理投票の仮投票）

**第四八条**　心身の故障その他の事由により、自ら当該選挙の公職の候補者の氏名（衆議院比例代表選出議員の選挙の投票にあつては衆議院名簿届出政党等の名称及び略称、参議院比例代表選出議員の選挙の投票にあつては公職の候補者たる参議院名簿登載者の氏名又は参議院名簿届出政党等の名称及び略称）を記載することができない選挙人は、第四十六条第一項から第三項まで、第五十条第四項及び第五項並びに第六十八条の規定にかかわらず、投票管理者に申請し、代理投票をさせることができる。

2　前項の規定による申請があつた場合においては、投票管理者は、投票立会人の意見を聴いて、投票所の事務に従事する者のうちから当該選挙人の投票を補助すべき者二人を定め、その一人に投票の記載をする場所において投票用紙に当該選挙人が指示する公職の候補者（公職の候補者たる参議院名簿登載者を含む。）一人の氏名、一の衆議院名簿届出政党等の名称若しくは略称又は一の参議院名簿届出政党等の名称若しくは略称を記載させ、他の一人をこれに立ち会わせなければならない。

3　前二項の場合において必要な事項は、政令で定める。

**（期日前投票）**

**第四八条の二**　選挙の当日に次の各号に掲げる事由のいずれかに該当すると見込まれる選挙人の投票については、第四十四条第一項の規定にかかわらず、当該選挙の期日の公示又は告示があつた日の翌日から選挙の期日の前日までの間、期日前投票所において、行わせることができる。

一　職務若しくは業務又は総務省令で定める用務に従事すること。

二　用務（前号の総務省令で定めるものを除く。）又は事故のた

---

**第四一条**　投票管理者は、法第四十八条第一項の規定によつて心身の故障その他の事由を理由として代理投票を申請した選挙人がある場合において、その事由がないと認めるときは、投票立会人の意見を聴き、その拒否を決定することができる。

2　前項の決定を受けた選挙人がその決定に不服である場合においては、投票管理者は、仮に投票をさせなければならない。

3　投票管理者は、第一項に規定する選挙人が代理投票をすることについて投票立会人に異議がある場合においては、その選挙人に仮に投票をさせなければならない。

4　前二項の場合においては、投票管理者は、法第四十八条第二項（法第四十六条の二第二項の規定により変更して適用する場合を含む。）の規定により、投票用紙に公職の候補者（公職の候補者たる参議院名簿登載者を含む。）の氏名若しくは衆議院名簿届出政党等の名称若しくは略称又は公職の候補者に対して○の記号を記載した者に、その選挙人及び投票立会人の面前においてその投票用紙を封筒に入れて封をさせ、かつ、封筒の表面に選挙人及びその者の氏名を記載させて投票箱に入れさせなければならない。

**令（期日前投票における関係規定の適用の特例）**

**第四九条の七**　法第四十八条の二第一項の規定により期日前投票所において投票を行わせる場合における次の表の上欄に掲げる規定の適用については、これらの規定中同表の中欄に掲げる字句は、それぞれ同表の下欄に掲げる字句とし、第二十九条第二項の規定は、適用しない。

| | | |
|---|---|---|
| 第二十五条 | 氏名（ | 氏名並びにこれらの者が職務を行うべき日（同一の日に |

めその属する投票区の区域外に旅行又は滞在をすること。

三　疾病、負傷、妊娠、老衰若しくは身体の障害のため若しくは産褥（じょく）にあるため歩行が困難であること又は刑事施設、労役場、監置場、少年院、少年鑑別所若しくは婦人補導院に収容されていること。

四　交通至難の島その他の地で総務省令で定める地域に居住していること又は当該地域に滞在をすること。

五　その属する投票区のある市町村の区域外の住所に居住していること。

六　天災又は悪天候により投票所に到達することが困難であること。

2　市町村の選挙管理委員会は、二以上の期日前投票所を設ける場合には、一の期日前投票所において投票をした選挙人が他の期日前投票所において投票をすることを防止するために必要な措置を講じなければならない。

3　天災その他避けることのできない事故により、期日前投票所において投票を行わせることができないときは、市町村の選挙管理委員会は、期日前投票所を開かず、又は閉じるものとする。

4　市町村の選挙管理委員会は、前項の規定により期日前投票所を開かず、又は閉じる場合には、直ちにその旨を告示しなければならない。市町村の選挙管理委員会が当該期日前投票所を開く場合も、同様とする。

5　第一項の規定により期日前投票所において投票を行わせる場合における次の表の上欄に掲げる規定の適用については、これらの規定中同表の中欄に掲げる字句は、それぞれ同表の下欄に掲げる字句とし、第三十七条第七項及び第五十七条の規定は、適用しない。

| 上欄 | 中欄 | 下欄 |
|---|---|---|
| 第二十七条 | 時間 | 日及び時間 |
| | 氏名並びに | 氏名、 |
| | 名称（ | 名称並びに当該投票立会人の投票に立ち会うべき日（期日前投票所を設ける日ごとの当該 |
| | 投票所 | 期日前投票所 |
| | 時間 | 日及び時間 |
| 第二十八条第一項 | 各投票区 | 期日前投票所 |
| | 投票区の投票所 | 期日前投票所を設ける期間の初日において当該期日前投票所 |
| 第二十八条第一項各号 | 投票区の区域 | 期日前投票所 |
| 第三十一条第二項、第三十二条、第三十四条及び第四十条第一項 | 投票所 | 期日前投票所 |
| 第四十一条第四項 | 第四十八条第二項 | 第四十八条の二第五項の規定により読み替えて適用される法第四十八条第二項 |
| 第四十二条 | 投票所 | 期日前投票所 |
| | 第六十条 | 第四十八条の二第六項において準用する法第六十条 |

| | | |
|---|---|---|
| 第三十八条第一項 | 二人以上五人以下 | 二人 |
| | 前三日まで | の公示又は告示の日 |
| 第三十八条第二項 | 投票所 | 期日前投票所 |
| 第三十八条第四項 | 投票区において、二人以上 | 期日前投票所において、二人 |
| 第四十二条第一項ただし書 | 選挙の当日投票所 | 第四十八条の二第一項の規定による投票の日、期日前投票所 |
| 第四十五条第一項 | 選挙の当日、投票所 | 第四十八条の二第一項の規定による投票の日、期日前投票所 |
| 第四十六条第一項から第三項まで及び前条第二項 | 投票所 | 期日前投票所 |
| 第五十一条 | 第六十条 | 第四十八条の二第六項において準用する第六十条 |
| | 投票所 | 期日前投票所 |
| | 最後 | 当該投票の日の最後 |
| 第五十三条第一項 | 投票所 | 期日前投票所 |
| | 閉鎖しなければ | 閉鎖しなければならない。ただし、翌日において引き続き当該投票箱に投票用紙を入れさせる場合に |

| | | |
|---|---|---|
| 第四十三条 | 第五十三条第一項 | 第四十八条の二第五項の規定により読み替えて適用される法第五十三条第一項 |
| | 投票箱を送致すべき投票立会人（投票管理者が同時に開票管理者である場合には、投票管理者の指定した投票立会人）が保管し | 投票管理者の指定した投票立会人が封印をし |
| | 保管しなければ | 封印をしなければ |
| 第四十四条 | 開票管理者 | 市町村の選挙管理委員会 |
| | 投票所 | 期日前投票所 |
| | ならない | ならない。ただし、投票管理者が投票箱の保管のため必要があると認めるときは、この限りでない |
| 第四十四条の二第一項 | は、法第五十五条又は第五十六条 | 及び市町村の選挙管理委員会は、法第四十八条の二第五項の規定により読み替えて適用される法第五十五条 |
| 第四十四条の二第六項及び第七項 | 選挙の当日 | 期日前投票所において、当該期日前投票所を設ける期間の末日に |

| | | |
|---|---|---|
| | | おいては、その日の期日前投票所を開くべき時刻になつたときは、投票管理者は、当該投票箱を開かなければ |
| 第五十三条第二項 | できない | できない。ただし、前項ただし書の規定により投票箱を開いた場合は、この限りでない |
| 第五十五条 | 投票管理者が同時に当該選挙の開票管理者である場合を除くほか、投票管理者は、一人又は数人の投票立会人とともに、選挙の当日 | 投票管理者は、期日前投票所において、当該期日前投票所を設ける期間の末日に |
| | を開票管理者 | （以下この条において「投票箱等」という。）を市町村の選挙管理委員会に送致し、当該投票箱等の送致を受けた市町村の選挙管理委員会は、選挙の期日に、当該投票箱等を開票管理者 |

6　第三十九条から第四十一条まで及び第五十八条から第六十条までの規定は、期日前投票所について準用する。この場合において、次の表の上欄に掲げる規定中同表の中欄に掲げる字句は、それぞれ同表の下欄に掲げる字句に読み替えるものとする。

---

**令**（期日前投票の事由に該当する旨の宣誓書）

**第四九条の八**　選挙人は、法第四十八条の二第一項の規定による投票をしようとする場合には、選挙の当日に同項各号に掲げる事由のいずれかに該当すると見込まれる旨を申し立て、かつ、当該申立てが真正であることを誓う旨の宣誓書を提出しなければならない。

**令**（期日前投票における投票録）

**第四九条の一〇**　期日前投票所の投票管理者は、当該期日前投票所を設ける期間の各日において、投票録を作り、当該日における投票に関する次第を記載し、投票立会人とともに、これに署名しなければならない。

**令**（期日前投票における投票箱の鍵の送致）

**第四九条の一一**　法第四十八条の二第五項の規定により読み替えて適用される法第五十五条の規定により投票箱等（同条に規定する投票箱等をいう。次条第一項から第四項までにおいて同じ。）を送致する場合には、併せて第四十九条の七の規定により読み替えて適用される第四十三条の規定により封印をした鍵を送致しなければならない。

| | | |
|---|---|---|
| 第三十九条 | 市役所 | 選挙の期日の公示又は告示があつた日の翌日から選挙の期日の前日までの間（二以上の期日前投票所を設ける場合にあつては、一の期日前投票所を除き、市町村の選挙管理委員会の指定した期間）、市役所 |
| 第四十条第一項 | 午前七時 | 午前八時三十分 |
| 第四十条第一項ただし書 | 選挙人の投票の便宜のため必要があると認められる特別の事情のある場合又は選挙人の投票に支障を来さないと認められる特別の事情のある場合に限り、投票所を開く時刻を二時間以内の範囲内において繰り上げ若しくは繰り下げ、又は投票所を閉じる時刻を四時間以内の範囲内において繰り上げることができる。 | 次の各号に掲げる場合には、当該各号に定める措置をとることができる。<br>一　当該市町村の選挙管理委員会が設ける期日前投票所の数が一である場合　期日前投票所を開く時刻を二時間以内の範囲内において繰り上げ、又は期日前投票所を閉じる時刻を二時間以内の範囲内において繰り下げること。<br>二　当該市町村の選挙管理委員会が設ける期日前投票所 |

| | | |
|---|---|---|
| | | の数が二以上である場合（午前八時三十分から午後八時までの間において、いずれか一以上の期日前投票所が開いている場合に限る。）期日前投票所を開く時刻を二時間以内の範囲内において繰り上げ若しくは当該時刻を繰り下げ、又は期日前投票所を閉じる時刻を繰り上げ若しくは当該時刻を二時間以内の範囲内において繰り下げること。 |
| 第四十条第二項 | 通知し、かつ、市町村の議会の議員又は長の選挙以外の選挙にあつては、直ちにその旨を都道府県の選挙管理委員会に届け出なければ | 通知しなければ |
| 第四十一条第一項 | から少くとも五日前に、投票所 | の公示又は告示の日に、期日前投票所の場所（二以上の期日前投票所を設ける場合にあつては、期日前投票所の場所及び当該期日前投票所を設ける期間） |

| 第四十一条第二項 | 投票所 | 期日前投票所 |
|---|---|---|
| | 選挙の当日を除く外、市町村 | 市町村 |

7　市町村の選挙管理委員会は、期日前投票所を設ける場合には、当該市町村の人口、地勢、交通等の事情を考慮して、期日前投票所の効果的な設置、期日前投票所への交通手段の確保その他の選挙人の投票の便宜のため必要な措置を講ずるものとする。

8　第一項の場合において、投票録の作成の方法その他必要な事項は、政令で定める。

（不在者投票）

**第四九条**　前条第一項の選挙人の投票については、同項の規定によるほか、政令で定めるところにより、第四十二条第一項ただし書、第四十四条、第四十五条、第四十六条第一項から第三項まで、第四十八条及び第五十条の規定にかかわらず、不在者投票管理者の管理する投票を記載する場所において、投票用紙に投票の記載をし、これを封筒に入れて不在者投票管理者に提出する方法により行わせることができる。

---

**令**（投票用紙及び投票用封筒の請求）

**第五〇条**　選挙の当日法第四十八条の二第一項各号に掲げる事由に該当すると見込まれる選挙人で、その登録されている選挙人名簿の属する市町村以外の市町村において投票をしようとするもの又は船舶、病院、老人ホーム（老人福祉法（昭和三十八年法律第百三十三号）第五条の三に規定する老人短期入所施設、養護老人ホーム、特別養護老人ホーム及び軽費老人ホーム並びに同法第二十九条第一項に規定する有料老人ホーム（第四項において「有料老人ホーム」という。）をいう。第四項及び第五十五条において同じ。）、原子爆弾被爆者養護ホーム（原子爆弾被爆者に対する援護に関する法律（平成六年法律第百十七号）第三十九条の規定により同法第一条に規定する被爆者を入所させる施設をいう。第四項及び第五十五条において同じ。）、国立保養所（厚生労働省組織令（平成十二年政令第二百五十二号）第百四十九条に規定する国立障害者リハビリテーションセンターの内部組織のうち、身体障害者（身体障害者福祉法（昭和二十四年法律第二百八十三号）第四条に規定する身体障害者をいう。以下この項において同じ。）であつて重度の身体障害を有するもののリハビリテーションに関し、治療、訓練及び支援を行うこと並びに戦傷病者の保養を行うことをつかさどるものとして総務省令で定めるものをいう。第四項及び第五十五条において同じ。）、身体障害者支援施設（障害者の日常生活及び社会生活を総合的に支援するための法律（平成十七年法律第百二十三号）第五条第十一項に規定する障害者支援施設及び同条第二十八項に規定する福祉ホームのうち、専ら身体障害者を入所させる施設をいう。第四項及び第五十五条において同じ。）、保護施設（生活保護法（昭和二十五年法律第百四十四号）第三十八条第一項に規定する救護施設及び更生施設をいう。第四項及び第五十五条において同じ。）、刑事施設、労役場、監置場、留置施設、少年院、少年鑑別所若しくは婦人補導院（以下この章において「不在者投票施設」という。）において投票をしようとするものは、選挙の期日の前日までに、その登録されている選挙人名簿の属する市町村の選挙管理委員会の委員長に対して、直接に、又は郵便等をもつて、その投票をしようとする場所を申し立てて、投票用紙及び投票用封筒の交付を請求することができる。

2　選挙の当日法第四十八条の二第一項各号に掲げる事由に該当すると見込まれる選挙人で現に当該選挙の選挙権を有しないものは、前項の規定による請求をする場合を除くほか、選挙の期日の公示又は告示があつた日の翌日から選挙の期日の前日までに、その登録されている選挙人名簿の属する市町村の選挙管理委員会の委員長に対して、直接に、投票用紙及び投票用封筒の交付を請求することができる。

3　点字によつて投票をしようとする選挙人は、前二項の規定による請求をする際に、前二項の選挙管理委員会の委員長に対し、その旨を申し立てなければならない。

4　第五十五条第四項に規定する不在者投票の不在者投票管理者である船長、病院の院長、老人ホームの長（有料老人ホームにあつては、その施設の管理者。同条において同じ。）、原子爆弾被爆者養護ホームの長、国立保養所の所長、身体障害者支援施設の長、保護施設の長、刑事施設の長、留置施設の留置業務管理者（刑事収容施設及び被収容者等の処遇に関する法律（平成十七年法律第五十号）第十六条第一項に規定する留置業務管理者をいう。第五十五条第四項第三号及び第九項において同じ。）、少年院の長、少年鑑別所の長又は婦人補導院の長（これらの者が同条第八項の規定に該当する場合又は事故があり、若しくは欠けた場合には、同条第九項の規定により同条第四項に規定する不在者投票の不在者投票管理者となる者。以下この条において「不在者投票施設の長」という。）は、当該不在者投票施設の長が管理する不在者投票施設にあるべき選挙人の依頼があつた場合には、自ら又はその代理人によつて、当該選挙人に代わつて、第一項の選挙管理委員会の委員長に対し、文書で同項の規定による請求及び申立て並びに前項の規定による申立てをすることができる。

5　都道府県の議会の議員又は長の選挙において、法第九条第三項の規定により当該選挙の選挙権を有する者が第一項の規定による請求をする場合又はその者に代わつて不在者投票施設の長若しくはその代理人が前項の規定による請求をする場合には、第一項の選挙管理委員会の委員長に、引続居住証明書類を提示し、又は引き続き当該都道府県の区域内に住所を有することの確認を申請しなければならない。

6　船員（選挙人名簿登録証明書の交付を受けている者に限る。第五十九条の六の二各号を除き、以下同じ。）が第一項若しくは第二項の規定による請求をする場合又は船員に代わつて不在者投票施設の長若しくはその代理人が第四項の規定による請求をする場合には、第一項又は第二項の選挙管理委員会の委員長に、選挙人名簿登録証明書を提示しなければならない。

7　衆議院議員の総選挙又は参議院議員の通常選挙において、南極選挙人証の交付を受けた選挙人が第一項若しくは第二項の規定による請求をする場合又は当該選挙人に代わつて不在者投票施設の長若しくはその代理人が第四項の規定による請求をする場合には、第一項又は第二項の選挙管理委員会の委員長に、当該選挙人の南極選挙人証を提示しなければならない。

**令（船員の不在者投票における投票用紙及び投票用封筒の請求の特例）**

**第五一条**　船員は、選挙の当日法第四十八条の二第一項各号に掲げる事由に該当すると見込まれる場合には、前条第一項、第二項又は第四項の規定による請求をする場合を除くほか、選挙の期日の公示又は告示があつた日の翌日から選挙の期日の前日までに、その登録されている選挙人名簿の属する市町村以外の市町村で総務省令で指定するものの選挙管理委員会の委員長に対して、選挙人名簿登録証明書及び船員手帳（当該船員が実習生である場合には、法第四十九条第七項に規定する船員手帳に準ずる文書）を提示して、投票用紙及び投票用封筒の交付を請求することができる。

2　前条第三項及び第四項の規定は、前項の場合について準用する。この場合において、同条第三項中「選挙人は、前二項」とあるのは「船員は、次条第一項」と、「に、前二項」とあるのは「に、同項」と、同条第四項中「選挙人の」とあるのは「船員で、当該不在者投票施設において投票をしようとするものの」と、「選挙人に」とあるのは「船員に」と、「第一項の」とあるのは「次条第一項の」と、「同項の規定による請求及び申立て並びに」とあるのは「、選挙人名簿登録証明書（船長又はその代理人以外の第五十五条第四項に規定する不在者投票の不在者投票管理者又はその代理人にあつては、選挙人名簿登録証明書及び船員手帳（当該船員が実習生である場合には、法第四十九条第七項に規定する船員手帳に準ずる文書））を提示して、次条第一項の規定による請求及び」と読み替えるものとする。

**令**（不在者投票の事由に該当する旨の宣誓書）

**第五二条**　第五十条第一項若しくは第二項又は前条第一項の規定による請求をする場合には、選挙人は、選挙の当日に法第四十八条の二第一項各号に掲げる事由のいずれかに該当すると見込まれる旨を申し立て、かつ、当該申立てが真正であることを誓う旨の宣誓書を併せて提出しなければならない。

**令**（投票用紙、投票用封筒及び不在者投票証明書の交付）

**第五三条**　市町村の選挙管理委員会の委員長は、第五十条第一項、第二項又は第四項の規定による投票用紙及び投票用封筒の交付の請求を受けた場合において、その選挙に用いるべき選挙人名簿又はその抄本と対照して（都道府県の議会の議員又は長の選挙において、法第九条第三項の規定により当該選挙の選挙権を有する者にあつては、併せて、その者について、第五十条第五項の規定により提示された引続居住証明書類を確認し、又は住民基本台帳法第三十条の十第一項（第一号に係る部分に限る。）の規定により機構から提供を受けた機構保存本人確認情報に基づき引き続き当該都道府県の区域内に住所を有することを確認して）、その請求をした選挙人が選挙の当日法第四十八条の二第一項各号に掲げる事由のいずれかに該当すると見込まれると認めたときは、投票用封筒の表面に当該選挙の種類を記入し、投票用紙及び投票用封筒の交付又は発送について、直ちに（第五十条第一項又は第四項の規定により選挙の期日の公示又は告示の日以前に請求を受けたときは、当該選挙の期日の公示又は告示の日の翌日（郵便等をもつて発送するときは、当該公示又は告示の日以前において市町村の選挙管理委員会の定める日）以後直ちに）次に掲げる措置をとらなければならない。この場合において、その選挙人が船員であるときは当該船員の選挙人名簿登録証明書に、衆議院議員の総選挙又は参議院議員の通常選挙においてその選挙人が南極選挙人証の交付を受けた者であるときは当該選挙人の南極選挙人証に、当該選挙の種類及び期日並びに当該選挙の不在者投票の投票用紙及び投票用封筒を交付した旨を記入しなければならない。

一　第五十条第一項の規定による請求を受けた場合には、選挙人に直接に交付し、又は郵便等をもつて発送する。

二　第五十条第二項の規定による請求を受けた場合には、選挙人に直接に交付する。

三　第五十条第四項の規定による請求を受けた場合には、当該不在者投票の不在者投票管理者又はその代理人に交付し、又は郵便等をもつて発送する。

2　市町村の選挙管理委員会の委員長は、前項第一号に掲げる措置をとる場合には、当該選挙人について、氏名及び生年月日（当該選挙人が、不在者投票施設において投票をしようとするものであるときは、氏名、生年月日及び当該不在者投票施設の名称）を記載した不在者投票証明書を作成し、これを封筒に入れて封をし、その封筒の表面に不在者投票証明書が在中する旨を表示し、その裏面に記名して印を押し、これを同項の投票用紙及び投票用封筒とともに、選挙人に交付し、又は郵便等をもつて発送しなければならない。

3　第一項の場合において、第五十条第三項又は第四項の規定により点字によつて投票をする旨の申立てをし、又は申立てをされた選挙人に交付し、又は発送すべき投票用紙は、点字投票である旨の表示をしたものでなければならない。

4　第一項第三号の規定により交付され、又は郵便等をもつて発送された投票用紙及び投票用封筒を受け取つた不在者投票管理者又はその代理人は、直ちにこれを選挙人に渡さなければならない。

**令（船員に対する不在者投票の投票用紙及び投票用封筒の交付の特例）**

**第五四条**　市町村の選挙管理委員会の委員長は、第五十一条第一項又は同条第二項において準用する第五十条第四項の規定によつて投票用紙及び投票用封筒の交付の請求を受けた場合において、その請求をした船員が選挙の当日法第四十八条の二第一項各号に掲げる事由のいずれかに該当すると見込まれると認めたときは、投票用紙及び投票用封筒の交付又は発送について、直ちに次に掲げる措置をとらなければならない。この場合においては、投票用封筒にその市町村名、交付の年月日、選挙の種類及び当該船員が登録されている選挙人名簿の属する市町村名を記入するとともに、当該船員の選挙人名簿登録証明書に当該選挙の種類及び期日並びに当該選挙の不在者投票の投票用紙及び投票用封筒を交付した旨を記入しなければならない。

一　第五十一条第一項の規定によつて請求を受けた場合にあつては、船員に直接に交付する。

二　第五十一条第二項において準用する第五十条第四項の規定によつて請求を受けた場合にあつては、当該不在者投票の不在者投票管理者又はその代理人に交付し、又は郵便等をもつて発送する。

2　前項の場合において、第五十一条第二項において準用する第五十条第三項又は第四項の規定によつて点字によつて投票をする旨の申立てをし、又は申立てをされた船員に交付し、又は発送すべき投票用紙は、点字投票である旨の表示をしたものでなければならない。

3　第一項第二号の規定により投票用紙及び投票用封筒を受け取つた不在者投票管理者又はその代理人は、直ちにこれを船員に渡さなければならない。

**令（不在者投票管理者）**

**第五五条**　法第四十九条第一項に規定する不在者投票管理者は、投票用紙及び投票用封筒の交付を受けた選挙人が現に所在し、又は居住する地の市町村の選挙管理委員会の委員長（当該選挙人が登録されている選挙人名簿の属する市町村の選挙管理委員会の委員長を除く。）とする。

2　都道府県の選挙管理委員会が指定する病院に入院している者、都道府県の選挙管理委員会が指定する老人ホームに入所している者、都道府県の選挙管理委員会が指定する原子爆弾被爆者養護ホームに入所している者、国立保養所に入所している者、都道府県の選挙管理委員会が指定する身体障害者支援施設に入所している者又は都道府県の選挙管理委員会が指定する保護施設に入所している者で、第五十条第一項の規定による請求をしたもの（第五十八条第一項において「病院等に入院している者で自ら投票用紙等の交付の請求をしたもの」という。）の不在者投票については、前項の規定によるほか、当該病院の院長、老人ホームの長、原子爆弾被爆者養護ホームの長、国立保養所の所長、身体障害者支援施設の長又は保護施設の長を法第四十九条第一項に規定する不在者投票管理者とする。

3　選挙の当日法第四十八条の二第一項各号に掲げる事由に該当す

ると見込まれる選挙人で現に当該選挙の選挙権を有しないものの不在者投票については、前二項の規定によるほか、その選挙人が登録されている選挙人名簿の属する市町村の選挙管理委員会の委員長を法第四十九条第一項に規定する不在者投票管理者とする。

4　次の各号に掲げる者の不在者投票については、前三項の規定にかかわらず、それぞれ当該各号に定める者を法第四十九条第一項に規定する不在者投票管理者とする。

一　総トン数二十トン以上の船舶（漁船にあつては、総トン数三十トン以上のものとする。）に乗船している船員で当該船舶内で不在者投票をするもの　当該船舶の船長

二　都道府県の選挙管理委員会が指定する病院に入院している者、都道府県の選挙管理委員会が指定する老人ホームに入所している者、都道府県の選挙管理委員会が指定する原子爆弾被爆者養護ホームに入所している者、国立保養所に入所している者、都道府県の選挙管理委員会が指定する身体障害者支援施設に入所している者又は都道府県の選挙管理委員会が指定する保護施設に入所している者（これらの者で、第五十条第一項若しくは第二項又は第五十一条第一項の規定による請求をしたものを除く。）　当該病院の院長、老人ホームの長、原子爆弾被爆者養護ホームの長、国立保養所の所長、身体障害者支援施設の長又は保護施設の長

三　刑事施設に収容されている者、労役場若しくは監置場に留置されている者又は留置施設に刑事収容施設及び被収容者等の処遇に関する法律第十五条第一項の規定により留置されている者　当該刑事施設の長、当該労役場若しくは監置場が附置された刑事施設の長又は当該留置施設の留置業務管理者

四　少年院に収容されている保護処分に付された者又は少年鑑別

所に収容されている者　当該少年院の長又は当該少年鑑別所の長

五　婦人補導院に収容されている補導処分に付された者　当該婦人補導院の長

5　法第四十九条第四項に規定する不在者投票管理者は、同項に規定する特定国外派遣組織（以下この章において「特定国外派遣組織」という。）の長とする。

6　法第四十九条第七項に規定する不在者投票管理者は、同項に規定する指定船舶又は同項に規定する指定船舶以外の船舶であつて指定船舶に準ずるものとして総務省令で定めるもの（以下この章において「指定船舶等」という。）の船長とする。

7　法第四十九条第九項各号に規定する不在者投票管理者は、同項に規定する南極地域調査組織（以下この章において「南極地域調査組織」という。）の長とする。

8　第四項第一号の船舶の船長、第二項若しくは第四項第二号の病院の院長、老人ホームの長、原子爆弾被爆者養護ホームの長、身体障害者支援施設の長若しくは保護施設の長、特定国外派遣組織の長、指定船舶等の船長又は南極地域調査組織の長は、候補者となつた場合又は外国人である場合には、第二項及び第四項から前項までの規定にかかわらず、不在者投票管理者となることができない。

9　第二項及び第四項から第七項までに規定する不在者投票の不在者投票管理者となるべき者が前項の規定に該当する場合又は事故があり、若しくは欠けた場合には、船舶の船長、病院の院長、老人ホームの長、原子爆弾被爆者養護ホームの長、国立保養所の所長、身体障害者支援施設の長、保護施設の長、刑事施設の長、留置施設の留置業務管理者、少年院の長、少年鑑別所の長、婦人補導院の長、特定国外派遣組織の長、指定船舶等の船長又は南極地域調査組織の長の職務を代理すべき者が第二項及び第四項から第七項までに規定する不在者投票の不在者投票管理者となるものとする。

令（選挙人が登録されている選挙人名簿の属する市町村以外の市町村における不在者投票の方法）

**第五六条**　第五十三条第一項第一号の規定により投票用紙及び投票用封筒の交付を受けた選挙人（前条第四項第一号及び第三号から第五号までに掲げる者を除く。）は、その登録されている選挙人名簿の属する市町村以外の市町村において投票をしようとする場合においては、選挙の期日の公示又は告示があつた日の翌日から選挙の期日の前日までに、不在者投票管理者であるその市町村の選挙管理委員会の委員長にその投票用紙及び投票用封筒を提示し、かつ、不在者投票証明書の入つている封筒を提出し、投票用紙及び投票用封筒並びに封筒に入つている不在者投票証明書の点検を受けた後、その管理する投票の記載をする場所において、投票用紙に自ら当該選挙の公職の候補者一人の氏名（衆議院比例代表選出議員の選挙にあつては一の衆議院名簿届出政党等の法第八十六条の二第一項の規定による届出に係る名称又は略称、参議院比例代表選出議員の選挙にあつては公職の候補者たる参議院名簿登載者一人の氏名又は一の参議院名簿届出政党等の法第八十六条の三第一項の規定による届出に係る名称若しくは略称。次項及び第四項において同じ。）を記載し、これを投票用封筒に入れて封をし、投票用封筒の表面に署名して、直ちにこれをその不在者投票管理者に提出しなければならない。

2　第五十四条第一項第一号の規定により投票用紙及び投票用封筒の交付を受けた船員は、直ちに、不在者投票管理者であるその登録されている選挙人名簿の属する市町村以外の市町村の選挙管理委員会の委員長の管理する投票の記載をする場所において、投票用紙に自ら当該選挙の公職の候補者一人の氏名を記載し、これを投票用封筒に入れて封をし、投票用封筒の表面に署名して、これをその不在者投票管理者に提出しなければならない。

3　前二項の場合においては、不在者投票管理者は、選挙権を有する者を立ち会わせなければならない。

4　第一項又は第二項の場合において、不在者投票管理者は、選挙人が法第四十八条の規定により代理投票をすることができる者であるときは、その申請に基づいて、前項の規定により立ち会わせた者の意見を聴いて、当該不在者投票管理者の管理する投票の記載をする場所において投票に係る事務に従事する者のうちから当該選挙人の投票を補助すべき者二人を定め、その一人の立会いの下に他の一人をして投票の記載をする場所において投票用紙に当該選挙人が指示する公職の候補者一人の氏名を記載させ、これを投票用封筒に入れて封をし、その封筒の表面に当該選挙人の氏名を記載させ、直ちにこれを提出させなければならない。

5　第四十一条第一項から第三項までの規定は、前項の場合について準用する。この場合において、不在者投票管理者は、投票用紙に公職の候補者の氏名（衆議院比例代表選出議員の選挙にあつては衆議院名簿届出政党等の法第八十六条の二第一項の規定による届出に係る名称又は略称、参議院比例代表選出議員の選挙にあつては公職の候補者たる参議院名簿登載者の氏名又は参議院名簿届出政党等の法第八十六条の三第一項の規定による届出に係る名称若しくは略称）を記載した者にその者の氏名を投票用封筒の表面に記載させて、これを提出させなければならない。

6　第三十二条の規定は、第一項又は第二項の規定による投票について準用する。

**令**（選挙人が登録されている選挙人名簿の属する市町村における不在者投票の方法）

**第五七条**　第五十三条第一項第二号の規定により投票用紙及び投票用封筒の交付を受けた選挙人は、直ちに不在者投票管理者であるその登録されている選挙人名簿の属する市町村の選挙管理委員会の委員長の管理する投票の記載をする場所において、前条第二項の規定に準じて投票をしなければならない。

2　第五十三条第二項の規定によつて不在者投票証明書の交付を受けた選挙人で現に当該選挙の選挙権を有しないものは、選挙の期日の前日までに、不在者投票管理者であるその登録されている選挙人名簿の属する市町村の選挙管理委員会の委員長に不在者投票証明書を提出して、その管理する投票の記載をする場所において、前条第二項の規定に準じて投票をすることができる。

3　第三十二条及び前条第三項から第五項までの規定は、前二項の規定による投票について準用する。

**令**（船舶、病院、老人ホーム、刑事施設等における不在者投票の特例）

**第五八条**　第五十三条第一項第一号の規定により投票用紙及び投票用封筒の交付を受けた選挙人のうち病院等に入院している者で自ら投票用紙等の交付の請求をしたもの又は第五十五条第四項各号に掲げる者は、選挙の期日の公示又は告示があつた日の翌日から選挙の期日の前日までに、その投票用紙及び投票用封筒をそれぞれ同条第二項又は第四項に規定する不在者投票の不在者投票管理者に提示し、その点検を受け、その管理する投票の記載をする場所において、第五十六条第二項の規定に準じて投票をしなければならない。

2　不在者投票管理者は、前項の場合において選挙人が第五十条第

2　選挙人で身体に重度の障害があるもの（身体障害者福祉法（昭和二十四年法律第二百八十三号）第四条に規定する身体障害者、戦傷病者特別援護法（昭和三十八年法律第百六十八号）第二条第一項に規定する戦傷病者又は介護保険法（平成九年法律第百二十三号）第七条第三項に規定する要介護者であるもので、政令で定めるものをいう。）の投票については、前条第一項及び前項の規定によるほか、政令で定めるところにより、第四十二条第一項ただし書、第四十四条、第四十五条、第四十六条第一項から第三項まで、第四十八条及び第五十条の規定にかかわらず、その現在する場所において投票用紙に投票の記載をし、これを郵便又は民間事業者による信書の送達に関する法律（平成十四年法律第九十九号）第二条第六項に規定する一般信書便事業者、同条第九項に規定する特定信書便事業者若しくは同法第三条第四号に規定する外国信書便事業者による同法第二条第二項に規定する信書便（以下「郵便等」という。）により送付する方法により行わせることができる。

一項の規定によつて投票用紙及び投票用封筒の交付を請求した者であるときは、その者が交付を受けた不在者投票証明書を封筒のまま提出させ、その封筒を開き、これを調べた後、投票をさせなければならない。

3　第五十六条第三項の規定は、前二項の規定による投票について準用する。

4　第三十二条並びに第五十六条第四項及び第五項の規定は、第一項の規定による投票について準用する。

**令第五九条**　削除

**令（身体障害者、戦傷病者又は要介護者であるもので政令で定めるもの）**

**第五九条の二**　法第四十九条第二項に規定する政令で定めるものは、次に掲げる者とする。

一　身体障害者福祉法第四条に規定する身体障害者については、同法第十五条第四項の規定により交付を受けた身体障害者手帳に、両下肢、体幹、心臓、じん臓、呼吸器、ぼうこう若しくは直腸、小腸、免疫若しくは肝臓の障害若しくは移動機能の障害（以下この条において「両下肢等の障害」という。）の程度が、両下肢若しくは体幹の障害若しくは移動機能の障害にあつては一級若しくは二級、心臓、じん臓、呼吸器、ぼうこう若しくは直腸若しくは小腸の障害にあつては一級若しくは三級、免疫若しくは肝臓の障害にあつては一級から三級までである者として記載されている者又は両下肢等の障害の程度がこれらの障害の程度に該当することにつき身体障害者福祉法施行令（昭和二十五年政令第七十八号）第九条第一項に規定する身体障害者手帳交付台帳を備える都道府県知事若しくは指定都市若しくは地方自治法第二百五十二条の二十二第一項の中核市（第五十九条の

三の二第一項第一号及び第百四十七条第一項第三号において「中核市」という。）の長が書面により証明した者

二　戦傷病者特別援護法（昭和三十八年法律第百六十八号）第二条第一項に規定する戦傷病者については、同法第四条の規定により交付を受けた戦傷病者手帳に、両下肢等の障害の程度が、両下肢若しくは体幹の障害にあつては恩給法（大正十二年法律第四十八号）別表第一号表ノ二の特別項症から第二項症まで、心臓、じん臓、呼吸器、ぼうこう若しくは直腸、小腸若しくは肝臓の障害にあつては同表の特別項症から第三項症までである者として記載されている者又は両下肢等の障害の程度がこれらの障害の程度に該当することにつき戦傷病者特別援護法施行令（昭和三十八年政令第三百五十八号）第五条に規定する戦傷病者手帳交付台帳を備える都道府県知事が書面により証明した者

三　介護保険法（平成九年法律第百二十三号）第七条第三項に規定する要介護者については、同法第十二条第三項の被保険者証に要介護状態区分が要介護五である者として記載されている者

**令**（郵便等投票証明書）

**第五九条の三**　法第四十九条第二項に規定する選挙人は、その登録されている選挙人名簿の属する市町村の選挙管理委員会の委員長に対して、当該選挙人が署名（点字によるものを除く。第五十九条の三の三第二項、第五十九条の四第一項及び第二項、第五十九条の五、第五十九条の五の二、第六十五条の十一第一項並びに第六十五条の十二第一項において同じ。）をした文書をもつて、法第四十九条第二項に規定する選挙人に該当する旨の証明書（以下「郵便等投票証明書」という。）の交付を申請することができる。

2　法第四十九条第二項に規定する選挙人は、前項の規定による申請を次条第二項の規定による申請と併せて行う場合には、前項の

3　前項の選挙人で同項に規定する方法により投票をしようとするもののうち自ら投票の記載をすることができないものとして政令

規定にかかわらず、同項の文書に署名をすることを要しない。

3　第一項の文書には、次の各号に掲げる選挙人の区分に応じ、当該各号に定める文書を添えなければならない。

一　身体障害者福祉法第四条に規定する身体障害者　同法第十五条第四項の規定により交付を受けた身体障害者手帳又は前条第一号に規定する両下肢等の障害の程度を証明する書面

二　戦傷病者特別援護法第二条第一項に規定する戦傷病者　同法第四条の規定により交付を受けた戦傷病者手帳又は前条第二号に規定する両下肢等の障害の程度を証明する書面

三　介護保険法第七条第三項に規定する要介護者　同法第十二条第三項の被保険者証

4　市町村の選挙管理委員会の委員長は、第一項の規定による申請があつた場合において、当該申請をした者が法第四十九条第二項に規定する選挙人に該当すると認めたときは、当該申請をした者に対して、郵便等投票証明書を郵便等をもつて交付しなければならない。

5　郵便等投票証明書の交付を受けた者は、法第四十九条第二項に規定する選挙人に該当しなくなつた場合、他の市町村の選挙人名簿に登録された場合、在外選挙人名簿に登録された場合又は当該郵便等投票証明書の交付を受けた市町村の区域内に住所を有しなくなつた日後四箇月を経過するに至つた場合には、直ちに当該郵便等投票証明書をその交付を受けた市町村の選挙管理委員会の委員長に返さなければならない。

6　前各項に規定するもののほか、郵便等投票証明書の有効期間その他郵便等投票証明書に関し必要な事項は、総務省令で定める。

**令（法第四十九条第三項に規定する選挙人に該当する旨の記載の申請等）**

で定めるものは、第六十八条の規定にかかわらず、政令で定めるところにより、あらかじめ市町村の選挙管理委員会の委員長に届け出た者（選挙権を有する者に限る。）をして投票に関する記載をさせることができる。

**第五九条の三の二**　法第四十九条第三項に規定する政令で定めるものは、次に掲げる者とする。

一　身体障害者福祉法第四条に規定する身体障害者であつて、同法第十五条第四項の規定により交付を受けた身体障害者手帳に上肢若しくは視覚の障害の程度が一級である者として記載されている者又は上肢若しくは視覚の障害の程度がこれらの障害の程度に該当することにつき身体障害者福祉法施行令第九条第一項に規定する身体障害者手帳交付台帳を備える都道府県知事若しくは指定都市若しくは中核市の長が書面により証明した者

二　戦傷病者特別援護法第二条第一項に規定する戦傷病者であつて、同法第四条の規定により交付を受けた戦傷病者手帳に上肢若しくは視覚の障害の程度が恩給法別表第一号表ノ二の特別項症から第二項症までである者として記載されている者又は上肢若しくは視覚の障害の程度がこれらの障害の程度に該当することにつき戦傷病者特別援護法施行令第五条に規定する戦傷病者手帳交付台帳を備える都道府県知事が書面により証明した者

2　法第四十九条第三項に規定する選挙人は、その登録されている選挙人名簿の属する市町村の選挙管理委員会の委員長に対して、文書をもつて、同項に規定する選挙人に該当する旨を郵便等投票証明書に記載することを申請することができる。

3　前項の文書には、郵便等投票証明書及び次の各号に掲げる選挙人の区分に応じ当該各号に定める文書を添えなければならない。

一　身体障害者福祉法第四条に規定する身体障害者　同法第十五条第四項の規定により交付を受けた身体障害者手帳又は第一項第一号に規定する上肢若しくは視覚の障害の程度を証明する書面

二　戦傷病者特別援護法第二条第一項に規定する戦傷病者　同法

第四条の規定により交付を受けた戦傷病者手帳又は第一項第二号に規定する上肢若しくは視覚の障害の程度を証明する書面

4 市町村の選挙管理委員会の委員長は、第二項の規定による申請があつた場合において、当該申請をした者が法第四十九条第三項に規定する選挙人に該当すると認めたときは、当該申請をした者の郵便等投票証明書に同項に規定する選挙人に該当する旨の記載をしなければならない。

5 前項の規定により郵便等投票証明書に法第四十九条第三項に規定する選挙人に該当する旨の記載を受けている選挙人は、同項に規定する選挙人に該当しなくなつた場合には、直ちに、郵便等投票証明書を添えて、文書でその旨を当該記載をした市町村の選挙管理委員会の委員長に届け出て、当該郵便等投票証明書に当該該当しなくなつた旨の記載を受けなければならない。

6 市町村の選挙管理委員会の委員長は、前二項の規定による記載をした場合においては、第二項の規定による申請をした者又は前項の規定による届出をした者に対して、当該郵便等投票証明書を郵便等をもつて送付しなければならない。

**令（郵便等による不在者投票における代理記載人となるべき者の届出等）**

**第五九条の三の三** 前条第四項の規定により郵便等投票証明書に法第四十九条第三項に規定する選挙人に該当する旨の記載を受けている選挙人（前条第五項の規定による記載を受けているものを除く。）は、法第四十九条第三項の規定により投票に関する記載をする者（以下「代理記載人」という。）となるべき者一人を定め、その者の氏名、住所及び生年月日を、文書で、前条第二項の選挙管理委員会の委員長に届け出なければならない。代理記載人となるべき者を変更したときも、同様とする。

2　前項の文書には、郵便等投票証明書並びに代理記載人となるべき者が署名をした当該代理記載人となるべき者の代理記載人となることについての同意書及び選挙権を有する者であることを当該代理記載人となるべき者が誓う旨の宣誓書を添えなければならない。

3　市町村の選挙管理委員会の委員長は、第一項の規定による届出があつたときは、当該届出をした者の郵便等投票証明書に代理記載人となるべき者の氏名を記載し、かつ、当該届出をした者に対して、当該郵便等投票証明書を郵便等をもつて送付しなければならない。

4　前三項に規定するもののほか、代理記載人となるべき者に関し必要な事項は、総務省令で定める。

**令（郵便等による不在者投票における投票用紙及び投票用封筒の請求及び交付）**

**第五九条の四**　法第四十九条第二項に規定する選挙人は、第五十条第一項の規定による請求をし、又は同条第四項の規定により同条第一項の請求がされた場合を除くほか、選挙の期日前四日までに、その登録されている選挙人名簿の属する市町村の選挙管理委員会の委員長に対して、当該選挙人が署名をした文書により、かつ、郵便等投票証明書を提示して、投票用紙及び投票用封筒の交付を請求することができる。

2　第五十九条の三の二第四項の規定により郵便等投票証明書に法第四十九条第三項に規定する選挙人に該当する旨の記載を受けている選挙人（第五十九条の三の二第五項の規定による記載を受けているものを除く。）は、前項の規定により投票用紙及び投票用封筒の交付を請求しようとする場合には、同項の規定にかかわらず、当該郵便等投票証明書に記載されている代理記載人となるべき者をして同項の文書に、当該選挙人の署名に代えて、当該選挙人の氏名を記載させることができる。この場合において、当該代理記載人となるべき者は、当該文書に署名をしなければならない。

3　都道府県の議会の議員又は長の選挙において、法第九条第三項の規定により当該選挙の選挙権を有する者が第一項の規定による請求をする場合には、同項の選挙管理委員会の委員長に、引続居住証明書類を提示し、又は引き続き当該都道府県の区域内に住所を有することの確認を申請しなければならない。

4　市町村の選挙管理委員会の委員長は、第一項の規定による投票用紙及び投票用封筒の請求を受けた場合において、その選挙に用いるべき選挙人名簿又はその抄本と対照して（都道府県の議会の議員又は長の選挙において、法第九条第三項の規定により当該選挙の選挙権を有する者にあつては、併せて、その者について、前項の規定により提示された引続居住証明書類を確認し、又は住民基本台帳法第三十条の十第一項（第一号に係る部分に限る。）の規定により機構から提供を受けた機構保存本人確認情報に基づき引き続き当該都道府県の区域内に住所を有することを確認して）、その請求をした選挙人が法第四十九条第二項又は第三項に規定する選挙人に該当すると認めたときは、投票用封筒の表面に当該選挙の種類を記入し、直ちに（選挙の期日の公示又は告示の日以前に請求を受けた場合には、当該選挙の期日の公示又は告示の日以前において市町村の選挙管理委員会の定める日以後直ちに）投票用紙及び投票用封筒を当該選挙人に郵便等をもつて発送しなければならない。

**令（郵便等による不在者投票の方法）**

**第五九条の五**　前条第四項の規定により投票用紙及び投票用封筒の交付を受けた選挙人は、選挙の期日の公示又は告示があつた日の翌日以後、その現在する場所において、投票用紙に自ら当該選挙の公職の候補者一人の氏名（衆議院比例代表選出議員の選挙にあつては一の衆議院名簿届出政党等の法第八十六条の二第一項の規定による届出に係る名称又は略称、参議院比例代表選出議員の選挙にあつては公職の候補者たる参議院名簿登載者一人の氏名又は一の参議院名簿届出政党等の法第八十六条の三第一項の規定による届出に係る名称若しくは略称。次条において同じ。）を記載し、これを投票用封筒に入れて封をし、投票用封筒の表面に投票の記載の年月日及び場所を記載し、並びに投票用封筒の表面に署名をし、更にこれを他の適当な封筒に入れて封をし、その表面に投票が在中する旨を明記して、当該選挙人が登録されている選挙人名簿の属する市町村の選挙管理委員会の委員長に対し、当該選挙人が属する投票区の投票所（当該投票区が指定関係投票区等である場合には、当該投票区に係る指定投票区の投票所）を閉じる時刻までに第六十条第二項の規定による投票の送致ができるように、郵便等をもつて送付しなければならない。

**令**（郵便等による不在者投票における代理記載の方法）

**第五九条の五の二**　第五十九条の四第四項の規定により投票用紙及び投票用封筒の交付を受けた選挙人のうち第五十九条の三の二第四項の規定により郵便等投票証明書に法第四十九条第三項に規定する選挙人に該当する旨の記載を受けているもの（第五十九条の三の二第五項の規定による記載を受けているものを除く。）は、前条の規定にかかわらず、当該郵便等投票証明書に記載されている代理記載人をして投票用紙に当該選挙人が指示する公職の候補者一人の氏名を記載させ、これを投票用封筒に入れて封をし、投票用封筒の表面に投票の記載の年月日及び場所並びに当該選挙人の氏名を記載させ、更にこれを他の適当な封筒に入れて封をし、

4　特定国外派遣組織に属する選挙人で国外に滞在するもののうち選挙の当日前条第一項第一号に掲げる事由に該当すると見込まれるものの投票については、同項及び第一項の規定によるほか、政令で定めるところにより、第四十二条第一項ただし書、第四十四条、第四十五条、第四十六条第一項から第三項まで、第四十八条及び第五十条の規定にかかわらず、国外にある不在者投票管理者の管理する投票を記載する場所において、投票用紙に投票の記載をし、これを封筒に入れて不在者投票管理者に提出する方法により行わせることができる。

5　前項の特定国外派遣組織とは、法律の規定に基づき国外に派遣される組織のうち次の各号のいずれにも該当する組織であつて、当該組織において同項に規定する方法による投票が適正に実施されると認められるものとして政令で定めるものをいう。

一　当該組織の長が当該組織の運営について管理又は調整を行うための法令に基づく権限を有すること。

二　当該組織が国外の特定の施設又は区域に滞在していること。

6　特定国外派遣組織となる組織を国外に派遣することを定める法律の規定に基づき国外に派遣される選挙人（特定国外派遣組織に属するものを除く。）で、現に特定国外派遣組織が滞在する施設又は区域に滞在しているものは、この法律の規定の適用については、当該特定国外派遣組織に属する選挙人とみなす。

---

その表面に投票が在中する旨を記載させることができる。この場合において、当該代理記載人は、投票用封筒の表面に署名をしなければならない。

**令（特定国外派遣組織）**

**第五九条の五の三**　法第四十九条第五項に規定する政令で定める組織は、次に掲げる組織のうち、当該組織に属する選挙人の数、当該組織が国外において業務を行う期間（次項及び次条第一項において「国外派遣期間」という。）及び当該組織の活動内容に照らして当該組織において法第四十九条第四項の規定による投票が適正に実施されると認められるものとして総務大臣が関係大臣と協議して指定するものとする。

一　海賊行為の処罰及び海賊行為への対処に関する法律（平成二十一年法律第五十五号）第七条第一項の規定に基づき国外に派遣される自衛隊の部隊

二　国際連合平和維持活動等に対する協力に関する法律（平成四年法律第七十九号）第四条第二項第四号に規定する国際平和協力隊

三　防衛省設置法（昭和二十九年法律第百六十四号）第四条第一

項第九号に規定する教育訓練を国外において行う自衛隊の部隊等（自衛隊法（昭和二十九年法律第百六十五号）第八条に規定する部隊等をいう。）

四　国際緊急援助隊の派遣に関する法律（昭和六十二年法律第九十三号）第一条に規定する国際緊急援助隊

2　前項の規定による指定は、当該指定をしようとする組織の名称及び国外派遣期間その他総務省令で定める事項を告示することにより行うものとする。

**令**（特定国外派遣隊員の不在者投票の特例）

**第五九条の五の四**　特定国外派遣組織に属する選挙人（以下この条及び第百四十二条第二項において「特定国外派遣隊員」という。）は、当該特定国外派遣組織の業務に従事するため出国しようとする場合又は国外において当該特定国外派遣組織の業務に従事している場合には、選挙の期日前五日までに、当該特定国外派遣組織の長（当該特定国外派遣組織の長が第五十五条第八項の規定に該当する場合又は事故があり、若しくは欠けた場合には、当該特定国外派遣組織の長の職務を代理すべき者）で同条第五項に規定する不在者投票管理者となるべきもの又は同項に規定する不在者投票管理者であるもの（以下この条及び第百四十二条第二項において「特定国外派遣組織の長」という。）に対し、選挙の期日の公示又は告示の日の翌日から選挙の期日の前日までの間が当該特定国外派遣組織の国外派遣期間中にかかる場合において当該特定国外派遣組織が滞在する施設又は区域内で法第四十九条第四項の規定による投票をしようとする旨の申出をすることができる。

2　点字によつて投票をしようとする特定国外派遣隊員は、前項の申出をする際に、当該特定国外派遣組織の長に対し、その旨を申し立てなければならない。

3　都道府県の議会の議員又は長の選挙において、法第九条第三項の規定により当該選挙の選挙権を有する特定国外派遣隊員が第一項の申出をする場合には、当該特定国外派遣組織の長に、引続居住証明書類を提示し、又は引き続き当該都道府県の区域内に住所を有することの確認を受ける旨の申出をしなければならない。

4　船員である特定国外派遣隊員が第一項の申出をする場合には、当該特定国外派遣組織の長に、選挙人名簿登録証明書を提示しなければならない。

5　第一項の申出を受けた特定国外派遣組織の長は、当該特定国外派遣隊員が当該特定国外派遣組織に属する選挙人で、当該特定国外派遣組織の業務に従事するため出国しようとするもの又は国外において当該特定国外派遣組織の業務に従事しているものであると認める場合には、自ら又はその代理人によつて、選挙の期日前三日までに、当該特定国外派遣隊員が登録されている選挙人名簿の属する市町村の選挙管理委員会の委員長に対し、文書で、当該特定国外派遣組織の長であることを証する書面を提示して、投票用紙及び投票用封筒の交付を請求しなければならない。

6　第二項の規定による点字によつて投票をする旨の申立て、第三項の規定による引続居住証明書類の提示若しくは引き続き当該都道府県の区域内に住所を有することの確認を受ける旨の申出又は第四項の規定による選挙人名簿登録証明書の提示を受けた特定国外派遣組織の長は、当該申立て、当該引続居住証明書類の提示若しくは当該申出又は当該選挙人名簿登録証明書の提示をした特定国外派遣隊員について前項の規定による請求をする場合には、同項の市町村の選挙管理委員会の委員長に対し、当該申立てがあつた旨を申し立て、当該引続居住証明書類を提示し、若しくは当該申出に係る確認を申請し、又は当該選挙人名簿登録証明書を提示しなければならない。

7　市町村の選挙管理委員会の委員長は、第五項の規定による投票用紙及び投票用封筒の交付の請求を受けた場合において、当該請求に係る特定国外派遣隊員について、その選挙に用いるべき選挙人名簿又はその抄本と対照して（都道府県の議会の議員又は長の選挙において、法第九条第三項の規定により当該選挙の選挙権を有する者にあつては、併せて、その者について、前項の規定により提示された引続居住証明書類を確認し、又は住民基本台帳法第三十条の十第一項（第一号に係る部分に限る。）の規定により機構から提供を受けた機構保存本人確認情報に基づき引き続き当該都道府県の区域内に住所を有することを確認して）、当該特定国外派遣隊員が選挙の当日法第四十八条の二第一項第一号に掲げる事由に該当すると見込まれると認めたときは、投票用封筒の表面に当該選挙の種類を記入し、直ちに（第五項の規定により選挙の期日の公示又は告示の日以前に請求を受けた場合には、当該公示又は告示の日以前において市町村の選挙管理委員会の定める日以後直ちに）、第五項の規定による請求をした特定国外派遣組織の長又はその代理人に投票用紙及び投票用封筒を交付し、又は郵便等をもつて発送しなければならない。この場合において、当該特定国外派遣隊員が船員であるときは、当該特定国外派遣隊員の選挙人名簿登録証明書に当該選挙の種類及び期日並びに当該選挙の不在者投票の投票用紙及び投票用封筒を交付した旨を記入しなければならない。

8　前項の場合において、第二項の規定により点字によつて投票をする旨の申立てをした特定国外派遣隊員に交付すべき投票用紙は、点字投票である旨の表示をしたものでなければならない。

9　特定国外派遣組織の長の代理人が第七項の規定により投票用紙

及び投票用封筒の交付を受けた場合には、当該代理人は、直ちに、これを特定国外派遣組織の長に引き渡さなければならない。

10　第七項又は前項の規定により投票用紙及び投票用封筒の交付又は引渡しを受けた特定国外派遣組織の長は、第一項の申出をした特定国外派遣隊員のうち国外において当該特定国外派遣組織の業務に従事しているもので当該選挙の当日法第四十八条の二第一項第一号に掲げる事由に該当すると見込まれるものから、当該選挙の期日の公示又は告示があつた日の翌日から当該選挙の期日の前日までの間に、投票用紙及び投票用封筒の交付の請求を受けたときは、直ちに、これを当該特定国外派遣隊員に交付しなければならない。

11　前項の規定により投票用紙及び投票用封筒の交付を受けた特定国外派遣隊員は、直ちに、不在者投票管理者である特定国外派遣組織の長の管理する投票の記載をする場所において、第五十六条第二項の規定に準じて投票をしなければならない。

12　第三十二条及び第五十六条第三項から第五項までの規定は、前項の規定による投票について準用する。

13　不在者投票管理者である特定国外派遣組織の長は、第十一項の規定による投票を受け取つた場合には、投票用封筒に投票の年月日及び場所を記載し、並びにこれに記名し、かつ、前項において準用する第五十六条第三項の規定により投票に立ち会つた者に署名をさせ、更にこれを他の適当な封筒に入れて封をし、その表面に投票が在中する旨を明記し、その裏面に記名押印し、直ちに、これを当該特定国外派遣隊員が登録されている選挙人名簿の属する市町村の選挙管理委員会の委員長に送致し、又は郵便等をもつて送付しなければならない。

14　不在者投票管理者である特定国外派遣組織の長は、第一項の申

7　選挙人で船舶安全法（昭和八年法律第十一号）にいう遠洋区域

出をした特定国外派遣隊員に交付しなかつた投票用紙及び投票用封筒があるときは、速やかにその投票用紙及び投票用封筒をその交付を受けた市町村の選挙管理委員会の委員長に送致しなければならない。この場合において、当該特定国外派遣隊員が船員であるときは、併せて、当該特定国外派遣隊員の選挙人名簿登録証明書を提示しなければならない。

15　次に掲げる法律の規定に基づき国外に派遣される選挙人（特定国外派遣組織に属するものを除く。）で、現に特定国外派遣組織が滞在する施設又は区域に滞在しているものは、この政令の規定の適用については、当該特定国外派遣組織に属する選挙人とみなす。この場合における第一項、第五項及び第十項の規定の適用については、第一項中「当該特定国外派遣組織の業務に従事するため出国しようとする場合又は国外において当該特定国外派遣組織の業務に従事している場合には、選挙」とあるのは「選挙」と、「特定国外派遣組織の国外派遣期間」とあるのは「特定国外派遣隊員が第十五項各号に掲げる法律の規定に基づき国外に派遣されている期間」と、第五項中「当該特定国外派遣組織に属する選挙人で、当該特定国外派遣組織の業務に従事するため出国しようとするもの又は国外において当該特定国外派遣組織の業務に従事しているもの」とあるのは「第十五項各号に掲げる法律の規定に基づき国外に派遣されている者」と、第十項中「特定国外派遣隊員のうち国外において当該特定国外派遣組織の業務に従事しているもの」とあるのは「特定国外派遣隊員」とする。

一　海賊行為の処罰及び海賊行為への対処に関する法律
二　国際連合平和維持活動等に対する協力に関する法律
三　国際緊急援助隊の派遣に関する法律

**令（指定船舶等に乗船している船員の不在者投票の特例）**

を航行区域とする船舶その他これに準ずるものとして総務省令で定める船舶（以下この項において「指定船舶」という。）に乗つて本邦以外の区域を航海する船員（船員法（昭和二十二年法律第百号）第一条に規定する船員をいい、実習を行うため航海する学生、生徒その他の者であつて船員手帳に準ずる文書の交付を受けているもの（以下この項において「実習生」という。）を含む。）であるもの又は選挙人で指定船舶以外の船舶であつて指定船舶に準ずるものとして総務省令で定めるものに乗つて本邦以外の区域を航海する船員（船員法第一条に規定する船員をいい、船員職業安定法（昭和二十三年法律第百三十号）第九十二条第一項の規定により船員法第二条第二項に規定する予備船員とみなされる者及び船員の雇用の促進に関する特別措置法（昭和五十二年法律第九十六号）第十四条第一項の規定により船員法第二条第二項に規定する予備船員とみなされる者並びに実習生を含む。）であるもののうち選挙の当日前条第一項第一号に掲げる事由に該当すると見込まれるものの衆議院議員の総選挙又は参議院議員の通常選挙における投票については、同項及び第一項の規定によるほか、政令で定めるところにより、第四十二条第一項ただし書、第四十四条、第四十五条、第四十六条第一項から第三項まで、第四十八条及び第五十条の規定にかかわらず、不在者投票管理者の管理する場所において、総務省令で定める投票送信用紙に投票の記載をし、これを総務省令で指定する市町村の選挙管理委員会の委員長にファクシミリ装置を用いて送信する方法により、行わせることができる。

**第五九条の六**　船員は、指定船舶等に乗つて本邦以外の区域を航海しようとする場合には、当該指定船舶等の船長（当該船長が第五十五条第八項の規定に該当する場合又は事故があり、若しくは欠けた場合には、当該船長の職務を代理すべき者）で同条第六項に規定する不在者投票管理者となるべきもの（以下この章において「船長」という。）に対し、選挙人名簿登録証明書を添えて、衆議院議員の総選挙又は参議院議員の通常選挙の期日の公示の日の翌日から選挙の期日の前日までの間が当該指定船舶等の航海の期間中にかかる場合において当該指定船舶等内で法第四十九条第七項の規定による投票をしようとする旨の申出をすることができる。

2　前項の申出を受けた船長は、当該船員が当該指定船舶等に乗つて本邦以外の区域を航海しようとする者であると認める場合には、自ら又はその代理人によつて、法第四十九条第七項に規定する総務省令で指定する市町村（以下「指定市町村」という。）の選挙管理委員会の委員長に対し、郵便等によることなく、当該指定船舶等の名称及び当該指定船舶等内に設置された同項の送信に用いるファクシミリ装置（第九項において「投票送信用ファクシミリ装置」という。）を識別するための番号を記載した文書で、当該船員の選挙人名簿登録証明書を提示して、同条第七項の規定による投票に用いるべき投票送信用紙及び投票送信用紙用封筒の交付を請求しなければならない。

3　前項の投票送信用紙は、公職の候補者一人の氏名（衆議院比例代表選出議員の選挙にあつては一の衆議院名簿届出政党等の法第八十六条の二第一項の規定による届出に係る名称又は略称、参議院比例代表選出議員の選挙にあつては公職の候補者たる参議院名簿登載者一人の氏名又は一の参議院名簿届出政党等の法第八十六条の三第一項の規定による届出に係る名称若しくは略称。第九項及び第五十九条の六の三第七項において同じ。）を記載する部分（以下この章において「投票記載部分」という。）とその他の事項を記載する部分（以下この章において「必要事項記載部分」という。）とが明確に区分されたものでなければならない。

4　指定市町村の選挙管理委員会の委員長は、第二項の規定による投票送信用紙及び投票送信用紙用封筒の交付の請求を受けた場合には、直ちに、投票送信用紙の必要事項記載部分にその市町村名、交付の年月日及び選挙の種類、当該船員が登録されている選挙人名簿の属する市町村名並びに法第四十九条第七項の規定による投票に係る請求である旨を記入し、当該請求をした船長又はその代理人の面前においてその投票送信用紙及び投票送信用紙用封筒を保管箱又は保管用封筒に入れ、これに封をして交付しなければならない。この場合において、当該指定市町村の選挙管理委員会の委員長は、保管箱又は保管用封筒にはその市町村名、選挙の種類及び指定船舶等の航海予定期間並びに投票送信用紙及び投票送信用紙用封筒を交付した枚数並びにこれらを交付した年月日を表示し、船員の選挙人名簿登録証明書には選挙の種類及びその市町村名並びに投票送信用紙及び投票送信用紙用封筒を船長又はその代理人に交付した旨を記入しなければならない。

5　船長の代理人が前項の規定により投票送信用紙及び投票送信用紙用封筒を入れた保管箱又は保管用封筒の交付を受けた場合には、当該代理人は、直ちにこれを船長に引き渡さなければならない。

6　指定市町村の選挙管理委員会の委員長は、第十二項に規定するファクシミリ装置（以下この項及び第十四項において「投票受信用ファクシミリ装置」という。）を設置した場合には、速やかに当該投票受信用ファクシミリ装置を用いて行う通信に使用すべき電気通信番号を前二項の規定により投票送信用紙及び投票送信用紙用封筒を入れた保管箱又は保管用封筒の交付又は引渡しを受けた船長に通知しなければならない。

7　第四項又は第五項の規定により投票送信用紙及び投票送信用紙用封筒を入れた保管箱又は保管用封筒の交付又は引渡しを受けた船長は、当該指定船舶等の航海の期間中に、衆議院議員の総選挙若しくは参議院議員の通常選挙の期日の公示があつたこと又は当該選挙の公職の候補者の氏名（衆議院比例代表選出議員の選挙にあつては衆議院名簿届出政党等の法第八十六条の二第一項の規定による届出に係る名称及び略称、参議院比例代表選出議員の選挙にあつては参議院名簿届出政党等の法第八十六条の三第一項の規定による届出に係る名称及び略称並びに参議院名簿登載者の氏名（同項後段の規定により優先的に当選人となるべき候補者としてその氏名及び当選人となるべき順位が参議院名簿に記載されている者である参議院名簿登載者にあつては、氏名及び当選人となるべき順位））を知つた場合には、直ちにこれらを船員に対して知らせるように努めなければならない。

8　第四項又は第五項の規定により投票送信用紙及び投票送信用紙用封筒を入れた保管箱又は保管用封筒の交付又は引渡しを受けた船長は、衆議院議員の総選挙又は参議院議員の通常選挙の期日の公示があつた日の翌日から選挙の期日の前日までの間が当該指定船舶等の航海の期間中にかかる場合において、第一項の規定による申出をした船員で当該選挙の当日法第四十八条の二第一項第一号に掲げる事由に該当すると見込まれるものから、当該選挙の期日の公示があつた日の翌日から当該選挙の期日の前日までの間に、投票送信用紙及び投票送信用紙用封筒の交付の請求を受けたときは、当該船員が第五十三条又は第五十四条の規定により当該選挙の不在者投票の投票用紙及び投票用封筒の交付を受けたとき、並びに第五十九条の六の三第三項又は第四項の規定により当該選挙の投票送信用紙及び投票送信用紙用封筒の交付又は引渡しを受けたときを除くほか、直ちに、投票送信用紙の必要事項記載部分に当該指定船舶等の名称及び交付の年月日を記載し、並びに投票送信用紙の必要事項記載部分に署名し、更に第十一項において準用する第五十六条第三項の規定により投票に立ち会う者に投票送信用紙の必要事項記載部分に署名させ、当該投票送信用紙を投票送信用紙用封筒とともに当該船員に交付するとともに、第六項の規定により通知を受けた電気通信番号を当該船員に知らせなければならない。この場合において、船長は、当該船員にその選挙人名簿登録証明書を提示させ、これに当該選挙の期日並びに投票送信用紙及び投票送信用紙用封筒を船員に交付した旨を記入しなければならない。

9　前項の規定により投票送信用紙及び投票送信用紙用封筒の交付を受けた船員は、直ちに、不在者投票管理者である船長の管理する場所において、自ら、投票送信用紙の必要事項記載部分にその氏名、住所、選挙人名簿登録証明書の交付年月日及び船員手帳の番号（当該船員が自衛隊員（自衛隊法第二条第五項に規定する隊員をいう。以下この項及び第五十九条の六の三において同じ。）である場合には、その氏名、住所及び選挙人名簿登録証明書の交付年月日並びに自衛隊員である旨とし、当該船員が実習生である場合には、その氏名、住所及び選挙人名簿登録証明書の交付年月日並びに実習生である旨とする。）を、投票送信用紙の投票記載部分に当該選挙の公職の候補者一人の氏名を、それぞれ記載し、これを第四項の規定により投票送信用紙及び投票送信用紙用封筒を入れた保管箱又は保管用封筒を交付した指定市町村の選挙管理委員会の委員長に対し、投票送信用ファクシミリ装置を用いて送信しなければならない。

10　前項の規定により送信をした船員は、直ちに、自ら、当該投票送信用紙の投票記載部分と必要事項記載部分とを切り離し、当該投票記載部分を投票送信用紙用封筒に入れて封をし、当該必要事項記載部分を当該投票送信用紙用封筒の表面に貼り付け、これを不在者投票管理者である船長に提出しなければならない。

11　第三十二条及び第五十六条第三項から第五項までの規定は、法第四十九条第七項の規定による投票について準用する。この場合において、次の表の上欄に掲げる規定中同表の中欄に掲げる字句は、それぞれ同表の下欄に掲げる字句に読み替えるものとする。

| | | |
|---|---|---|
| 第三十二条 | 市町村の選挙管理委員会 | 船長 |
| | 投票所において選挙人が投票の記載をする | 法第四十九条第七項に規定する不在者投票管理者の管理する |
| | 投票用紙 | 投票送信用紙 |
| 第五十六条第三項 | 前二項 | 第五十九条の六第八項から第十項まで |
| 第五十六条第四項 | 第一項又は第二項 | 第五十九条の六第八項から第十項まで |
| | 投票用紙 | 投票送信用紙の投票記載部分（第五十九条の六第三項に規定する投票記載部分をいう。以下この項及び次項において同じ。） |

| これを投票用封筒に入れて封をし、その封筒の表面 | 選挙人の氏名 | 提出させなければ |
| --- | --- | --- |
| 投票送信用紙の必要事項記載部分（第五十九条の六第三項に規定する必要事項記載部分をいう。以下この項及び次項において同じ。） | 選挙人の氏名、住所、選挙人名簿登録証明書の交付年月日及び船員手帳の番号（当該船員が自衛隊員（自衛隊法第二条第五項に規定する隊員をいう。以下この項において同じ。）である場合には、その氏名、住所及び選挙人名簿登録証明書の交付年月日並びに自衛隊員である旨とし、当該船員が実習生である場合には、その氏名、住所及び選挙人名簿登録証明書の交付年月日並びに実習生である旨とする。） | 第五十九条の六第二項に規定する投票送信用ファクシミリ装置（次項において「投票送信用ファクシミリ装置」という。）を用いて送信させ、更に当該投票送信用紙の投票記載部 |

| | | |
|---|---|---|
| | | 分と必要事項記載部分とを切り離し、当該投票記載部分を投票用紙用封筒に入れて封をし、当該必要事項記載部分を当該投票送信用紙用封筒の表面に貼り付け、これを提出させなければ |
| 第五十六条第五項 | 投票用紙 | 投票送信用紙の投票記載部分 |
| | 投票用封筒の表面に記載させて、これを提出させなければ | 投票送信用ファクシミリ装置を用いて送信を行う前に投票送信用紙の必要事項記載部分に記載させなければ |

12　第九項の規定により送信された投票を受信するために指定市町村の選挙管理委員会が設置するファクシミリ装置及びその管理の方法は、総務大臣が定める技術的基準に適合したものでなければならない。

13　第九項の規定により送信された投票を受信した用紙は、当該用紙のうち投票送信用紙の投票記載部分を受信した部分を直接外部から見ることができないような覆いが設けられているものでなければならない。

14　指定市町村の選挙管理委員会の委員長は、第九項の規定により送信された投票を投票受信用ファクシミリ装置により受信した場合には、当該受信した用紙を投票送信用紙の投票記載部分を受信した部分と投票送信用紙の必要事項記載部分を受信した部分とに切り離し、投票送信用紙の投票記載部分を受信した部分を投票用封筒に入れて封をし、投票送信用紙の必要事項記載部分を受信した部分を当該投票用封筒の表面に貼り付け、更にこれを他の適当な封筒に入れて封をし、その表面に投票が在中する旨を明記し、その裏面に記名押印し、直ちにこれを当該船員が登録されている選挙人名簿の属する市町村の選挙管理委員会の委員長に送致し、又は郵便等をもつて送付しなければならない。

15　第四項又は第五項の規定により投票送信用紙及び投票送信用紙用封筒を入れた保管箱又は保管用封筒の交付又は引渡しを受けた船長は、投票送信用紙等受渡簿を備え、投票送信用紙及び投票送信用紙用封筒の受渡しの明細その他必要と認める事項を記載するとともに、当該指定船舶等が航海を終了して本邦の港に帰つた場合又は当該指定船舶等の船員で第一項の規定による申出をしたものが全て本邦に帰つた場合には、速やかにその投票送信用紙等受渡簿、第十項の規定により提出を受けた投票送信用紙用封筒及び保管箱又は保管用封筒を当該指定市町村の選挙管理委員会の委員長に送致しなければならない。この場合において、船長は、第一項の規定による申出をした船員に交付しなかつた投票送信用紙及び投票送信用紙用封筒があるときは、当該投票送信用紙及び投票送信用紙用封筒を併せて送致するとともに、当該船員の選挙人名簿登録証明書を提示しなければならない。

16　指定市町村の選挙管理委員会の委員長は、前項の規定により船員の選挙人名簿登録証明書の提示を受けた場合には、当該選挙人名簿登録証明書に投票送信用紙及び投票送信用紙用封筒の送致を受けた旨を記入しなければならない。

17　指定市町村の選挙管理委員会の委員長は、第十五項前段の規定により投票送信用紙用封筒の送致を受けた場合には、当該投票送信用紙用封筒をその表面に表示された船員が登録されている選挙

8　前項の規定は、同項の選挙人で同項の不在者投票管理者の管理する場所において投票をすることができないものとして政令で定めるものであるもののうち選挙の当日前条第一項第一号に掲げる事由に該当すると見込まれるものの衆議院議員の総選挙又は参議院議員の通常選挙における投票について準用する。この場合において、前項中「不在者投票管理者の管理する場所」とあるのは、「その現在する場所」と読み替えるものとする。

---

人名簿の属する市町村の選挙管理委員会の委員長に送致し、又は郵便等をもつて送付しなければならない。

**令（不在者投票管理者の管理する場所において投票をすることができない選挙人）**

**第五九条の六の二**　法第四十九条第八項に規定する政令で定める選挙人は、指定船舶等に乗つて本邦以外の区域を航海する次に掲げる船員とする。

一　次条第一項の規定により投票送信用紙及び投票送信用紙用封筒の交付の請求をする時において当該指定船舶等に乗る日本国民たる船員の数が二人以下であると見込まれる場合における当該船員

二　前条第八項の規定により投票送信用紙及び投票送信用紙用封筒の交付の請求をする時において当該指定船舶等に乗る日本国民たる船員の数が二人以下である場合における当該船員

**令（不在者投票管理者の管理する場所において投票をすることができない船員の不在者投票の特例）**

**第五九条の六の三**　船員は、指定船舶等に乗つて本邦以外の区域を航海しようとする場合において、衆議院議員の総選挙又は参議院議員の通常選挙の期日の公示の日の翌日から選挙の期日の前日までの間が当該指定船舶等の航海の期間中にかかり、かつ、当該選挙の当日法第四十八条の二第一項第一号に掲げる事由に該当すると見込まれるときであつて、前条第一号に該当するときは、自ら又はその代理人によつて、指定市町村の選挙管理委員会の委員長に対し、郵便等によることなく、当該指定船舶等の名称及び当該指定船舶等内に設置された法第四十九条第八項において準用する同条第七項の送信に用いるファクシミリ装置（以下この条において「投票送信用ファクシミリ装置」という。）を識別するための投票送信用紙用封筒の交付を請求することができる。

番号を記載した文書で、選挙人名簿登録証明書を提示して、法第四十九条第八項の規定による投票に用いるべき投票送信用紙及び投票送信用紙用封筒の交付を請求することができる。

2　船員又はその代理人は、前項の規定による投票送信用紙及び投票送信用紙用封筒の交付の請求をする場合には、当該船員が前条第一号に該当することを証する書面として総務省令で定めるものを併せて提出しなければならない。

3　指定市町村の選挙管理委員会の委員長は、第一項の規定による投票送信用紙及び投票送信用紙用封筒の交付の請求を受けた場合において、当該請求をした船員について、衆議院議員の総選挙又は参議院議員の通常選挙の期日の公示の日の翌日から選挙の期日の前日までの間が当該船員が乗る指定船舶等の航海の期間中にかかり、かつ、当該選挙の当日法第四十八条の二第一項第一号に掲げる事由に該当すると見込まれるとともに、前条第一号に該当すると認めるときは、当該船員が第五十三条又は第五十四条の規定により当該選挙の不在者投票の投票用紙及び投票用封筒の交付を受けたとき、並びに当該船員からの第五十九条の六第一項の規定による申出を受けた船長又はその代理人が同条第四項の規定により当該選挙の投票送信用紙及び投票送信用紙用封筒の交付を受けたときを除くほか、直ちに、投票送信用紙の必要事項記載部分にその市町村名、交付の年月日及び選挙の種類、当該船員が登録されている選挙人名簿の属する市町村名及び当該船員が乗船する指定船舶等の名称並びに法第四十九条第八項の規定による投票に係る請求である旨を記入するとともに、当該船員の指定船舶等への乗船及び指定市町村の選挙管理委員会の委員長と当該船員との間の投票送信用ファクシミリ装置による通信を確認するための書面(以下この章及び第百四十二条第三項において「確認書」という。)

にその市町村名及び当該船員の船員手帳の番号（当該船員が自衛隊員である場合には、選挙人名簿登録証明書の交付年月日及び自衛隊員である旨とし、当該船員が実習生である場合には、選挙人名簿登録証明書の交付年月日及び実習生である旨とする。）を記入し、投票送信用紙及び投票送信用紙用封筒並びに確認書を当該船員又はその代理人に交付しなければならない。この場合において、当該指定市町村の選挙管理委員会の委員長は、当該船員の選挙人名簿登録証明書に選挙の種類及びその市町村名並びに投票送信用紙及び投票送信用紙用封筒を船員又はその代理人に交付した旨を記入しなければならない。

4　船員の代理人が前項の規定により投票送信用紙及び投票送信用紙用封筒並びに確認書の交付を受けた場合には、当該代理人は、直ちにこれらを船員に引き渡さなければならない。

5　指定市町村の選挙管理委員会の委員長は、第十四項において準用する第五十九条の六第十二項に規定するファクシミリ装置（以下この条において「投票受信用ファクシミリ装置」という。）を設置した場合には、速やかに当該投票受信用ファクシミリ装置を用いて行う通信に使用すべき電気通信番号を前二項の規定により投票送信用紙及び投票送信用紙用封筒の交付又は引渡しを受けた船員に通知しなければならない。

6　第三項又は第四項の規定により投票送信用紙及び投票送信用紙用封筒の交付又は引渡しを受けた船員は、衆議院議員の総選挙又は参議院議員の通常選挙の期日の公示の日の翌日から選挙の期日の前日までの間が当該指定船舶等の航海の期間中にかかる場合において、法第四十九条第八項の規定による投票をしようとするときは、あらかじめ、当該船員の現在する場所において、確認書に署名をし、当該指定市町村の選挙管理委員会の委員長に投票送信用ファクシミリ装置を用いて当該確認書を送信するとともに、総務省令で定めるところにより、当該指定市町村の選挙管理委員会の委員長から当該船員が送信した当該確認書を投票受信用ファクシミリ装置により受信したことの確認を受けなければならない。

7　前項の規定により確認を受けた船員は、当該選挙の期日の公示があつた日の翌日から当該選挙の期日の前日までの間に、当該船員の現在する場所において、自ら、投票送信用紙の必要事項記載部分にその氏名、住所、選挙人名簿登録証明書の交付年月日及び船員手帳の番号（当該船員が自衛隊員である場合には、その氏名、住所及び選挙人名簿登録証明書の交付年月日並びに自衛隊員である旨とし、当該船員が実習生である場合には、その氏名、住所及び選挙人名簿登録証明書の交付年月日並びに実習生である旨とする。）を、投票送信用紙の投票記載部分に当該選挙の公職の候補者一人の氏名を、それぞれ記載し、これを第三項の規定により投票送信用紙及び投票送信用紙用封筒を交付した指定市町村の選挙管理委員会の委員長に対し、投票送信用ファクシミリ装置を用いて送信しなければならない。

8　前項の規定により送信をした船員は、直ちに、自ら、当該投票送信用紙の投票記載部分と必要事項記載部分とを切り離し、当該投票記載部分を投票送信用紙用封筒に入れて封をし、当該必要事項記載部分を当該投票送信用紙用封筒の表面に貼り付けなければならない。

9　指定市町村の選挙管理委員会の委員長は、第七項の規定により送信された投票を投票受信用ファクシミリ装置により受信した場合には、当該受信した用紙を投票送信用紙の投票記載部分を受信した部分と投票送信用紙の必要事項記載部分を受信した部分とに切り離し、投票送信用紙の投票記載部分を受信した部分を投票用封筒に入れて封をし、投票送信用紙の必要事項記載部分を受信した部分を当該投票用封筒の表面に貼り付け、更にこれを第六項の規定により送信された確認書を受信した用紙とともに他の適当な封筒に入れて封をし、その表面に投票が在中する旨を明記し、その裏面に記名押印し、直ちにこれを当該船員が登録されている選挙人名簿の属する市町村の選挙管理委員会の委員長に送致し、又は郵便等をもつて送付しなければならない。

10　第七項の規定により送信をした船員は、本邦に帰つた場合には、速やかに第八項の規定により封をした投票送信用紙用封筒及び第六項の規定により送信した確認書を当該指定市町村の選挙管理委員会の委員長に提出しなければならない。

11　指定市町村の選挙管理委員会の委員長は、前項の規定により投票送信用紙用封筒及び確認書の提出を受けた場合には、当該投票送信用紙用封筒及び確認書をその表面に表示された船員が登録されている選挙人名簿の属する市町村の選挙管理委員会の委員長に送致し、又は郵便等をもつて送付しなければならない。

12　第七項の規定により送信をしなかつた船員は、本邦に帰つた場合には、速やかに投票送信用紙及び投票送信用紙用封筒並びに確認書を当該指定市町村の選挙管理委員会の委員長に返すとともに、選挙人名簿登録証明書を提示しなければならない。

13　指定市町村の選挙管理委員会の委員長は、前項の規定により選挙人名簿登録証明書の提示を受けた場合には、当該選挙人名簿登録証明書に投票送信用紙及び投票送信用紙用封筒並びに確認書の返付を受けた旨を記入しなければならない。

14　第五十九条の六第三項、第十二項及び第十三項の規定は、法第四十九条第八項の規定による投票について準用する。この場合において、次の表の上欄に掲げる第五十九条の六の規定中同表の中欄に掲げる字句は、それぞれ同表の下欄に掲げる字句に読み替えるものとする。

| 第三項 | 前項 | 第五十九条の六の三第一項 |
| --- | --- | --- |
| 第十二項 | 第九項 | 第五十九条の六の三第六項の規定により送信された同条第三項に規定する確認書及び同条第七項 |
| 第十三項 | 第九項 | 第五十九条の六の三第七項 |

**令(不在者投票管理者の管理する場所において投票をすることができない船員の投票送信用紙等の請求等の特例)**

**第五九条の六の四**　第五十九条の六第四項又は第五項の規定により投票送信用紙及び投票送信用紙用封筒を入れた保管箱又は保管用封筒の交付又は引渡しを受けた船長は、衆議院議員の総選挙又は参議院議員の通常選挙の期日の公示があつた日の翌日から選挙の期日の前日までの間が当該指定船舶等の航海の期間中にかかる場合において、同条第一項の規定による申出をした船員で当該選挙の当日法第四十八条の二第一項第一号に掲げる事由に該当すると見込まれ、かつ、第五十九条の六の二第二号に該当するものから、当該選挙の期日の公示があつた日の翌日から当該選挙の期日の前日までの間に、第五十九条の六第八項の規定による投票送信用紙及び投票送信用紙用封筒の交付の請求を受けたときは、当該船員が第五十三条又は第五十四条の規定により当該選挙の不在者投票の投票用紙及び投票用封筒の交付を受けたとき、並びに第五十九条の六の三第三項又は第四項の規定により当該選挙の投票送信用紙及び投票送信用紙用封筒の交付又は引渡しを受けたときを除くほか、第五十九条の六第八項の規定にかかわらず、直ちに、投票送信用紙の必要事項記載部分に当該指定船舶等の名称、交付の年月日及び当該船員が同号に掲げる船員である旨を記載し、並びに投票送信用紙の必要事項記載部分に署名し、当該投票送信用紙及び投票送信用紙用封筒を法第四十九条第八項の規定による投票に用いるべき投票送信用紙及び投票送信用紙用封筒として当該船員に交付するとともに、第五十九条の六第六項の規定により通知を受けた電気通信番号を当該船員に知らせなければならない。この場合において、船長は、当該船員にその選挙人名簿登録証明書を提示させ、これに当該選挙の期日並びに投票送信用紙及び投票送信用紙用封筒を船員に交付した旨を記入するとともに、当該投票送信用紙及び投票送信用紙用封筒を船長に交付した指定市町村の選挙管理委員会の委員長に対し、この項の規定により投票送信用紙及び投票送信用紙用封筒を交付した旨並びに当該船員が法第四十九条第八項の規定による投票をする旨を通知しなければならない。

2　前項の規定により投票送信用紙及び投票送信用紙用封筒の交付を受けて法第四十九条第八項の規定による投票をする船員に係る次の表の上欄に掲げる前条の規定の適用については、これらの規定中同表の中欄に掲げる字句は、それぞれ同表の下欄に掲げる字句とし、同条第一項から第六項までの規定は、適用しない。

| | | |
|---|---|---|
| 第七項 | 前項の規定により確認 | 次条第一項の規定により投票送信用紙及び投票送信用紙用封筒の交付 |
| | 第三項の規定により | 同項後段の規定により |

| | | |
|---|---|---|
| | 投票送信用紙及び投票送信用紙用封筒を交付した | 船長が通知した |
| | 投票送信用ファクシミリ装置 | 第五十九条の六第二項に規定する投票送信用ファクシミリ装置 |
| 第九項 | 投票受信用ファクシミリ装置 | 第五十九条の六第十二項に規定するファクシミリ装置 |
| | これを第六項の規定により送信された確認書を受信した用紙とともに | これを |
| 第十項 | 投票送信用紙用封筒及び第六項の規定により送信した確認書 | 投票送信用紙用封筒 |
| 第十一項 | 投票送信用紙用封筒及び確認書 | 投票送信用紙用封筒 |
| 第十二項及び第十三項 | 投票送信用紙用封筒並びに確認書 | 投票送信用紙用封筒 |
| 第十四項の表第三項の項 | 第五十九条の六の三第一項 | 第五十九条の六の四第一項 |
| 第十四項の表第十二項の項 | 第五十九条の六の三第六項の規定により送信された同条第三項に規定する確認書及び同条第七項 | 第五十九条の六の四第二項の規定により読み替えて適用される第五十九条の六の三第七項 |
| 第十四項の表第 | 第五十九条の六の三 | 第五十九条の六の四第 |

9　国が行う南極地域における科学的調査の業務を行う組織（以下この項において「南極地域調査組織」という。）に属する選挙人（南極地域調査組織に同行する選挙人で当該南極地域調査組織の長の管理の下に南極地域における活動を行うものを含む。）で次の各号に掲げる施設又は船舶に滞在するもののうち選挙の当日前条第一項第一号に掲げる事由に該当すると見込まれるものの衆議院議員の総選挙又は参議院議員の通常選挙における投票については、同項及び第一項の規定によるほか、政令で定めるところにより、第四十二条第一項ただし書、第四十四条、第四十五条、第四十六条第一項から第三項まで、第四十八条及び第五十条の規定にかかわらず、その滞在する次の各号に掲げる施設又は船舶の区分に応じ、それぞれ当該各号に定める場所において、総務省令で定める投票送信用紙に投票の記載をし、これを総務省令で指定する市町村の選挙管理委員会の委員長にファクシミリ装置を用いて送信する方法により、行わせることができる。

一　南極地域にある当該科学的調査の業務の用に供される施設で国が設置するもの　不在者投票管理者の管理する場所

二　本邦と前号に掲げる施設との間において南極地域調査組織を輸送する船舶で前項の総務省令で定めるもの　この項に規定する方法による投票を行うことについて不在者投票管理者が当該船舶の船長の許可を得た場所

| 十三項の項 | 第七項 | 二項の規定により読み替えて適用される第五十九条の六の三第七項 |
| --- | --- | --- |

**令（南極選挙人証）**

**第五九条の七**　南極地域調査組織に属する選挙人（南極地域調査組織に同行する選挙人で当該南極地域調査組織の長の管理の下に南極地域における活動を行うものを含む。）は、選挙人名簿登録証明書の交付を受けている場合を除き、その登録されている選挙人名簿の属する市町村の選挙管理委員会の委員長に対して、当該選挙人が当該市町村の選挙人名簿に登録されている旨を証する書面（以下この条及び次条において「南極選挙人証」という。）の交付を申請することができる。

2　市町村の選挙管理委員会の委員長は、前項の規定による申請があつた場合には、当該申請をした選挙人に対して南極選挙人証を交付しなければならない。

3　南極選挙人証の交付を受けた者は、当該南極選挙人証の有効期間内に他の市町村の選挙人名簿に登録された場合には、直ちに、当該南極選挙人証をその交付を受けた市町村の選挙管理委員会の委員長に返さなければならない。

4　前三項に規定するもののほか、南極選挙人証の有効期間その他南極選挙人証に関し必要な事項は、総務省令で定める。

**令（南極調査員の不在者投票の特例）**

**第五九条の八**　南極調査員（前条第一項に規定する選挙人で、南極選挙人証又は選挙人名簿登録証明書の交付を受けているものをいう。以下この条及び第百四十二条第一項において同じ。）は、南極地域において南極地域調査組織に関する業務又は活動を行うため出国しようとする場合には、当該南極地域調査組織の長（当該南極地域調査組織の長が第五十五条第八項の規定に該当する場合又は事故があり、若しくは欠けた場合には、当該南極地域調査組織の長の職務を代理すべき者）で同条第七項に規定する不在者投票管理者となるべきもの（以下この条及び第百四十二条第一項において「南極地域調査組織の長」という。）に対し、南極選挙人証（当該南極調査員が選挙人名簿登録証明書の交付を受けている場合には、当該選挙人名簿登録証明書。以下この条において同じ。）を添えて、衆議院議員の総選挙又は参議院議員の通常選挙の期日の公示の日の翌日から選挙の期日の前日までの間が当該南極地域調査組織が法第四十九条第九項各号に掲げる施設又は船舶においてその業務又は活動を行う期間（以下この条において「南極調査期間」という。）中にかかる場合において当該施設又は船舶内で同項の規定による投票をしようとする旨の申出をすることができる。

2　前項の申出を受けた南極地域調査組織の長は、当該南極調査員が南極地域において当該南極地域調査組織に関する業務又は活動を行うため出国しようとする者であると認める場合には、自ら又はその代理人により、法第四十九条第九項に規定する総務省令で指定する市町村（以下この条において「南極投票指定市町村」という。）の選挙管理委員会の委員長に対し、郵便等によることなく、同項各号に掲げる施設及び船舶の名称並びに当該施設及び船舶内に設置された同項の送信に用いるファクシミリ装置を識別するための番号を記載した文書で、当該南極調査員の南極選挙人証を提示して、同項の規定による投票に用いるべき投票送信用紙及び投票送信用紙用封筒の交付を請求しなければならない。

3　第五十九条の六第三項から第十項まで及び第十二項から第十七項までの規定は、法第四十九条第九項の規定による投票について準用する。この場合において、次の表の上欄に掲げる第五十九条の六の規定中同表の中欄に掲げる字句は、それぞれ同表の下欄に掲げる字句に読み替えるものとする。

| | | |
|---|---|---|
| 第三項 | 前項 | 第五十九条の八第二項 |
| 第四項 | 指定市町村の選挙管理委員会の委員長は、第二項 | 南極投票指定市町村（第五十九条の八第二項に規定する南極投票指定市町村をいう。以下この条において同じ。）の選挙管理委員会の委員長は、同項 |
| | 種類、当該船員 | 種類並びに当該南極調査員（第五十九条の八第一項に規定する南極調査員をいう。以下この条において同じ。） |
| | 市町村名並びに法第四十九条第七項の規定による投票に係る請求である旨 | 市町村名 |
| | した船長 | した南極地域調査組織の長（第五十九条の八第一項に規定する南極地域調査組織の長をいう。以下この条において同じ。） |
| | 当該指定市町村 | 当該南極投票指定市町村 |

| | | |
|---|---|---|
| | 指定船舶等の航海予定期間 | 南極地域調査組織の南極調査期間（第五十九条の八第一項に規定する南極調査期間をいう。第七項及び第八項において同じ。） |
| | 船員の選挙人名簿登録証明書 | 南極調査員の南極選挙人証（第五十九条の七第一項に規定する南極選挙人証をいう。以下この条において同じ。） |
| | を船長 | を南極地域調査組織の長 |
| 第五項 | 船長 | 南極地域調査組織の長 |
| 第六項 | 指定市町村 | 南極投票指定市町村 |
| | 船長 | 南極地域調査組織の長 |
| 第七項 | 船長 | 南極地域調査組織の長 |
| | 指定船舶等の航海の期間中 | 南極地域調査組織の南極調査期間中 |
| | 船員 | 南極調査員 |
| 第八項 | 船長 | 南極地域調査組織の長 |
| | 指定船舶等の航海の期間中 | 南極地域調査組織の南極調査期間中 |
| | 第一項の | 第五十九条の八第一項の |

| 項 | 読み替えられる字句 | 読み替える字句 |
|---|---|---|
| | 船員 | 南極調査員 |
| | とき、並びに第五十九条の六の三第三項又は第四項の規定により当該選挙の投票送信用紙及び投票送信用紙用封筒の交付又は引渡しを受けたとき | とき |
| | 当該指定船舶等の名称 | 法第四十九条第九項の規定による投票をしようとする同項各号に掲げる施設又は船舶の名称 |
| | 第十一項 | 第五十九条の八第四項 |
| | 選挙人名簿登録証明書 | 南極選挙人証 |
| 第九項 | 船員は | 南極調査員は |
| | 不在者投票管理者である船長の管理する場所 | 法第四十九条第九項各号に定める場所 |
| | 、選挙人名簿登録証明書の交付年月日及び船員手帳の番号（当該船員が自衛隊員（自衛隊法第二条第五項に規定する隊員をいう。以下この項及び第五十九条の | 及び南極選挙人証の交付年月日 |

| | | |
|---|---|---|
| | 六の三において同じ。）である場合には、その氏名、住所及び選挙人名簿登録証明書の交付年月日並びに自衛隊員である旨とし、当該船員が実習生である場合には、その氏名、住所及び選挙人名簿登録証明書の交付年月日並びに実習生である旨とする。） | |
| | 指定市町村 | 南極投票指定市町村 |
| | 投票送信用ファクシミリ装置 | 第五十九条の八第二項に規定するファクシミリ装置 |
| 第十項 | 船員 | 南極調査員 |
| | 船長 | 南極地域調査組織の長 |
| 第十二項 | 指定市町村 | 南極投票指定市町村 |
| 第十四項 | 指定市町村 | 南極投票指定市町村 |
| | 船員 | 南極調査員 |
| 第十五項 | 船長 | 南極地域調査組織の長 |
| | 指定船舶等が航海を終了して本邦の港に帰つた場合又は当該指定船舶等の船員で | 南極地域調査組織がその業務を終了して |

| | | |
|---|---|---|
| | 第一項の規定による申出をしたものが全て | |
| | 指定市町村 | 南極投票指定市町村 |
| | 、第一項 | 、第五十九条の八第一項 |
| | 船員に | 南極調査員に |
| | 船員の選挙人名簿登録証明書 | 南極調査員の南極選挙人証 |
| 第十六項 | 指定市町村 | 南極投票指定市町村 |
| | 船員 | 南極調査員 |
| | 選挙人名簿登録証明書 | 南極選挙人証 |
| 第十七項 | 指定市町村 | 南極投票指定市町村 |
| | 船員 | 南極調査員 |

4　第三十二条及び第五十六条第三項から第五項までの規定は、前項において準用する第五十九条の六第八項から第十項までの規定による投票について準用する。この場合において、次の表の上欄に掲げる規定中同表の中欄に掲げる字句は、それぞれ同表の下欄に掲げる字句に読み替えるものとする。

| | | |
|---|---|---|
| 第三十二条 | 市町村の選挙管理委員会 | 南極地域調査組織の長 |
| | 投票所において選挙人が投票の記載をす | 法第四十九条第八項各号に定める場所 |

| | | |
|---|---|---|
| | る場所 | |
| | 投票用紙 | 投票送信用紙 |
| 第五十六条第三項 | 前二項 | 第五十九条の八第三項において準用する第五十九条の六第八項から第十項まで |
| 第五十六条第四項 | 第一項又は第二項 | 第五十九条の八第三項において準用する第五十九条の六第八項から第十項まで |
| | 投票用紙 | 投票送信用紙の投票記載部分 |
| | これを投票用封筒に入れて封をし、その封筒の表面 | 投票送信用紙の必要事項記載部分 |
| | 選挙人の氏名 | 選挙人の氏名、住所及び南極選挙人証の交付年月日 |
| | 提出させなければ | 第五十九条の八第二項に規定するファクシミリ装置を用いて送信させ、更に当該投票送信用紙の投票記載部分と必要事項記載部分とを切り離し、当該投票記載部分を投票送信用紙用封筒に入れて封をし、当該必要事項記載部分を当該投票送信用 |

10　不在者投票管理者は、市町村の選挙管理委員会が選定した者を投票に立ち会わせることその他の方法により、不在者投票の公正な実施の確保に努めなければならない。

| | | |
|---|---|---|
| | | 紙用封筒の表面に貼り付け、これを提出させなければ |
| 第五十六条第五項 | 投票用紙 | 投票送信用紙の投票記載部分 |
| | 投票用封筒の表面に記載させて、これを提出させなければ | ファクシミリ装置を用いて送信を行う前に投票送信用紙の必要事項記載部分に記載させなければ |

**令（不在者投票の送致）**

**第六〇条**　不在者投票管理者は、第五十六条から第五十八条までの規定により投票を受け取つた場合には、投票用封筒に投票の年月日及び場所を記載し、及びこれに記名し、かつ、第五十六条第三項（第五十七条第三項において準用する場合を含む。）の規定により投票に立ち会つた者にあつては署名又は記名押印を、第五十八条第三項において準用する第五十六条第三項の規定により投票に立ち会つた者にあつては署名をさせ、更にこれを不在者投票証明書とともに他の適当な封筒に入れて封をし、その表面に投票が在中する旨を明記し、その裏面に記名押印し、これを次の各号に掲げる場合の区分に応じ、当該各号に定める者に、直ちに（第二号又は第三号に掲げる場合には、当該各号に定める投票管理者に係る投票所を開いた時刻以後直ちに）、送致又は郵便等による送付（第二号又は第三号に掲げる場合には、送致）をしなければならない。

一　第五十六条又は第五十八条の規定により投票を受け取つた場合　選挙人が登録されている選挙人名簿の属する市町村の選挙

管理委員会の委員長

二　第五十七条の規定により投票を受け取つた場合（次号に掲げる場合を除く。）　選挙人が属する投票区の投票管理者

三　第五十七条の規定により投票を受け取つた場合であつて、当該投票をした選挙人が属する投票区が指定関係投票区等であるとき　選挙人が属する投票区に係る指定投票区の投票管理者

2　選挙人が登録されている選挙人名簿の属する市町村の選挙管理委員会の委員長は、第五十九条の五、第五十九条の五の四第十三項、第五十九条の六第十四項（前条第三項において準用する場合を含む。）、第五十九条の六の三第九項又は前項（第一号に係る部分に限る。）の規定により投票の送付又は送致を受けた場合には、投票、不在者投票証明書及び同条第六項の規定により送信された確認書を受信した用紙を選挙人が属する投票区の投票管理者（当該投票区が指定関係投票区等である場合には、当該投票区に係る指定投票区の投票管理者）に、当該投票管理者に係る投票所を開いた時刻以後直ちに送致しなければならない。

**令（不在者投票に関する調書）**

**第六一条**　選挙人が登録されている選挙人名簿又は在外選挙人名簿の属する市町村の選挙管理委員会の委員長は、不在者投票事務処理簿を備え、第五十条、第五十三条、第五十七条、第五十九条の四、第五十九条の五の四第五項から第八項まで及び前条の規定によりとつた措置の明細その他必要と認める事項を記載しなければならない。

2　市町村の選挙管理委員会の委員長は、前項の不在者投票事務処理簿に基づき、その概略（在外選挙人名簿に登録されている選挙人（当該選挙人のうち選挙人名簿に登録されているもので第六十五条の二に規定する者を除く。）の不在者投票（第四項において「在

外選挙人の不在者投票」という。）に係る概略を除く。）を記載した不在者投票に関する調書を投票区ごとに作成して、これに記名押印し、関係のある投票管理者に送致しなければならない。

3　指定投票区を指定し、及び指定関係投票区等を定めている場合における指定投票区及び指定関係投票区等に係る前項の規定の適用については、同項中「投票区ごとに」とあるのは「指定投票区及び当該指定投票区に係る指定関係投票区等を通じて」と、「関係のある投票管理者」とあるのは「指定投票区の投票管理者」とする。

4　市町村の選挙管理委員会の委員長は、第一項の不在者投票事務処理簿に基づき、その概略（在外選挙人の不在者投票に係る概略に限る。）を記載した在外選挙人の不在者投票に関する調書を指定在外選挙投票区ごとに作成して、これに記名押印し、指定在外選挙投票区の投票管理者に送致しなければならない。

5　第二項及び前項の規定により不在者投票に関する調書の送致を受けた投票管理者は、当該調書を投票録に添えなければならない。

令（投票所の閉鎖前に送致を受けた不在者投票の措置）

**第六二条**　投票管理者（指定関係投票区等を定めている場合には、指定関係投票区等の投票管理者を除く。）は、投票所を閉じる時刻までに第六十条第一項（第二号及び第三号に係る部分に限る。）又は第二項の規定による投票の送致を受けた場合には、送致に用いられた封筒を開いて、その中に入つている投票及び不在者投票証明書を一時そのまま保管しなければならない。

2　指定在外選挙投票区の投票管理者は、投票所を閉じる時刻までに第六十五条の十三第一項の規定により読み替えて適用される第六十条第一項（第二号及び第三号に係る部分に限る。）又は第二項の規定による投票の送致を受けた場合には、送致に用いられた封筒を開いて、その中に入つている投票を一時そのまま保管しなければならない。

**令（不在者投票の受理不受理等の決定）**

**第六三条**　投票管理者（指定関係投票区等を定めている場合には、指定関係投票区等（指定在外選挙投票区である指定関係投票区等を除く。）の投票管理者を除く。以下この条及び第六十五条において同じ。）は、投票箱を閉じる前に、投票立会人の意見を聴いて、前条の規定により保管する投票が受理することができるものであるかどうかを決定しなければならない。

2　投票管理者は、前項の規定により受理の決定を受けた投票で第五十六条第五項（第五十七条第三項、第五十八条第四項、第五十九条の五の四第十二項、第五十九条の六第十一項又は第五十九条の八第四項において準用する場合を含む。）の規定の適用を受けたものがある場合には、投票立会人の意見を聴いて、これを拒否するかどうかを決定しなければならない。

3　投票管理者は、第一項の規定により受理の決定を受け、かつ、前項の規定により拒否の決定を受けない投票については、投票用封筒を開いて（法第四十九条第七項から第九項までの規定による投票については、更に第五十九条の六第十三項（第五十九条の六の三第十四項及び第五十九条の八第三項において準用する場合を含む。）の覆いを外して）、直ちにこれを投票箱に入れなければならない。

4　投票管理者は、第一項の規定により受理すべきでないと決定された投票又は第二項の規定による拒否の決定を受けた投票については、更にこれをその投票送致用封筒に入れて仮に封をし、その表面に第一項の規定による不受理の決定又は第二項の規定による拒否の決定があつた旨を記載し、これを投票箱に入れなければならない。

**令**（不在者投票の投票用紙の返還等）

**第六四条**　第五十三条第一項、第五十四条第一項又は第五十九条の四第四項の規定により交付を受けた不在者投票の投票用紙及び投票用封筒は、投票所及び期日前投票所（法第四十一条の二第一項の規定により共通投票所を設ける場合には、投票所、共通投票所及び期日前投票所）においては、使用することができない。

2　選挙人は、第五十三条第一項、第五十四条第一項又は第五十九条の四第四項の規定により不在者投票の投票用紙及び投票用封筒の交付を受けた場合において、不在者投票をしなかつたときは、その投票用紙及び投票用封筒（第五十三条第二項の規定により交付を受けた不在者投票証明書がある場合には、投票用紙、投票用封筒及び不在者投票証明書。以下この項において同じ。）を投票管理者に返して、法第四十四条の規定による投票（法第四十一条の二第一項の規定により共通投票所を設ける場合には、共通投票所において行う投票を含む。）又は第四十八条の二第一項の規定による投票をすることができるものとし、これらの投票をもしなかつたときは、速やかにその投票用紙及び投票用封筒をその交付を受けた市町村の選挙管理委員会の委員長に返さなければならない。

**令**（投票所閉鎖後に送致を受けた不在者投票の措置）

**第六五条**　投票管理者は、投票所を閉じるべき時刻を経過した後に第六十条第一項（第二号及び第三号に係る部分に限る。）又は第二項の規定による投票の送致を受けた場合には、送致に用いられた封筒を開いて、投票用封筒の裏面に受け取つた年月日及び時刻を記載し、これを開票管理者に送致しなければならない。

**令**（不在者投票の投票用紙及び投票用封筒の交付）

（在外投票等）

**第四九条の二**　在外選挙人名簿に登録されている選挙人（当該選挙人のうち選挙人名簿に登録されているもので政令で定めるものを除く。以下この条において同じ。）で、衆議院議員又は参議院議員の選挙において投票をしようとするものの投票については、第四十八条の二第一項及び前条第一項の規定によるほか、政令で定めるところにより、第四十四条、第四十五条第一項、第四十六条第一項から第三項まで、第四十八条及び次条の規定にかかわらず、次の各号に掲げるいずれかの方法により行わせることができる。

一　衆議院議員の総選挙又は参議院議員の通常選挙にあつてはイに掲げる期間、衆議院議員又は参議院議員の再選挙又は補欠選挙にあつてはロに掲げる日に、自ら在外公館の長（各選挙ごとに総務大臣が外務大臣と協議して指定する在外公館の長を除く。以下この号において同じ。）の管理する投票を記載する場所に行き、在外選挙人証及び旅券その他の政令で定める文書を提示して、投票用紙に投票の記載をし、これを封筒に入れて在外公館の長に提出する方法

イ　当該選挙の期日の公示の日の翌日から選挙の期日前六日（投票の送致に日数を要する地の在外公館であることその他特別の事情があると認められる場合には、あらかじめ総務大

---

**第九八条**　法第百十九条第一項又は第二項の規定によつて同時に行う二以上の選挙について、第五十三条第一項、第五十四条、第五十九条の四第四項又は第五十九条の五の四第七項の規定によつて不在者投票のための投票用紙及び投票用封筒を交付し、又は郵便等をもつて発送する場合においては、市町村の選挙管理委員会の委員長は、各選挙ごとに別個の投票用紙及び投票用封筒を交付し、又は郵便等をもつて発送しなければならない。

臣が外務大臣と協議して指定する日）までの間（あらかじめ総務大臣が外務大臣と協議して指定する日を除く。）

ロ　当該選挙の期日の告示の日の翌日から選挙の期日前六日までの間で、あらかじめ総務大臣が外務大臣と協議して指定する日

二　当該選挙人の現在する場所において投票用紙に投票の記載をし、これを郵便等により送付する方法

2　在外選挙人名簿に登録されている選挙人で、衆議院議員又は参議院議員の選挙において投票をしようとするものの国内における投票に係る次の表の上欄に掲げる規定の適用については、これらの規定中同表の中欄に掲げる字句は、それぞれ同表の下欄に掲げる字句とする。

| | | |
|---|---|---|
| 第四十二条第一項ただし書 | 選挙人名簿 | 在外選挙人名簿 |
| | 投票所 | 指定在外選挙投票区の投票所 |
| 第四十四条第一項 | 投票所 | 指定在外選挙投票区の投票所 |
| 第四十四条第二項 | 、選挙人名簿 | 、在外選挙人証を提示して、在外選挙人名簿 |
| | 当該選挙人名簿 | 当該在外選挙人名簿 |
| | 第十九条第三項 | 第三十条の二第四項 |
| | 書類。次項、第五十五条及び第五十六条において同じ。 | 書類 |

| | | |
|---|---|---|
| 第四十五条第一項、第四十六条第一項から第三項まで及び第四十八条第二項 | 投票所 | 指定在外選挙投票区の投票所 |

３　在外選挙人名簿に登録されている選挙人で、衆議院議員又は参議院議員の選挙において投票をしようとするものの国内における投票については、選挙人が登録されている在外選挙人名簿の属する市町村の選挙管理委員会が第四十一条の二第一項の規定により共通投票所を設ける場合には、当該市町村の選挙管理委員会が指定した共通投票所において、行わせることができる。この場合において、次の表の上欄に掲げる規定の適用については、これらの規定中同表の中欄に掲げる字句は、それぞれ同表の下欄に掲げる字句とし、前項の規定は、適用しない。

| | | |
|---|---|---|
| 第四十一条の二第二項 | 前項の規定により共通投票所を設ける | 第四十九条の二第三項の規定により共通投票所を指定した |
| | 、投票所 | 、指定在外選挙投票区の投票所 |
| | が共通投票所 | が同項の規定により市町村の選挙管理委員会が指定した共通投票所（以下「指定共通投票所」という。） |
| | 及び共通投票所 | 及び指定共通投票所 |
| | が投票所 | が指定在外選挙投票区の投票所 |

| | | |
|---|---|---|
| | 他の共通投票所 | 他の指定共通投票所 |
| 第四十一条の二第五項 | 第一項の規定により共通投票所を設ける | 第四十九条の二第三項の規定により指定共通投票所を指定した |
| 第四十一条の二第五項の表次条第一項ただし書、第四十四条第一項、第四十五条第一項、第四十六条第一項から第三項まで、第四十六条の二第一項及び第四十八条第二項の項 | 次条第一項ただし書、第四十四条第一項 | 第四十四条第一項 |
| | 、第四十六条の二第一項及び | 及び |
| | 投票所又は共通投票所 | 指定在外選挙投票区の投票所又は指定共通投票所 |
| 第四十二条第一項ただし書 | 選挙人名簿 | 在外選挙人名簿 |
| | 投票所 | 指定在外選挙投票区の投票所又は指定共通投票所 |
| 第四十四条第二項 | 、選挙人名簿 | 、在外選挙人証を提示して、在外選挙人名簿 |
| | 当該選挙人名簿 | 当該在外選挙人名簿 |
| | 第十九条第三項 | 第三十条の二第四項 |
| | 書類。次項、第五十五条及び第五十六条において同じ。 | 書類 |

４　在外選挙人名簿に登録されている選挙人で、衆議院議員又は参議院議員の選挙において投票をしようとするものの国内における投票のうち、第四十八条の二第一項の規定による投票に係る次の表の上欄に掲げる規定の適用については、これらの規定中同表の中欄に掲げる字句は、それぞれ同表の下欄に掲げる字句とし、第二項の規定は、適用しない。

| 第四十四条第二項 | 、選挙人名簿 | 、在外選挙人証を提示して、在外選挙人名簿 |
|---|---|---|
| | 当該選挙人名簿 | 当該在外選挙人名簿 |
| | 第十九条第三項 | 第三十条の二第四項 |
| | 書類。次項、第五十五条及び第五十六条において同じ。 | 書類 |
| 第四十八条の二第一項 | 期日前投票所 | 市町村の選挙管理委員会の指定した期日前投票所（次項及び第五項において「指定期日前投票所」という。） |
| 第四十八条の二第一項第二号及び第五号 | 投票区 | 指定在外選挙投票区 |
| 第四十八条の二第一項第六号 | 投票所 | 指定在外選挙投票区の投票所 |
| 第四十八条の二第二項 | 二以上の期日前投票所を設ける | 前項の規定により二以上の指定期日前投票所を指定した |

| | | |
|---|---|---|
| | 期日前投票所において | 指定期日前投票所において |
| 第四十八条の二第五項 | 期日前投票所において投票を行わせる | 指定期日前投票所を指定した |
| 第四十八条の二第五項の表第四十二条第一項ただし書の項 | 選挙 | 選挙人名簿に登録されるべき旨の決定書又は確定判決書を所持し、選挙 |
| | 第四十八条の二第一項 | 在外選挙人名簿に登録されるべき旨の決定書又は確定判決書を所持し、第四十八条の二第一項 |
| | 期日前投票所 | 指定期日前投票所（第四十九条の二第四項の規定により読み替えて適用される第四十八条の二第一項に規定する指定期日前投票所をいう。以下第四十八条までにおいて同じ。） |
| 第四十八条の二第五項の表第四十五条第一項の項及び第四十六条第一項から第三項まで及び前条第二項の項 | 期日前投票所 | 指定期日前投票所 |

5　在外選挙人名簿に登録されている選挙人で、衆議院議員又は参

議院議員の選挙において投票をしようとするものの投票については、前条第二項から第九項までの規定は、適用しない。

（選挙人の確認及び投票の拒否）

**第五〇条**　投票管理者は、投票をしようとする選挙人が本人であるかどうかを確認することができないときは、その本人である旨を宣言させなければならない。その宣言をしない者は、投票をすることができない。

2　投票の拒否は、投票立会人の意見を聴き、投票管理者が決定しなければならない。

3　前項の決定を受けた選挙人において不服があるときは、投票管理者は、仮に投票をさせなければならない。

4　前項の投票は、選挙人をしてこれを封筒に入れて封をし、表面に自らその氏名を記載して投票箱に入れさせなければならない。

5　投票立会人において異議のある選挙人についても、また前二項と同様とする。

（退出せしめられた者の投票）

**第五一条**　第六十条の規定により投票所外に退出せしめられた者は、最後になつて投票をすることができる。但し、投票管理者は、投票所の秩序をみだる虞がないと認める場合においては、投票をさせることを妨げない。

（投票の秘密保持）

**第五二条**　何人も、選挙人の投票した被選挙人の氏名又は政党その他の政治団体の名称若しくは略称を陳述する義務はない。

（投票箱の閉鎖）

**第五三条**　投票所を閉じるべき時刻になつたときは、投票管理者は、その旨を告げて、投票所の入口を鎖し、投票所にある選挙人の投

---

令（選挙人の宣言）

**第四〇条**　投票管理者は、法第五十条第一項の規定によつて、選挙人に本人である旨の宣言をさせる必要がある場合においては、投票立会人の面前においてその宣言をさせ、投票所の事務に従事する者にこれを筆記させ、選挙人に読み聞かせた上、選挙人にこれに署名させなければならない。この場合において、選挙人が心身の故障その他の事由により自ら宣言し、又は署名することができないときは、投票管理者は、宣言書を作製させ、これを本人に読み聞かせた上、その旨を宣言書に記載させなければならない。

2　前項の規定による宣言書は、投票録に添付しなければならない。

令（投票用紙の返付）

**第四二条**　投票をする前に自ら投票所外に退出し、又は法第六十条の規定によつて退出を命ぜられた選挙人は、投票用紙を投票管理者に返さなければならない。

令（投票箱を閉鎖する場合の措置）

**第四三条**　法第五十三条第一項の規定により投票箱を閉鎖すべき場合には、投票管理者は、投票箱の蓋を閉じ、施錠した上、一の鍵

票の結了するのを待つて、投票箱を閉鎖しなければならない。

２　何人も、投票箱の閉鎖後は、投票をすることができない。

（投票録の作成）

**第五四条**　投票管理者は、投票録を作り、投票に関する次第を記載し、投票立会人とともに、これに署名しなければならない。

（投票箱等の送致）

**第五五条**　投票管理者が同時に当該選挙の開票管理者である場合を除くほか、投票管理者は、一人又は数人の投票立会人とともに、選挙の当日、その投票箱、投票録、選挙人名簿又はその抄本及び在外選挙人名簿又はその抄本（当該在外選挙人名簿が第三十条の二第四項の規定により磁気ディスクをもつて調製されている場合には、当該在外選挙人名簿に記録されている全部若しくは一部の事項又は当該事項を記載した書類。以下この条及び次条において同じ。）を開票管理者に送致しなければならない。ただし、当該選挙人名簿が第十九条第三項の規定により磁気ディスクをもつて調製されている場合で政令で定めるときは選挙人名簿又はその抄本を、当該在外選挙人名簿が第三十条の二第四項の規定により磁気ディスクをもつて調製されている場合で政令で定めるときは在外選挙人名簿又はその抄本を、それぞれ、送致することを要しない。

（繰上投票）

**第五六条**　島その他交通不便の地について、選挙の期日に投票箱を送致することができない状況があると認めるときは、都道府県の選挙管理委員会（市町村の議会の議員又は長の選挙については、市町村の選挙管理委員会）は、適宜にその投票の期日を定め、開票の期日までにその投票箱、投票録、選挙人名簿又はその抄本及び在外選挙人名簿又はその抄本を送致させることができる。

---

は投票箱を送致すべき投票立会人（投票管理者が同時に開票管理者である場合には、投票管理者の指定した投票立会人）が保管し、他の鍵は投票管理者が保管しなければならない。

**令**（投票箱の持出の禁止）

**第四四条**　投票箱は、ふたを閉じた後は、開票管理者に送致する場合の外、投票所の外に持ち出してはならない。

（繰延投票）

**第五七条**　天災その他避けることのできない事故により、投票所において、投票を行うことができないとき、又は更に投票を行う必要があるときは、都道府県の選挙管理委員会（市町村の議会の議員又は長の選挙については、市町村の選挙管理委員会）は、更に期日を定めて投票を行わせなければならない。この場合において、当該選挙管理委員会は、直ちにその旨を告示するとともに、更に定めた期日を少なくとも二日前に告示しなければならない。

2　衆議院議員、参議院議員又は都道府県の議会の議員若しくは長の選挙について前項に規定する事由を生じた場合には、市町村の選挙管理委員会は、当該選挙の選挙長（衆議院比例代表選出議員若しくは参議院比例代表選出議員の選挙又は参議院合同選挙区選挙については、選挙分会長）を経て都道府県の選挙管理委員会にその旨を届け出なければならない。

（投票所に出入し得る者）

**第五八条**　選挙人、投票所の事務に従事する者、投票所を監視する職権を有する者又は当該警察官でなければ、投票所に入ることができない。

2　前項の規定にかかわらず、選挙人の同伴する子供（幼児、児童、生徒その他の年齢満十八年未満の者をいう。以下この項において同じ。）は、投票所に入ることができる。ただし、投票管理者が、選挙人の同伴する子供が投票所に入ることにより生ずる混雑、けん騒その他これらに類する状況から、投票所の秩序を保持することができなくなるおそれがあると認め、その旨を選挙人に告知したときは、この限りでない。

3　選挙人を介護する者その他の選挙人とともに投票所に入ること

についてやむを得ない事情がある者として投票管理者が認めた者についても、前項本文と同様とする。

（投票所の秩序保持のための処分の請求）

**第五九条**　投票管理者は、投票所の秩序を保持し、必要があると認めるときは、当該警察官の処分を請求することができる。

（投票所における秩序保持）

**第六〇条**　投票所において演説討論をし若しくはけん騒にわたり又は投票に関し協議若しくは勧誘をし、その他投票所の秩序をみだす者があるときは、投票管理者は、これを制止し、命に従わないときは投票所外に退出せしめることができる。

## 第七章　開票

（開票管理者）

**第六一条**　各選挙ごとに、開票管理者を置く。

2　開票管理者は、当該選挙の選挙権を有する者の中から市町村の選挙管理委員会の選任した者をもつて、これに充てる。

3　衆議院議員の選挙において、小選挙区選出議員の選挙と比例代表選出議員の選挙を同時に行う場合においては、市町村の選挙管理委員会は、小選挙区選出議員についての開票管理者を同時に比例代表選出議員についての開票管理者とすることができる。

4　参議院議員の選挙において、選挙区選出議員の選挙と比例代表選出議員の選挙を同時に行う場合においては、市町村の選挙管理委員会は、選挙区選出議員についての開票管理者を同時に比例代表選出議員についての開票管理者とすることができる。

5　開票管理者は、開票に関する事務を担任する。

6　開票管理者は、当該選挙の選挙権を有しなくなつたときは、その職を失う。

（開票立会人）

**第六二条**　公職の候補者（衆議院小選挙区選出議員の選挙にあつては候補者届出政党（第八十六条第一項又は第八項の規定による届出をした政党その他の政治団体をいう。以下同じ。）及び公職の候補者（候補者届出政党の届出に係るものを除く。）、衆議院比例代表選出議員の選挙にあつては衆議院名簿届出政党等、参議院比例代表選出議員の選挙にあつては参議院名簿届出政党等）は、当該選挙の開票区ごとに、当該開票区の区域の全部又は一部をその区域に含む市町村の選挙人名簿に登録された者の中から、本人の

---

**令**（開票管理者又はその職務代理者の氏名等の告示）

**第六八条**　市町村又は都道府県の選挙管理委員会は、法第六十一条第二項の規定又は第六十六条若しくは前条第一項、第三項若しくは第五項の規定により開票管理者又はその職務を代理すべき者を選任した場合には、直ちにその者の住所及び氏名を告示しなければならない。ただし、住所の全部の告示に支障があると認めるときは、当該住所の一部の告示をもつて当該住所の全部の告示に代えることができる。

承諾を得て、開票立会人となるべき者一人を定め、その選挙の期日前三日までに、市町村の選挙管理委員会に届け出ることができる。ただし、同一人を当該選挙の他の開票区における開票立会人となるべき者及び当該選挙と同じ日に行われるべき他の選挙における開票立会人となるべき者として届け出ることはできない。

2　前項の規定により届出のあつた者（次の各号に掲げる事由が生じたときは、当該各号に定めるものの届出に係る者を除く。以下この条において同じ。）が、十人を超えないときは直ちにその者をもつて開票立会人とし、十人を超えるときは届出のあつた者の中から市町村の選挙管理委員会がくじで定めた者十人をもつて開票立会人としなければならない。

一　公職の候補者（候補者届出政党の届出に係るものを除く。以下この号において同じ。）が死亡したとき、第八十六条第九項若しくは第八十六条の四第九項の規定により公職の候補者の届出が却下されたとき又は第八十六条第十二項若しくは第八十六条の四第十項の規定により公職の候補者がその候補者たることを辞したとき（第九十一条第二項又は第百三条第四項の規定によりその候補者たることを辞したものとみなされる場合を含む。）　当該公職の候補者

二　候補者届出政党の届出に係る候補者が死亡したとき、第八十六条第九項の規定により候補者届出政党がした候補者の届出が却下されたとき又は同条第十一項の規定により候補者届出政党が候補者の届出を取り下げたとき（第九十一条第一項又は第百三条第四項の規定により公職の候補者の届出が取り下げられたものとみなされる場合を含む。）　当該候補者届出政党

三　衆議院名簿届出政党等につき第八十六条の二第十項の規定による届出があつたとき又は同条第十一項の規定による却下があ

つたとき　当該衆議院名簿届出政党等

四　参議院名簿届出政党等につき第八十六条の三第二項において準用する第八十六条の二第十項の規定による届出があつたとき又は第八十六条の三第二項において準用する第八十六条の二第十一項の規定による却下があつたとき　当該参議院名簿届出政党等

3　同一の政党その他の政治団体に属する公職の候補者の届出にかかる者は、同一の開票区において、三人以上開票立会人となることができない。

4　第一項の規定により届出のあつた者で同一の政党その他の政治団体に属する公職の候補者の届出にかかるものが三人以上あるときは、第二項の規定にかかわらず、その者の中で市町村の選挙管理委員会がくじで定めた者二人以外の者は、開票立会人となることができない。

5　第二項又は前項の規定により開票立会人が定まつた後、同一の政党その他の政治団体に属する公職の候補者の届出にかかる開票立会人が三人以上となつたときは、市町村の選挙管理委員会がくじで定めた者二人以外の者は、その職を失う。

6　第二項、第四項又は前項の規定によるくじを行うべき場所及び日時は、市町村の選挙管理委員会において、予め告示しなければならない。

7　第二項各号に掲げる事由が生じたときは、当該各号に定めるものの届出に係る開票立会人は、その職を失う。

8　都道府県の選挙管理委員会が第十八条第二項の規定により市町村の区域を分けて、又は数市町村の区域の全部若しくは一部を合わせて、開票区を設ける場合において、当該開票区を選挙の期日前二日から選挙の期日の前日までの間に設けたときは市町村の選挙管理委員会において、当該開票区を選挙の期日以後に設けたときは開票管理者において、当該開票区の区域の全部又は一部をその区域に含む市町村の選挙人名簿に登録された者の中から三人以上十人以下の開票立会人を選任し、直ちにこれを本人に通知し、開票に立ち会わせなければならない。ただし、同一の政党その他の政治団体に属する者を三人以上選任することができない。

9　第二項の規定による開票立会人が三人に達しないとき又は開票立会人が選挙の期日の前日までに三人に達しなくなつたときは市町村の選挙管理委員会において、開票立会人が選挙の期日以後に三人に達しなくなつたとき又は開票立会人で参会する者が開票所を開くべき時刻になつても三人に達しないとき若しくはその後三人に達しなくなつたときは開票管理者において、その開票区の区域の全部又は一部をその区域に含む市町村の選挙人名簿に登録された者の中から三人に達するまでの開票立会人を選任し、直ちにこれを本人に通知し、開票に立ち会わせなければならない。ただし、同項の規定による開票立会人を届け出た公職の候補者の属する政党その他の政治団体、同項の規定による開票立会人を届け出た候補者届出政党、衆議院名簿届出政党等若しくは参議院名簿届出政党等又は市町村の選挙管理委員会若しくは開票管理者の選任した開票立会人の属する政党その他の政治団体と同一の政党その他の政治団体に属する者を当該公職の候補者、候補者届出政党、衆議院名簿届出政党等若しくは参議院名簿届出政党等の届出に係る開票立会人又は市町村の選挙管理委員会若しくは開票管理者の選任に係る開票立会人と通じて三人以上選任することができない。

10　当該選挙の公職の候補者は、開票立会人となることができない。

11　開票立会人は、正当な理由がなければ、その職を辞することができない。

（開票所の設置）

**第六三条**　開票所は、市役所、町村役場又は市町村の選挙管理委員会の指定した場所に設ける。

（開票の場所及び日時の告示）

**第六四条**　市町村の選挙管理委員会は、予め開票の場所及び日時を告示しなければならない。

（開票日）

**第六五条**　開票は、すべての投票箱の送致を受けた日又はその翌日に行う。

（開票）

**第六六条**　開票管理者は、開票立会人立会の上、投票箱を開き、先ず第五十条第三項及び第五項の規定による投票を調査し、開票立会人の意見を聴き、その投票を受理するかどうかを決定しなければならない。

2　開票管理者は、開票立会人とともに、当該選挙における各投票所及び期日前投票所の投票を開票区ごとに混同して、投票を点検しなければならない。

3　投票の点検が終わつたときは、開票管理者は、直ちにその結果を選挙長（衆議院比例代表選出議員若しくは参議院比例代表選出議員の選挙又は参議院合同選挙区選挙については、選挙分会長）に報告しなければならない。

（開票の場合の投票の効力の決定）

**第六七条**　投票の効力は、開票立会人の意見を聴き、開票管理者が決定しなければならない。その決定に当つては、第六十八条の規定に反しない限りにおいて、その投票した選挙人の意思が明白であれば、その投票を有効とするようにしなければならない。

（無効投票）

**第六八条**　衆議院（比例代表選出）議員又は参議院（比例代表選出）議員の選挙以外の選挙の投票については、次の各号のいずれかに該当するものは、無効とする。
一　所定の用紙を用いないもの
二　公職の候補者でない者又は第八十六条の八第一項、第八十七条第一項若しくは第二項、第八十七条の二、第八十八条、第二百五十一条の二若しくは第二百五十一条の三の規定により公職の候補者となることができない者の氏名を記載したもの
三　第八十六条第一項若しくは第八項の規定による届出をした政党その他の政治団体で同条第一項各号のいずれにも該当していなかつたものの当該届出に係る候補者、同条第九項後段の規定による届出に係る候補者又は第八十七条第三項の規定に違反してされた届出に係る候補者の氏名を記載したもの
四　一投票中に二人以上の公職の候補者の氏名を記載したもの
五　被選挙権のない公職の候補者の氏名を記載したもの
六　公職の候補者の氏名のほか、他事を記載したもの。ただし、職業、身分、住所又は敬称の類を記入したものは、この限りでない。
七　公職の候補者の氏名を自書しないもの
八　公職の候補者の何人を記載したかを確認し難いもの
2　衆議院（比例代表選出）議員の選挙の投票については、次の各号のいずれかに該当するものは、無効とする。
一　所定の用紙を用いないもの
二　衆議院名簿届出政党等以外の政党その他の政治団体（第八十六条の二第十項の規定による届出をした政党その他の政治団体を含む。）の名称又は略称を記載したもの
三　第八十六条の二第一項の規定による届出をした政党その他の

政治団体で同項各号のいずれにも該当していなかつたもの又は第八十七条第五項の規定に違反して第八十六条の二第一項の衆議院名簿を重ねて届け出ている政党その他の政治団体の名称又は略称を記載したもの

四　第八十六条の二第一項の衆議院名簿登載者の全員につき、同条第七項各号に規定する事由が生じており又は同項後段の規定による届出がされている場合の当該衆議院名簿に係る政党その他の政治団体の名称又は略称を記載したもの

五　一投票中に二以上の衆議院名簿届出政党等の第八十六条の二第一項の規定による届出に係る名称又は略称を記載したもの

六　衆議院名簿届出政党等の第八十六条の二第一項の規定による届出に係る名称及び略称のほか、他事を記載したもの。ただし、本部の所在地、代表者の氏名又は敬称の類を記入したものは、この限りでない。

七　衆議院名簿届出政党等の第八十六条の二第一項の規定による届出に係る名称又は略称を自書しないもの

八　衆議院名簿届出政党等のいずれを記載したかを確認し難いもの

3　参議院（比例代表選出）議員の選挙の投票については、次の各号のいずれかに該当するものは、無効とする。

一　所定の用紙を用いないもの

二　公職の候補者たる参議院名簿登載者でない者、第八十六条の三第二項において準用する第八十六条の二第七項後段の規定による届出に係る参議院名簿登載者若しくは第八十六条の八第一項、第八十七条第一項若しくは同条第六項において準用する同条第四項、第八十八条、第二百五十一条の二若しくは第二百五十一条の三の規定により公職の候補者となることができない参

議院名簿登載者の氏名を記載したもの又は参議院名簿届出政党等以外の政党その他の政治団体の名称若しくは略称を記載したもの。ただし、代表者の氏名の類を記入したもので第八号ただし書に該当する場合は、この限りでない。

三　第八十六条の三第一項の規定による届出をした政党その他の政治団体で同項各号のいずれにも該当していなかつたもの若しくは同条第二項において準用する第八十六条の二第十項の規定による届出をしたもの又は第八十七条第六項において準用する同条第五項の規定に違反して第八十六条の三第一項の参議院名簿を重ねて届け出ている政党その他の政治団体の同項の規定による届出に係る参議院名簿登載者の氏名又はその届出に係る名称若しくは略称を記載したもの

四　参議院名簿登載者の全員につき、第八十六条の三第二項において準用する第八十六条の二第七項各号に規定する事由が生じており又は第八十六条の三第二項において準用する第八十六条の二第七項後段の規定による届出がされている場合の当該参議院名簿に係る政党その他の政治団体の名称又は略称を記載したもの

五　一投票中に二人以上の参議院名簿登載者の氏名又は二以上の参議院名簿届出政党等の第八十六条の三第一項の規定による届出に係る名称若しくは略称を記載したもの

六　一投票中に一人の参議院名簿登載者の氏名及び当該参議院名簿登載者に係る参議院名簿届出政党等以外の参議院名簿届出政党等の第八十六条の三第一項の規定による届出に係る名称又は略称を記載したもの

七　被選挙権のない参議院名簿登載者の氏名を記載したもの

八　公職の候補者たる参議院名簿登載者の氏名又は参議院名簿届

出政党等の第八十六条の三第一項の規定による届出に係る名称及び略称のほか、他事を記載したもの。ただし、公職の候補者たる参議院名簿登載者の氏名の記載のある投票については当該参議院名簿登載者に係る参議院名簿届出政党等の同項の規定による届出に係る名称若しくは略称又は職業、身分、住所若しくは敬称の類（当該参議院名簿登載者が同項後段の規定により優先的に当選人となるべき候補者としてその氏名及び当選人となるべき順位が同項の参議院名簿に記載されている者（同条第二項において読み替えて準用する第八十六条の二第九項後段の規定により優先的に当選人となるべき候補者としてその氏名及び当選人となるべき順位が同項の規定による届出に係る文書に記載された者を含む。以下同じ。）である場合にあつては、当該参議院名簿登載者に係る参議院名簿届出政党等の第八十六条の三第一項の規定による届出に係る名称若しくは略称、当選人となるべき順位又は職業、身分、住所若しくは敬称の類）を、参議院名簿登載者の氏名の記載のない投票で参議院名簿届出政党等の同項の規定による届出に係る名称又は略称を記載したものについては本部の所在地、代表者の氏名又は敬称の類（当該参議院名簿届出政党等の届出に係る参議院名簿登載者のうちに同項後段の規定により優先的に当選人となるべき候補者としてその氏名及び当選人となるべき順位が同項の参議院名簿に記載されている者がある場合にあつては、その記載に係る順位、本部の所在地、代表者の氏名又は敬称の類）を記入したものは、この限りでない。

九　公職の候補者たる参議院名簿登載者の氏名又は参議院名簿届出政党等の第八十六条の三第一項の規定による届出に係る名称若しくは略称を自書しないもの

十　公職の候補者たる参議院名簿登載者の何人又は参議院名簿届出政党等のいずれを記載したかを確認し難いもの

**（同一氏名の候補者等に対する投票の効力）**

**第六八条の二**　同一の氏名、氏又は名の公職の候補者が二人以上ある場合において、その氏名、氏又は名のみを記載した投票は、前条第一項第八号の規定にかかわらず、有効とする。

２　第八十六条の二第一項の規定による届出に係る名称又は略称が同一である衆議院名簿届出政党等が二以上ある場合において、その名称又は略称のみを記載した投票は、前条第二項第八号の規定にかかわらず、有効とする。

３　第八十六条の三第一項の規定による届出に係る参議院名簿登載者（公職の候補者たる者に限る。以下この条において同じ。）の氏名、氏若しくは名又は参議院名簿届出政党等の名称若しくは略称が同一である参議院名簿登載者又は参議院名簿届出政党等が二以上ある場合において、これらの氏名、氏若しくは名又は名称若しくは略称のみを記載した投票は、前条第三項第十号の規定にかかわらず、有効とする。

４　第一項又は第二項の有効投票は、開票区ごとに、当該候補者又は当該衆議院名簿届出政党等のその他の有効投票数に応じてあん分し、それぞれこれに加えるものとする。

５　第三項の有効投票は、開票区ごとに、当該参議院名簿登載者のその他の有効投票数又は当該参議院名簿届出政党等のその他の有効投票数（当該参議院名簿届出政党等に係る各参議院名簿登載者の有効投票数を含まないものをいう。）に応じてあん分し、それぞれこれに加えるものとする。

**（特定の参議院名簿登載者の有効投票）**

**第六八条の三**　前条第三項及び第五項の規定を適用する場合を除

き、第八十六条の三第一項後段の規定により優先的に当選人となるべき候補者としてその氏名及び当選人となるべき順位が同項の参議院名簿に記載されている者である参議院名簿登載者の有効投票（前条第五項の規定によりあん分して加えられた有効投票を含む。）は、当該参議院名簿登載者に係る参議院名簿届出政党等の有効投票とみなす。

**（開票の参観）**

**第六九条**　選挙人は、その開票所につき、開票の参観を求めることができる。

**（開票録の作成）**

**第七〇条**　開票管理者は、開票録を作り、開票に関する次第を記載し、開票立会人とともに、これに署名しなければならない。

**（投票、投票録及び開票録の保存）**

**第七一条**　投票は、有効無効を区別し、投票録及び開票録と併せて、市町村の選挙管理委員会において、当該選挙にかかる議員又は長の任期間、保存しなければならない。

**（一部無効に因る再選挙の開票）**

**第七二条**　選挙の一部が無効となり再選挙を行つた場合の開票においては、その投票の効力を決定しなければならない。

**（繰延開票）**

**第七三条**　第五十七条第一項前段及び第二項の規定は、開票について準用する。

**（開票所の取締り）**

**第七四条**　第五十八条第一項、第五十九条及び第六十条の規定は、開票所の取締りについて準用する。

---

**令（投票に関する書類の保存）**

**第四五条**　投票に関する書類は、当該選挙に係る衆議院議員、参議院議員又は地方公共団体の議会の議員若しくは長の任期間、市町村の選挙管理委員会において保存しなければならない。

**令（開票に関する書類等の保存）**

**第七七条**　開票に関する書類は、市町村の選挙管理委員会において、当該選挙に係る衆議院議員、参議院議員又は地方公共団体の議会の議員若しくは長の任期間、保存しなければならない。

2　前項の規定にかかわらず、数市町村合同開票区については、開票に関する書類は、関係市町村の選挙管理委員会が協議して定めた市町村の選挙管理委員会（関係市町村に指定都市が含まれる場合には、当該指定都市以外の関係市町村の選挙管理委員会又は当該指定都市の関係区の選挙管理委員会）において、その協議が調わない場合には都道府県の選挙管理委員会が指定した市町村の選挙管理委員会（関係市町村に指定都市が含まれる場合には、当該

## 第八章　選挙会及び選挙分会

（選挙長及び選挙分会長）

**第七五条**　各選挙ごとに、選挙長を置く。

2　衆議院（比例代表選出）議員若しくは参議院（比例代表選出）議員の選挙又は参議院合同選挙区選挙においては、前項の選挙長を置くほか、都道府県ごとに、選挙分会長を置く。

3　選挙長は、当該選挙の選挙権を有する者の中から当該選挙に関する事務を管理する選挙管理委員会（衆議院比例代表選出議員又は参議院比例代表選出議員の選挙については中央選挙管理会、参議院合同選挙区選挙については当該選挙に関する事務を管理する参議院合同選挙区選挙管理委員会）の選任した者をもつて、選挙分会長は、当該選挙の選挙権を有する者の中から都道府県の選挙管理委員会の選任した者をもつて、これに充てる。

4　選挙長は、選挙会に関する事務を、選挙分会長は、選挙分会に関する事務を、担任する。

5　選挙長及び選挙分会長は、当該選挙の選挙権を有しなくなつたときは、その職を失う。

（選挙立会人）

**第七六条**　第六十二条（第八項を除く。）の規定は、選挙会及び選挙分会の選挙立会人について準用する。この場合において、同条第一項中「当該選挙の開票区ごとに、当該開票区の区域の全部又

---

指定都市以外の関係市町村の選挙管理委員会又は当該指定都市の関係区の選挙管理委員会）において、開票録、投票録及び投票とともに、同項の期間、保存しなければならない。

3　第一項の規定にかかわらず、数区合同開票区については、開票に関する書類は、指定都市の選挙管理委員会が指定した区の選挙管理委員会において、開票録、投票録及び投票とともに、同項の期間、保存しなければならない。

**令**（選挙長若しくは選挙分会長又はその職務代理者の氏名等の告示）

**第八一条**　当該選挙に関する事務を管理する選挙管理委員会（衆議院比例代表選出議員の選挙の選挙長については中央選挙管理会、参議院合同選挙区選挙の選挙長については当該選挙に関する事務を管理する参議院合同選挙区選挙管理委員会、衆議院比例代表選出議員又は参議院比例代表選出議員の選挙の選挙分会長については都道府県の選挙管理委員会、参議院合同選挙区選挙の選挙分会長については合同選挙区都道府県の選挙管理委員会）は、法第七十五条第三項又は前条第一項の規定により選挙長若しくは選挙分会長又はその職務を代理すべき者を選任した場合には、直ちにその者の住所及び氏名を告示しなければならない。ただし、住所の全部の告示に支障があると認めるときは、当該住所の一部の告示をもつて当該住所の全部の告示に代えることができる。

は一部をその区域に含む市町村の選挙人名簿に登録された者」とあるのは「当該選挙の選挙権を有する者（第七十九条第二項の規定により開票の事務を選挙会の事務に併せて行う旨の告示がされた場合にあつては、その開票区の区域の全部又は一部をその区域に含む市町村の選挙人名簿に登録された者。第九項において同じ。）」と、「期日前三日まで」とあるのは「期日前三日まで（第七十九条第一項に規定する場合にあつては、同条第二項の規定による告示がされた日からその選挙の期日前三日まで）」と、「市町村の選挙管理委員会」とあるのは「当該選挙長（衆議院比例代表選出議員若しくは参議院比例代表選出議員の選挙又は参議院合同選挙区選挙における選挙分会の選挙立会人については、当該選挙分会長。以下この条において同じ。）」と、同項ただし書中「同一人を当該選挙の他の開票区における開票立会人となるべき者及び」とあるのは「同一人を」と、同条第二項中「市町村の選挙管理委員会」とあるのは「当該選挙長」と、同条第三項中「開票区」とあるのは「選挙会（衆議院比例代表選出議員若しくは参議院比例代表選出議員の選挙又は参議院合同選挙区選挙については、選挙会又は選挙分会。第九項において同じ。）」と、同条第四項から第六項までの規定中「市町村の選挙管理委員会」とあるのは「当該選挙長」と、同条第九項本文中「達しないとき又は」とあるのは「達しないとき、」と、「選挙の期日の前日までに三人に達しなくなつたときは市町村の選挙管理委員会において、開票立会人が選挙の期日以後に三人に達しなくなつたとき」とあるのは「選挙会の期日までに三人に達しなくなつたとき」と、「開票所」とあるのは「選挙会」と、「開票管理者」とあるのは「、当該選挙長」と、「その開票区の区域の全部又は一部をその区域に含む市町村の選挙人名簿に登録された者」とあるのは「当該選挙の選挙権を有する者」と、「開票に」とあるのは「選挙会に」と、同項ただし書中「市町村の選挙管理委員会若しくは開票管理者」とあるのは「当該選挙長」と読み替えるものとする。

（選挙会及び選挙分会の開催場所）

**第七七条**　選挙会は、都道府県庁又は当該選挙に関する事務を管理する選挙管理委員会（衆議院比例代表選出議員又は参議院比例代表選出議員の選挙については中央選挙管理会、参議院合同選挙区選挙については当該選挙に関する事務を管理する参議院合同選挙区選挙管理委員会）の指定した場所で開く。

2　選挙分会は、都道府県庁又は都道府県の選挙管理委員会の指定した場所で開く。

（選挙会及び選挙分会の場所及び日時）

**第七八条**　当該選挙に関する事務を管理する選挙管理委員会（衆議院比例代表選出議員又は参議院比例代表選出議員の選挙については中央選挙管理会、参議院合同選挙区選挙については当該選挙に関する事務を管理する参議院合同選挙区選挙管理委員会）はあらかじめ選挙会の場所及び日時を、都道府県の選挙管理委員会はあらかじめ選挙分会の場所及び日時を、それぞれ告示しなければならない。

（開票事務と選挙会事務との合同）

**第七九条**　衆議院（小選挙区選出）議員又は地方公共団体の議会の議員若しくは長の選挙において選挙会の区域と開票区の区域が同一である場合には、第六十六条第一項及び第二項、第六十七条、第六十八条第一項並びに第六十八条の二第一項及び第四項の規定を除いた第七章の規定にかかわらず、当該選挙の開票の事務は、選挙会場において選挙会の事務に併せて行うことができる。

2　前項に規定する場合においては、当該選挙に関する事務を管理する選挙管理委員会は、当該選挙の期日の公示又は告示があつた日に、当該選挙の開票の事務を選挙会の事務に併せて行うかどうかを告示しなければならない。

3　第一項の規定により開票の事務を選挙会の事務に併せて行う場合においては、開票管理者又は開票立会人は、選挙長又は選挙立会人をもつてこれに充て、開票に関する次第は、選挙録中に併せて記載するものとする。

**(選挙会又は選挙分会の開催)**

**第八〇条**　選挙長（衆議院比例代表選出議員若しくは参議院比例代表選出議員の選挙又は参議院合同選挙区選挙における選挙長を除く。）又は選挙分会長は、全ての開票管理者から第六十六条第三項の規定による報告を受けた日又はその翌日に選挙会又は選挙分会を開き、選挙立会人立会いの上、その報告を調査し、各公職の候補者（公職の候補者たる参議院名簿登載者を含む。第三項において同じ。）、各衆議院名簿届出政党等又は各参議院名簿届出政党等の得票総数（各参議院名簿届出政党等の得票総数にあつては、当該参議院名簿届出政党等に係る各参議院名簿登載者（当該選挙の期日において公職の候補者たる者に限る。）の得票総数を含むものをいう。第三項において同じ。）を計算しなければならない。

2　前条第一項の場合においては、選挙長は、前項の規定にかかわらず、投票の点検の結果により、各公職の候補者の得票総数を計算しなければならない。

3　第一項に規定する選挙長又は選挙分会長は、選挙の一部が無効となり再選挙を行つた場合において第六十六条第三項の規定による報告を受けたときは、第一項の規定の例により、他の部分の報告とともに、更にこれを調査し、各公職の候補者、各衆議院名簿届出政党等又は各参議院名簿届出政党等の得票総数を計算しなければならない。

**（衆議院比例代表選出議員若しくは参議院比例代表選出議員の選挙又は参議院合同選挙区選挙の選挙会の開催）**

**第八一条**　衆議院（比例代表選出）議員の選挙においては、選挙分会長は、前条第一項及び第三項の規定による調査を終わつたときは、選挙録の写しを添えて、直ちにその結果を当該選挙長に報告しなければならない。

2　前項の選挙長は、すべての選挙分会長から同項の規定による報告を受けた日若しくは中央選挙管理会から第百一条第四項の規定による通知を受けた日のいずれか遅い日（当該選挙が衆議院小選挙区選出議員の選挙と同時に行われない場合にあつては、すべての選挙分会長から前項の規定による報告を受けた日）又はその翌日に選挙会を開き、選挙立会人立会いの上、その報告を調査し、各衆議院名簿届出政党等の得票総数を計算しなければならない。

3　選挙の一部が無効となり再選挙を行つた場合において第一項の規定による報告を受けたときは、当該選挙長は、前項の規定の例により、他の部分の報告とともに、更にこれを調査し、各衆議院名簿届出政党等の得票総数を計算しなければならない。

4　前三項の規定は、参議院（比例代表選出）議員の選挙について準用する。この場合において、第二項中「同項の規定による報告を受けた日若しくは中央選挙管理会から第百一条第四項の規定による通知を受けた日のいずれか遅い日（当該選挙が衆議院小選挙区選出議員の選挙と同時に行われない場合にあつては、すべての選挙分会長から前項の規定による報告を受けた日）」とあるのは「同項の規定による報告を受けた日」と、「各衆議院名簿届出政党等の得票総数」とあるのは「各参議院名簿届出政党等に係る各参議院名簿登載者（当該選挙の期日において公職の候補者たる者に限る。以下この項において同じ。）の得票総数を含むものをいう。次項において同じ。）及び各参議院名簿登載者の得票総数」と、前項中「各衆議院名簿届出政党等の得票総数」とあるのは「各参議院名簿届出政党等の得票総数及び各参議院名簿登載者の得票総数」と読み替えるものとする。

5　第一項から第三項までの規定は、参議院合同選挙区選挙について準用する。この場合において、第二項中「同項の規定による報告を受けた日若しくは中央選挙管理会から第百一条第四項の規定による通知を受けた日のいずれか遅い日（当該選挙が衆議院小選挙区選出議員の選挙と同時に行われない場合にあつては、すべての選挙分会長から前項の規定による報告を受けた日）」とあるのは「同項の規定による報告を受けた日」と、同項及び第三項中「各衆議院名簿届出政党等」とあるのは「各候補者」と読み替えるものとする。

（選挙会及び選挙分会の参観）

**第八二条**　選挙人は、その選挙会及び選挙分会の参観を求めることができる。

（選挙録の作成及び選挙録その他関係書類の保存）

**第八三条**　選挙長又は選挙分会長は、選挙録を作り、選挙会又は選挙分会に関する次第を記載し、選挙立会人とともに、これに署名しなければならない。

2　選挙録は、第六十六条第三項の規定による報告に関する書類（衆議院比例代表選出議員の選挙にあつては第八十一条第一項の規定による報告に関する書類、参議院比例代表選出議員の選挙にあつては同条第四項において準用する同条第一項の規定による報告に関する書類、参議院合同選挙区選挙にあつては同条第五項におい

令（選挙会又は選挙分会に関する書類の保存）

**第八六条**　選挙会に関する書類は、当該選挙に関する事務を管理する選挙管理委員会（衆議院比例代表選出議員又は参議院比例代表選出議員の選挙については中央選挙管理会、参議院合同選挙区選挙については当該選挙に関する事務を管理する参議院合同選挙区選挙管理委員会）において、当該選挙に係る衆議院議員、参議院議員又は地方公共団体の議会の議員若しくは長の任期間、保存しなければならない。

2　選挙分会に関する書類は、都道府県の選挙管理委員会において、

て準用する同条第一項の規定による報告に関する書類）と併せて、当該選挙に関する事務を管理する選挙管理委員会（衆議院比例代表選出議員又は参議院比例代表選出議員の選挙の選挙会に関するものについては中央選挙管理会、参議院合同選挙区選挙の選挙会に関するものについては当該選挙に関する事務を管理する参議院合同選挙区選挙管理委員会、選挙分会に関するものについては当該都道府県の選挙管理委員会）において、当該選挙に係る議員又は長の任期間、保存しなければならない。

3　第七十九条の場合においては、投票の有効無効を区別し、投票録及び選挙録と併せて、当該選挙に関する事務を管理する選挙管理委員会において、当該選挙にかかる議員又は長の任期間、保存しなければならない。

**（繰延選挙会又は繰延選挙分会）**

**第八四条**　第五十七条第一項前段の規定は、選挙会及び選挙分会について準用する。この場合において、同項前段中「都道府県の選挙管理委員会（市町村の議会の議員又は長の選挙については、市町村の選挙管理委員会）」とあるのは、「当該選挙に関する事務を管理する選挙管理委員会（衆議院比例代表選出議員又は参議院比例代表選出議員の選挙会に関しては中央選挙管理会、参議院合同選挙区選挙の選挙会に関しては当該選挙に関する事務を管理する参議院合同選挙区選挙管理委員会、選挙分会に関しては都道府県の選挙管理委員会）」と読み替えるものとする。

**（選挙会場及び選挙分会場の取締り）**

**第八五条**　第五十八条第一項、第五十九条及び第六十条の規定は、選挙会場及び選挙分会場の取締りについて準用する。

---

当該選挙に係る衆議院議員又は参議院議員の任期間、保存しなければならない。

# 第九章　公職の候補者

（衆議院小選挙区選出議員の選挙における候補者の立候補の届出等）

**第八六条**　衆議院（小選挙区選出）議員の選挙において、次の各号のいずれかに該当する政党その他の政治団体に所属する者を候補者としようとするときは、当該政党その他の政治団体は、当該選挙の期日の公示又は告示があつた日に、郵便等によることなく、文書でその旨を当該選挙長に届け出なければならない。

一　当該政党その他の政治団体に所属する衆議院議員又は参議院議員を五人以上有すること。

二　直近において行われた衆議院議員の総選挙における小選挙区選出議員の選挙若しくは比例代表選出議員の選挙又は参議院議員の通常選挙における比例代表選出議員の選挙若しくは選挙区選出議員の選挙における当該政党その他の政治団体の得票総数が当該選挙における有効投票の総数の百分の二以上であること。

2　衆議院（小選挙区選出）議員の候補者となろうとする者は、前項の公示又は告示があつた日に、郵便等によることなく、文書でその旨を当該選挙長に届け出なければならない。

3　選挙人名簿に登録された者が他人を衆議院（小選挙区選出）議員の候補者としようとするときは、本人の承諾を得て、第一項の公示又は告示があつた日に、郵便等によることなく、文書で当該選挙長にその推薦の届出をすることができる。

4　第一項の文書には、当該政党その他の政治団体の名称、本部の所在地及び代表者（総裁、会長、委員長その他これらに準ずる地位にある者をいう。以下この条から第八十六条の七まで、第百四十二条の二第三項、第百六十九条第七項、第百七十五条第九項及び第百八十条第二項において同じ。）の氏名並びに候補者となるべき者の氏名、本籍、住所、生年月日及び職業その他政令で定める事項を記載しなければならない。

5　第一項の文書には、次に掲げる文書を添えなければならない。ただし、直近において行われた衆議院議員の総選挙の期日後に第八十六条の六第一項又は第二項の規定による届出をした政党その他の政治団体で同条第九項の規定による届出をしていないもの（同条第四項の規定により添えた文書の内容に異動があつたものにあつては、選挙の期日の公示又は告示の日の前日までに同条第七項の規定による届出をしたものに限る。次条第二項において「衆議院名称届出政党」という。）が、第一項の規定による届出をする場合においては、第一号に掲げる文書及び第二号に掲げる文書のうち政令で定めるものの添付を省略することができる。

一　政党その他の政治団体の綱領、党則、規約その他これらに相当するものを記載した文書

二　第一項各号のいずれかに該当することを証する政令で定める文書

三　当該届出が第八十七条第三項の規定に違反するものでないことを代表者が誓う旨の宣誓書

四　候補者となるべき者の候補者となることについての同意書及び第八十六条の八第一項、第八十七条第一項若しくは第二項、第八十七条の二、第二百五十一条の二又は第二百五十一条の三の規定により公職の候補者となることができない者でないことを当該候補者となるべき者が誓う旨の宣誓書

五　候補者となるべき者の選定を当該政党その他の政治団体において行う機関の名称、その構成員の選出方法及び候補者となる

べき者の選定の手続を記載した文書並びに当該候補者となるべき者の選定を適正に行つたことを当該機関を代表する者が誓う旨の宣誓書

六　その他政令で定める文書

6　第二項及び第三項の文書には、候補者となるべき者の氏名、本籍、住所、生年月日及び職業その他政令で定める事項を記載しなければならない。

7　第二項及び第三項の文書には、第八十六条の八第一項、第八十七条第一項若しくは第二項、第八十七条の二、第二百五十一条の二又は第二百五十一条の三の規定により公職の候補者となることができない者でないことを当該候補者となるべき者が誓う旨の宣誓書、当該候補者となるべき者の所属する政党その他の政治団体の名称（二以上の政党その他の政治団体に所属するときは、いずれか一の政党その他の政治団体の名称）を記載した文書及び当該記載に関する政党その他の政治団体の代表者の証明書その他政令で定める文書を添えなければならない。

8　第一項の公示又は告示があつた日に届出のあつた候補者が二人以上ある場合において、その日後、当該候補者が死亡し、当該届出が取り下げられたものとみなされ、当該候補者が候補者たることを辞したものとみなされ、又は次項後段の規定により当該届出が却下されたときは、前各項の規定の例により、当該選挙の期日前三日までに、候補者の届出をすることができる。

9　次の各号のいずれかに該当する事由があることを知つたときは、選挙長は、第一項から第三項まで又は前項の規定による届出を却下しなければならない。第一項又は前項の規定により届出のあつた者につき除名、離党その他の事由により当該候補者届出政党に所属する者でなくなつた旨の届出が当該選挙の期日の前日までに当該候補者届出政党から文書でされたときも、また同様とする。

一　第一項又は前項の規定による政党その他の政治団体の届出が第一項各号のいずれにも該当しない政党その他の政治団体によつてされたものであること。

二　第一項又は前項の規定による政党その他の政治団体の届出が第八十七条第三項の規定に違反してされたものであること。

三　第一項から第三項まで又は前項の規定により届出のあつた者が第八十六条の八第一項、第八十七条第一項若しくは第二項、第八十七条の二、第八十八条、第二百五十一条の二又は第二百五十一条の三の規定により公職の候補者となり、又は公職の候補者であることができない者であること。

10　前項後段の文書には、当該届出に係る事由が、除名である場合にあつては当該除名の手続を記載した文書及び当該除名が適正に行われたことを代表者が誓う旨の宣誓書を、離党である場合にあつては当該候補者が候補者届出政党に提出した離党届の写しを、その他の事由である場合にあつては当該事由を証する文書を、それぞれ、添えなければならない。

11　候補者届出政党は、第一項の規定により候補者の届出をした場合には同項の公示又は告示があつた日に、第八項の規定により候補者の届出をした場合には当該選挙の期日前三日までに選挙長に届出をしなければ、その候補者の届出を取り下げることができない。

12　候補者（候補者届出政党の届出に係るものを除く。以下この項において同じ。）は、第二項又は第三項の規定により届出のあつた候補者にあつては第一項の公示又は告示があつた日に、第八項の規定により届出のあつた候補者にあつては当該選挙の期日前三日までに選挙長に届出をしなければ、その候補者たることを辞することができない。

13　第一項から第三項まで、第八項、第十一項若しくは前項の規定による届出があつたとき、第九項の規定により届出を却下したとき又は候補者が死亡し若しくは第九十一条第一項若しくは第二項若しくは第百三条第四項の規定に該当するに至つたことを知つたときは、選挙長は、直ちにその旨を告示するとともに、当該都道府県の選挙管理委員会に報告しなければならない。

14　第一項第一号に規定する衆議院議員又は参議院議員の数の算定、同項第二号に規定する政党その他の政治団体の得票総数（第七項の文書にその名称を記載された政党その他の政治団体の得票総数を含む。次条第十四項及び第百五十条第八項において同じ。）の算定その他第一項の規定の適用について必要な事項は、政令で定める。

（衆議院比例代表選出議員の選挙における名簿による立候補の届出等）

**第八六条の二**　衆議院（比例代表選出）議員の選挙においては、次の各号のいずれかに該当する政党その他の政治団体は、当該政党その他の政治団体の名称（一の略称を含む。）並びにその所属する者の氏名及びそれらの者の間における当選人となるべき順位を記載した文書（以下「衆議院名簿」という。）を当該選挙長に届け出ることにより、その衆議院名簿に記載されている者（以下「衆議院名簿登載者」という。）を当該選挙における候補者とすることができる。

一　当該政党その他の政治団体に所属する衆議院議員又は参議院議員を五人以上有すること。

二　直近において行われた衆議院議員の総選挙における小選挙区

選出議員の選挙若しくは比例代表選出議員の選挙又は参議院議員の通常選挙における比例代表選出議員の選挙若しくは選挙区選出議員の選挙における当該政党その他の政治団体の得票総数が当該選挙における有効投票の総数の百分の二以上であること。

三　当該選挙において、この項の規定による届出をすることにより候補者となる衆議院名簿登載者の数が当該選挙区における議員の定数の十分の二以上であること。

2　前項の規定による届出は、当該選挙の期日の公示又は告示があつた日に、郵便等によることなく、当該衆議院名簿に次に掲げる文書を添えて、しなければならない。ただし、衆議院名称届出政党が、同項の規定による届出をする場合においては、第二号に掲げる文書及び第三号に掲げる文書のうち政令で定めるものの添付を省略することができる。

一　政党その他の政治団体の名称、本部の所在地及び代表者の氏名並びに衆議院名簿登載者の氏名、本籍、住所、生年月日及び職業その他政令で定める事項を記載した文書

二　政党その他の政治団体の綱領、党則、規約その他これらに相当するものを記載した文書

三　前項各号のいずれかに該当することを証する政令で定める文書

四　当該届出が第八十七条第五項の規定に違反するものでないことを代表者が誓う旨の宣誓書

五　衆議院名簿登載者の候補者となることについての同意書及び第八十六条の八第一項又は第八十七条第一項若しくは第四項の規定により公職の候補者となることができない者でないことを当該衆議院名簿登載者が誓う旨の宣誓書

六　衆議院名簿登載者の選定及びそれらの者の間における当選人

となるべき順位の決定（以下単に「衆議院名簿登載者の選定」という。）を当該政党その他の政治団体において行う機関の名称、その構成員の選出方法並びに衆議院名簿登載者の選定の手続を記載した文書並びに当該衆議院名簿登載者の選定を適正に行つたことを当該機関を代表する者が誓う旨の宣誓書

七　その他政令で定める文書

3　衆議院名簿に記載する政党その他の政治団体の名称及び略称は、第八十六条の六第六項の規定による告示に係る政党その他の政治団体にあつては当該告示に係る名称及び略称でなければならないものとし、同項の告示に係る政党その他の政治団体以外の政党その他の政治団体にあつては同項の規定により告示された名称及び略称並びにこれらに類似する名称及び略称並びにその代表者若しくはいずれかの選挙区における衆議院名簿登載者の氏名が表示され又はそれらの者の氏名が類推されるような名称及び略称以外の名称及び略称でなければならない。この場合において、同項の告示に係る政党その他の政治団体の当該告示に係る名称又は略称がその代表者若しくはいずれかの選挙区における衆議院名簿登載者の氏名が表示され又はそれらの者の氏名が類推されるような名称又は略称となつているときは、当該政党その他の政治団体は、この項前段の規定の適用については、同条第六項の規定による告示に係る政党その他の政治団体でないものとみなす。

4　第一項第一号又は第二号に該当する政党その他の政治団体は、第八十七条第一項の規定にかかわらず、当該衆議院（比例代表選出）議員の選挙と同時に行われる衆議院（小選挙区選出）議員の選挙における当該政党その他の政治団体の届出に係る当該衆議院（比例代表選出）議員の選挙区の区域内にある衆議院（小選挙区選出）議員の選挙区における候補者（候補者となるべき者を含む。

次項及び第六項において同じ。）を、当該衆議院（比例代表選出）議員の選挙において、当該政党その他の政治団体の届出に係る衆議院名簿の衆議院名簿登載者とすることができる。

5　各衆議院名簿の衆議院名簿登載者（当該選挙と同時に行われる衆議院小選挙区選出議員の選挙における候補者であつて、前項の規定により、当該衆議院名簿の衆議院名簿登載者とされたものを除く。）の数は、選挙区ごとに、当該衆議院（比例代表選出）議員の選挙において選挙すべき議員の数を超えることができない。

6　第一項第一号又は第二号に該当する政党その他の政治団体が、第四項の規定により、当該選挙と同時に行われる衆議院（小選挙区選出）議員の選挙における候補者を二人以上当該政党その他の政治団体の届出に係る衆議院名簿の衆議院名簿登載者とする場合には、第一項の規定にかかわらず、それらの者の全部又は一部について当選人となるべき順位を同一のものとすることができる。

7　当該選挙の期日までに、次の各号のいずれかに該当する事由が生じたことを知つたときは、選挙長は、第一項の規定による届出に係る衆議院名簿における当該衆議院名簿登載者に係る記載を抹消するとともに、直ちにその旨を当該衆議院名簿届出政党等に通知しなければならない。衆議院名簿登載者につき除名、離党その他の事由により当該衆議院名簿届出政党等に所属する者でなくなつた旨の届出が当該選挙の期日の前日までに当該衆議院名簿届出政党等から文書でされたときも、また同様とする。

一　衆議院名簿登載者が死亡したこと。

二　衆議院名簿登載者が第八十六条の八第一項、第八十七条第一項若しくは第四項又は第八十八条の規定により公職の候補者となり、又は公職の候補者であることができない者であること。

三　衆議院名簿登載者が第九十一条第三項又は第百三条第四項の

規定に該当するに至つたこと。

四　第一項第一号又は第二号に該当する政党その他の政治団体が、第四項の規定により、当該選挙と同時に行われる衆議院（小選挙区選出）議員の選挙における候補者（候補者となるべき者を含む。）を当該政党その他の政治団体の届出に係る衆議院名簿の衆議院名簿登載者とした場合において、当該衆議院名簿登載者が当該衆議院（比例代表選出）議員の選挙区の区域内にある衆議院（小選挙区選出）議員の選挙区における候補者でなくなり、又は第一項若しくは第九項の規定による届出のあつた日において当該衆議院（比例代表選出）議員の選挙区の区域内にある衆議院（小選挙区選出）議員の選挙区における候補者とならなかつたこと。

8　前項後段の文書には、当該届出に係る事由が、除名である場合にあつては当該除名の手続を記載した文書及び当該除名が適正に行われたことを代表者が誓う旨の宣誓書を、離党である場合にあつては当該衆議院名簿登載者が衆議院名簿届出政党等に提出した離党届の写しを、その他の事由である場合にあつては当該事由を証する文書を、それぞれ、添えなければならない。

9　第一項の規定による届出の後（この項の規定による届出があつたときは、当該届出の後）衆議院名簿登載者でなくなつた者の数が第一項の規定による届出の時における衆議院名簿登載者の数の四分の一に相当する数を超えるに至つたときは、衆議院名簿届出政党等は、当該選挙の期日前十日までの間に、同項及び第二項（第二号から第四号までを除く。）の規定の例により、当該衆議院名簿登載者でなくなつた者の数を超えない範囲内において、衆議院名簿登載者の補充の届出をすることができる。この場合においては、当該届出の際現に衆議院名簿登載者である者の当選人となるべき順位をも変更することができる。

10　衆議院名簿届出政党等は、前項に規定する日までに、郵便等によることなく、文書で選挙長に届け出ることにより、衆議院名簿を取り下げることができる。この場合においては、取下げの事由を証する文書を添えなければならない。

11　第一項の規定による届出が同項各号のいずれにも該当しない政党その他の政治団体によつてされたものであること若しくは第三項若しくは第五項若しくは第八十七条第五項の規定に違反してされたものであることを知つたとき又は第一項の規定による届出に係る衆議院名簿につき第九項に規定する期限経過後において衆議院名簿登載者の全員が第七項の規定により当該衆議院名簿における記載を抹消すべき者であることを知つたときは、選挙長は、当該届出を却下しなければならない。

12　第九項の規定による届出が同項の規定に違反してされたものであること又は当該届出の結果当該衆議院名簿登載者の数が第五項の規定に違反することとなつたことを知つたときは、選挙長は、当該届出を却下しなければならない。

13　第一項、第九項若しくは第十項の規定による届出があつたとき、第七項の規定により衆議院名簿における衆議院名簿登載者に係る記載を抹消したとき又は第十一項若しくは前項の規定により届出を却下したときは、選挙長は、直ちにその旨を告示するとともに、中央選挙管理会に報告しなければならない。

14　第一項第一号に規定する衆議院議員又は参議院議員の数の算定、同項第二号に規定する政党その他の政治団体の得票総数の算定その他同項の規定の適用について必要な事項は、政令で定める。

**(参議院比例代表選出議員の選挙における名簿による立候補の届出等)**

**第八六条の三**　参議院（比例代表選出）議員の選挙においては、次の各号のいずれかに該当する政党その他の政治団体は、当該政党その他の政治団体の名称（一の略称を含む。）及びその所属する者（当該政党その他の政治団体が推薦する者を含む。第九十八条第三項において同じ。）の氏名を記載した文書（以下「参議院名簿」という。）を選挙長に届け出ることにより、その参議院名簿に記載されている者（以下「参議院名簿登載者」という。）を当該選挙における候補者とすることができる。この場合においては、候補者とする者のうちの一部の者について、優先的に当選人となるべき候補者として、その氏名及びそれらの者の間における当選人となるべき順位をその他の候補者とする者の氏名と区分してこの項の規定により届け出る文書に記載することができる。

一　当該政党その他の政治団体に所属する衆議院議員又は参議院議員を五人以上有すること。

二　直近において行われた衆議院議員の総選挙における小選挙区選出議員の選挙若しくは比例代表選出議員の選挙又は参議院議員の通常選挙における比例代表選出議員の選挙若しくは選挙区選出議員の選挙における当該政党その他の政治団体の得票総数が当該選挙における有効投票の総数の百分の二以上であること。

三　当該参議院議員の選挙において候補者（この項の規定による届出をすることにより候補者となる参議院名簿登載者を含む。）を十人以上有すること。

2　前条第二項、第三項、第五項、第七項（第四号を除く。）及び第八項から第十四項までの規定は、参議院（比例代表選出）議員の選挙について準用する。この場合において、同条第二項各号列記以外の部分中「前項」とあるのは「次条第一項」と、「衆議院名簿」とあるのは「同項の参議院名簿（以下この条において「参議院名簿」という。）」と、「衆議院名称届出政党」とあるのは「任期満了前九十日に当たる日から七日を経過する日までの間に第八十六条の七第一項の規定による届出をした政党その他の政治団体で同条第五項の規定による届出をしていないもの（同条第三項の規定により添えた文書の内容に異動がないものに限る。）」と、「同項」とあるのは「次条第一項」と、同項第一号中「衆議院名簿登載者」とあるのは「次条第一項の参議院名簿登載者（以下この条において「参議院名簿登載者」という。）」と、同項第三号中「前項各号」とあるのは「次条第一項各号」と、同項第四号中「第八十七条第五項」とあるのは「第八十七条第六項において準用する同条第五項」と、同項第五号中「衆議院名簿登載者」とあるのは「参議院名簿登載者」と、「又は第八十七条第一項若しくは第四項」とあるのは「、第八十七条第一項若しくは同条第六項において準用する同条第四項、第二百五十一条の二又は第二百五十一条の三」と、同項第六号中「衆議院名簿登載者の選定及びそれらの者の間における当選人となるべき順位の決定（以下単に「衆議院名簿登載者の選定」という。）」とあるのは「参議院名簿登載者の選定（当該政党その他の政治団体が次条第一項後段の規定により優先的に当選人となるべき候補者として候補者とする者の氏名及び当選人となるべき順位を参議院名簿に記載した場合においては、その記載に係る者の選定及びそれらの者の間における当選人となるべき順位の決定を含む。以下この号において同じ。）」と、「並びに衆議院名簿登載者」とあるのは「及び参議院名簿登載者」と、「当該衆議院名簿登載者」とあるのは「当該参議院名簿登載者」と、同条第三項中「衆議院名簿」とあるのは「参議院名簿」と、「第八十六条の六第六項」とあるのは「第八十六条の七第四項」と、「いずれかの選挙区における衆議院名簿登載者」とあるのは「参議院名簿登載者」と、「同条第六項」とあるのは「同条第四項」と、同条第五項中「各衆議院名簿の衆議院名簿登載者（当該選挙と同時に行われる衆議院小選挙区選出議員の選挙における候補者であつて、前項の規定により、当該衆議院名簿の衆議院名簿登載者とされたものを除く。）」とあるのは「各参議院名簿の参議院名簿登載者」と、「数は、選挙区ごとに」とあるのは「数は」と、同条第七項中「第一項の規定」とあるのは「次条第一項の規定」と、「衆議院名簿」とあるのは「参議院名簿」と、「衆議院名簿登載者」とあるのは「参議院名簿登載者」と、「衆議院名簿届出政党等」とあるのは「参議院名簿届出政党等」と、「所属する者」とあるのは「所属する者（当該政党その他の政治団体が推薦する者を含む。）」と、「第八十七条第一項若しくは第四項又は第八十八条」とあるのは「第八十七条第一項若しくは同条第六項において準用する同条第四項、第八十八条、第二百五十一条の二又は第二百五十一条の三」と、同条第八項中「衆議院名簿登載者」とあるのは「参議院名簿登載者」と、「衆議院名簿届出政党等」とあるのは「参議院名簿届出政党等」と、同条第九項中「第一項の規定による届出の後」とあるのは「次条第一項の規定による届出の後」と、「衆議院名簿登載者でなくなつた」とあるのは「参議院名簿登載者でなくなつた」と、「が第一項」とあるのは「が同条第一項」と、「衆議院名簿登載者の」とあるのは「参議院名簿登載者の」と、「衆議院名簿届出政党等」とあるのは「参議院名簿届出政党等」と、「第二項」とあるのは「同条第二項において準用する第二項」と、「においては、当該届出の際現に衆議院名簿登載者である」とあるのは「において、同条第一項後段の規定により優先的に当選人となるべき候補者としてその氏名及び当選人となるべき順位が参議院名簿に記載されている者が参議院名簿登載者でなくなつたときは、その参議院名簿登載者でなくなつた者の数を超えない範囲内において、当該届出により参議院名簿登載者とする者について、優先的に当選人となるべき候補者として、その氏名並びに同項後段の規定により優先的に当選人となるべき候補者としてその氏名及び当選人となるべき順位が参議院名簿に記載されている者の間における当選人となるべき順位を当該届出に係る文書に記載するとともに、当該届出の際現に同項後段の規定により優先的に当選人となるべき候補者としてその氏名及び当選人となるべき順位が参議院名簿に記載されている」と、同条第十項中「衆議院名簿届出政党等」とあるのは「参議院名簿届出政党等」と、「衆議院名簿」とあるのは「参議院名簿」と、同条第十一項中「第一項」とあるのは「次条第一項」と、「第八十七条第五項」とあるのは「第八十七条第六項において準用する同条第五項」と、「衆議院名簿」とあるのは「参議院名簿」と、「衆議院名簿登載者」とあるのは「参議院名簿登載者」と、同条第十二項中「違反してされたものであること又は当該届出の結果当該衆議院名簿登載者の数が第五項の規定に違反することとなつたこと」とあるのは「違反してされたものであること」と、同条第十三項中「第一項、第九項」とあるのは「次条第一項若しくはこの条第九項」と、「衆議院名簿」とあるのは「参議院名簿」と、「衆議院名簿登載者」とあるのは「参議院名簿登載者」と、同条第十四項中「第一項第一号」とあるのは「次条第一項第一号」と、「必要な事項」とあるのは「必要な事項並びに参議院（比例代表選出）議員の再選挙及び補欠選挙における第二項ただし書の規定の適用について必要な事項」と読み替えるものとする。

**（衆議院議員又は参議院比例代表選出議員の選挙以外の選挙における候補者の立候補の届出等）**

**第八六条の四**　公職の候補者（衆議院議員又は参議院比例代表選出議員の候補者を除く。以下この条において同じ。）となろうとする者は、当該選挙の期日の公示又は告示があつた日に、郵便等によることなく、文書でその旨を当該選挙長に届け出なければならない。

2　選挙人名簿に登録された者が他人を公職の候補者としようとするときは、本人の承諾を得て、前項の公示又は告示があつた日に、郵便等によることなく、文書でその推薦の届出をすることができる。

3　前二項の文書には、公職の候補者となるべき者の氏名、本籍、住所、生年月日、職業及び所属する政党その他の政治団体の名称（二以上の政党その他の政治団体に所属するときは、いずれか一の政党その他の政治団体の名称とし、次項に規定する証明書に係る政党その他の政治団体の名称をいうものとする。）その他政令で定める事項を記載しなければならない。

4　第一項及び第二項の文書には、次の各号に掲げる選挙の区分に応じ当該各号に定める宣誓書、所属する政党その他の政治団体の名称を記載する場合にあつては当該記載に関する当該政党その他の政治団体の証明書（参議院選挙区選出議員の候補者については、当該政党その他の政治団体の代表者の証明書）その他政令で定める文書を添えなければならない。

一　参議院（選挙区選出）議員の選挙　第八十六条の八第一項、第八十七条第一項、第八十七条の二、第二百五十一条の二又は第二百五十一条の三の規定により当該選挙において公職の候補者となることができない者でないことを当該公職の候補者となるべき者が誓う旨の宣誓書

二　都道府県の議会の議員の選挙　当該選挙の期日において第九

条第二項又は第三項に規定する住所に関する要件を満たす者であると見込まれること及び第八十六条の八第一項、第八十七条第一項、第二百五十一条の二又は第二百五十一条の三の規定により当該選挙において公職の候補者となることができない者でないことを当該公職の候補者となるべき者が誓う旨の宣誓書

三　市町村の議会の議員の選挙　当該選挙の期日において第九条第二項に規定する住所に関する要件を満たす者であると見込まれること及び第八十六条の八第一項、第八十七条第一項、第二百五十一条の二又は第二百五十一条の三の規定により当該選挙において公職の候補者となることができない者でないことを当該公職の候補者となるべき者が誓う旨の宣誓書

四　地方公共団体の長の選挙　第八十六条の八第一項、第八十七条第一項、第二百五十一条の二又は第二百五十一条の三の規定により当該選挙において公職の候補者となることができない者でないことを当該公職の候補者となるべき者が誓う旨の宣誓書

5　参議院（選挙区選出）議員又は地方公共団体の議会の議員の選挙については、第一項の公示又は告示があつた日に届出のあつた公職の候補者が、その選挙における議員の定数を超える場合において、その日後、当該候補者が死亡し又は公職の候補者たることを辞したものとみなされたときは、前各項の規定の例により、参議院（選挙区選出）議員又は都道府県若しくは市の議会の議員の選挙にあつてはその選挙の期日前三日までに、町村の議会の議員の選挙にあつてはその選挙の期日前二日までに、当該選挙における公職の候補者の届出をすることができる。

6　地方公共団体の長の選挙については、第一項の告示があつた日に届出のあつた候補者が二人以上ある場合において、その日後、当該候補者が死亡し又は候補者たることを辞したものとみなされ

たときは、第一項から第四項までの規定の例により、都道府県知事又は市長の選挙にあつてはその選挙の期日前三日までに、町村の長の選挙にあつてはその選挙の期日前二日までに、当該選挙における候補者の届出をすることができる。

7　地方公共団体の長の選挙について第一項、第二項又は前項の規定により届出のあつた候補者が二人以上ある場合において、その選挙の期日の前日までに、当該候補者が死亡し又は候補者たることを辞したものとみなされたため候補者が一人となつたときは、選挙の期日は、第三十三条第五項（第三十四条の二第五項において準用する場合を含む。）、第三十四条第六項又は第百十九条第三項の規定により告示した期日後五日に当たる日に延期するものとする。この場合においては、当該選挙に関する事務を管理する選挙管理委員会は、直ちにその旨を告示しなければならない。

8　前項又は第百二十六条第二項の場合においては、その告示があつた日から当該選挙の期日前三日までに、第一項から第四項までの規定の例により、当該地方公共団体の長の候補者の届出をすることができる。

9　第一項、第二項、第五項、第六項又は前項の規定により当該選挙において届出のあつた者が第八十六条の八第一項、第八十七条第一項、第八十七条の二、第八十八条、第二百五十一条の二又は第二百五十一条の三の規定により当該選挙において公職の候補者となり、又は公職の候補者であることができない者であることを知つたときは、選挙長は、その届出を却下しなければならない。

10　公職の候補者は、第一項又は第二項の規定により届出のあつた公職の候補者にあつては第一項の公示又は告示があつた日に、第五項、第六項又は第八項の規定により届出のあつた公職の候補者にあつては当該各項に定める日までに選挙長に届出をしなければ、その候補者たることを辞することができない。

11　第一項、第二項、第五項、第六項、第八項若しくは前項の規定による届出があつたとき、第九項の規定により届出を却下したとき又は公職の候補者が死亡し、若しくは第九十一条第二項若しくは第百三条第四項の規定に該当するに至つたことを知つたときは、選挙長は、直ちにその旨を告示するとともに、当該選挙に関する事務を管理する選挙管理委員会（参議院合同選挙区選挙については、当該選挙に関する事務を管理する参議院合同選挙区選挙管理委員会）に報告しなければならない。

（候補者の選定の手続の届出等）

**第八六条の五**　第八十六条第一項各号のいずれかに該当する政党その他の政治団体は、当該政党その他の政治団体の衆議院（小選挙区選出）議員の候補者となるべき者の選定及び衆議院名簿登載者の選定（以下この条において「候補者の選定」という。）の手続を定めたときは、その日から七日以内に、郵便等によることなく、文書でその旨を総務大臣に届け出なければならない。

２　前項の文書には、当該政党その他の政治団体の名称、本部の所在地及び代表者の氏名並びに候補者の選定を行う機関の名称、その構成員の選出方法及び候補者の選定の手続を記載するものとする。

３　第一項の文書には、当該政党その他の政治団体の綱領、党則、規約その他これらに相当するものを記載した文書及び第八十六条第一項各号のいずれかに該当することを証する政令で定める文書を添えなければならない。

４　第一項の規定による届出をした政党その他の政治団体は、同項の規定により届け出た事項に異動があつたときは、その異動の日から七日以内に、郵便等によることなく、文書でその異動に係る事項を総務大臣に届け出なければならない。

５　総務大臣は、第一項の規定による届出があつたときは、速やかに、当該届出に係る政党その他の政治団体の名称、本部の所在地及び代表者の氏名並びに候補者の選定を行う機関の名称、その構成員の選出方法及び候補者の選定の手続を告示しなければならない。これらの事項につき前項の規定による届出があつた場合も、同様とする。

６　第一項の規定による届出をした政党その他の政治団体は、第三項の文書の内容に異動があつたときは、その異動の日から七日以内に、文書でその異動に係る事項を総務大臣に届け出なければならない。

７　第一項の規定による届出をした政党その他の政治団体が解散し、又は第八十六条第一項各号のいずれかに該当する政党その他の政治団体でなくなつたときは、その代表者は、その事実が生じた日から七日以内に、文書でその旨を総務大臣に届け出なければならない。この場合においては、総務大臣は、その旨の告示をしなければならない。

**（衆議院比例代表選出議員の選挙における政党その他の政治団体の名称の届出等）**

**第八六条の六**　第八十六条の二第一項に規定する政党その他の政治団体のうち同項第一号又は第二号に該当する政党その他の政治団体は、衆議院議員の総選挙の期日から三十日以内（当該期間が衆議院の解散の日にかかる場合にあつては、当該解散の日までの間）に、郵便等によることなく、文書で、当該政党その他の政治団体の名称及び一の略称を中央選挙管理会に届け出るものとする。この場合において、当該名称及び略称は、その代表者若しくはいずれかの選挙区において衆議院名簿登載者としようとする者の氏名が表示され、又はそれらの者の氏名が類推されるような名称及び略称であつてはならない。

２　第八十六条の二第一項に規定する政党その他の政治団体のうち同項第一号又は第二号に該当する政党その他の政治団体は、衆議院議員の総選挙の期日後二十四日を経過する日から当該衆議院議員の任期満了の日前九十日に当たる日又は衆議院の解散の日のいずれか早い日までの間に同項第一号又は第二号に該当することとなつたときは、前項前段の規定にかかわらず、その該当することとなつた日から七日以内（当該期間が衆議院の解散の日にかかる場合にあつては、当該解散の日までの間）に、郵便等によることなく、文書で、当該政党その他の政治団体の名称及び一の略称を中央選挙管理会に届け出るものとする。この場合においては、同項後段の規定を準用する。

３　前二項の文書には、当該政党その他の政治団体の名称及び一の略称、本部の所在地、代表者の氏名その他政令で定める事項を記載しなければならない。

４　第一項及び第二項の文書には、当該政党その他の政治団体の綱領、党則、規約その他これらに相当するものを記載した文書及び当該政党その他の政治団体が第八十六条の二第一項第一号又は第二号に該当することを証する政令で定める文書を添えなければならない。

５　第一項又は第二項の規定による届出をした政党その他の政治団体は、これらの規定による届出をした日後衆議院議員の任期満了の日前九十日に当たる日又は衆議院の解散の日のいずれか早い日までの間に、これらの規定により届け出た事項に異動があつたときは、その異動の日から七日以内（当該期間が衆議院の解散の日にかかる場合にあつては、当該解散の日までの間）に、郵便等によることなく、文書でその異動に係る事項を中央選挙管理会に届け出なければならない。

６　中央選挙管理会は、第一項又は第二項の規定による届出があつたときは、速やかに、これらの規定による届出に係る政党その他の政治団体の名称及び略称、本部の所在地並びに代表者の氏名を告示しなければならない。これらの事項につき前項の規定による届出があつたときも、同様とする。

７　第一項又は第二項の規定による届出をした政党その他の政治団体は、第四項の文書の内容に異動があつたときは、その異動の日から七日以内に、文書でその異動に係る事項を中央選挙管理会に届け出なければならない。

８　第一項又は第二項の規定による届出をした政党その他の政治団体が、これらの規定による届出をした日後衆議院議員の任期満了の日前九十日に当たる日又は衆議院の解散の日のいずれか早い日までの間に、解散し又は第八十六条の二第一項第一号若しくは第二号に該当する政党その他の政治団体でなくなつたときは、その代表者は、その事実が生じた日から七日以内に、文書でその旨を中央選挙管理会に届け出なければならない。この場合においては、中央選挙管理会は、その旨の告示をしなければならない。

９　第一項又は第二項の規定による届出をした政党その他の政治団体は、衆議院議員の任期満了の日前九十日に当たる日又は衆議院の解散の日のいずれか早い日後においても、郵便等によることなく、文書で、中央選挙管理会に当該届出を撤回する旨の届出をすることができる。この場合においては、中央選挙管理会は、その旨の告示をしなければならない。

10　衆議院（比例代表選出）議員の再選挙及び補欠選挙における第一項、第二項、第五項又は第七項から前項までの規定の適用について必要な事項は、政令で定める。

（参議院比例代表選出議員の選挙における政党その他の政治団体の名称の届出等）

**第八六条の七**　第八十六条の三第一項に規定する政党その他の政治団体のうち同項第一号又は第二号に該当する政党その他の政治団体は、参議院議員の任期満了の日前九十日に当たる日から七日を経過する日までの間に、郵便等によることなく、文書で、当該政党その他の政治団体の名称及び一の略称を中央選挙管理会に届け出るものとする。この場合において、当該名称及び略称は、その代表者若しくは参議院名簿登載者としようとする者の氏名が表示され、又はそれらの者の氏名が類推されるような名称及び略称であつてはならない。

2　前項の文書には、当該政党その他の政治団体の名称及び一の略称、本部の所在地、代表者の氏名その他政令で定める事項を記載しなければならない。

3　第一項の文書には、当該政党その他の政治団体の綱領、党則、規約その他これらに相当するものを記載した文書及び当該政党その他の政治団体が第八十六条の三第一項第一号又は第二号に該当することを証する政令で定める文書を添えなければならない。

4　中央選挙管理会は、第一項の期間経過後速やかに、同項の規定による届出に係る政党その他の政治団体の名称及び略称、本部の所在地並びに代表者の氏名を告示しなければならない。

5　第一項の規定による届出をした政党その他の政治団体は、前項の規定による告示があつた日以後においても、郵便等によることなく文書で、中央選挙管理会に当該届出を撤回する旨の届出をすることができる。この場合においては、中央選挙管理会は、その旨の告示をしなければならない。

6　参議院（比例代表選出）議員の再選挙及び補欠選挙における第一項の規定の適用について必要な事項は、政令で定める。

**（被選挙権のない者等の立候補の禁止）**

**第八六条の八**　第十一条第一項、第十一条の二若しくは第二百五十二条又は政治資金規正法第二十八条の規定により被選挙権を有しない者は、公職の候補者となり、又は公職の候補者であることができない。

2　第二百五十一条の二第一項各号に掲げる者又は第二百五十一条の三第一項に規定する組織的選挙運動管理者等の選挙に関する犯罪により公職の候補者となり、又は公職の候補者であることができない者については、これらの条の定めるところによる。

**（重複立候補等の禁止）**

**第八七条**　一の選挙において公職の候補者となつた者は、同時に、他の選挙における公職の候補者となることができない。

2　衆議院（小選挙区選出）議員の選挙において、一の政党その他の政治団体の届出に係る候補者は、当該選挙において、同時に、他の政党その他の政治団体の届出に係る候補者であることができない。

3　衆議院（小選挙区選出）議員の選挙において、候補者届出政党は、一の選挙区においては、重ねて候補者の届出をすることができない。

4　一の衆議院名簿の公職の候補者たる衆議院名簿登載者は、当該選挙において、同時に、他の衆議院名簿の公職の候補者たる衆議院名簿登載者であることができない。

5　衆議院（比例代表選出）議員の選挙において、衆議院名簿届出政党等は、一の選挙区においては、重ねて衆議院名簿を届け出ることができない。

６　前二項の規定は、参議院（比例代表選出）議員の選挙について準用する。この場合において、第四項中「衆議院名簿」とあるのは「参議院名簿」と、「衆議院名簿登載者」とあるのは「参議院名簿登載者」と、前項中「衆議院名簿届出政党等」とあるのは「参議院名簿届出政党等」と、「一の選挙区においては、重ねて」とあるのは「重ねて」と、「衆議院名簿」とあるのは「参議院名簿」と読み替えるものとする。

**（衆議院小選挙区選出議員又は参議院選挙区選出議員たることを辞した者等の立候補制限）**

**第八七条の二**　国会法（昭和二十二年法律第七十九号）第百七条の規定により衆議院（小選挙区選出）議員若しくは参議院（選挙区選出）議員たることを辞した者又は第九十条の規定により衆議院（小選挙区選出）議員若しくは参議院（選挙区選出）議員たることを辞したものとみなされた者は、当該辞し、又は辞したものとみなされたことにより生じた欠員について行われる補欠選挙（通常選挙と合併して一の選挙として行われる選挙を除く。）における候補者となることができない。

**（選挙事務関係者の立候補制限）**

**第八八条**　左の各号に掲げる者は、在職中、その関係区域内において、当該選挙の公職の候補者となることができない。

一　投票管理者

二　開票管理者

三　選挙長及び選挙分会長

**（公務員の立候補制限）**

**第八九条**　国若しくは地方公共団体の公務員又は行政執行法人（独立行政法人通則法（平成十一年法律第百三号）第二条第四項に規定する行政執行法人をいう。以下同じ。）若しくは特定地方独立

**令（立候補できる公務員）**

**第九〇条**　法第八十九条第一項第二号の規定によつて、在職中、公職の候補者となることができる者は、地方公営企業等の労働関係に関する法律（昭和二十七年法律第二百八十九号）附則第五項に

行政法人（地方独立行政法人法（平成十五年法律第百十八号）第二条第二項に規定する特定地方独立行政法人をいう。以下同じ。）の役員若しくは職員は、在職中、公職の候補者となることができない。ただし、次の各号に掲げる公務員（行政執行法人又は特定地方独立行政法人の役員及び職員を含む。次条及び第百三条第三項において同じ。）は、この限りでない。

一　内閣総理大臣その他の国務大臣、内閣官房副長官、内閣総理大臣補佐官、副大臣、大臣政務官及び大臣補佐官

二　技術者、監督者及び行政事務を担当する者以外の者で、政令で指定するもの

三　専務として委員、顧問、参与、嘱託員その他これらに準ずる職にある者で臨時又は非常勤のものにつき、政令で指定するもの

四　消防団長その他の消防団員（常勤の者を除く。）及び水防団長その他の水防団員（常勤の者を除く。）

五　地方公営企業等の労働関係に関する法律（昭和二十七年法律第二百八十九号）第三条第四号に規定する職員で、政令で指定するもの

2　衆議院議員の任期満了による総選挙又は参議院議員の通常選挙が行われる場合においては、当該衆議院議員又は参議院議員は、前項本文の規定にかかわらず、在職中その選挙における公職の候補者となることができる。地方公共団体の議会の議員又は長の任期満了による選挙が行われる場合において当該議員又は長がその選挙における公職の候補者となる場合も、また同様とする。

3　第一項本文の規定は、同項第一号、第二号、第四号及び第五号に掲げる者並びに前項に規定する者がその職に伴い兼ねている国若しくは地方公共団体の公務員又は行政執行法人若しくは特定地

---

規定する単純な労務に雇用される一般職に属する地方公務員とする。

2　法第八十九条第一項第三号の規定によつて、在職中、公職の候補者となることができる者は、予備自衛官（自衛隊法第七十条第三項の規定により自衛官となつている者を含む。）、即応予備自衛官（同法第七十五条の四第三項の規定により自衛官となつている者を含む。）及び予備自衛官補並びに臨時又は非常勤の国若しくは地方公共団体の公務員（国家公務員法（昭和二十二年法律第百二十号）第六十条の二第一項（裁判所職員臨時措置法（昭和二十六年法律第二百九十九号）において準用する場合を含む。）に規定する短時間勤務の官職、国会職員法（昭和二十二年法律第八十五号）第四条の二第一項に規定する短時間勤務の職、自衛隊法第四十一条の二第一項に規定する短時間勤務の官職又は地方公務員法第二十二条の四第一項に規定する短時間勤務の職を占める者を除く。）又は行政執行法人（独立行政法人通則法（平成十一年法律第百三号）第二条第四項に規定する行政執行法人をいう。）若しくは特定地方独立行政法人（地方独立行政法人法（平成十五年法律第百十八号）第二条第二項に規定する特定地方独立行政法人をいう。以下この条において同じ。）の役員若しくは職員（国家公務員法第六十条の二第一項に規定する短時間勤務の官職又は地方公務員法第二十二条の四第一項に規定する短時間勤務の職を占める者を除く。）で次に掲げる者とする。

一　委員長及び委員の名称を有する職にある者で別表第二に掲げる者以外の者

二　顧問、参与、会長、副会長、会員、評議員、専門調査員、審査員、報告員及び観測員の名称を有する職にある者並びに統計調査員、仲介員、保護司及び参与員の職にある者

方独立行政法人の役員若しくは職員たる地位に影響を及ぼすものではない。

**（立候補のための公務員の退職）**

**第九〇条**　前条の規定により公職の候補者となることができない公務員が、第八十六条第一項から第三項まで若しくは第八項、第八十六条の二第一項若しくは第九項、第八十六条の三第一項若しくは同条第二項において準用する第八十六条の二第九項又は第八十六条の四第一項、第二項、第五項、第六項若しくは第八項の規定による届出により公職の候補者となつたときは、当該公務員の退職に関する法令の規定にかかわらず、その届出の日に当該公務員たることを辞したものとみなす。

**（公務員となつた候補者の取扱い）**

**第九一条**　第八十六条第一項又は第八項の規定により候補者として届出のあつた者（候補者届出政党の届出に係るものに限る。）が、第八十八条又は第八十九条の規定により公職の候補者となることができない者となつたときは、当該届出は、取り下げられたものとみなす。

2　第八十六条第二項、第三項若しくは第八項又は第八十六条の四第一項、第二項、第五項、第六項若しくは第八項の規定により公職の候補者として届出のあつた者（候補者届出政党の届出に係るものを除く。）が、第八十八条又は第八十九条の規定により公職の候補者となることができない者となつたときは、その候補者たることを辞したものとみなす。

3　衆議院（比例代表選出）議員又は参議院（比例代表選出）議員の選挙において、衆議院名簿登載者又は参議院名簿登載者が第八十八条又は第八十九条の規定により公職の候補者となることができない者となつたときは、その者は、公職の候補者たる衆議院名

三　前二号に該当する者以外の地方公共団体又は特定地方独立行政法人の嘱託員

3　法第八十九条第一項第五号の規定によつて、在職中、公職の候補者となることができる者は、地方公営企業等の労働関係に関する法律第三条第一号に規定する地方公営企業に従事する職員又は特定地方独立行政法人の職員で、課長又はこれに相当する職以上の主たる事務所における職に在る者以外の者とする。

4　地方公共団体の組合を組織する地方公共団体の議会の議員又は長は、その在職中、当該組合の議会の議員又は管理者の選挙に立候補することを妨げない。地方公共団体の組合の議会の議員又は管理者が、その在職中、当該組合を組織する地方公共団体の議会の議員又は長の選挙に立候補しようとする場合においても、また、同様とする。

簿登載者又は参議院名簿登載者でなくなるものとする。

（供託）

**第九十二条**　第八十六条第一項から第三項まで若しくは第八十六条の四第一項、第二項、第五項、第六項若しくは第八項又は第八十六条の四第一項、第二項、第五項、第六項若しくは第八項の規定により公職の候補者の届出をしようとするものは、公職の候補者一人につき、次の各号の区分による金額又はこれに相当する額面の国債証書（その権利の帰属が社債、株式等の振替に関する法律（平成十三年法律第七十五号）の規定による振替口座簿の記載又は記録により定まるものとされるものを含む。以下この条において同じ。）を供託しなければならない。

一　衆議院（小選挙区選出）議員の選挙　三百万円
二　参議院（選挙区選出）議員の選挙　三百万円
三　都道府県の議会の議員の選挙　六十万円
四　都道府県知事の選挙　三百万円
五　指定都市の議会の議員の選挙　五十万円
六　指定都市の長の選挙　二百四十万円
七　指定都市以外の市の議会の議員の選挙　三十万円
八　指定都市以外の市の長の選挙　百万円
九　町村の議会の議員の選挙　十五万円
十　町村長の選挙　五十万円

2　第八十六条の二第一項の規定により届出をしようとする政党その他の政治団体は、選挙区ごとに、当該衆議院名簿の衆議院名簿登載者一人につき、六百万円（当該衆議院名簿登載者が当該衆議院比例代表選出議員の選挙と同時に行われる衆議院小選挙区選出議員の選挙における候補者（候補者となるべき者を含む。）である場合にあつては、三百万円）又はこれに相当する額面の国債証書を供託しなければならない。

3　第八十六条の三第一項の規定により届出をしようとする政党その他の政治団体は、当該参議院名簿の参議院名簿登載者一人につき、六百万円又はこれに相当する額面の国債証書を供託しなければならない。

**（公職の候補者に係る供託物の没収）**

**第九十三条**　第八十六条第一項から第三項まで若しくは第八項又は第八十六条の四第一項、第二項、第五項、第六項若しくは第八項の規定により届出のあつた公職の候補者の得票数が、その選挙において、次の各号の区分による数に達しないときは、前条第一項の供託物は、衆議院（小選挙区選出）議員又は参議院（選挙区選出）議員の選挙にあつては国庫に、地方公共団体の議会の議員又は長の選挙にあつては当該地方公共団体に帰属する。

一　衆議院（小選挙区選出）議員の選挙　有効投票の総数の十分の一

二　参議院（選挙区選出）議員の選挙　通常選挙における当該選挙区内の議員の定数をもつて有効投票の総数を除して得た数の八分の一。ただし、選挙すべき議員の数が通常選挙における当該選挙区内の議員の定数を超える場合においては、その選挙すべき議員の数をもつて有効投票の総数を除して得た数の八分の一

三　地方公共団体の議会の議員の選挙　当該選挙区内の議員の定数（選挙区がないときは、議員の定数）をもつて有効投票の総数を除して得た数の十分の一

四　地方公共団体の長の選挙　有効投票の総数の十分の一

選挙

2　前項の規定は、同項に規定する公職の候補者の届出が取り下げられ、又は公職の候補者が当該候補者たることを辞した場合（第九十一条第一項又は第二項の規定に該当するに至つた場合を含む。）及び前項に規定する公職の候補者の届出が第八十六条第九項又は第八十六条の四第九項の規定により却下された場合に、準用する。

**（名簿届出政党等に係る供託物の没収）**

**第九四条**　衆議院（比例代表選出）議員の選挙において、衆議院名簿届出政党等につき、選挙区ごとに、三百万円に第一号に掲げる数を乗じて得た金額と六百万円に第二号に掲げる数を乗じて得た金額を合算して得た額が当該衆議院名簿届出政党等に係る第九十二条第二項の供託物の額に達しないときは、当該供託物のうち、当該供託物の額から当該合算して得た額を減じて得た額に相当する額の供託物は、国庫に帰属する。

一　当該衆議院名簿届出政党等の届出に係る衆議院名簿の衆議院名簿登載者のうち、当該選挙と同時に行われた衆議院（小選挙区選出）議員の選挙の当選人とされた者の数

二　当該衆議院名簿届出政党等に係る当選人の数に二を乗じて得た数

2　第八十六条の二第十項の規定により衆議院名簿を取り下げ、又は同条第十一項の規定により同条第一項の規定による届出を却下された政党その他の政治団体に係る第九十二条第二項の供託物は、国庫に帰属する。

3　参議院（比例代表選出）議員の選挙において、参議院名簿届出政党等につき、第一号に掲げる数が第二号に掲げる数に達しないときは、当該参議院名簿届出政党等に係る第九十二条第三項の供

託物のうち六百万円に同号に掲げる数から第一号に掲げる数を減じて得た数を乗じて得た金額に相当する額の供託物は、国庫に帰属する。

一 当該参議院名簿届出政党等に係る当選人の数に二を乗じて得た数

二 第八十六条の三第一項の規定による届出のときにおける参議院名簿登載者の数

4 第八十六条の三第二項において準用する第八十六条の二第十項の規定により参議院名簿を取り下げ、又は第八十六条の三第二項において準用する第八十六条の二第十一項の規定により第八十六条の三第一項の規定による届出を却下された政党その他の政治団体に係る第九十二条第三項の供託物は、国庫に帰属する。

## 第十章 当選人

**（衆議院比例代表選出議員又は参議院比例代表選出議員の選挙以外の選挙における当選人）**

**第九五条** 衆議院（比例代表選出）議員又は参議院（比例代表選出）議員の選挙以外の選挙においては、有効投票の最多数を得た者をもつて当選人とする。ただし、次の各号の区分による得票がなければならない。

一 衆議院（小選挙区選出）議員の選挙 有効投票の総数の六分の一以上の得票

二 参議院（選挙区選出）議員の選挙 通常選挙における当該選挙区内の議員の定数をもつて有効投票の総数を除して得た数の六分の一以上の得

票。ただし、選挙すべき議員の数が通常選挙における当該選挙区内の議員の定数を超える場合においては、その選挙すべき議員の数をもつて有効投票の総数を除して得た数の六分の一以上の得票

三　地方公共団体の議会の議員の選挙　当該選挙区内の議員の定数（選挙区がないときは、議員の定数）をもつて有効投票の総数を除して得た数の四分の一以上の得票

四　地方公共団体の長の選挙　有効投票の総数の四分の一以上の得票

２　当選人を定めるに当り得票数が同じであるときは、選挙会において、選挙長がくじで定める。

（衆議院比例代表選出議員の選挙における当選人の数及び当選人）

**第九五条の二**　衆議院（比例代表選出）議員の選挙においては、各衆議院名簿届出政党等の得票数を一から当該衆議院名簿届出政党等に係る衆議院名簿登載者（当該選挙の期日において公職の候補者たる者に限る。第百三条第四項を除き、以下この章及び次章において同じ。）の数に相当する数までの各整数で順次除して得たすべての商のうち、その数値の最も大きいものから順次に数えて当該選挙において選挙すべき議員の数に相当する数になるまでにある商で各衆議院名簿届出政党等の得票数に係るものの個数をもつて、それぞれの衆議院名簿届出政党等の当選人の数とする。

２　前項の場合において、二以上の商が同一の数値であるため同項の規定によつてはそれぞれの衆議院名簿届出政党等に係る当選人の数を定めることができないときは、それらの商のうち、当該選

挙において選挙すべき議員の数に相当する数になるまでにあるべき商を、選挙会において、選挙長がくじで定める。

3　衆議院名簿において、第八十六条の二第六項の規定により二人以上の衆議院名簿登載者について当選人となるべき順位が同一のものとされているときは、当該当選人となるべき順位が同一のものとされた者の間における当選人となるべき順位は、当該選挙と同時に行われた衆議院（小選挙区選出）議員の選挙における得票数の当該選挙区における有効投票の最多数を得た者に係る得票数に対する割合の最も大きい者から順次に定める。この場合において、当選人となるべき順位が同一のものとされた衆議院名簿登載者のうち、当該割合が同じであるものがあるときは、それらの者の間における当選人となるべき順位は、選挙会において、選挙長がくじで定める。

4　衆議院（比例代表選出）議員の選挙においては、各衆議院名簿届出政党等の届出に係る衆議院名簿登載者のうち、それらの者の間における当選人となるべき順位に従い、第一項及び第二項の規定により定められた当該衆議院名簿届出政党等の当選人の数に相当する数の衆議院名簿登載者を、当選人とする。

5　第一項、第二項及び前項の場合において、当該選挙と同時に行われた衆議院（小選挙区選出）議員の選挙の当選人とされた衆議院名簿登載者があるときは、当該衆議院名簿登載者は、衆議院名簿に記載されていないものとみなして、これらの規定を適用する。

6　第一項、第二項及び第四項の場合において、当該選挙と同時に行われた衆議院（小選挙区選出）議員の選挙においてその得票数が第九十三条第一項第一号に規定する数に達しなかつた衆議院名簿登載者があるときは、当該衆議院名簿登載者は、衆議院名簿に記載されていないものとみなして、これらの規定を適用する。

（参議院比例代表選出議員の選挙における当選人の数及び当選人となるべき順位並びに当選人）

**第九五条の三**　参議院（比例代表選出）議員の選挙においては、各参議院名簿届出政党等の得票数（当該参議院名簿届出政党等に係る各参議院名簿登載者（当該選挙の期日において公職の候補者たる者に限る。第百三条第四項を除き、以下この章及び次章において同じ。）の得票数を含むものをいう。）を一から当該参議院名簿届出政党等に係る参議院名簿登載者の数に相当する数までの各整数で順次除して得たすべての商のうち、その数値の最も大きいものから順次に数えて当該選挙において選挙すべき議員の数に相当する数になるまでにある商で各参議院名簿届出政党等の得票数（当該参議院名簿届出政党等に係る各参議院名簿登載者の得票数を含むものをいう。）に係るものの個数をもつて、それぞれの参議院名簿届出政党等の当選人の数とする。

2　前項の場合において、二以上の商が同一の数値であるため同項の規定によつてはそれぞれの参議院名簿届出政党等に係る当選人の数を定めることができないときは、それらの商のうち、当該選挙において選挙すべき議員の数に相当する数になるまでにあるべき商を、選挙会において、選挙長がくじで定める。

3　各参議院名簿届出政党等（次項に規定する参議院名簿届出政党等を除く。）の届出に係る参議院名簿において、参議院名簿登載者の間における当選人となるべき順位は、その得票数の最も多い者から順次に定める。この場合において、その得票数が同じである者があるときは、それらの者の間における当選人となるべき順位は、選挙会において、選挙長がくじで定める。

4　参議院名簿届出政党等であつて、その届出に係る参議院名簿登載者のうちに第八十六条の三第一項後段の規定により優先的に当選人となるべき候補者としてその氏名及び当選人となるべき順位が参議院名簿に記載されている者である参議院名簿登載者があるものの届出に係る各参議院名簿において、当該参議院名簿登載者の当選人となるべき順位は、その他の参議院名簿登載者の当選人となるべき順位より上位とし、当該その他の参議院名簿登載者の間における当選人となるべき順位は、その得票数の最も多い者から順次に定める。この場合において、当該その他の参議院名簿登載者のうちにその得票数が同じである者があるときは、前項後段の規定を準用する。

5　参議院（比例代表選出）議員の選挙においては、各参議院名簿届出政党等の届出に係る参議院名簿登載者のうち、それらの者の間における当選人となるべき順位に従い、第一項及び第二項の規定により定められた当該参議院名簿届出政党等の当選人の数に相当する数の参議院名簿登載者を、当選人とする。

**（当選人の更正決定）**

**第九六条**　第二百六条、第二百七条第一項又は第二百八条第一項の規定による異議の申出、審査の申立て又は訴訟の結果、再選挙を行わないで当選人（衆議院比例代表選出議員の選挙にあつては衆議院名簿届出政党等に係る当選人の数又は当選人、参議院比例代表選出議員の選挙にあつては参議院名簿届出政党等に係る当選人の数若しくは当選人となるべき順位又は当選人。以下この条において同じ。）を定めることができる場合においては、直ちに選挙会を開き、当選人を定めなければならない。

**（衆議院比例代表選出議員又は参議院比例代表選出議員の選挙以外の選挙における当選人の繰上補充）**

**第九七条**　衆議院（比例代表選出）議員又は参議院（比例代表選出）議員の選挙以外の選挙について、当選人が死亡者であるとき又は

第九十九条、第百三条第二項若しくは第四項若しくは第百四条の規定により当選を失つたときは、直ちに選挙会を開き、第九十五条第一項ただし書の規定による得票者で当選人とならなかつたもの（衆議院小選挙区選出議員又は地方公共団体の長の選挙については、同条第二項の規定の適用を受けた得票者で当選人とならなかつたもの）の中から当選人を定めなければならない。

２　参議院（選挙区選出）議員又は地方公共団体の議会の議員の選挙について、第百九条第五号若しくは第六号の事由がその選挙の期日から三箇月以内に生じた場合において第九十五条第一項ただし書の規定による得票者で当選人とならなかつたものがあるとき又はこれらの事由がその選挙の期日から三箇月経過後に生じた場合において同条第二項の規定の適用を受けた得票者で当選人とならなかつたものがあるときは、直ちに選挙会を開き、その者の中から当選人を定めなければならない。

３　衆議院（小選挙区選出）議員又は地方公共団体の長の選挙について、第百九条第五号又は第六号の事由が生じた場合において、第九十五条第二項の規定の適用を受けた得票者で当選人とならなかつたものがあるときは、直ちに選挙会を開き、その者の中から当選人を定めなければならない。

**（衆議院比例代表選出議員又は参議院比例代表選出議員の選挙における当選人の繰上補充）**

**第九七条の二**　衆議院（比例代表選出）議員の選挙について、当選人が死亡者である場合、第九十九条、第九十九条の二第一項（同条第五項において準用する場合を含む。）若しくは第百三条第二項若しくは第四項の規定により当選を失つた場合又は第二百五十一条、第二百五十一条の二若しくは第二百五十一条の三の規定により当選が無効となつた場合において、当該当選人に係る衆議院名簿の衆議院名簿登載者で当選人とならなかつたものがあるときは、直ちに選挙会を開き、その者の中から、その衆議院名簿における当選人となるべき順位に従い、当選人を定めなければならない。

2　第九十五条の二第五項及び第六項の規定は、前項の場合について準用する。

3　第一項の規定は、参議院（比例代表選出）議員の選挙について準用する。この場合において、同項中「第九十九条の二第一項（同条第五項において準用する場合を含む。）」とあるのは「第九十九条の二第六項において準用する同条第一項（同条第五項において準用する場合を含む。）」と、「若しくは第二百五十一条の三」とあるのは「、第二百五十一条の三若しくは第二百五十一条の四」と、「衆議院名簿の衆議院名簿登載者」とあるのは「参議院名簿の参議院名簿登載者」と、「その衆議院名簿」とあるのは「その参議院名簿に係る参議院名簿登載者の間」と読み替えるものとする。

**（被選挙権の喪失と当選人の決定等）**

**第九八条**　前三条の場合において、第九十五条第一項ただし書の規定による得票者、同条第二項の規定の適用を受けた得票者、衆議院名簿登載者又は参議院名簿登載者で、当選人とならなかつたものが、その選挙の期日後において被選挙権を有しなくなつたとき又は第二百五十一条の二若しくは第二百五十一条の三の規定により当該選挙に係る第二百五十一条の二第一項各号に掲げる者若しくは第二百五十一条の三第一項に規定する組織的選挙運動管理者等の選挙に関する犯罪によつて当該選挙に係る選挙区（選挙区がないときは、選挙の行われる区域）において行われる当該公職に係る選挙において公職の候補者となり若しくは公職の候補者であることができない者となつたときは、これを当選人と定めることができない。

ができない。衆議院名簿登載者で当選人とならなかつたものが、第二百五十一条の二又は第二百五十一条の三の規定により当該選挙と同時に行われた衆議院（小選挙区選出）議員の選挙に係る第二百五十一条の二第一項各号に掲げる者又は第二百五十一条の三第一項に規定する組織的選挙運動管理者等の選挙に関する犯罪によつて当該衆議院（小選挙区選出）議員の選挙に係る選挙区において行われる当該衆議院（小選挙区選出）議員の選挙において公職の候補者となり又は公職の候補者であることができない者となつたときも、また同様とする。

2　衆議院（小選挙区選出）議員の選挙に係る第九十六条又は第九十七条の場合において、候補者届出政党が届け出た候補者であつた者のうち、第九十五条第一項ただし書の規定による得票者又は同条第二項の規定の適用を受けた得票者で当選人とならなかつたものにつき除名、離党その他の事由により当該候補者届出政党に所属する者でなくなつた旨の届出が、文書で、第九十六条又は第九十七条に規定する事由が生じた日の前日までに選挙長にされているときは、これを当選人と定めることができない。

3　衆議院（比例代表選出）議員又は参議院（比例代表選出）議員の選挙に係る第九十六条又は前条の場合において、衆議院名簿登載者又は参議院名簿登載者で、当選人とならなかつたものにつき除名、離党その他の事由により当該衆議院名簿届出政党等又は参議院名簿届出政党等に所属する者でなくなつた旨の届出が、文書で、これらの条に規定する事由が生じた日の前日までに選挙長にされているときは、これを当選人と定めることができない。衆議院名簿又は参議院名簿を取り下げる旨の届出が、文書で、これらの条に規定する事由が生じた日の前日までに選挙長にされている場合の当該衆議院名簿の衆議院名簿登載者又は参議院名簿の参議院名簿登載者で、当選人とならなかつたものについても、また同様とする。

４　第八十六条第十項の規定は第二項の届出について、第八十六条の二第八項及び第十項後段（これらの規定を第八十六条の三第二項において準用する場合を含む。）の規定は前項の届出について準用する。

**（被選挙権の喪失に因る当選人の失格）**

**第九九条**　当選人は、その選挙の期日後において被選挙権を有しなくなつたときは、当選を失う。

**（衆議院比例代表選出議員又は参議院比例代表選出議員の選挙における所属政党等の移動による当選人の失格）**

**第九九条の二**　衆議院（比例代表選出）議員の選挙における当選人（第九十六条、第九十七条の二第一項又は第百十二条第二項の規定により当選人と定められた者を除く。以下この項から第四項までにおいて同じ。）は、その選挙の期日以後において、当該当選人が衆議院名簿登載者であつた衆議院名簿届出政党等以外の政党その他の政治団体で、当該選挙における衆議院名簿届出政党等であるもの（当該当選人が衆議院名簿登載者であつた衆議院名簿届出政党等（当該衆議院名簿届出政党等に係る合併又は分割（二以上の政党その他の政治団体の設立を目的として一の政党その他の政治団体が解散し、当該二以上の政党その他の政治団体が設立されることをいう。）が行われた場合における当該合併後に存続する政党その他の政治団体若しくは当該合併により設立された政党その他の政治団体又は当該分割により設立された政党その他の政治団体を含む。）を含む二以上の政党その他の政治団体の合併により当該合併後に存続するものを除く。第四項において「他の衆議院名簿届出政党等」という。）に所属する者となつたときは、当選を失う。

２　衆議院（比例代表選出）議員の選挙における当選人が、除名、離党その他の事由により当該当選人が衆議院名簿登載者であつた衆議院名簿届出政党等に所属する者でなくなつた場合は、当該衆議院名簿届出政党等は、直ちに文書でその旨を選挙長に届け出なければならない。この場合において、選挙長は、直ちにその旨を当該当選人に通知しなければならない。

３　前項前段の文書には、当該届出に係る事由が、除名である場合にあつては当該除名の手続を記載した文書を、離党である場合にあつては当該当選人が衆議院名簿届出政党等に提出した離党届の写しを、その他の事由である場合にあつては当該事由を証する文書を、それぞれ、添えなければならない。

４　第二項の通知を受けた当選人は、当該当選人がその選挙の期日以後において他の衆議院名簿届出政党等に所属していない場合には、当該当選人がその選挙の期日以後において他の衆議院名簿届出政党等に所属していないことを誓う旨の宣誓書を、当該通知を受けた日から五日以内に選挙長に提出しなければならない。

５　前各項の規定は、衆議院（比例代表選出）議員の選挙における当選人で第九十六条、第九十七条の二第一項又は第百十二条第二項の規定により当選人と定められたものについて準用する。この場合において、第一項中「その選挙の期日」とあるのは「第九十六条、第九十七条の二第一項又は第百十二条第二項の規定により当該当選人が選挙会において当選人と定められた日」と、「所属する者となつたとき」とあるのは「所属する者となつたとき（第九十六条、第九十七条の二第一項又は第百十二条第二項の規定により当該当選人が選挙会において当選人と定められた日において所属する者である場合を含む。）」と、前項中「その選挙の期日」

とあるのは「第九十六条、第九十七条の二第一項又は第百十二条第二項の規定により当該当選人が選挙会において当選人と定められた日」と読み替えるものとする。

6　前各項の規定は、参議院（比例代表選出）議員の選挙における当選人について準用する。この場合において、第一項中「第九十七条の二第一項」とあるのは「第九十七条の二第三項において準用する同条第一項」と、「第百十二条第二項」とあるのは「第百十二条第四項において準用する同条第二項」と、「衆議院名簿登載者」とあるのは「参議院名簿登載者」と、「衆議院名簿届出政党等」とあるのは「参議院名簿届出政党等」と、第二項中「衆議院名簿登載者」とあるのは「参議院名簿登載者」と、「衆議院名簿届出政党等」とあるのは「参議院名簿届出政党等」と、「所属する者」とあるのは「所属する者（当該参議院名簿届出政党等が推薦する者を含む。）」と、第三項及び第四項中「衆議院名簿届出政党等」とあるのは「参議院名簿届出政党等」と、前項中「第九十七条の二第一項」とあるのは「第九十七条の二第三項において準用する同条第一項」と、「第百十二条第二項」とあるのは「第百十二条第四項において準用する同条第二項」と読み替えるものとする。

（無投票当選）

**第一〇〇条**　衆議院（小選挙区選出）議員の選挙において、第八十六条第一項から第三項まで又は第八項の規定による届出のあつた候補者が一人であるとき又は一人となつたときは、投票は、行わない。

2　衆議院（比例代表選出）議員の選挙において、第八十六条の二第一項若しくは第九項の規定による届出に係る衆議院名簿登載者の総数がその選挙において選挙すべき議員の数を超えないとき若しくは超えなくなつたとき又は同条第一項の規定による届出をした衆議院名簿届出政党等が一であるとき若しくは一となつたときは、投票は、行わない。

3　参議院（比例代表選出）議員の選挙において、第八十六条の三第一項又は同条第二項において準用する第八十六条の二第九項の規定による届出に係る参議院名簿登載者の総数がその選挙において選挙すべき議員の数を超えないとき又は超えなくなつたときは、投票は、行わない。

4　参議院（選挙区選出）議員若しくは地方公共団体の議会の議員の選挙において第八十六条の四第一項、第二項若しくは第五項の規定による届出のあつた候補者の総数がその選挙において選挙すべき議員の数を超えないとき若しくは超えなくなつたとき又は地方公共団体の長の選挙において同条第一項、第二項、第六項若しくは第八項の規定による届出のあつた候補者が一人であるとき若しくは一人となつたときは、投票は、行わない。

5　前各項又は第百二十七条の規定により投票を行わないこととなつたときは、選挙長は、直ちにその旨を当該選挙の各投票管理者に通知し、併せてこれを告示し、かつ、当該選挙に関する事務を管理する選挙管理委員会（衆議院比例代表選出議員又は参議院比例代表選出議員の選挙については中央選挙管理会、参議院合同選挙区選挙については当該選挙に関する事務を管理する参議院合同選挙区選挙管理委員会）に報告しなければならない。

6　第一項から第四項まで（第二項の規定の適用がある場合であつて、衆議院比例代表選出議員の選挙が衆議院小選挙区選出議員の選挙と同時に行われる場合を除く。）又は第百二十七条の場合においては、選挙長は、その選挙の期日から五日以内に選挙会を開き、当該公職の候補者をもつて当選人と定めなければならない。

7　前項に規定する場合を除くほか、衆議院（比例代表選出）議員の選挙において、第八十六条の二第一項又は第九項の規定による届出に係る衆議院名簿登載者の総数がその選挙において選挙すべき議員の数を超えないとき又は超えなくなつたときは、選挙長は、次条第四項の規定による通知があつた日又はその翌日に選挙会を開き、当該衆議院名簿登載者をもつて当選人と定めなければならない。この場合においては、第九十五条の二第五項及び第六項の規定を準用する。

8　前二項に規定する場合を除くほか、衆議院（比例代表選出）議員の選挙において、第八十六条の二第一項の規定による届出をした衆議院名簿届出政党等が一であるとき又は一となつたときは、選挙長は、次条第四項の規定による通知があつた日又はその翌日に選挙会を開き、当該衆議院名簿届出政党等の届出に係る衆議院名簿登載者のうち、その衆議院名簿における当選人となるべき順位に従い、その選挙において選挙すべき議員の数に相当する数の衆議院名簿登載者をもつて当選人と定めなければならない。この場合においては、第九十五条の二第三項、第五項及び第六項の規定を準用する。

9　前三項の場合において、当該公職の候補者の被選挙権の有無は、選挙立会人の意見を聴き、選挙長が決定しなければならない。

**（衆議院小選挙区選出議員の選挙における当選人決定の場合の報告、告知及び告示）**

**第一〇一条**　衆議院（小選挙区選出）議員の選挙において、当選人が定まつたときは、選挙長は、直ちに当選人の住所、氏名及び得票数並びに当該当選人に係る候補者届出政党の名称、その選挙における各候補者の得票総数その他選挙の次第を、当該都道府県の選挙管理委員会に報告しなければならない。

2　前項の規定による報告があつたときは、都道府県の選挙管理委員会は、直ちに当選人には当選の旨を、候補者届出政党には当選人の住所及び氏名を告知し、かつ、当選人の住所及び氏名並びに当該当選人に係る候補者届出政党の名称を告示しなければならない。

３　衆議院議員の選挙において、小選挙区選出議員の選挙と比例代表選出議員の選挙を同時に行つた場合においては、第一項の報告を受けた都道府県の選挙管理委員会は、直ちに当該当選人の住所、氏名及び得票数並びに当該当選人に係る候補者届出政党の名称、その選挙における各候補者の得票総数その他選挙の次第を、中央選挙管理会に報告しなければならない。

４　前項の規定による報告があつたときは、中央選挙管理会は、直ちに当該当選人の住所、氏名及び得票数並びに当該当選人に係る候補者届出政党の名称、その選挙における各候補者の得票総数その他選挙の次第を、その選挙区を包括する衆議院（比例代表選出）議員の選挙区ごとに、当該衆議院（比例代表選出）議員の選挙の選挙長に通知しなければならない。

**（衆議院比例代表選出議員の選挙における当選人の数及び当選人の決定の場合の報告、告知及び告示）**

**第一〇一条の二**　衆議院（比例代表選出）議員の選挙において、衆議院名簿届出政党等に係る当選人の数及び当選人が定まつたときは、選挙長は、直ちに衆議院名簿届出政党等に係る得票数、当選人の数並びに当選人の住所及び氏名その他選挙の次第を、中央選挙管理会に報告しなければならない。

２　前項の規定による報告があつたときは、中央選挙管理会は、直ちに衆議院名簿届出政党等には得票数、当選人の数並びに当選人の住所及び氏名を、当選人には当選の旨を告知し、かつ、衆議院名簿届出政党等に係る得票数、当選人の数並びに当選人の住所及び氏名を告示しなければならない。

３　第九十七条の二又は第百十二条第二項の場合においては、前二項中「得票数、当選人の数並びに当選人」とあるのは、「当選人」とする。

**（参議院比例代表選出議員の選挙における当選人の数及び当選人となるべき順位並びに当選人の決定の場合の報告、告知及び告示）**

**第一〇一条の二の二**　参議院（比例代表選出）議員の選挙において、参議院名簿届出政党等に係る当選人の数及び当選人となるべき順位並びに当選人が定まつたときは、選挙長は、直ちに参議院名簿届出政党等に係る得票数（当該参議院名簿届出政党等に係る各参議院名簿登載者の得票数を含むものをいう。次項において同じ。）、当選人の数、当選人となるべき順位並びに当選人の住所及び氏名並びに各参議院名簿登載者の得票数その他選挙の次第を、中央選挙管理会に報告しなければならない。

２　前項の規定による報告があつたときは、中央選挙管理会は、直ちに参議院名簿届出政党等には当該参議院名簿届出政党等に係る得票数、当選人の数並びに当選人の住所及び氏名を、当選人には当選の旨を告知し、かつ、参議院名簿届出政党等に係る得票数、当選人の数並びに当選人の住所及び氏名を告示しなければならない。

３　第九十七条の二又は第百十二条第四項において準用する同条第二項の場合においては、第一項中「得票数（当該参議院名簿届出政党等に係る各参議院名簿登載者の得票数を含むものをいう。次項において同じ。）、当選人の数、当選人となるべき順位並びに当選人の住所及び氏名並びに各参議院名簿登載者の得票数」とあるのは「当選人の住所及び氏名」と、前項中「当該参議院名簿届出政党等に係る得票数、当選人の数並びに当選人」とあるのは「当選人」と、「かつ、参議院名簿届出政党等に係る得票数、当選人の数並びに当選人」とあるのは「かつ、参議院名簿届出政党等に係る当選人」とする。

**（衆議院議員又は参議院比例代表選出議員の選挙以外の選挙における当選人決定の場合の報告、告知及び告示）**

**第一〇一条の三**　衆議院議員又は参議院（比例代表選出）議員の選挙以外の選挙において、当選人が定まつたときは、選挙長は、直ちに当選人の住所、氏名及び得票数、その選挙における各公職の候補者の得票総数その他選挙の次第を、当該選挙に関する事務を管理する選挙管理委員会（参議院合同選挙区選挙については、当該選挙に関する事務を管理する参議院合同選挙区選挙管理委員会）に報告しなければならない。

２　前項の規定による報告があつたときは、当該選挙に関する事務を管理する選挙管理委員会（参議院合同選挙区選挙については、当該選挙に関する事務を管理する参議院合同選挙区選挙管理委員会）は、直ちに当選人に当選の旨を告知し、かつ、当選人の住所及び氏名を告示しなければならない。

**（当選等の効力の発生）**

**第一〇二条**　当選人の当選の効力（衆議院比例代表選出議員又は参議院比例代表選出議員の選挙にあつては、当選人の数の決定の効力を含む。）は、第百一条第二項、第百一条の二第二項、第百一条の二の二第二項又は前条第二項の規定による告示があつた日から、生ずるものとする。

**（当選人が兼職禁止の職にある場合等の特例）**

**第一〇三条**　当選人で、法律の定めるところにより当該選挙に係る議員又は長と兼ねることができない職にある者が、第百一条第二項、第百一条の二第二項、第百一条の二の二第二項又は第百一条の三第二項の規定により当選の告知を受けたときは、その告知を受けた日にその職を辞したものとみなす。

2　第九十六条、第九十七条、第九十七条の二又は第百十二条の規定により当選人と定められた者で、法律の定めるところにより当該選挙に係る議員又は長と兼ねることができない職にあるものが第百一条第二項、第百一条の二第二項、第百一条の二の二第二項又は第百一条の三第二項の規定により当選の告知を受けたときは、前項の規定にかかわらず、当該選挙に関する事務を管理する選挙管理委員会（衆議院比例代表選出議員又は参議院比例代表選出議員の選挙については中央選挙管理会、参議院合同選挙区選挙については当該選挙に関する事務を管理する参議院合同選挙区選挙管理委員会）に対し、その告知を受けた日から五日以内にその職を辞した旨の届出をしないときは、その当選を失う。

3　前項の場合において、同項に規定する公務員がその退職の申出をしたときは、当該公務員の退職に関する法令の規定にかかわらず、その申出の日に当該公務員たることを辞したものとみなす。

4　一の選挙につき第九十六条、第九十七条、第九十七条の二又は第百十二条の規定により当選人と定められた者が、他の選挙につき第八十六条第一項から第三項まで若しくは第八項の規定による届出のあつたものであるとき、第八十六条の二第一項若しくは第九項の規定による届出に係る衆議院名簿登載者であるとき、第八十六条の三第一項若しくは同条第二項において準用する第八十六条の二第九項の規定による届出に係る参議院名簿登載者であるとき又は第八十六条の四第一項、第二項、第五項、第六項若しくは第八項の規定による届出のあつたものであるときは、第九十一条又は第一項の規定にかかわらず、第百一条第二項、第百一条の二第二項、第百一条の二の二第二項又は第百一条の三第二項の規定により一の選挙の当選の告知を受けた日から五日以内にその選挙に関する事務を管理する選挙管理委員会（衆議院比例代表選出議員又は参議院比例代表選出議員の選挙については中央選挙管理会、参議院合同選挙区選挙については当該選挙に関する事務を管理する参議院合同選挙区選挙管理委員会）にその当選を辞する旨の届出をしないときは、他の選挙について、その公職の候補者に係る候補者の届出が取り下げられ若しくはその公職の候補者たることを辞したものとみなし、若しくはその公職の候補者たる衆議院名簿登載者若しくは参議院名簿登載者でなくなり、又はその当選を失う。

（請負等をやめない場合の地方公共団体の議会の議員又は長の当選人の失格）

**第一〇四条**　地方公共団体の議会の議員又は長の選挙における当選人で、当該地方公共団体に対し、地方自治法第九十二条の二又は第百四十二条に規定する関係を有する者は、当該選挙に関する事務を管理する選挙管理委員会に対し、第百一条の三第二項の規定による当選の告知を受けた日から五日以内に同法第九十二条の二又は第百四十二条に規定する関係を有しなくなつた旨の届出をしないときは、その当選を失う。

（当選証書の付与）

**第一〇五条**　第百三条第二項及び第四項並びに前条に規定する場合を除くほか、当該選挙に関する事務を管理する選挙管理委員会（衆議院比例代表選出議員又は参議院比例代表選出議員の選挙については中央選挙管理会、参議院合同選挙区選挙については当該選挙に関する事務を管理する参議院合同選挙区選挙管理委員会）は、第百二条の規定により当選人の当選の効力が生じたときは、直ちに当該当選人に当選証書を付与しなければならない。

2　第百三条第二項及び第四項並びに前条の規定により当選を失わなかつた当選人については、当該選挙に関する事務を管理する選挙管理委員会（衆議院比例代表選出議員又は参議院比例代表選出議員の選挙については中央選挙管理会、参議院合同選挙区選挙については当該選挙に関する事務を管理する参議院合同選挙区選挙管理委員会）は、第百三条第二項及び第四項並びに前条に規定する届出があつたときは、直ちに当該当選人に当選証書を付与しなければならない。

（当選人がない場合等の報告及び告示）

**第一〇六条**　当選人がないとき又は当選人がその選挙における議員の定数に達しないときは、選挙長は、直ちにその旨を当該選挙に関する事務を管理する選挙管理委員会（衆議院比例代表選出議員又は参議院比例代表選出議員の選挙については中央選挙管理会、参議院合同選挙区選挙については当該選挙に関する事務を管理する参議院合同選挙区選挙管理委員会）に報告しなければならない。

2　前項の規定による報告があつたときは、当該選挙に関する事務を管理する選挙管理委員会（衆議院比例代表選出議員又は参議院比例代表選出議員の選挙については中央選挙管理会、参議院合同選挙区選挙については当該選挙に関する事務を管理する参議院合同選挙区選挙管理委員会）は、直ちにその旨を告示しなければならない。

（選挙及び当選の無効の場合の告示）

**第一〇七条**　第十五章の規定による争訟の結果選挙若しくは当選が無効となつたとき若しくは第二百十条第一項の規定による訴訟が提起されなかつたこと、当該訴訟についての訴えを却下し若しくは訴状を却下する裁判が確定したこと若しくは当該訴訟が取り下げられたことにより当選が無効となつたとき又は第二百五十一条の規定により当選が無効となつたときは、当該選挙に関する事務を管理する選挙管理委員会（衆議院比例代表選出議員又は参議院比例代表選出議員の選挙については中央選挙管理会、参議院合同選挙区選挙については当該選挙に関する事務を管理する参議院合同選挙区選挙管理委員会）は、直ちにその旨を告示しなければならない。

**（当選等に関する報告）**

**第一〇八条**　前三条の場合においては、当該選挙に関する事務を管理する選挙管理委員会（衆議院比例代表選出議員又は参議院比例代表選出議員の選挙については中央選挙管理会、参議院合同選挙区選挙については当該選挙に関する事務を管理する参議院合同選挙区選挙管理委員会）は、次の区分により、直ちにその旨を報告しなければならない。

一　衆議院議員、参議院議員又は都道府県知事の選挙にあつては総務大臣に

二　都道府県の議会の議員の選挙にあつては都道府県知事に

三　市町村長の選挙にあつては都道府県知事及び都道府県の選挙管理委員会に

四　市町村の議会の議員の選挙にあつては都道府県知事、都道府県の選挙管理委員会及び市町村長に

2　総務大臣は、前項の規定により衆議院議員又は参議院議員の選挙につき第百五条の規定により当選証書を付与した旨の報告を受けたときは、直ちにその旨並びに当選人の住所及び氏名を内閣総理大臣に報告し、内閣総理大臣は、直ちにこれをそれぞれ衆議院議長又は参議院議長に報告しなければならない。

## 第十一章　特別選挙

（衆議院小選挙区選出議員、参議院選挙区選出議員又は地方公共団体の長の再選挙）

**第一〇九条**　衆議院（小選挙区選出）議員、参議院（選挙区選出）議員（在任期間を同じくするものをいう。）又は地方公共団体の長の選挙について次の各号に掲げる事由のいずれかが生じた場合においては、第九十六条、第九十七条又は第九十八条の規定により当選人を定めることができるときを除くほか、当該選挙に関する事務を管理する選挙管理委員会（参議院合同選挙区選挙については、当該選挙に関する事務を管理する参議院合同選挙区選挙管理委員会）は、選挙の期日を告示し、再選挙を行わせなければならない。ただし、同一人に関し、次に掲げるその他の事由により又は第百十三条若しくは第百十四条の規定により選挙の期日を告示したときは、この限りでない。

一　当選人がないとき又は当選人がその選挙における議員の定数に達しないとき。
二　当選人が死亡者であるとき。
三　当選人が第九十九条、第百三条第二項若しくは第四項又は第百四条の規定により当選を失つたとき。
四　第二百二条、第二百三条、第二百四条、第二百六条、第二百七条又は第二百八条の規定による異議の申出、審査の申立て又は訴訟の結果当選人がなくなり又は当選人がその選挙における議員の定数に達しなくなつたとき。
五　第二百十条若しくは第二百十一条の規定による訴訟の結果、当選人の当選が無効となつたとき又は第二百十条第一項の規定による訴訟が提起されなかつたこと、当該訴訟についての訴えを却下し若しくは訴状を却下する裁判が確定したこと若しくは当該訴訟が取り下げられたことにより当選人の当選が無効となつたとき。

六　第二百五十一条の規定により当選人の当選が無効となつたとき。

**（衆議院比例代表選出議員、参議院比例代表選出議員又は地方公共団体の議会の議員の再選挙）**

**第一一〇条**　衆議院（比例代表選出）議員、参議院（比例代表選出）議員（在任期間を同じくするものをいう。）若しくは地方公共団体の議会の議員の選挙について前条各号に掲げる事由のいずれかが生じた場合又は衆議院（比例代表選出）議員若しくは参議院（比例代表選出）議員（在任期間を同じくするものをいう。）の選挙について第九十九条の二第一項（同条第五項（同条第六項において準用する場合を含む。）又は第六項において準用する場合を含む。）の規定により当選人が当選を失つた場合において、第九十六条、第九十七条、第九十七条の二又は第九十八条の規定により当選人を定めることができるときを除くほか、当該選挙の当選人の不足数が次の各号に該当するに至つたときは、当該選挙に関する事務を管理する選挙管理委員会（衆議院比例代表選出議員又は参議院比例代表選出議員の選挙については、中央選挙管理会）は、前条の規定の例により、再選挙を行わせなければならない。

一　衆議院（比例代表選出）議員の場合には、第百十三条第一項にいうその議員の欠員の数と通じて当該選挙区における議員の定数の四分の一を超えるに至つたとき。

二　参議院（比例代表選出）議員（在任期間を同じくするものをいう。）の場合には、第百十三条第一項にいうその議員の欠員の数と通じて通常選挙における議員の定数の四分の一を超えるに至つたとき。

三　都道府県の議会の議員の場合には、同一選挙区において第百十三条第一項にいうその議員の欠員の数と通じて二人以上に達したとき。ただし、議員の定数が一人である選挙区においては一人に達したとき。

四　市町村の議会の議員の場合には、第百十三条第一項にいうその議員の欠員の数と通じて当該選挙区における議員の定数（選挙区がないときは、議員の定数）の六分の一を超えるに至つたとき。

2　衆議院（比例代表選出）議員又は参議院（比例代表選出）議員（在任期間を同じくするものをいう。）の選挙について、第二百四条又は第二百八条の規定による訴訟の結果その全部又は一部が無効となつたときは、中央選挙管理会は、前条の規定の例により、再選挙を行わせなければならない。

3　地方公共団体の議会の議員の選挙について、第二百二条、第二百三条、第二百六条又は第二百七条の規定による異議の申出、審査の申立て又は訴訟の結果その全部又は一部が無効となつたことにより当選人がなくなり又は当選人がその選挙における議員の定数に達しなくなつたときは、第一項の規定にかかわらず、当該選挙に関する事務を管理する選挙管理委員会は、前条の規定の例により、再選挙を行わせなければならない。

4　参議院（比例代表選出）議員（在任期間を同じくするものをいう。）又は地方公共団体の議会の議員の選挙におけるその当選人の不足数が第一項各号に該当しなくても、次の各号の区分による選挙が行われるときは、同項の規定にかかわらず、その選挙と同時に再選挙を行う。ただし、第一項に規定する事由が次の各号の区分による選挙の期日の告示があつた後に（市町村の議会の議員の選挙については、当該市町村の他の選挙の期日の告示の日前十日以内に）生じたものであるときは、この限りでない。

一　参議院（比例代表選出）議員の場合には、在任期間を異にする比例代表選出議員の選挙が行われるとき。

二　地方公共団体の議会の議員の場合には、当該選挙区（選挙区がないときはその区域）において同一の地方公共団体の他の選挙が行われるとき。

5　前項の再選挙の期日は、同項各号の区分により行われる選挙の期日による。

6　第四項第二号の同一の地方公共団体の他の選挙が地方公共団体の長の任期満了によるものであるときは、同項の規定により同時に行われるべき地方公共団体の議会の議員の再選挙に対する第三十四条第二項本文の規定の適用については、同項本文中「これを行うべき事由が生じた場合」とあるのは、「当該地方公共団体の長の任期が満了することとなる場合」とする。

**（議員又は長の欠けた場合等の通知）**

**第一一一条**　衆議院議員、参議院議員若しくは地方公共団体の議会の議員に欠員を生じた場合又は地方公共団体の長が欠け若しくはその退職の申立てがあつた場合においては、次の区分により、その旨を通知しなければならない。

一　衆議院（小選挙区選出）議員及び参議院（選挙区選出）議員については、国会法第百十条の規定によりその欠員を生じた旨の通知があつた日から五日以内に、内閣総理大臣は総務大臣に通知し、総務大臣は都道府県知事を経て都道府県の選挙管理委員会（参議院合同選挙区選挙により選出された参議院選挙区選出議員については、合同選挙区都道府県の知事を経て参議院合

同選挙区選挙管理委員会）に

二　衆議院（比例代表選出）議員及び参議院（比例代表選出）議員については、国会法第百十条の規定によりその欠員を生じた旨の通知があつた日から五日以内に、内閣総理大臣は総務大臣に通知し、総務大臣は中央選挙管理会に

三　地方公共団体の議会の議員については、その欠員を生じた日から五日以内に、その地方公共団体の議会の議長から当該都道府県又は市町村の選挙管理委員会に

四　地方公共団体の長については、その欠けた場合には欠けた日から五日以内にその職務を代理する者から、その退職の申立てがあつた場合には申立ての日から五日以内に地方公共団体の議会の議長から、当該都道府県又は市町村の選挙管理委員会に

2　前項の通知を受けた選挙管理委員会、参議院合同選挙区選挙管理委員会又は中央選挙管理会は、次条の規定の適用があると認めるときは、議員が欠員となつた旨又は長が欠け若しくはその退職の申立てがあつた旨を、直ちに当該選挙長に通知しなければならない。

3　地方自治法第九十条第三項又は第九十一条第三項の規定により地方公共団体の議会の議員の定数を増加した場合においては、当該条例施行の日から五日以内にその地方公共団体の議会の議長から当該都道府県又は市町村の選挙管理委員会にその旨を通知しなければならない。

**（議員又は長の欠けた場合等の繰上補充）**

**第一一二条**　衆議院（小選挙区選出）議員の欠員が生じた場合において、第九十五条第二項の規定の適用を受けた得票者で当選人とならなかつたものがあるときは、選挙会を開き、その者の中から当選人を定めなければならない。

2　衆議院（比例代表選出）議員の欠員が生じた場合において、当該議員に係る衆議院名簿の衆議院名簿登載者で当選人とならなかつたものがあるときは、選挙会を開き、その者の中から、その衆議院名簿における当選人となるべき順位に従い、当選人を定めなければならない。

3　第九十五条の二第五項及び第六項の規定は、前項の場合について準用する。

4　第二項の規定は、参議院（比例代表選出）議員の欠員が生じた場合について準用する。この場合において、同項中「衆議院名簿の衆議院名簿登載者」とあるのは「参議院名簿の参議院名簿登載者」と、「その衆議院名簿」とあるのは「その参議院名簿に係る参議院名簿登載者の間」と読み替えるものとする。

5　参議院（選挙区選出）議員又は地方公共団体の議会の議員の欠員が、当該議員の選挙の期日から三箇月以内に生じた場合において第九十五条第一項ただし書の規定による得票者で当選人とならなかつたものがあるとき又は当該議員の選挙の期日から三箇月経過後に生じた場合において同条第二項の規定の適用を受けた得票者で当選人とならなかつたものがあるときは、選挙会を開き、その者の中から当選人を定めなければならない。

6　地方公共団体の長が欠け又はその退職の申立があつた場合において、第九十五条第二項の規定の適用を受けた得票者で当選人とならなかつたものがあるときは、選挙会を開き、その者の中から当選人を定めなければならない。

7　第九十八条の規定は、前各項の場合について準用する。

8　選挙長は、前条第二項の通知を受けた日から二十日以内に、選挙会を開き、当選人を定めなければならない。

（補欠選挙及び増員選挙）

**第一一三条**　衆議院議員、参議院議員（在任期間を同じくするものをいう。）又は地方公共団体の議会の議員の欠員につき、第百十一条第一項第一号から第三号までの規定による通知を受けた場合において、前条第一項から第五項まで、第七項又は第八項の規定により、当選人を定めることができるときを除くほか、その議員の欠員の数が次の各号に該当するに至つたときは、当該選挙に関する事務を管理する選挙管理委員会（衆議院比例代表選出議員又は参議院比例代表選出議員の選挙については中央選挙管理会、参議院合同選挙区選挙については当該選挙に関する事務を管理する参議院合同選挙区選挙管理委員会）は、選挙の期日を告示し、補欠選挙を行わせなければならない。ただし、同一人に関し、第百九条又は第百十条の規定により選挙の期日を告示したときは、この限りでない。
一　衆議院（小選挙区選出）議員の場合には、一人に達したとき。
二　衆議院（比例代表選出）議員の場合には、第百十条第一項にいうその当選人の不足数と通じて当該選挙区における議員の定数の四分の一を超えるに至つたとき。
三　参議院（比例代表選出）議員（在任期間を同じくするものをいう。）の場合には、第百十条第一項にいうその当選人の不足数と通じて通常選挙における議員の定数の四分の一を超えるに至つたとき。
四　参議院（選挙区選出）議員（在任期間を同じくするものをいう。）の場合には、通常選挙における当該選挙区の議員の定数の四分の一を超えるに至つたとき。
五　都道府県の議会の議員の場合には、同一選挙区において第百十条第一項にいうその当選人の不足数と通じて二人以上に達したとき。ただし、議員の定数が一人である選挙区においては一人に達したとき。

六　市町村の議会の議員の場合には、第百十条第一項にいうその当選人の不足数と通じて当該選挙区における議員の定数（選挙区がないときは、議員の定数）の六分の一を超えるに至つたとき。

2　第百十一条第三項の規定による通知を受けた場合においては、当該都道府県又は市町村の選挙管理委員会は、選挙の期日を告示し、増員選挙を行わせなければならない。

3　参議院議員（在任期間を同じくするものをいう。）又は地方公共団体の議会の議員の欠員の数が第一項各号に該当しなくても、次の各号の区分による選挙が行われるときは、同項本文の規定にかかわらず、その選挙と同時に補欠選挙を行う。ただし、次の各号の区分による選挙の期日の告示があつた後に（市町村の議会の議員の選挙については、当該市町村の他の選挙の期日の告示の日前十日以内に）当該選挙に関する事務を管理する選挙管理委員会（参議院比例代表選出議員の選挙については中央選挙管理会、参議院合同選挙区選挙については当該選挙に関する事務を管理する参議院合同選挙区選挙管理委員会）が第百十一条第一項第一号から第三号までの規定による通知を受けたときは、この限りでない。

一　参議院（比例代表選出）議員の場合には、在任期間を異にする比例代表選出議員の選挙が行われるとき。

二　参議院（選挙区選出）議員の場合には、当該選挙区において在任期間を同じくする選挙区選出議員の再選挙又は在任期間を異にする選挙区選出議員の選挙が行われるとき。

三　地方公共団体の議会の議員の場合には、当該選挙区（選挙区がないときは、その区域）において同一の地方公共団体の他の選挙が行われるとき。

4　前項の補欠選挙の期日は、同項各号の区分により行われる選挙の期日による。

5　第百十条第六項の規定は、第三項第三号の規定による地方公共団体の議会の議員の補欠選挙について準用する。

**（長が欠けた場合及び退職の申立てがあつた場合の選挙）**

**第一一四条**　地方公共団体の長が欠けるに至り又はその退職の申立てがあつたことにつき、第百十一条第一項第四号の規定による通知を受けた場合において、第百十二条第六項から第八項までの規定により当選人を定めることができるときを除くほか、当該選挙に関する事務を管理する選挙管理委員会は、選挙の期日を告示し、選挙を行わせなければならない。ただし、同一人に関し、第百九条の規定により選挙の期日を告示したときは、この限りでない。

**（合併選挙及び在任期間を異にする議員の選挙の場合の当選人）**

**第一一五条**　次の各号に掲げる選挙を各号の区分ごとに同時に行う場合においては、一の選挙（参議院議員の場合には比例代表選出議員又は選挙区選出議員の選挙ごとに）をもつて合併して行う。

一　参議院議員の場合には、その通常選挙、再選挙又は補欠選挙

二　地方公共団体の議会の議員の場合には、同一の地方公共団体についてのその再選挙、補欠選挙又は増員選挙

2　在任期間を異にする参議院（比例代表選出）議員について選挙を合併して行つた場合においては、各参議院名簿届出政党等に係る当選人の数のうち、第九十五条の三第一項及び第二項中「当該選挙において選挙すべき議員の数」とあるのは、「当該選挙において選挙すべき在任期間の長い議員の数」としてこれらの規定を適用した場合における各参議院名簿届出政党等に係る当選人の数を、各参議院名簿届出政党等に係る在任期間の長い議員の選挙の当選人の数とする。

3　在任期間を異にする参議院（比例代表選出）議員について選挙

を合併して行つた場合において、第百条第三項の規定の適用があるときは、くじにより、各参議院名簿届出政党等に係る在任期間の長い議員の選挙の当選人の数及び各参議院名簿（第九十五条の三第四項に規定する参議院名簿届出政党等の届出に係るものを除く。）における当選人となるべき順位を定める。

4　前項に規定する場合において、第九十五条の三第四項に規定する参議院名簿届出政党等の届出に係る各参議院名簿においては、第八十六条の三第一項後段の規定により優先的に当選人となるべき候補者としてその氏名及び当選人となるべき順位が参議院名簿に記載されている者である参議院名簿登載者の当選人となるべき順位は、その他の参議院名簿登載者の当選人となるべき順位より上位とし、当該その他の参議院名簿登載者の間における当選人となるべき順位は、くじにより定める。

5　在任期間を異にする参議院（比例代表選出）議員について選挙を合併して行つた場合においては、各参議院名簿届出政党等の届出に係る参議院名簿登載者のうち、それらの者の間における当選人となるべき順位に従い、第二項又は第三項の規定により定められた当該参議院名簿届出政党等に係る在任期間の長い議員の選挙の当選人の数に相当する数の参議院名簿登載者を、在任期間の長い議員の選挙の当選人とする。

6　在任期間を異にする参議院（選挙区選出）議員について、選挙を合併して行つた場合においては、第九十五条第一項ただし書の規定による得票者の中で得票の最も多い者から、順次に在任期間の長い議員の選挙の当選人を定めなければならない。

7　在任期間を異にする参議院（選挙区選出）議員について選挙を合併して行つた場合において、第百条第四項の規定の適用があるときは、くじにより、いずれの候補者をもつて在任期間の長い議員の選挙の当選人とするかを定めなければならない。

8　第百条第九項の規定は、第三項の場合における在任期間の長い議員の選挙の当選人の決定及び前項の場合に、準用する。

9　在任期間を異にする参議院議員について選挙を合併して行つた場合において、在任期間の長い議員の選挙の当選人又はその議員について、第九十七条、第九十七条の二又は第百十二条に規定する事由が生じたため、これらの規定により繰上補充を行う場合においては、比例代表選出議員の選挙にあつては当該議員又は当選人に係る参議院名簿の参議院名簿登載者で在任期間の短い議員又はその当選人があるときはその者の中から第五項に規定する参議院名簿登載者の間における当選人となるべき順位に従い、選挙区選出議員の選挙にあつてはその選挙において選挙された在任期間の短い議員又はその当選人があるときはその者の中から、当選人を定めるものとする。

（議員又は当選人がすべてない場合の一般選挙）

**第一一六条**　地方公共団体の議会の議員又はその選挙における当選人について、第百十条（選挙の一部無効に係る部分を除く。）又は第百十三条に規定する事由が生じた場合において、議員又は当選人がすべてないとき又はすべてなくなつたときは、これらの規定にかかわらず、当該選挙に関する事務を管理する選挙管理委員会は、選挙の期日を告示し、一般選挙を行わせなければならない。

（設置選挙）

**第一一七条**　地方公共団体が設置された場合においては、都道府県又は市町村の選挙管理委員会は、当該地方公共団体の議会の議員及び長についてそれぞれ選挙の期日を告示し、一般選挙及び長の選挙を行わせなければならない。

**第一一八条**　削除

## 第十二章　選挙を同時に行うための特例

**（同時に行う選挙の範囲）**

**第一一九条**　都道府県の議会の議員の選挙及び都道府県知事の選挙又は市町村の議会の議員の選挙及び市町村長の選挙は、それぞれ同時に行うことができる。

2　都道府県の選挙管理委員会は、次条第一項若しくは第二項の規定による届出又は第百八条第一項第三号若しくは第四号の規定による報告に基づき、当該市町村の選挙（市町村の議会の議員及び長の選挙をいう。以下この章において同じ。）を都道府県の選挙（都道府県の議会の議員及び長の選挙をいう。以下この章において同じ。）と同時に行わせることができる。

3　前項の規定による選挙の期日は、都道府県の選挙管理委員会において、告示しなければならない。

**（選挙を同時に行うかどうかの決定手続）**

**第一二〇条**　市町村の選挙管理委員会は、市町村の議会の議員又は長の選挙を行う場合においては、任期満了に因る選挙については任期満了の日前六十日までに、任期満了以外の事由に因る選挙については第百八条第一項第三号又は第四号の規定により報告する場合を除く外選挙を行うべき事由を生じた日から三日以内に、その旨を都道府県の選挙管理委員会に届け出なければならない。

2　市町村の選挙管理委員会は、第三十四条の二第二項（同条第四項において準用する場合を含む。）の規定による告示をした場合においては、直ちにその旨を都道府県の選挙管理委員会に届け出なければならない。

3　都道府県の選挙管理委員会は、第一項若しくは前項の規定による届出又は第百八条第一項第三号若しくは第四号の規定による報告のあつた日から三日以内に、当該市町村の選挙を都道府県の選挙と同時に行うかどうかを、当該市町村の選挙管理委員会に通知しなければならない。

**（選挙の同時施行決定までの市町村の選挙の施行停止）**

**第百二十一条**　市町村の選挙は、前条第三項の規定による通知があるまでの間は、行うことができない。ただし、同項の期間内に通知がないときは、この限りでない。

**（投票及び開票の順序）**

**第百二十二条**　第百十九条の規定により同時に選挙を行う場合における投票及び開票の順序は、同条第一項の規定による場合にあつては当該選挙に関する事務を管理する選挙管理委員会が、同条第二項の規定による場合にあつては都道府県の選挙管理委員会が定める。

**（投票、開票及び選挙会に関する規定の適用）**

**第百二十三条**　第百十九条第一項又は第二項の規定により同時に選挙を行う場合においては、第三十六条及び第六十二条に規定するものを除く外、投票及び開票に関する規定は、各選挙に通じて適用する。第百十九条第一項の規定により同時に選挙を行う場合において、選挙会の区域が同一であるときは、第七十六条に規定するものを除く外、選挙会に関する規定についても、また同様とする。

2　前項の場合において必要な事項は、政令で定める。

**（繰上投票）**

**第百二十四条**　都道府県の選挙と市町村の選挙を同時に行う場合にお

いては、第五十六条の規定による投票の期日は、同条の規定にかかわらず、都道府県の選挙管理委員会が定める。

（繰延投票）

**第一二五条**　都道府県の選挙と市町村の選挙を同時に行う場合において、第五十七条第一項に規定する事由を生じたときは、都道府県の選挙管理委員会は、同項の規定の例により更に投票を行わせなければならない。

2　前項の場合においては、市町村の選挙管理委員会は、都道府県の選挙の選挙長を経て都道府県の選挙管理委員会にその旨を届け出なければならない。

（長の候補者が一人となつた場合の選挙期日の延期）

**第一二六条**　都道府県の選挙と市町村長の選挙を同時に行う場合において市町村長の選挙について第八十六条の四第七項に規定する事由が生じたときは、市町村の選挙管理委員会は、直ちにその旨を都道府県の選挙管理委員会に報告しなければならない。

2　都道府県知事の選挙と市町村長の選挙を同時に行う場合において、都道府県知事の選挙について第八十六条の四第七項に規定する事由が生じ、かつ、市町村長の選挙についてもまた前項の規定による報告により同条第七項に規定する事由が生じたことを知つたときは、都道府県の選挙管理委員会は、選挙の期日を延期し、その報告のあつた日（二以上の報告があつたときは、最後の報告のあつた日）から七日以内に、選挙を同時に行わせなければならない。この場合においては、その期日は、少なくとも五日前に告示しなければならない。

3　第百十九条第一項又は第二項の規定により同時に選挙を行う場合において、地方公共団体の長の選挙について第八十六条の四第七項に規定する事由が生じた場合に関し必要な事項は、前項の規定に該当する場合を除くほか、政令で定める。

**（無投票当選）**

**第一二七条**　第百十九条第一項又は第二項の規定により同時に選挙を行う場合において、第百条第四項に規定する事由が生じたときは、当該選挙に係る投票は、行わない。

**第一二八条**　削除

# 第十三章　選挙運動

（選挙運動の期間）

**第一二九条**　選挙運動は、各選挙につき、それぞれ第八十六条第一項から第三項まで若しくは第八項の規定による候補者の届出、第八十六条の二第一項の規定による衆議院名簿の届出、第八十六条の三第一項の規定による参議院名簿の届出（同条第二項において準用する第八十六条の二第九項の規定による届出に係る候補者については、当該届出）又は第八十六条の四第一項、第二項、第五項、第六項若しくは第八項の規定による公職の候補者の届出のあつた日から当該選挙の期日の前日までの間でなければ、することができない。

【罰則】　二三九条一項一号

（選挙事務所の設置及び届出）

**第一三〇条**　選挙事務所は、次に掲げるものでなければ、設置することができない。

一　衆議院（小選挙区選出）議員の選挙にあつては、公職の候補者又はその推薦届出者（推薦届出者が数人あるときは、その代表者。以下この条、次条及び第百三十九条において同じ。）及び候補者届出政党

二　衆議院（比例代表選出）議員の選挙にあつては、衆議院名簿届出政党等

三　参議院（比例代表選出）議員の選挙にあつては、参議院名簿届出政党等及び公職の候補者たる参議院名簿登載者（第八十六条の三第一項後段の規定により優先的に当選人となるべき候補者としてその氏名及び当選人となるべき順位が参議院名簿に記

---

**法**（事前運動、教育者の地位利用、戸別訪問等の制限違反）

**第二三九条**　次の各号の一に該当する者は、一年以下の禁錮又は三十万円以下の罰金に処する。

一　第百二十九条、第百三十七条、第百三十七条の二又は第百三十七条の三の規定に違反して選挙運動をした者

二～四　略

2　略

**法**（選挙事務所設置違反、特定公務員等の選挙運動の禁止違反）

**第二四一条**　次の各号の一に該当する者は、六月以下の禁錮又は三十万円以下の罰金に処する。

一　第百三十条第一項の規定に違反して選挙事務所を設置した者

二　略

載されている者を除く。）

四　前三号に掲げる選挙以外の選挙にあつては、公職の候補者又はその推薦届出者

2　前項各号に掲げるものは、選挙事務所を設置したときは、直ちにその旨を、市町村の選挙以外の選挙については当該選挙に関する事務を管理する選挙管理委員会（衆議院比例代表選出議員又は参議院比例代表選出議員の選挙については中央選挙管理会及び当該選挙事務所が設置された都道府県の選挙管理委員会、参議院合同選挙区選挙については当該選挙に関する事務を管理する参議院合同選挙区選挙管理委員会及び当該選挙事務所が設置された都道府県の選挙管理委員会）及び当該選挙事務所が設置された市町村の選挙管理委員会に、市町村の選挙については当該市町村の選挙管理委員会に届け出なければならない。選挙事務所に異動があつたときも、また同様とする。

【罰則】一項＝二四一条一号、二項＝二四二条

---

**法（選挙事務所の設置届出及び表示違反）**

**第二四二条**　第百三十条第二項の規定に違反して届出をしなかつた者又は第百三十一条第三項の規定に違反して標札を掲示しなかつた者は、二十万円以下の罰金に処する。

2　候補者届出政党、衆議院名簿届出政党等又は参議院名簿届出政党等が第百三十条第二項の規定に違反して届出をせず、又は第百三十一条第三項の規定に違反して標札を掲示しなかつたときは、当該候補者届出政党、衆議院名簿届出政党等又は参議院名簿届出政党等の役職員又は構成員として当該違反行為をした者は、二十万円以下の罰金に処する。

**令（選挙事務所設置の届出の方法）**

**第一〇八条**　法第百三十条第二項の規定による選挙事務所の設置の届出は、選挙事務所の所在地及びその設置の年月日並びに設置者が公職の候補者（衆議院比例代表選出議員の選挙における候補者で当該選挙と同時に行われる衆議院小選挙区選出議員の選挙における候補者である者以外のもの及び参議院比例代表選出議員の選挙における候補者たる参議院名簿登載者で法第八十六条の三第一項後段の規定により優先的に当選人となるべき候補者としてその氏名及び当選人となるべき順位が参議院名簿に記載されているものを除く。）である場合には当該公職の候補者の氏名（参議院比例代表選出議員の選挙にあつては、当該公職の候補者たる参議院名簿登載者の氏名及び当該参議院名簿登載者に係る参議院名簿届出政党等の名称）、設置者が推薦届出者である場合には当該推薦届出者の氏名及び当該推薦届出者が届け出た公職の候補者の氏

（選挙事務所の数）

**第一三一条**　前条第一項各号に掲げるものが設置する選挙事務所は、次の区分による数を超えることができない。ただし、政令で定めるところにより、交通困難等の状況のある区域においては、第一号の選挙事務所にあつては三箇所まで、第四号の選挙事務所にあつては五箇所（参議院合同選挙区選挙における選挙事務所にあつては、十箇所）まで、それぞれ設置することができる。

一　衆議院（小選挙区選出）議員の選挙における選挙事務所は、候補者又はその推薦届出者が設置するものにあつてはその候補者一人につき一箇所、候補者届出政党が設置するものにあつてはその候補者届出政党が届け出た候補者に係る選挙区ごとに一箇所

二　衆議院（比例代表選出）議員の選挙における衆議院名簿届出政党等の選挙事務所は、その衆議院名簿届出政党等が届け出た衆議院名簿に係る選挙区の区域内の都道府県ごとに、一箇所

---

名、設置者が候補者届出政党である場合には当該候補者届出政党の名称、設置者が衆議院名簿届出政党等である場合には当該衆議院名簿届出政党等の名称、設置者が参議院名簿届出政党等である場合には当該参議院名簿届出政党等の名称を記載した文書でなければならない。

2　推薦届出者が選挙事務所を設置した場合における前項の文書には、その設置について当該推薦届出者が届け出た公職の候補者の承諾を得たことを証明する書面を添えなければならない。この場合において、推薦届出者が数人あるときは、併せてその代表者であることを証明する書面を添えなければならない。

3　法第百三十条第二項後段の規定による選挙事務所に異動があつた旨の届出は、前二項の規定の例によるものとする。

**法**（選挙事務所、休憩所等の制限違反）

**第二四〇条**　次の各号の一に該当する者は、三十万円以下の罰金に処する。

一　第百三十一条第一項の規定に違反して選挙事務所を設置した者

一の二　第百三十一条第二項の規定に違反して選挙事務所を移動（廃止に伴う設置を含む。）した者

二・三　略

2　候補者届出政党、衆議院名簿届出政党等又は参議院名簿届出政党等が第百三十一条第一項若しくは第百三十二条の規定に違反して選挙事務所を設置したとき又は第百三十一条第二項の規定に違反して選挙事務所を移動（廃止に伴う設置を含む。）したときは、当該候補者届出政党、衆議院名簿届出政党等又は参議院名簿届出政党等の役職員又は構成員として当該違反行為をした者は、三十万円以下の罰金に処する。

三　参議院（比例代表選出）議員の選挙における選挙事務所は、参議院名簿届出政党等が設置するものにあつては都道府県ごとに一箇所、公職の候補者たる参議院名簿登載者が設置するものにあつてはその参議院名簿登載者一人につき一箇所

四　参議院（選挙区選出）議員又は都道府県知事の選挙における選挙事務所は、その公職の候補者一人につき、一箇所（参議院合同選挙区選挙における選挙事務所にあつては、二箇所）

五　地方公共団体の議会の議員又は市町村長の選挙における選挙事務所は、その公職の候補者一人につき、一箇所

2　前項各号の選挙事務所については、当該選挙事務所を設置したものは、当該選挙事務所ごとに、一日につき一回を超えて、これを移動（廃止に伴う設置を含む。）することができない。

3　第一項第一号から第四号までの選挙事務所については、当該選挙事務所を設置したものは、当該選挙に関する事務を管理する選挙管理委員会（衆議院比例代表選出議員又は参議院比例代表選出議員の選挙については中央選挙管理会、参議院合同選挙区選挙については当該選挙に関する事務を管理する参議院合同選挙区選挙管理委員会）が交付する標札を、選挙事務所を表示するために、その入口に掲示しなければならない。

【罰則】　一項＝二四〇条一項一号・二項、二項＝二四〇条一項一号の二・二項、三項＝二四二条

（選挙当日の選挙事務所の制限）

**第一三二条**　選挙事務所は、第百二十九条の規定にかかわらず、選挙の当日においても、当該投票所を設けた場所の入口から三百メートル以外の区域に限り、設置することができる。

【罰則】　二四〇条一項二号・二項

**（休憩所等の禁止）**

**法**（選挙事務所の設置届出及び表示違反）

**第二四二条**　第百三十条第二項の規定に違反して届出をしなかつた者又は第百三十一条第三項の規定に違反して標札を掲示しなかつた者は、二十万円以下の罰金に処する。

2　候補者届出政党、衆議院名簿届出政党等又は参議院名簿届出政党等が第百三十条第二項の規定に違反して届出をせず、又は第百三十一条第三項の規定に違反して標札を掲示しなかつたときは、当該候補者届出政党、衆議院名簿届出政党等又は参議院名簿届出政党等の役職員又は構成員として当該違反行為をした者は、二十万円以下の罰金に処する。

**法**（選挙事務所、休憩所等の制限違反）

**第二四〇条**　次の各号の一に該当する者は、三十万円以下の罰金に処する。

一・一の二　略

二　第百三十二条の規定に違反して選挙事務所を設置した者

三　第百三十三条の規定に違反して休憩所その他これに類似する

**第一三三条**　休憩所その他これに類似する設備は、選挙運動のため設けることができない。

【罰則】　二四〇条一項三号

**（選挙事務所の閉鎖命令）**

**第一三四条**　第百三十条第一項、第百三十一条第三項又は第百三十二条の規定に違反して選挙事務所の設置があると認めるときは、市町村の選挙以外の選挙については当該選挙に関する事務を管理する選挙管理委員会（衆議院比例代表選出議員又は参議院比例代表選出議員の選挙については中央選挙管理会又は当該選挙事務所が設置された都道府県の選挙管理委員会、参議院合同選挙区選挙については当該選挙に関する事務を管理する参議院合同選挙区選挙管理委員会又は当該選挙事務所が設置された都道府県の選挙管理委員会）又は当該選挙事務所が設置された市町村の選挙管理委員会、市町村の選挙については当該市町村の選挙管理委員会は、直ちにその選挙事務所の閉鎖を命じなければならない。

2　第百三十一条第一項の規定による定数を超えて選挙事務所の設置があると認めるときは、その超過した数の選挙事務所についても、また前項と同様とする。

【罰則】　閉鎖命令に従わない者＝二三九条一項二号・二項

**（選挙事務関係者の選挙運動の禁止）**

**第一三五条**　第八十八条に掲げる者は、在職中、その関係区域内において、選挙運動をすることができない。

---

設備を設けた者

2　候補者届出政党、衆議院名簿届出政党等又は参議院名簿届出政党等が第百三十一条第一項若しくは第百三十二条の規定に違反して選挙事務所を設置したとき又は第百三十一条第二項の規定に違反して選挙事務所を移動（廃止に伴う設置を含む。）したときは、当該候補者届出政党、衆議院名簿届出政党等又は参議院名簿届出政党等の役職員又は構成員として当該違反行為をした者は、三十万円以下の罰金に処する。

**法（事前運動、教育者の地位利用、戸別訪問等の制限違反）**

**第二三九条**　次の各号の一に該当する者は、一年以下の禁錮又は三十万円以下の罰金に処する。

一　略

二　第百三十四条の規定による命令に従わない者

三・四　略

2　候補者届出政党、衆議院名簿届出政党等又は参議院名簿届出政党等が第百三十四条の規定による命令に違反して選挙事務所を閉鎖しなかつたときは、当該候補者届出政党、衆議院名簿届出政党等又は参議院名簿届出政党等の役職員又は構成員として当該違反行為をした者は、一年以下の禁錮又は三十万円以下の罰金に処する。

**法（選挙事務所設置違反、特定公務員等の選挙運動の禁止違反）**

**第二四〇条**　次の各号の一に該当する者は、六月以下の禁錮又は三十万円以下の罰金に処する。

２　不在者投票管理者は、不在者投票に関し、その者の業務上の地位を利用して選挙運動をすることができない。

【罰則】二四一条二号

**（特定公務員の選挙運動の禁止）**

**第一三六条**　次に掲げる者は、在職中、選挙運動をすることができない。

一　中央選挙管理会の委員及び中央選挙管理会の庶務に従事する総務省の職員、参議院合同選挙区選挙管理委員会の職員並びに選挙管理委員会の委員及び職員

二　裁判官

三　検察官

四　会計検査官

五　公安委員会の委員

六　警察官

七　収税官吏及び徴税の吏員

【罰則】二四一条二号

**（公務員等の地位利用による選挙運動の禁止）**

**第一三六条の二**　次の各号のいずれかに該当する者は、その地位を利用して選挙運動をすることができない。

一　国若しくは地方公共団体の公務員又は行政執行法人若しくは特定地方独立行政法人の役員若しくは職員

二　沖縄振興開発金融公庫の役員又は職員（以下「公庫の役職員」という。）

２　前項各号に掲げる者が公職の候補者若しくは公職の候補者となろうとする者（公職にある者を含む。）を推薦し、支持し、若しくはこれに反対する目的をもつてする次の各号に掲げる行為又は公職の候補者若しくは公職の候補者となろうとする者（公職にあ

一　略

二　第百三十五条又は第百三十六条の規定に違反して選挙運動をした者

**法（公務員等の選挙運動等の制限違反）**

**第二三九条の二**　略

２　第百三十六条の二の規定に違反して選挙運動又は行為をした者は、二年以下の禁錮又は三十万円以下の罰金に処する。

る者を含む。）である同項各号に掲げる者が公職の候補者として推薦され、若しくは支持される目的をもつてする次の各号に掲げる行為は、同項に規定する禁止行為に該当するものとみなす。

一　その地位を利用して、公職の候補者の推薦に関与し、若しくは関与することを援助し、又は他人をしてこれらの行為をさせること。

二　その地位を利用して、投票の周旋勧誘、演説会の開催その他の選挙運動の企画に関与し、その企画の実施について指示し、若しくは指導し、又は他人をしてこれらの行為をさせること。

三　その地位を利用して、第百九十九条の五第一項に規定する後援団体を結成し、その結成の準備に関与し、同項に規定する後援団体の構成員となることを勧誘し、若しくはこれらの行為を援助し、又は他人をしてこれらの行為をさせること。

四　その地位を利用して、新聞その他の刊行物を発行し、文書図画を掲示し、若しくは頒布し、若しくはこれらの行為を援助し、又は他人をしてこれらの行為をさせること。

五　公職の候補者又は公職の候補者となろうとする者（公職にある者を含む。）を推薦し、支持し、若しくはこれに反対することを申しいで、又は約束した者に対し、その代償として、その職務の執行に当たり、当該申しいで、又は約束した者に係る利益を供与し、又は供与することを約束すること。

【罰則】二三九条の二第二項

**（教育者の地位利用の選挙運動の禁止）**

**第一三七条**　教育者（学校教育法（昭和二十二年法律第二十六号）に規定する学校及び就学前の子どもに関する教育、保育等の総合的な提供の推進に関する法律（平成十八年法律第七十七号）に規定する幼保連携型認定こども園の長及び教員をいう。）は、学校

---

**法（事前運動、教育者の地位利用、戸別訪問等の制限違反）**

**第二三九条**　次の各号の一に該当する者は、一年以下の禁錮又は三十万円以下の罰金に処する。

一　第百二十九条、第百三十七条、第百三十七条の二又は第百三十七条の三の規定に違反して選挙運動をした者

の児童、生徒及び学生に対する教育上の地位を利用して選挙運動をすることができない。

【罰則】二三九条一項一号

（年齢満十八年未満の者の選挙運動の禁止）

**第百三十七条の二**　年齢満十八年未満の者は、選挙運動をすることができない。

２　何人も、年齢満十八年未満の者を使用して選挙運動をすることができない。ただし、選挙運動のための労務に使用する場合は、この限りでない。

【罰則】二三九条一項一号

（選挙権及び被選挙権を有しない者の選挙運動の禁止）

**第百三十七条の三**　第二百五十二条又は政治資金規正法第二十八条の規定により選挙権及び被選挙権を有しない者は、選挙運動をすることができない。

【罰則】二三九条一項一号

（戸別訪問）

**第百三十八条**　何人も、選挙に関し、投票を得若しくは得しめ又は得しめない目的をもつて戸別訪問をすることができない。

２　いかなる方法をもつてするを問わず、選挙運動のため、戸別に、演説会の開催若しくは演説を行うことについて告知をする行為又は特定の候補者の氏名若しくは政党その他の政治団体の名称を言いあるく行為は、前項に規定する禁止行為に該当するものとみなす。

【罰則】二三九条一項三号

（署名運動の禁止）

**第百三十八条の二**　何人も、選挙に関し、投票を得若しくは得しめ又は得しめない目的をもつて選挙人に対し署名運動をすることがで

---

二〜四　略

２　略

**法**（事前運動、教育者の地位利用、戸別訪問等の制限違反）

**第二三九条**　次の各号の一に該当する者は、一年以下の禁錮又は三十万円以下の罰金に処する。

一・二　略

三　第百三十八条の規定に違反して戸別訪問をした者

四　第百三十八条の二の規定に違反して署名運動をした者

２　略

きない。

【罰則】　二三九条一項四号

（人気投票の公表の禁止）

**第一三八条の三**　何人も、選挙に関し、公職に就くべき者（衆議院比例代表選出議員の選挙にあつては政党その他の政治団体に係る公職に就くべき者又はその数、参議院比例代表選出議員の選挙にあつては政党その他の政治団体に係る公職に就くべき者又はその数若しくは公職に就くべき順位）を予想する人気投票の経過又は結果を公表してはならない。

【罰則】　二四二条の二

（飲食物の提供の禁止）

**第一三九条**　何人も、選挙運動に関し、いかなる名義をもつてするを問わず、飲食物（湯茶及びこれに伴い通常用いられる程度の菓子を除く。）を提供することができない。ただし、衆議院（比例代表選出）議員の選挙以外の選挙において、選挙運動（衆議院小選挙区選出議員の選挙において候補者届出政党が行うもの及び参議院比例代表選出議員の選挙において参議院名簿届出政党等が行うものを除く。以下この条において同じ。）に従事する者及び選挙運動のために使用する労務者に対し、公職の候補者（参議院比例代表選出議員の選挙における候補者たる参議院名簿登載者で第八十六条の三第一項後段の規定により優先的に当選人となるべき候補者としてその氏名及び当選人となるべき順位が参議院名簿に記載されているものを除く。）一人について、当該選挙の選挙運動の期間中、政令で定める弁当料の額の範囲内で、かつ、両者を通じて十五人分（四十五食分）（第百三十一条第一項の規定により公職の候補者又はその推薦届出者が設置することができる選挙事務所の数が一を超える場合においては、その一を増すごとにこ

---

**法**（人気投票の公表の禁止違反）

**第二四二条の二**　第百三十八条の三の規定に違反して人気投票の経過又は結果を公表した者は、二年以下の禁錮又は三十万円以下の罰金に処する。ただし、新聞紙又は雑誌にあつてはその編集を実際に担当した者又はその新聞紙若しくは雑誌の経営を担当した者を、放送にあつてはその編集をした者又は放送をさせた者を罰する。

**法**（選挙運動に関する各種制限違反、その一）

**第二四三条**　次の各号のいずれかに該当する者は、二年以下の禁錮又は五十万円以下の罰金に処する。

一　第百三十九条の規定に違反して飲食物を提供した者

一の二～十　略

2　略

**令**（選挙運動に従事する者等に対し提供できる弁当料の額）

**第一〇九条の二**　法第百三十九条ただし書に規定する政令で定める弁当料の額は、法第百九十七条の二第一項の規定により、当該選挙に関する事務を管理する選挙管理委員会（参議院比例代表選出議員の選挙については中央選挙管理会、参議院合同選挙区選挙については当該選挙に関する事務を管理する参議院合同選挙区選挙管理委員会）が第百二十九条第一項第一号の基準に従い定めた弁当料の額とする。

れに六人分（十八食分）を加えたもの）に、当該選挙につき選挙の期日の公示又は告示のあつた日からその選挙の期日の前日までの期間の日数を乗じて得た数分を超えない範囲内で、選挙事務所において食事するために提供する弁当（選挙運動に従事する者及び選挙運動のために使用する労務者が携行するために提供された弁当を含む。）については、この限りでない。

【罰則】二四三条一項一号

（気勢を張る行為の禁止）

**第一四〇条**　何人も、選挙運動のため、自動車を連ね又は隊伍を組んで往来する等によつて気勢を張る行為をすることができない。

【罰則】二四四条一項一号

（連呼行為の禁止）

**第一四〇条の二**　何人も、選挙運動のため、連呼行為をすることができない。ただし、演説会場及び街頭演説（演説を含む。）の場所においてする場合並びに午前八時から午後八時までの間に限り、次条の規定により選挙運動のために使用される自動車又は船舶の上においてする場合は、この限りでない。

２　前項ただし書の規定により選挙運動のための連呼行為をする者は、学校（学校教育法第一条に規定する学校及び就学前の子どもに関する教育、保育等の総合的な提供の推進に関する法律第二条第七項に規定する幼保連携型認定こども園をいう。以下同じ。）及び病院、診療所その他の療養施設の周辺においては、静穏を保持するように努めなければならない。

【罰則】一項＝二四三条一項一号の二

（自動車、船舶及び拡声機の使用）

---

**法**（選挙運動に関する各種制限違反、その二）

**第二四四条**　次の各号のいずれかに該当する者は、一年以下の禁錮又は三十万円以下の罰金に処する。

一　第百四十条の規定に違反した者

二〜八　略

２　略

**法**（選挙運動に関する各種制限違反、その一）

**第二四三条**　次の各号のいずれかに該当する者は、二年以下の禁錮又は五十万円以下の罰金に処する。

一　略

一の二　第百四十条の二第一項の規定に違反して連呼行為をした者

二〜十　略

２　略

**法**（選挙運動に関する各種制限違反、その一）

**第一四一条**　次の各号に掲げる選挙においては、主として選挙運動のために使用される自動車（道路交通法（昭和三十五年法律第百五号）第二条第一項第九号に規定する自動車をいう。以下同じ。）又は船舶及び拡声機（携帯用のものを含む。以下同じ。）は、公職の候補者（参議院比例代表選出議員の選挙における候補者たる参議院名簿登載者で第八十六条の三第一項後段の規定により優先的に当選人となるべき候補者としてその氏名及び当選人となるべき順位が参議院名簿に記載されているものを除く。次条において同じ。）一人について当該各号に定めるもののほかは、使用することができない。ただし、拡声機については、個人演説会（演説を含む。）の開催中、その会場において別に一そろいを使用することを妨げるものではない。

一　衆議院（小選挙区選出）議員、参議院（選挙区選出）議員並びに地方公共団体の議会の議員及び長の選挙　自動車（その構造上宣伝を主たる目的とするものを除く。以下この号及び次号において同じ。）一台又は船舶一隻及び拡声機一そろい（参議院合同選挙区選挙にあつては、自動車二台又は船舶二隻（両者を使用する場合は通じて二）及び拡声機二そろい）

二　参議院（比例代表選出）議員の選挙　自動車二台又は船舶二隻（両者を使用する場合は通じて二）及び拡声機二そろい

2　前項の規定にかかわらず、衆議院（小選挙区選出）議員の選挙においては、候補者届出政党は、その届け出た候補者に係る選挙区を包括する都道府県ごとに、自動車一台又は船舶一隻及び拡声機一そろいを、当該都道府県における当該候補者届出政党の届出候補者（当該都道府県の区域内の選挙区において当該候補者届出政党が届け出た候補者をいう。以下同じ。）の数が三人を超える場合においては、その超える数が十人を増すごとにこれらに加え

**第二四三条**　次の各号のいずれかに該当する者は、二年以下の禁錮又は五十万円以下の罰金に処する。

一・一の二　略

二　第百四十一条第一項又は第四項の規定に違反して自動車、船舶又は拡声機を使用した者

二の二〜十　略

2　略

自動車一台又は船舶一隻及び拡声機一そろいを、主として選挙運動のために使用することができる。ただし、拡声機については、政党演説会（演説を含む。）の開催中、その会場において別に一そろいを使用することを妨げるものではない。

3　衆議院（比例代表選出）議員の選挙においては、衆議院名簿届出政党等は、その届け出た衆議院名簿に係る選挙区ごとに、自動車一台又は船舶一隻及び拡声機一そろいを、当該選挙区における当該衆議院名簿届出政党等の衆議院名簿登載者の数が五人を超える場合においては、その超える数が十人を増すごとにこれらに加え自動車一台又は船舶一隻及び拡声機一そろいを、主として選挙運動のために使用することができる。ただし、拡声機については、政党等演説会（演説を含む。）の開催中、その会場において別に一そろいを使用することを妨げるものではない。

4　衆議院（比例代表選出）議員の選挙においては、主として選挙運動のために使用される自動車、船舶及び拡声機は、前項の規定により衆議院名簿届出政党等が使用するもののほかは、使用することができない。

5　第一項本文、第二項本文又は第三項本文の規定により選挙運動のために使用される自動車、船舶又は拡声機には、当該選挙に関する事務を管理する選挙管理委員会（衆議院比例代表選出議員又は参議院比例代表選出議員の選挙については中央選挙管理会、参議院合同選挙区選挙については当該選挙に関する事務を管理する参議院合同選挙区選挙管理委員会）の定めるところの表示（自動車と船舶については、両者に通用する表示）をしなければならない。

6　第一項の自動車は、町村の議会の議員又は長の選挙以外の選挙にあつては政令で定める乗用の自動車に、町村の議会の議員又は長の選挙にあつては政令で定める乗用の自動車又は小型貨物自動

---

**法**（選挙運動に関する各種制限違反、その二）

**第二四四条**　次の各号のいずれかに該当する者は、一年以下の禁錮又は三十万円以下の罰金に処する。

一　略

二　第百四十一条第五項の規定に違反して表示をしなかつた者

二の二～八　略

2　略

**令**（選挙運動のために使用できる自動車）

**第一〇九条の三**　法第百四十一条第六項に規定する政令で定める乗用の自動車は、次の各号に掲げる選挙の区分に応じ、当該各号に

車（道路運送車両法（昭和二十六年法律第百八十五号）第三条の規定に基づき定められた小型自動車に該当する貨物自動車をいう。）に限るものとする。

7　衆議院（小選挙区選出）議員又は参議院議員の選挙においては、公職の候補者は、政令で定めるところにより、政令で定める額の範囲内で、第一項の自動車を無料で使用することができる。ただし、衆議院（小選挙区選出）議員又は参議院（選挙区選出）議員の選挙にあつては当該公職の候補者に係る供託物が第九十三条第一項（同条第二項において準用する場合を含む。）の規定により

定めるものとする。

一　町村の議会の議員又は長の選挙以外の選挙　次に掲げるもの

イ　乗車定員十人以下の乗用自動車でロ又はハに該当するもの以外のもの（二輪自動車（側車付のものを含む。次項において同じ。）以外の自動車については、上面、側面又は後面の全部又は一部が構造上開放されているもの及び上面の全部又は一部が構造上開閉できるものを除く。）

ロ　乗車定員四人以上十人以下の小型自動車（上面、側面又は後面の全部又は一部が構造上開放されているもの及び上面の全部又は一部が構造上開閉できるものを除く。）

ハ　四輪駆動式の自動車で車両重量二トン以下のもの（上面、側面又は後面の全部又は一部が構造上開放されているものを除く。）

二　町村の議会の議員又は長の選挙　前号に定めるもの（小型貨物自動車を除く。）

2　前項第一号の規定の適用については、同号に規定する自動車（二輪自動車を除く。）で上面、側面又は後面の全部又は一部が構造上開閉できるものを、その上面、側面又は後面の全部又は一部（側面又は後面にある窓を除く。）を走行中開いて使用している場合は、当該自動車は、上面、側面又は後面の全部又は一部が構造上開放されているものとみなす。

**令**（自動車の使用の公営）

**第一〇九条の四**　法第百四十一条第七項の規定の適用を受けようとする者は、道路運送法（昭和二十六年法律第百八十三号）第三条第一号ハに規定する一般乗用旅客自動車運送事業を経営する者（次項において「一般乗用旅客自動車運送事業者」という。）その他の者（次項第二号に規定する契約を締結する場合には、当該

国庫に帰属することとならない場合に、参議院（比例代表選出）議員の選挙にあつては当該公職の候補者たる参議院名簿登載者が当該参議院名簿登載者に係る参議院名簿届出政党等の第九十四条第三項第一号に掲げる数に相当する当選人となるべき順位までにある場合に限る。

8　地方公共団体の議会の議員又は長の選挙については、地方公共団体は、前項の規定（参議院比例代表選出議員の選挙に係る部分を除く。）に準じて、条例で定めるところにより、公職の候補者の第一項の自動車の使用について、無料とすることができる。

【罰則】　一・四項＝二四三条一項二号、五項＝二四四条一項二号

---

適用を受けようとする者と生計を一にする親族のうち、当該契約に係る業務を業として行う者以外の者を除く。）との間において法第百四十一条第一項の自動車（次項及び第三項において「選挙運動用自動車」という。）の使用に関し有償契約を締結し、総務省令で定めるところにより、その旨を当該選挙に関する事務を管理する選挙管理委員会（参議院比例代表選出議員の選挙については中央選挙管理会、参議院合同選挙区選挙については当該選挙に関する事務を管理する参議院合同選挙区選挙管理委員会。次項第二号ロにおいて同じ。）に届け出なければならない。

2　衆議院小選挙区選出議員又は参議院議員の選挙における公職の候補者（参議院比例代表選出議員の選挙における候補者たる参議院名簿登載者で法第八十六条の三第一項後段の規定により優先的に当選人となるべき候補者としてその氏名及び当選人となるべき順位が参議院名簿に記載されているものを除き、前項の規定による届出をした者に限る。以下この条において「特定候補者」という。）が同項の契約に基づき当該契約の相手方である一般乗用旅客自動車運送事業者その他の者（以下この項において「一般乗用旅客自動車運送事業者等」という。）に支払うべき金額のうち、次の各号に掲げる場合の区分に応じ当該各号に定める金額については、法第百四十一条第七項ただし書に規定する要件に該当する場合に限り、衆議院小選挙区選出議員又は参議院選挙区選出議員の選挙にあつては都道府県が、参議院比例代表選出議員の選挙にあつては国が、当該一般乗用旅客自動車運送事業者等からの請求に基づき、当該一般乗用旅客自動車運送事業者等に対し支払う。

一　当該契約が一般乗用旅客自動車運送事業者との運送契約（以下この項において「一般運送契約」という。）である場合　当該選挙運動用自動車（同一の日において一般運送契約により二

台以上（参議院比例代表選出議員の選挙又は参議院合同選挙区選挙にあつては、三台以上）の選挙運動用自動車が使用される場合には、当該特定候補者が指定するいずれか一台（参議院比例代表選出議員の選挙又は参議院合同選挙区選挙にあつては、いずれか二台）の選挙運動用自動車に限る。）のそれぞれにつき、選挙運動用自動車として使用された各日についてその使用に対し支払うべき金額（当該金額が六万四千五百円を超える場合には、六万四千五百円）の合計金額

二　当該契約が一般運送契約以外の契約である場合　次に掲げる場合の区分に応じ、それぞれ次に定める金額

イ　当該契約が選挙運動用自動車の借入れ契約（以下このイにおいて「自動車借入れ契約」という。）である場合　当該選挙運動用自動車（同一の日において自動車借入れ契約により二台以上（参議院比例代表選出議員の選挙又は参議院合同選挙区選挙にあつては、三台以上）の選挙運動用自動車が使用される場合には、当該特定候補者が指定するいずれか一台（参議院比例代表選出議員の選挙又は参議院合同選挙区選挙にあつては、いずれか二台）の選挙運動用自動車に限る。）のそれぞれにつき、選挙運動用自動車として使用された各日についてその使用に対し支払うべき金額（当該金額が一万六千百円を超える場合には、一万六千百円）の合計金額

ロ　当該契約が選挙運動用自動車の燃料の供給に関する契約である場合　当該契約に基づき当該選挙運動用自動車に供給した燃料の代金（当該選挙運動用自動車（これに代わり使用される他の選挙運動用自動車を含む。）が既に前項の規定による届出に係る契約に基づき供給を受けた燃料の代金と合算して、七千七百円に当該特定候補者につき法第八十六条第一項

から第三項まで若しくは第八項若しくは第八十六条の四第一項、第二項若しくは第五項の規定による公職の候補者の届出又は法第八十六条の三第一項の規定による参議院名簿の届出（同条第二項において準用する法第八十六条の二第九項の規定による届出に係る当該特定候補者については、当該届出のあつた日から当該選挙の期日の前日（法第百条第一項又は第四項の規定により投票を行わないこととなつた場合には、同条第五項の規定による告示の日。第四項において同じ。）までの日数を乗じて得た金額に達するまでの部分の金額であることにつき、総務省令で定めるところにより、当該特定候補者からの申請に基づき、当該選挙に関する事務を管理する選挙管理委員会が確認したものに限る。）

ハ　当該契約が選挙運動用自動車の運転手の雇用に関する契約である場合　当該選挙運動用自動車の運転手（同一の日において二人以上（参議院比例代表選出議員の選挙又は参議院合同選挙区選挙にあつては、三人以上）の選挙運動用自動車の運転手が雇用される場合には、当該特定候補者が指定するいずれか一人（参議院比例代表選出議員の選挙又は参議院合同選挙区選挙にあつては、いずれか二人）の運転手に限る。）のそれぞれにつき、選挙運動用自動車の運転業務に従事した各日についてその勤務に対し支払うべき報酬の額（当該報酬の額が一万二千五百円を超える場合には、一万二千五百円）の合計金額

3　前項の場合において、選挙運動用自動車の使用に関し同一の日につき同項第一号に定める契約と同項第二号に定める契約とのいずれもが締結されているときは、当該日については、これらの号に定める契約のうち当該特定候補者が指定するいずれか一の号に

（自動車等の乗車制限）

**第一四一条の二**　前条第一項の規定により選挙運動のために使用される自動車又は船舶に乗車又は乗船する者は、公職の候補者（衆議院比例代表選出議員の選挙における候補者で当該選挙と同時に行われる衆議院小選挙区選出議員の選挙における候補者である者以外のものを除く。次項において同じ。）、運転手（自動車一台につき一人に限る。同項において同じ。）及び船員を除き、自動車一台又は船舶一隻について、四人を超えてはならない。

2　前条第一項の規定により選挙運動のために使用される自動車又は船舶に乗車又は乗船する者（公職の候補者、運転手及び船員を除く。）は、当該選挙に関する事務を管理する選挙管理委員会（参議院比例代表選出議員の選挙については中央選挙管理会、参議院

---

定める契約のみが締結されているものとみなして、同項の規定を適用する。

4　法第百四十一条第七項に規定する政令で定める額は、特定候補者一人について、六万四千五百円（参議院比例代表選出議員の選挙又は参議院合同選挙区選挙にあつては、十二万九千円）に、当該特定候補者につき法第八十六条第一項から第三項まで若しくは第八項若しくは第八十六条の四第一項、第二項若しくは第五項の規定による公職の候補者の届出又は法第八十六条の三第一項の規定による参議院名簿の届出（同条第二項において準用する法第八十六条の二第九項の規定による届出に係る当該特定候補者については、当該届出）のあつた日から当該選挙の期日の前日までの日数を乗じて得た金額とする。

5　前各項に定めるもののほか、第二項の支払の請求の手続その他法第百四十一条第七項の規定の適用に関し必要な事項は、総務省令で定める。

**法**（選挙運動に関する各種制限違反、その一）

**第二四三条**　次の各号のいずれかに該当する者は、二年以下の禁錮又は五十万円以下の罰金に処する。

一～二　略

合同選挙区選挙については当該選挙に関する事務を管理する参議院合同選挙区選挙管理委員会）の定めるところにより、一定の腕章を着けなければならない。

【罰則】二項＝二四三条一項二号の二

**（車上の選挙運動の禁止）**

**第一四一条の三**　何人も、第百四十一条の規定により選挙運動のために使用される自動車の上においては、選挙運動をすることができない。ただし、停止した自動車の上において選挙運動のための演説をすること及び第百四十条の二第一項ただし書の規定により自動車の上において選挙運動のための連呼行為をすることは、この限りでない。

【罰則】二四三条一項二号の三

**（文書図画の頒布）**

**第一四二条**　衆議院（比例代表選出）議員の選挙以外の選挙においては、選挙運動のために使用する文書図画は、次の各号に規定する通常葉書及びビラのほかは、頒布することができない。この場合において、ビラについては、散布することができない。

一　衆議院（小選挙区選出）議員の選挙にあつては、候補者一人について、通常葉書　三万五千枚、当該選挙に関する事務を管理する選挙管理委員会に届け出た二種類以内のビラ　七万枚

一の二　参議院（比例代表選出）議員の選挙にあつては、公職の候補者たる参議院名簿登載者（第八十六条の三第一項後段の規定により優先的に当選人となるべき候補者としてその氏名及び当選人となるべき順位が参議院名簿に記載されている者を除く。）一人について、通常葉書　十五万枚、中央選挙管理会に届け出た二種類以内のビラ　二十五万枚

二　参議院（選挙区選出）議員の選挙にあつては、候補者一人に

---

二の二　第百四十一条の二第二項の規定に違反して乗車し又は乗船した者

二の三　第百四十一条の三の規定に違反して選挙運動をした者

三～十　略

2　略

**法（選挙運動に関する各種制限違反、その一）**

**第二四三条**　次の各号のいずれかに該当する者は、二年以下の禁錮又は五十万円以下の罰金に処する。

一～二の三　略

三　第百四十二条の規定に違反して文書図画を頒布した者

三の二～十　略

2　略

ついて、当該選挙区の区域内の衆議院（小選挙区選出）議員の選挙区の数が一である場合には、通常葉書　三万五千枚、当該選挙に関する事務を管理する選挙管理委員会（参議院合同選挙区選挙については、当該選挙に関する事務を管理する参議院合同選挙区選挙管理委員会。以下この号において同じ。）に届け出た二種類以内のビラ　十万枚、当該選挙区の区域内の衆議院（小選挙区選出）議員の選挙区の数が一を超える場合には、その一を増すごとに、通常葉書　二千五百枚を三万五千枚に加えた数、当該選挙に関する事務を管理する選挙管理委員会に届け出た二種類以内のビラ　一万五千枚を十万枚に加えた数（その数が三十万枚を超える場合には、三十万枚）

三　都道府県知事の選挙にあつては、候補者一人について、当該都道府県の区域内の衆議院（小選挙区選出）議員の選挙区の数が一である場合には、通常葉書　三万五千枚、当該選挙に関する事務を管理する選挙管理委員会に届け出た二種類以内のビラ　十万枚、当該都道府県の区域内の衆議院（小選挙区選出）議員の選挙区の数が一を超える場合には、その一を増すごとに、通常葉書　二千五百枚を三万五千枚に加えた数、当該選挙に関する事務を管理する選挙管理委員会に届け出た二種類以内のビラ　一万五千枚を十万枚に加えた数（その数が三十万枚を超える場合には、三十万枚）

四　都道府県の議会の議員の選挙にあつては、候補者一人について、通常葉書　八千枚、当該選挙に関する事務を管理する選挙管理委員会に届け出た二種類以内のビラ　一万六千枚

五　指定都市の選挙にあつては、長の選挙の場合には、候補者一人について、通常葉書　三万五千枚、当該選挙に関する事務を管理する選挙管理委員会に届け出た二種類以内のビラ　七万

枚、議会の議員の選挙の場合には、候補者一人について、通常葉書　四千枚、当該選挙に関する事務を管理する選挙管理委員会に届け出た二種類以内のビラ　八千枚

六　指定都市以外の市の選挙にあつては、長の選挙の場合には、候補者一人について、通常葉書　八千枚、当該選挙に関する事務を管理する選挙管理委員会に届け出た二種類以内のビラ　一万六千枚、議会の議員の選挙の場合には、候補者一人について、通常葉書　二千枚、当該選挙に関する事務を管理する選挙管理委員会に届け出た二種類以内のビラ　四千枚

七　町村の選挙にあつては、長の選挙の場合には、候補者一人について、通常葉書　二千五百枚、当該選挙に関する事務を管理する選挙管理委員会に届け出た二種類以内のビラ　五千枚、議会の議員の選挙の場合には、候補者一人について、通常葉書　八百枚、当該選挙に関する事務を管理する選挙管理委員会に届け出た二種類以内のビラ　千六百枚

2　前項の規定にかかわらず、衆議院（小選挙区選出）議員の選挙においては、候補者届出政党は、その届け出た候補者に係る選挙区を包括する都道府県ごとに、二万枚に当該都道府県における当該候補者届出政党の届出候補者の数を乗じて得た数以内の通常葉書及び四万枚に当該都道府県における当該候補者届出政党の届出候補者の数を乗じて得た数以内のビラを、選挙運動のために頒布（散布を除く。）することができる。ただし、ビラについては、その届け出た候補者に係る選挙区ごとに四万枚以内で頒布するほかは、頒布することができない。

3　衆議院（比例代表選出）議員の選挙においては、衆議院名簿届出政党等は、その届け出た衆議院名簿に係る選挙区ごとに、中央選挙管理会に届け出た二種類以内のビラを、選挙運動のために頒

布（散布を除く。）することができる。

4　衆議院（比例代表選出）議員の選挙においては、選挙運動のために使用する文書図画は、前項の規定により衆議院名簿届出政党等が頒布することができるビラのほかは、頒布することができない。

5　第一項の通常葉書は無料とし、第二項の通常葉書は有料とし、政令で定めるところにより、日本郵便株式会社において選挙用である旨の表示をしたものでなければならない。

6　第一項から第三項までのビラは、新聞折込みその他政令で定める方法によらなければ、頒布することができない。

---

令（ビラの頒布方法）

**第一〇九条の六**　法第百四十二条第六項に規定する政令で定める方法は、次の各号に掲げるビラの区分に応じ、当該各号に定める方法とする。

一　法第百四十二条第一項第一号のビラ　次に掲げる方法

イ　当該ビラに係る候補者の選挙事務所内、個人演説会の会場内又は街頭演説の場所における頒布

ロ　イの候補者を届け出た候補者届出政党の選挙事務所内、政党演説会の会場内又は街頭演説の場所における頒布

ハ　ロの候補者届出政党である衆議院名簿届出政党等の選挙事務所内、政党等演説会の会場内又は街頭演説の場所における頒布

ニ　イの候補者が所属する衆議院名簿届出政党等（法第八十六条第七項（同条第八項の規定によりその例によることとされる場合を含む。）の規定により当該候補者が所属するものとして記載された政党その他の政治団体に限る。）の選挙事務所内、政党等演説会の会場内又は街頭演説の場所における頒布

二　法第百四十二条第一項第一号の二のビラ　次に掲げる方法

イ　当該ビラに係る公職の候補者たる参議院名簿登載者の選挙事務所内、個人演説会の会場内又は街頭演説の場所における頒布
ロ　イの参議院名簿登載者に係る参議院名簿届出政党等の選挙事務所内における頒布
三　法第百四十二条第一項第二号から第七号までのビラ　当該ビラに係る候補者の選挙事務所内、個人演説会の会場内又は街頭演説の場所における頒布
四　法第百四十二条第二項のビラ　次に掲げる方法
イ　当該ビラに係る候補者届出政党の選挙事務所内、政党演説会の会場内又は街頭演説の場所における頒布
ロ　イの候補者届出政党が届け出た候補者の選挙事務所内、個人演説会の会場内又は街頭演説の場所における頒布
ハ　イの候補者届出政党である衆議院名簿届出政党等の選挙事務所内、政党等演説会の会場内又は街頭演説の場所における頒布
五　法第百四十二条第三項のビラ　次に掲げる方法
イ　当該ビラに係る衆議院名簿届出政党等の選挙事務所内、政党等演説会の会場内又は街頭演説の場所における頒布
ロ　イの衆議院名簿届出政党等である候補者届出政党の選挙事務所内、政党演説会の会場内又は街頭演説の場所における頒布
ハ　ロの候補者届出政党が届け出た候補者の選挙事務所内、個人演説会の会場内又は街頭演説の場所における頒布
ニ　イの衆議院名簿届出政党等の所属候補者（法第八十六条第七項（同条第八項の規定によりその例によることとされる場合を含む。）の規定により当該衆議院名簿届出政党等に所属

7　第一項及び第二項のビラは、当該選挙に関する事務を管理する選挙管理委員会（参議院比例代表選出議員の選挙については中央選挙管理会、参議院合同選挙区選挙については当該選挙に関する事務を管理する参議院合同選挙区選挙管理委員会。以下この項において同じ。）の定めるところにより、当該選挙に関する事務を管理する選挙管理委員会の交付する証紙を貼らなければ頒布することができない。この場合において、第二項のビラについて当該選挙に関する事務を管理する選挙管理委員会の交付する証紙は、当該選挙の選挙区ごとに区分しなければならない。

8　第一項のビラは長さ二十九・七センチメートル、幅二十一センチメートルを、第二項のビラは長さ四十二センチメートル、幅二十九・七センチメートルを、超えてはならない。

9　第一項から第三項までのビラには、その表面に頒布責任者及び印刷者の氏名（法人にあつては名称）及び住所を記載しなければならない。この場合において、第一項第一号の二のビラにあつては当該参議院名簿登載者に係る参議院名簿届出政党等の名称及び同号のビラである旨を表示する記号を、第二項のビラにあつては当該候補者届出政党の名称を、第三項のビラにあつては当該衆議院名簿届出政党等の名称及び同項のビラである旨を表示する記号を、併せて記載しなければならない。

10　衆議院（小選挙区選出）議員又は参議院議員の選挙における公職の候補者は、政令で定めるところにより、政令で定める額の範囲内で、第一項第一号から第二号までの通常葉書及びビラを無料で作成することができる。この場合においては、第百四十一条第七項ただし書の規定を準用する。

する者として記載された候補者をいう。）の選挙事務所内、個人演説会の会場内又は街頭演説の場所における頒布

**令（通常葉書の作成の公営）**

**第一〇九条の七**　法第百四十二条第十項（同項の通常葉書（以下この条において「特定通常葉書」という。）の作成に係る部分に限る。以下この条において同じ。）の規定の適用を受けようとする者は、通常葉書の作成を業とする者との間において特定通常葉書の作成

に関し有償契約を締結し、総務省令で定めるところにより、その旨を当該選挙に関する事務を管理する選挙管理委員会（参議院比例代表選出議員の選挙については中央選挙管理会、参議院合同選挙区選挙については当該選挙に関する事務を管理する参議院合同選挙区選挙管理委員会。次項において同じ。）に届け出なければならない。

2　衆議院小選挙区選出議員又は参議院議員の選挙における公職の候補者（参議院比例代表選出議員の選挙における候補者たる参議院名簿登載者で法第八十六条の三第一項後段の規定により優先的に当選人となるべき候補者としてその氏名及び当選人となるべき順位が参議院名簿に記載されているものを除き、前項の規定による届出をした者に限る。以下この項及び次項において「特定候補者」という。）が前項の契約に基づき当該契約の相手方である通常葉書の作成を業とする者に支払うべき金額のうち、当該契約に基づき作成された特定通常葉書の一枚当たりの作成単価（当該作成単価が、次の各号に掲げる場合の区分に応じ当該各号に定める金額を超えるときは、当該各号に定める金額）に当該特定通常葉書の作成枚数（当該特定候補者を通じて、法第百四十二条第一項第一号から第二号までの選挙の区分に応じ当該各号に定める枚数の範囲内のものであることにつき、総務省令で定めるところにより、当該特定候補者からの申請に基づき、当該選挙に関する事務を管理する選挙管理委員会が確認したものに限る。）を乗じて得た金額については、同条第十項後段において準用する法第百四十一条第七項ただし書に規定する要件に該当する場合に限り、衆議院小選挙区選出議員又は参議院選挙区選出議員の選挙にあつては都道府県が、参議院比例代表選出議員の選挙にあつては国が、当該通常葉書の作成を業とする者からの請求に基づき、当該通常葉書の作成を業とする者に対し支払う。

一　当該特定通常葉書の作成枚数が三万五千枚以下である場合　七円九十五銭

二　当該特定通常葉書の作成枚数が三万五千枚を超える場合　二十七万八千二百五十円と六円八十八銭にその三万五千枚を超える枚数を乗じて得た金額との合計金額を当該特定通常葉書の作成枚数で除して得た金額（一銭未満の端数がある場合には、その端数は、一銭とする。）

3　法第百四十二条第十項に規定する政令で定める額は、特定候補者一人について、七円九十五銭に特定通常葉書の作成枚数（当該作成枚数が、同条第一項第一号から第二号までの選挙の区分に応じ当該各号に定める枚数を超える場合には、当該各号に定める枚数）を乗じて得た金額とする。

4　前三項に定めるもののほか、第二項の支払の請求の手続その他法第百四十二条第十項の規定の適用に関し必要な事項は、総務省令で定める。

（ビラの作成の公営）

**第一〇九条の八**　前条の規定は、衆議院小選挙区選出議員又は参議院議員の選挙における公職の候補者（参議院比例代表選出議員の選挙における候補者たる参議院名簿登載者で法第八十六条の三第一項後段の規定により優先的に当選人となるべき候補者としてその氏名及び当選人となるべき順位が参議院名簿に記載されているものを除く。）が法第百四十二条第十項（同項のビラの作成に係る部分に限る。）の規定の適用を受けようとする場合について準用する。この場合において、前条第二項第一号中「三万五千枚」とあるのは「五万枚」と、「七円九十五銭」とあるのは「七円七十三銭」と、同項第二号中「三万五千枚」とあるのは「五万枚」と、

11　地方公共団体の議会の議員又は長の選挙については、地方公共団体は、前項の規定（参議院比例代表選出議員の選挙に係る部分を除く。）に準じて、条例で定めるところにより、公職の候補者の第一項第三号から第七号までのビラの作成について、無料とすることができる。

12　選挙運動のために使用する回覧板その他の文書図画又は看板（プラカードを含む。以下同じ。）の類を多数の者に回覧させることは、第一項から第四項までの頒布とみなす。ただし、第百四十三条第一項第二号に規定するものを同号に規定する自動車又は船舶に取り付けたままで回覧させること、及び公職の候補者（衆議院比例代表選出議員の選挙における候補者で当該選挙と同時に行われる衆議院小選挙区選出議員の選挙における候補者である者以外のもの並びに参議院比例代表選出議員の選挙における候補者たる参議院名簿登載者で第八十六条の三第一項後段の規定により優先的に当選人となるべき候補者としてその氏名及び当選人となるべき順位が参議院名簿に記載されているものを除く。）が第百四十三条第一項第三号に規定するものを着用したままで回覧することは、この限りでない。

13　衆議院議員の総選挙については、衆議院の解散に関し、公職の候補者又は公職の候補者となろうとする者（公職にある者を含む。）の氏名又はこれらの者の氏名が類推されるような事項を表示して、郵便等又は電報により、選挙人にあいさつする行為は、第一項の禁止行為に該当するものとみなす。

【罰則】二四三条一項三号

---

「二十七万八千二百五十円と六円八十八銭」とあるのは「三十八万六千五百円と五円十八銭」と、同条第三項中「七円九十五銭」とあるのは「七円七十三銭」と読み替えるものとする。

（パンフレット又は書籍の頒布）

**第一四二条の二**　前条第一項及び第四項の規定にかかわらず、衆議院議員の総選挙又は参議院議員の通常選挙においては、候補者届出政党若しくは衆議院名簿届出政党等又は参議院名簿届出政党等は、当該候補者届出政党若しくは衆議院名簿届出政党等又は参議院名簿届出政党等の本部において直接発行するパンフレット又は書籍で国政に関する重要政策及びこれを実現するための基本的な方策等を記載したもの又はこれらの要旨等を記載したものとして総務大臣に届け出たそれぞれ一種類のパンフレット又は書籍を、選挙運動のために頒布（散布を除く。）することができる。

２　前項のパンフレット又は書籍は、次に掲げる方法によらなければ、頒布することができない。

一　当該候補者届出政党若しくは衆議院名簿届出政党等又は参議院名簿届出政党等の選挙事務所内、政党演説会若しくは政党等演説会の会場内又は街頭演説の場所における頒布

二　当該候補者届出政党若しくは衆議院名簿届出政党等又は参議院名簿届出政党等に所属する者（参議院名簿登載者を含む。次項において同じ。）である当該衆議院議員の総選挙又は参議院議員の通常選挙における公職の候補者の選挙事務所内、個人演説会の会場内又は街頭演説の場所における頒布

３　第一項のパンフレット又は書籍には、当該候補者届出政党若しくは衆議院名簿届出政党等又は参議院名簿届出政党等に所属する者である当該衆議院議員の総選挙又は参議院議員の通常選挙における公職の候補者（当該候補者届出政党若しくは衆議院名簿届出政党等又は参議院名簿届出政党等の代表者を除く。）の氏名又はその氏名が類推されるような事項を記載することができない。

４　第一項のパンフレット及び書籍には、その表紙に、当該候補者

**法**（選挙運動に関する各種制限違反、その一）

**第二四三条**　略

２　候補者届出政党、衆議院名簿届出政党等若しくは参議院名簿届出政党等が第百四十二条の二の規定に違反してパンフレット若しくは書籍を頒布したとき若しくは第百四十九条第一項から第三項までの規定に違反して新聞広告をしたとき又は候補者届出政党若しくは衆議院名簿届出政党等が第百六十四条の二第一項の規定に違反して立札若しくは看板の類を掲示しなかつたとき若しくは第百六十五条の二の規定に違反して政党演説会若しくは政党等演説会を開催したときは、当該候補者届出政党、衆議院名簿届出政党等又は参議院名簿届出政党等の役職員又は構成員として当該違反行為をした者は、二年以下の禁錮又は五十万円以下の罰金に処する。

届出政党若しくは衆議院名簿届出政党等又は参議院名簿届出政党等の名称、頒布責任者及び印刷者の氏名（法人にあつては名称）及び住所並びに同項のパンフレット又は書籍である旨を表示する記号を記載しなければならない。

【罰則】二四三条二項

**（ウェブサイト等を利用する方法による文書図画の頒布）**

**第一四二条の三**　第百四十二条第一項及び第四項の規定にかかわらず、選挙運動のために使用する文書図画は、ウェブサイト等を利用する方法（インターネット等を利用する方法（電気通信（電気通信事業法（昭和五十九年法律第八十六号）第二条第一号に規定する電気通信をいう。以下同じ。）の送信（公衆によつて直接受信されることを目的とする電気通信の送信を除く。）により、文書図画をその受信をする者が使用する通信端末機器（入出力装置を含む。以下同じ。）の映像面に表示させる方法をいう。以下同じ。）のうち電子メール（特定電子メールの送信の適正化等に関する法律（平成十四年法律第二十六号）第二条第一号に規定する電子メールをいう。以下同じ。）を利用する方法を除いたものをいう。以下同じ。）により、頒布することができる。

２　選挙運動のために使用する文書図画であつてウェブサイト等を利用する方法により選挙の期日の前日までに頒布されたものは、第百二十九条の規定にかかわらず、選挙の当日においても、その受信をする者が使用する通信端末機器の映像面に表示させることができる状態に置いたままにすることができる。

３　ウェブサイト等を利用する方法により選挙運動のために使用する文書図画を頒布する者は、その者の電子メールアドレス（特定電子メールの送信の適正化等に関する法律第二条第三号に規定する電子メールアドレスをいう。以下同じ。）その他のインターネット等を利用する方法によりその者に連絡をする際に必要となる情報（以下「電子メールアドレス等」という。）が、当該文書図画に係る電気通信の受信をする者が使用する通信端末機器の映像面に正しく表示されるようにしなければならない。

**（電子メールを利用する方法による文書図画の頒布）**

**第一四二条の四**　第百四十二条第一項及び第四項の規定にかかわらず、次の各号に掲げる選挙においては、それぞれ当該各号に定めるものは、電子メールを利用する方法により、選挙運動のために使用する文書図画を頒布することができる。

一　衆議院（小選挙区選出）議員の選挙　公職の候補者及び候補者届出政党

二　衆議院（比例代表選出）議員の選挙　衆議院名簿届出政党等

三　参議院（比例代表選出）議員の選挙　参議院名簿届出政党等及び公職の候補者たる参議院名簿登載者（第八十六条の三第一項後段の規定により優先的に当選人となるべき候補者としてその氏名及び当選人となるべき順位が参議院名簿に記載されている者を除く。）

四　参議院（選挙区選出）議員の選挙　公職の候補者及び第二百一条の六第三項（第二百一条の七第二項において準用する場合を含む。）の確認書の交付を受けた政党その他の政治団体（第八十六条の四第三項（同条第五項においてその例によることとされる場合を含む。）の規定により当該公職の候補者が所属するものとして記載されたものに限る。）

五　都道府県又は指定都市の議会の議員の選挙　公職の候補者及び第二百一条の八第二項（同条第三項において準用する場合を含む。）において準用する第二百一条の六第三項の確認書の交付を受けた政党その他の政治団体

六　都道府県知事又は市長の選挙　公職の候補者及び第二百一条の九第三項の確認書の交付を受けた政党その他の政治団体

七　前各号に掲げる選挙以外の選挙　公職の候補者

2　前項の規定により選挙運動のために使用する文書図画を頒布するために用いられる電子メール（以下「選挙運動用電子メール」という。）の送信をする者（その送信をしようとする者を含むものとする。以下「選挙運動用電子メール送信者」という。）は、次の各号に掲げる者に対し、かつ、当該各号に定める電子メールアドレスに送信をする選挙運動用電子メールでなければ、送信をすることができない。

一　あらかじめ、選挙運動用電子メールの送信をするように求める旨又は送信をすることに同意する旨を選挙運動用電子メール送信者に対し通知した者（その電子メールアドレスを当該選挙運動用電子メール送信者に対し自ら通知した者に限る。）　当該選挙運動用電子メール送信者に対し自ら通知した電子メールアドレス

二　前号に掲げる者のほか、選挙運動用電子メール送信者の政治活動のために用いられる電子メール（以下「政治活動用電子メール」という。）を継続的に受信している者（その電子メールアドレスを当該選挙運動用電子メール送信者に対し自ら通知した者に限り、かつ、その通知をした後、その自ら通知した全ての電子メールアドレスを明らかにしてこれらに当該政治活動用電子メールの送信をしないように求める旨を当該選挙運動用電子メール送信者に対し通知した者を除く。）であつて、あらかじめ、当該選挙運動用電子メール送信者から選挙運動用電子メールの送信をする旨の通知を受けたもののうち、当該通知に対しその受信している政治活動用電子メールに係る自ら通知した全ての

---

**法**（選挙運動に関する各種制限違反、その一）

**第二四三条**　次の各号のいずれかに該当する者は、二年以下の禁錮又は五十万円以下の罰金に処する。

一～三　略

三の二　第百四十二条の四第二項（同条第三項又は第四項において読み替えて適用される場合を含む。）又は第六項の規定に違反して選挙運動用電子メールの送信をした者

三の三～十　略

2　略

電子メールアドレスを明らかにしてこれらに当該選挙運動用電子メールの送信をしないように求める旨の通知をしなかつたもの　当該選挙運動用電子メールの送信をする旨の通知に対し、当該選挙運動用電子メールの送信をしないように求める旨の通知をした電子メールアドレス以外の当該政治活動用電子メールに係る自ら通知した電子メールアドレス

3　衆議院（比例代表選出）議員の選挙において、公職の候補者たる衆議院名簿登載者（当該選挙と同時に行われる衆議院小選挙区選出議員の選挙における候補者である者を除く。）が、電子メールを利用する方法により選挙運動のために行う文書図画の頒布は、第一項の規定により当該衆議院名簿登載者に係る衆議院名簿届出政党等が行う文書図画の頒布とみなす。この場合における前項の規定の適用については、同項中「送信をする者（その送信をしようとする者」とあるのは、「送信をする衆議院名簿登載者（その送信をしようとする衆議院名簿登載者」とする。

4　参議院（比例代表選出）議員の選挙において、公職の候補者たる参議院名簿登載者（第八十六条の三第一項後段の規定により優先的に当選人となるべき候補者としてその氏名及び当選人となるべき順位が参議院名簿に記載されている者に限る。）が、電子メールを利用する方法により選挙運動のために行う文書図画の頒布は、第一項の規定により当該参議院名簿登載者に係る参議院名簿届出政党等が行う文書図画の頒布とみなす。この場合における第二項の規定の適用については、同項中「送信をする者（その送信をしようとする者」とあるのは、「送信をする参議院名簿登載者（その送信をしようとする参議院名簿登載者」とする。

5　選挙運動用電子メール送信者は、次の各号に掲げる場合に応じ、それぞれ当該各号に定める事実を証する記録を保存しなければな

らない。

一　第二項第一号に掲げる者に対し選挙運動用電子メールの送信をする場合　同号に掲げる者がその電子メールアドレスを当該選挙運動用電子メール送信者に対し自ら通知したこと及びその者から選挙運動用電子メールの送信をするように求めがあつたこと又は送信をすることに同意があつたこと。

二　第二項第二号に掲げる者に対し選挙運動用電子メールの送信をする場合　同号に掲げる者がその電子メールアドレスを当該選挙運動用電子メール送信者に対し自ら通知したこと、当該選挙運動用電子メール送信者が当該電子メールアドレスに継続的に政治活動用電子メールの送信をしていること及び当該選挙運動用電子メール送信者が同号に掲げる者に対し選挙運動用電子メールの送信をする旨の通知をしたこと。

6　選挙運動用電子メール送信者は、第二項各号に掲げる者から、選挙運動用電子メールの送信をしないように求める電子メールアドレスを明らかにして電子メールの送信その他の方法により当該電子メールアドレスに選挙運動用電子メールの送信をしないように求める旨の通知を受けたときは、当該電子メールアドレスに選挙運動用電子メールの送信をしてはならない。

7　選挙運動用電子メール送信者は、選挙運動用電子メールの送信に当たつては、当該選挙運動用電子メールを利用する方法により頒布される文書図画に次に掲げる事項を正しく表示しなければならない。

一　選挙運動用電子メールである旨

二　当該選挙運動用電子メール送信者の氏名又は名称

三　当該選挙運動用電子メール送信者に対し、前項の通知を行うことができる旨

---

**法**（選挙運動に関する各種制限違反、その二）

**第二四四条**　次の各号のいずれかに該当する者は、一年以下の禁錮又は三十万円以下の罰金に処する。

一・二　略

二の二　第百四十二条の四第七項の規定に違反して同項に規定する事項を表示しなかつた者

二の三〜八　略

2　略

四　電子メールの送信その他のインターネット等を利用する方法により前項の通知を行う際に必要となる電子メールアドレスその他の通知先

【罰則】二・六項＝二四三条一項三号の二、七項＝二四四条一項二号の二

（インターネット等を利用する方法により当選を得させないための活動に使用する文書図画を頒布する者の表示義務）

**第一四二条の五**　選挙の期日の公示又は告示の日からその選挙の当日までの間に、ウェブサイト等を利用する方法により当選を得させないための活動に使用する文書図画を頒布する者は、その者の電子メールアドレス等が、当該文書図画に係る電気通信の受信をする者が使用する通信端末機器の映像面に正しく表示されるようにしなければならない。

２　選挙の期日の公示又は告示の日からその選挙の当日までの間に、電子メールを利用する方法により当選を得させないための活動に使用する文書図画を頒布する者は、当該文書図画にその者の電子メールアドレス及び氏名又は名称を正しく表示しなければならない。

【罰則】二項＝二四四条一項二号の三

（インターネット等を利用する方法による候補者の氏名等を表示した有料広告の禁止等）

**第一四二条の六**　何人も、その者の行う選挙運動のための公職の候補者の氏名若しくは政党その他の政治団体の名称又はこれらのものが類推されるような事項を表示した広告を、有料で、インターネット等を利用する方法により頒布される文書図画に掲載させる

---

**法**（選挙運動に関する各種制限違反、その二）

**第二四四条**　次の各号のいずれかに該当する者は、一年以下の禁錮又は三十万円以下の罰金に処する。

一～二の二　略

二の三　第百四十二条の五第二項の規定に違反して同項に規定する事項を表示しなかつた者

三～八　略

２　略

**法**（選挙運動に関する各種制限違反、その一）

**第二四三条**　次の各号のいずれかに該当する者は、二年以下の禁錮又は五十万円以下の罰金に処する。

一～三の二　略

三の三　第百四十二条の六の規定に違反して広告を文書図画に掲載させた者

ことができない。

2　何人も、選挙運動の期間中は、前項の禁止を免れる行為として、公職の候補者の氏名若しくは政党その他の政治団体の名称又はこれらのものが類推されるような事項を表示した広告を、有料で、インターネット等を利用する方法により頒布される文書図画に掲載させることができない。

3　何人も、選挙運動の期間中は、公職の候補者の氏名若しくは政党その他の政治団体の名称又はこれらのものが類推されるような事項が表示されていない広告であつて、当該広告に係る電気通信の受信をする者が使用する通信端末機器の映像面にウェブサイト等を利用する方法により頒布される選挙運動のために使用する文書図画を表示させることができる機能を有するものを、有料で、インターネット等を利用する方法により頒布される文書図画に掲載させることができない。

4　前二項の規定にかかわらず、次の各号に掲げる選挙においては、それぞれ当該各号に定める政党その他の政治団体は、選挙運動の期間中において、広告（第一項及び第百五十二条第一項の広告を除くものとする。）であつて、当該広告に係る電気通信の受信をする者が使用する通信端末機器の映像面にウェブサイト等を利用する方法により頒布される当該政党その他の政治団体が行う選挙運動のために使用する文書図画を表示させることができる機能を有するものを、有料で、インターネット等を利用する方法により頒布する文書図画に掲載させることができる。

一　衆議院議員の選挙　候補者届出政党及び衆議院名簿届出政党等

二　参議院議員の選挙　参議院名簿届出政党等及び第二百一条の六第三項（第二百一条の七第二項において準用する場合を含

---

四～十　略

2　略

む。）の確認書の交付を受けた政党その他の政治団体

三　都道府県又は指定都市の議会の議員の選挙　第二百一条の八第二項（同条第三項において準用する場合を含む。）において準用する第二百一条の六第三項の確認書の交付を受けた政党その他の政治団体

四　都道府県知事又は市長の選挙　第二百一条の九第三項の確認書の交付を受けた政党その他の政治団体

【罰則】一四三条一項三号の三

（選挙に関するインターネット等の適正な利用）

**第一四二条の七**　選挙に関しインターネット等を利用する者は、公職の候補者に対して悪質な誹謗（ひぼう）中傷をする等表現の自由を濫用して選挙の公正を害することがないよう、インターネット等の適正な利用に努めなければならない。

（文書図画の掲示）

**第一四三条**　選挙運動のために使用する文書図画は、次の各号のいずれかに該当するもの（衆議院比例代表選出議員の選挙にあつては、第一号、第二号、第四号、第四号の二及び第五号に該当するものであつて衆議院名簿届出政党等が使用するもの）のほかは、掲示することができない。

一　選挙事務所を表示するために、その場所において使用するポスター、立札、ちようちん及び看板の類

二　第百四十一条の規定により選挙運動のために使用される自動車又は船舶に取り付けて使用するポスター、立札、ちようちん及び看板の類

三　公職の候補者（参議院比例代表選出議員の選挙における候補者たる参議院名簿登載者で第八十六条の三第一項後段の規定により優先的に当選人となるべき候補者としてその氏名及び当選

---

法（選挙運動に関する各種制限違反、その一）

**第二四三条**　次の各号のいずれかに該当する者は、二年以下の禁錮又は五十万円以下の罰金に処する。

一〜三の三　略

四　第百四十三条又は第百四十四条の規定に違反して文書図画を掲示した者

五〜十　略

2　略

人となるべき順位が参議院名簿に記載されているものを除く。）が使用するたすき、胸章及び腕章の類
四　演説会場においてその演説会の開催中使用するポスター、立札、ちようちん及び看板の類
四の二　屋内の演説会場内においてその演説会の開催中掲示する映写等の類
四の三　個人演説会告知用ポスター（衆議院小選挙区選出議員、参議院選挙区選出議員又は都道府県知事の選挙の場合に限る。）
五　前各号に掲げるものを除くほか、選挙運動のために使用するポスター（参議院比例代表選出議員の選挙にあつては、公職の候補者たる参議院名簿登載者（第八十六条の三第一項後段の規定により優先的に当選人となるべき候補者としてその氏名及び当選人となるべき順位が参議院名簿に記載されている者を除く。）が使用するものに限る。）

2　選挙運動のために、アドバルーン、ネオン・サイン又は電光による表示、スライドその他の方法による映写等の類（前項第四号の二の映写等の類を除く。）を掲示する行為は、同項の禁止行為に該当するものとみなす。

**令**（演説会場の文書図画の掲示責任者の氏名等の記載）

**第一一〇条**　法第百四十三条第一項第四号のポスター、立札、ちようちん及び看板の類には、その表面に掲示責任者の氏名及び住所を記載しなければならない。この場合において、候補者届出政党又は衆議院名簿届出政党等が使用するものにあつては当該候補者届出政党又は衆議院名簿届出政党等の名称を、参議院名簿登載者（法第八十六条の三第一項後段の規定により優先的に当選人となるべき候補者としてその氏名及び当選人となるべき順位が参議院名簿に記載されている者を除く。）が使用するものにあつては当該参議院名簿登載者に係る参議院名簿届出政党等の名称を、併せて記載しなければならない。

3　衆議院（小選挙区選出）議員、参議院（選挙区選出）議員又は都道府県知事の選挙については、第一項第四号の三の個人演説会告知用ポスター及び同項第五号の規定により選挙運動のために使用するポスター（衆議院小選挙区選出議員の選挙において候補者届出政党が使用するものを除く。）は、第百四十四条の二第一項の規定により設置されたポスターの掲示場ごとに公職の候補者一人につきそれぞれ一枚を限り掲示するほかは、掲示することができない。

4　第百四十四条の二第八項の規定によりポスターの掲示場を設けることとした都道府県の議会の議員並びに市町村の議会の議員及び長の選挙については、第一項第五号の規定により選挙運動のために使用するポスターは、同条第八項の規定により設置されたポスターの掲示場ごとに公職の候補者一人につきそれぞれ一枚を限り掲示するほかは、掲示することができない。

5　第一項第一号の規定により選挙事務所を表示するための文書図画は、第百二十九条の規定にかかわらず、選挙の当日においても、掲示することができる。

6　第一項第四号の三の個人演説会告知用ポスター及び同項第五号の規定により選挙運動のために使用するポスターは、第百二十九条の規定にかかわらず、選挙の当日においても、掲示しておくことができる。

7　第一項第一号の規定により掲示することができるポスター、立札及び看板の類の数は、選挙事務所ごとに、通じて三をこえることができない。

8　第一項第四号の規定により掲示することができるポスター、立札及び看板の類の数は、演説会場外に掲示するものについては、会場ごとに、通じて二を超えることができない。

9　第一項に規定するポスター（同項第四号の三及び第五号のポスターを除く。）、立札及び看板の類（屋内の演説会場内において使用する同項第四号のポスター、立札及び看板の類を除く。）は、縦二百七十三センチメートル、横七十三センチメートル（同項第一号のポスター、立札及び看板の類にあつては、縦三百五十センチメートル、横百センチメートル）を超えてはならない。

10　第一項の規定により掲示することができるちようちんの類は、それぞれ一箇とし、その大きさは、高さ八十五センチメートル、直径四十五センチメートルを超えてはならない。

11　第一項第四号の三の個人演説会告知用ポスターは、長さ四十二センチメートル、幅十センチメートルを超えてはならない。

12　前項のポスターは、第一項第五号のポスターと合わせて作成し、掲示することができる。

13　第一項第四号の三の個人演説会告知用ポスターには、その表面に掲示責任者の氏名及び住所を記載しなければならない。

14　衆議院（小選挙区選出）議員又は参議院議員の選挙においては、公職の候補者は、政令で定めるところにより、政令で定める額の範囲内で、第一項第一号及び第二号の立札及び看板の類、同項第四号の三の個人演説会告知用ポスター（衆議院小選挙区選出議員又は参議院選挙区選出議員の選挙の場合に限る。）並びに同項第五号のポスターを無料で作成することができる。この場合においては、第百四十一条第七項ただし書の規定を準用する。

15　地方公共団体は、前項の規定（参議院比例代表選出議員の選挙に係る部分を除く。）に準じて、条例で定めるところにより、公職の候補者の第一項第四号の三の個人演説会告知用ポスター（都道府県知事の選挙の場合に限る。）及び同項第五号のポスターの作成につい

令（選挙事務所の立札及び看板の類の作成の公営）

第一一〇条の二　法第百四十三条第十四項（同条第一項第一号の立札及び看板の類（以下この条において「特定立札及び看板の類」という。）の作成に係る部分に限る。以下この条において同じ。）の規定の適用を受けようとする者は、立札及び看板の類の作成を業とする者との間において特定立札及び看板の類の作成に関し有償契約を締結し、総務省令で定めるところにより、その旨を当該選挙に関する事務を管理する選挙管理委員会（参議院比例代表選出議員の選挙については中央選挙管理会、参議院合同選挙区選挙については当該選挙に関する事務を管理する参議院合同選挙区選挙管理委員会。次項において同じ。）に届け出なければならない。

2　衆議院小選挙区選出議員又は参議院議員の選挙における公職の

て、無料とすることができる。

候補者（参議院比例代表選出議員の選挙における候補者たる参議院名簿登載者で法第八十六条の三第一項後段の規定により優先的に当選人となるべき候補者としてその氏名及び当選人となるべき順位が参議院名簿に記載されているものを除き、前項の規定による届出をした者に限る。以下この項及び次項において「特定候補者」という。）が前項の契約に基づき当該契約の相手方である立札及び看板の類の作成を業とする者に支払うべき金額のうち、当該契約に基づき作成された特定立札及び看板の類の一当たりの作成単価（当該作成単価が五万六千六百十三円を超える場合には、五万六千六百十三円）に当該特定立札及び看板の類の作成数（当該特定候補者を通じて法第百三十一条第一項の規定により設置することができる選挙事務所の数に三を乗じて得た数の範囲内のものであることにつき、総務省令で定めるところにより、当該特定候補者からの申請に基づき、当該選挙に関する事務を管理する選挙管理委員会が確認したものに限る。）を乗じて得た金額については、法第百四十三条第十四項後段において準用する法第百四十一条第七項ただし書に規定する要件に該当する場合に限り、衆議院小選挙区選出議員又は参議院選挙区選出議員の選挙にあつては都道府県が、参議院比例代表選出議員の選挙にあつては国が、当該立札及び看板の類の作成を業とする者からの請求に基づき、当該立札及び看板の類の作成を業とする者に対し支払う。

3　法第百四十三条第十四項に規定する政令で定める額は、特定候補者一人について、五万六千六百十三円に特定立札及び看板の類の作成数（当該作成数が、法第百三十一条第一項の規定により設置することができる選挙事務所の数に三を乗じて得た数を超える場合には、当該三を乗じて得た数）を乗じて得た金額とする。

4　前三項に定めるもののほか、第二項の支払の請求の手続その他法第百四十三条第十四項の規定の適用に関し必要な事項は、総務省令で定める。

**令（自動車等に取り付ける立札及び看板の類の作成の公営）**

**第一一〇条の三**　前条の規定は、衆議院小選挙区選出議員又は参議院議員の選挙における公職の候補者（参議院比例代表選出議員の選挙における候補者たる参議院名簿登載者で法第八十六条の三第一項後段の規定により優先的に当選人となるべき候補者としてその氏名及び当選人となるべき順位が参議院名簿に記載されているものを除く。）が法第百四十三条第十四項（同条第一項第二号の立札及び看板の類の作成に係る部分に限る。）の規定の適用を受けようとする場合について準用する。この場合において、前条第二項中「五万六千六百十三円」とあるのは「五万三千六百一円」と、「法第百三十一条第一項の規定により設置することができる選挙事務所の数に三を乗じて得た数の範囲内」とあるのは「四以内（参議院比例代表選出議員の選挙又は参議院合同選挙区選挙にあつては、八以内）」と、同条第三項中「五万六千六百十三円」とあるのは「五万三千六百一円」と、「法第百三十一条第一項の規定により設置することができる選挙事務所の数に三を乗じて得た数」とあり、及び「当該三を乗じて得た数」とあるのは「四（参議院比例代表選出議員の選挙又は参議院合同選挙区選挙にあつては、八）」と読み替えるものとする。

**令（ポスターの作成の公営）**

**第一一〇条の四**　法第百四十三条第十四項（同項のポスター（以下この条において「特定ポスター」という。）の作成に係る部分に限る。以下この条において同じ。）の規定の適用を受けようとする者は、ポスターの作成を業とする者との間において特定ポスターの作成に関し有償契約を締結し、総務省令で定めるところにより、その旨を当該選挙に関する事務を管理する選挙管理委員会（参議院比例代表選出議員の選挙については中央選挙管理会、参議院合同選挙区選挙については当該選挙に関する事務を管理する参議院合同選挙区選挙管理委員会。次項において同じ。）に届け出なければならない。

2　衆議院小選挙区選出議員又は参議院議員の選挙における公職の候補者（参議院比例代表選出議員の選挙における候補者たる参議院名簿登載者で法第八十六条の三第一項後段の規定により優先的に当選人となるべき候補者としてその氏名及び当選人となるべき順位が参議院名簿に記載されているものを除き、前項の規定による届出をした者に限る。以下この項及び次項において「特定候補者」という。）が前項の契約に基づき当該契約の相手方であるポスターの作成を業とする者に支払うべき金額のうち、当該契約に基づき作成された特定ポスターの一枚当たりの作成単価（当該作成単価が、次の各号に掲げる場合の区分に応じ当該各号に定める金額を超えるときは、当該各号に定める金額）に当該特定ポスターの作成枚数（当該特定候補者を通じて、衆議院小選挙区選出議員又は参議院選挙区選出議員の選挙にあつては当該選挙区におけるポスター掲示場の数に二を乗じて得た数、参議院比例代表選出議員の選挙にあつては七万枚の範囲内のものであることにつき、総務省令で定めるところにより、当該特定候補者からの申請に基づき、当該選挙に関する事務を管理する選挙管理委員会が確認したものに限る。）を乗じて得た金額については、法第百四十三条第十四項後段において準用する法第百四十一条第七項ただし書に規定する要件に該当する場合に限り、衆議院小選挙区選出議員又は参議院選挙区選出議員の選挙にあつては都道府県が、参議院比例代表選出議員の選挙にあつては国が、当該ポスターの作成を業とする者からの請求に基づき、当該ポスターの作成を業とする者に対し支払う。
一　衆議院小選挙区選出議員又は参議院選挙区選出議員の選挙の場合　次に掲げる場合の区分に応じ、それぞれ次に定める金額に三十一万六千二百五十円を加えた金額を当該選挙区におけるポスター掲示場の数で除して得た金額（一円未満の端数がある場合には、その端数は、一円とする。）
イ　当該選挙区におけるポスター掲示場の数が五百以下である場合　五百四十一円三十一銭に当該ポスター掲示場の数を乗じて得た金額
ロ　当該選挙区におけるポスター掲示場の数が五百を超える場合　二十七万六百五十五円と二十八円三十五銭にその五百を超える数を乗じて得た金額との合計金額
二　参議院比例代表選出議員の選挙の場合　三十七円
3　法第百四十三条第十四項に規定する政令で定める額は、特定候補者一人について、次の各号に掲げる場合の区分に応じ、当該各号に定める金額とする。
一　衆議院小選挙区選出議員又は参議院選挙区選出議員の選挙の場合　前項第一号に定める金額に特定ポスターの作成枚数（当該作成枚数が当該選挙区におけるポスター掲示場の数に二を乗じて得た数を超える場合には、当該二を乗じて得た数）を乗じて得た金額
二　参議院比例代表選出議員の選挙の場合　前項第二号に定める金額に特定ポスターの作成枚数（当該作成枚数が七万枚を超える場合には、七万枚）を乗じて得た金額
4　前三項に定めるもののほか、第二項の支払の請求の手続その他法第百四十三条第十四項の規定の適用に関し必要な事項は、総務

16　公職の候補者又は公職の候補者となろうとする者（公職にある者を含む。以下この項において「公職の候補者等」という。）の政治活動のために使用される当該公職の候補者等の氏名又は当該公職の候補者等の氏名が類推されるような事項を表示する文書図画及び第百九十九条の五第一項に規定する後援団体（以下この項において「後援団体」という。）の政治活動のために使用される当該後援団体の名称を表示する文書図画で、次に掲げるもの以外のものを掲示する行為は、第一項の禁止行為に該当するものとみなす。

一　立札及び看板の類で、公職の候補者等一人につき又は同一の公職の候補者等に係る後援団体のすべてを通じて政令で定める総数の範囲内で、かつ、当該公職の候補者等又は当該後援団体が政治活動のために使用する事務所ごとにその場所において通じて二を限り、掲示されるもの

二　ポスターで、当該ポスターを掲示するためのベニヤ板、プラスチック板その他これらに類するものを用いて掲示されるもの以外のもの（公職の候補者等若しくは後援団体の政治活動のために使用する事務所若しくは連絡所を表示し、又は後援団体の構成員であることを表示するために掲示されるもの及び第十九項各号の区分による当該選挙ごとの一定期間内に当該選挙区（選挙区がないときは、選挙の行われる区域）内に掲示されるものを除く。）

三　政治活動のためにする演説会、講演会、研修会その他これらに類する集会（以下この号において「演説会等」という。）の会場において当該演説会等の開催中使用されるもの

四　第十四章の三の規定により使用することができるもの

17　前項第一号の立札及び看板の類は、縦百五十センチメートル、

省令で定める。

**令（後援団体等の政治活動に関する立札及び看板の類の総数等）**

**第一一〇条の五**　法第百四十三条第十六項第一号に規定する政令で定める立札及び看板の類の総数は、公職の候補者若しくは公職の候補者となろうとする者（公職にある者を含む。以下この条において「公職の候補者等」という。）一人につき又は同一の公職の候補者等に係る法第百九十九条の五第一項に規定する後援団体（以下この条において「後援団体」という。）の全てを通じて、それぞれ、次の各号に掲げる区分に応じ、当該各号に定める数とする。

一　公職の候補者等が衆議院小選挙区選出議員の選挙に係るものであり、又は後援団体が当該公職の候補者等に係るものである場合　公職の候補者等にあつては十、後援団体にあつては十五

二　公職の候補者等が衆議院比例代表選出議員の選挙に係るものであり、又は後援団体が当該公職の候補者等に係るものである場合　次に掲げる区分に応じ、それぞれに定める数。ただし、一の衆議院小選挙区選出議員の選挙区の区域においては、前号に定める数を超えることができない。

イ　当該選挙区の区域内の衆議院小選挙区選出議員の選挙区の数が十以上十三以下である場合　公職の候補者等にあつては二十二、後援団体にあつては三十三

ロ　当該選挙区の区域内の衆議院小選挙区選出議員の選挙区の数が十三を超える場合　公職の候補者等にあつてはその十三を超える数が二を増すごとに二を二十二に加えた数、後援団体にあつてはその十三を超える数が二を増すごとに三を三十三に加えた数

三　公職の候補者等が参議院比例代表選出議員の選挙に係るものであり、又は後援団体が当該公職の候補者等に係るものである

横四十センチメートルを超えないものであり、かつ、当該選挙に関する事務を管理する選挙管理委員会（衆議院比例代表選出議員又は参議院比例代表選出議員の選挙については中央選挙管理会、参議院合同選挙区選挙については当該選挙に関する事務を管理する参議院合同選挙区選挙管理委員会）の定めるところの表示をしたものでなければならない。

18　第十六項第二号のポスターには、その表面に掲示責任者及び印刷者の氏名（法人にあつては名称）及び住所を記載しなければならない。

19　第十六項において「一定期間」とは、次の各号に定める期間とする。

一　衆議院議員の総選挙にあつては、衆議院議員の任期満了の日の六月前の日から当該総選挙の期日までの間又は衆議院の解散の日の翌日から当該総選挙の期日までの間

二　参議院議員の通常選挙にあつては、参議院議員の任期満了の日の六月前の日から当該通常選挙の期日までの間

三　地方公共団体の議会の議員又は長の任期満了による選挙にあつては、その任期満了の日の六月前の日から当該選挙の期日までの間

四　衆議院議員又は参議院議員の再選挙（統一対象再選挙（第三十三条の二第三項から第五項までの規定によるものを除く。次号において同じ。）を除く。）又は補欠選挙（同条第三項から第五項までの規定によるものに限る。）にあつては、当該選挙を行うべき事由が生じたとき（同条第七項の規定の適用がある場合には、同項の規定により読み替えて適用される同条第一項又は第三項から第五項までに規定する遅い方の事由が生じたとき）その旨を当該選挙に関する事務を管理する選挙管理委員会

場合　公職の候補者等にあつては百、後援団体にあつては百五十。ただし、一の都道府県の区域においては、次号に定める数を超えることができない。

四　公職の候補者等が参議院選挙区選出議員の選挙（参議院合同選挙区選挙を除く。）若しくは都道府県知事の選挙に係るものであり、又は後援団体が当該公職の候補者等に係るものである場合　次に掲げる区分に応じ、それぞれに定める数

イ　当該都道府県の区域内の衆議院小選挙区選出議員の選挙区の数が二である場合　公職の候補者等にあつては十二、後援団体にあつては十八

ロ　当該都道府県の区域内の衆議院小選挙区選出議員の選挙区の数が二を超える場合　公職の候補者等にあつてはその二を超える数が二を増すごとに二を十二に加えた数、後援団体にあつてはその二を超える数が二を増すごとに三を十八に加えた数

五　公職の候補者等が参議院合同選挙区選挙に係るものであり、又は後援団体が当該公職の候補者等に係るものである場合　公職の候補者等にあつては二十四、後援団体にあつては三十六

六　公職の候補者等が都道府県の議会の議員、市の議会の議員若しくは指定都市以外の市の長の選挙に係るものであり、又は後援団体が当該公職の候補者等に係るものである場合　六

七　公職の候補者等が指定都市の長の選挙に係るものであり、又は後援団体が当該公職の候補者等に係るものである場合　十

八　公職の候補者等が町村の議会の議員若しくは長の選挙に係るものであり、又は後援団体が当該公職の候補者等に係るものである場合　四

2　公職の候補者等が衆議院小選挙区選出議員の選挙に係るもので

（衆議院比例代表選出議員又は参議院比例代表選出議員の選挙については中央選挙管理会、参議院合同選挙区選挙については当該選挙に関する事務を管理する参議院合同選挙区選挙管理委員会）が告示した日の翌日から当該選挙の期日までの間

五　衆議院議員又は参議院議員の統一対象再選挙又は補欠選挙（第三十三条の二第三項から第五項までの規定によるものを除く。）にあつては、当該選挙を行うべき事由が生じたとき（同条第七項の規定の適用がある場合には、同項の規定により読み替えて適用される同条第二項に規定する遅い方の事由が生じたとき）その旨を当該選挙に関する事務を管理する選挙管理委員会（衆議院比例代表選出議員又は参議院比例代表選出議員の選挙については中央選挙管理会、参議院合同選挙区選挙については当該選挙に関する事務を管理する参議院合同選挙区選挙管理委員会）が告示した日の翌日又は当該選挙を行うべき期日の六月前の日のいずれか遅い日から当該選挙の期日までの間

六　地方公共団体の議会の議員又は長の選挙のうち任期満了による選挙以外の選挙にあつては、当該選挙を行うべき事由が生じたとき（第三十四条第四項の規定の適用がある場合には、同項の規定により読み替えて適用される同条第一項に規定する最も遅い事由が生じたとき）その旨を当該選挙に関する事務を管理する選挙管理委員会が告示した日の翌日から当該選挙の期日までの間

【罰則】二四三条一項四号

あり、かつ、当該選挙と同時に行われる衆議院比例代表選出議員の選挙に係るものである場合には、当該公職の候補者等は衆議院比例代表選出議員の選挙のみに係るものと、当該公職の候補者等に係る後援団体は当該選挙に係る公職の候補者等のみに係るものとみなして、前項の規定を適用する。

3　公職の候補者等が二以上の選挙に係るものとなつた場合には、当該公職の候補者等はこれらの選挙のうちその指定するいずれか一の選挙のみに係るものと、当該公職の候補者等に係る後援団体は当該選挙に係る公職の候補者等のみに係るものとみなして、第一項の規定を適用する。ただし、公職にある者（当該公職に係る選挙の候補者となろうとする者である者を除く。）が、当該公職以外の一の公職に係る選挙の候補者となろうとする者となつた場合には、その者は当該選挙のみに係るものと、その者に係る後援団体は当該選挙に係る公職の候補者等のみに係るものとみなし、当該公職以外の二以上の公職に係る選挙の候補者となろうとする者となつた場合には、その者はこれらの選挙のうちその指定するいずれか一の選挙のみに係るものと、その者に係る後援団体は当該選挙に係る公職の候補者等のみに係るものとみなして、同項の規定を適用する。

4　法第百四十三条第十七項の規定による表示は、当該選挙に関する事務を管理する選挙管理委員会（衆議院比例代表選出議員又は参議院比例代表選出議員の選挙については中央選挙管理会、参議院合同選挙区選挙については当該選挙に関する事務を管理する参議院合同選挙区選挙管理委員会）の交付する証票を用いてしなければならない。

5　公職の候補者等又は後援団体が前項の証票の交付を受けようとする場合は、総務省令で定めるところにより、文書で、当該選挙

（文書図画の撤去義務）

に関する事務を管理する選挙管理委員会（衆議院比例代表選出議員又は参議院比例代表選出議員の選挙については中央選挙管理会、参議院合同選挙区選挙については当該選挙に関する事務を管理する参議院合同選挙区選挙管理委員会）にその証票の交付を申請しなければならない。この場合において、後援団体が行う申請は、当該後援団体に係る公職の候補者等の同意を得たものでなければならない。

6　公職の候補者等は、前項の同意をするに当たつては、第一項に規定する立札及び看板の類の総数が、当該公職の候補者等に係る後援団体が同項各号のいずれかに該当するかに応じ、当該各号に定める数を超えることとならないように配意しなければならない。

7　一の後援団体が二人以上の公職の候補者等に係るものとなつた場合には、当該後援団体は、これらの公職の候補者等のうち当該後援団体が指定するいずれか一人の公職の候補者等のみに係る後援団体とみなして、前各項の規定を適用する。

8　法第百四十三条第十七項の当該選挙に関する事務を管理する選挙管理委員会（衆議院比例代表選出議員又は参議院比例代表選出議員の選挙については中央選挙管理会、参議院合同選挙区選挙については当該選挙に関する事務を管理する参議院合同選挙区選挙管理委員会）は、公職の候補者等又は後援団体が第一項各号のいずれに該当するかに応じ、当該各号に規定する選挙で当該公職の候補者等又は当該後援団体に係るものに関する事務を管理する選挙管理委員会（衆議院比例代表選出議員又は参議院比例代表選出議員の選挙については中央選挙管理会、参議院合同選挙区選挙については当該選挙に関する事務を管理する参議院合同選挙区選挙管理委員会）とする。

**第一四三条の二**　前条第一項第一号、第二号又は第四号のポスター、立札、ちようちん及び看板の類を掲示した者は、選挙事務所を廃止したとき、第百四十一条第一項から第三項までの自動車若しくは船舶を主として選挙運動のために使用することをやめたとき、又は演説会が終了したときは、直ちにこれらを撤去しなければならない。

**（ポスターの数）**

**第一四四条**　第百四十三条第一項第五号のポスターは、次の区分による数を超えて掲示することができない。ただし、第一号のポスターについては、その届け出た候補者に係る選挙区ごとに千枚以内で掲示するほかは、掲示することができない。

一　衆議院（小選挙区選出）議員の選挙において候補者届出政党が使用するものにあつては、その届け出た候補者に係る選挙区を包括する都道府県ごとに、千枚に当該都道府県における当該候補者届出政党の届出候補者の数を乗じて得た数

二　衆議院（比例代表選出）議員の選挙において衆議院名簿届出政党等が使用するものにあつては、その届け出た衆議院名簿に係る選挙区ごとに、五百枚に当該選挙区における当該衆議院名簿届出政党等の衆議院名簿登載者の数を乗じて得た数

二の二　参議院（比例代表選出）議員の選挙にあつては、公職の候補者たる参議院名簿登載者一人について七万枚

三　都道府県の議会の議員、市の議会の議員又は市長の選挙にあつては、公職の候補者一人について千二百枚。ただし、指定都市の市長の選挙にあつては、候補者一人について四千五百枚

四　町村の議会の議員又は長の選挙にあつては、公職の候補者一人について五百枚

2　前項のポスターは、当該選挙に関する事務を管理する選挙管理

---

**法**（選挙運動に関する各種制限違反、その一）

**第二四三条**　次の各号のいずれかに該当する者は、二年以下の禁錮又は五十万円以下の罰金に処する。

一～三の三　略

四　第百四十三条又は第百四十四条の規定に違反して文書図画を掲示した者

五～十　略

2　略

委員会（衆議院比例代表選出議員又は参議院比例代表選出議員の選挙については、中央選挙管理会。以下この項において同じ。）の定めるところにより、当該選挙に関する事務を管理する選挙管理委員会の行う検印を受け、又はその交付する証紙をはらなければ掲示することができない。この場合において、同項第一号のポスターについて当該選挙に関する事務を管理する選挙管理委員会の行う検印又はその交付する証紙は、当該選挙の選挙区ごとに区分しなければならない。

3　前二項の規定は、次条第八項の規定によりポスターの掲示場を設けることとした都道府県の議会の議員並びに市町村の議会の議員及び長の選挙については、適用しない。

4　第百四十三条第一項第五号のポスターは、衆議院（比例代表選出）議員の選挙において衆議院名簿届出政党等が使用するものにあつては当該選挙区ごとに中央選挙管理会に届け出た三種類以内のものを掲示するほかは掲示することができず、衆議院（小選挙区選出）議員の選挙において候補者届出政党が使用するもの及び衆議院（比例代表選出）議員の選挙において衆議院名簿届出政党等が使用するものにあつては長さ八十五センチメートル、幅六十センチメートル、それ以外のものにあつては長さ四十二センチメートル、幅三十センチメートルを超えてはならない。

5　第百四十三条第一項第五号のポスターには、その表面に掲示責任者及び印刷者の氏名（法人にあつては、名称）及び住所を記載しなければならない。この場合において、候補者届出政党が使用するものにあつては当該候補者届出政党の名称を、衆議院名簿届出政党等が使用するものにあつては当該衆議院名簿届出政党等の名称及び前項のポスターである旨を表示する記号を、参議院名簿登載者が使用するものにあつては当該参議院名簿登載者に係る参議院名簿届出政党等の名称を、併せて記載しなければならない。

【罰則】　二四三条一項四号

（ポスター掲示場）

**第一四四条の二**　衆議院（小選挙区選出）議員、参議院（選挙区選出）議員又は都道府県知事の選挙においては、市町村の選挙管理委員会は、第百四十三条第一項第五号のポスター（衆議院小選挙区選出議員の選挙において候補者届出政党が使用するものを除く。）の掲示場を設けなければならない。

2　前項の掲示場の総数は、一投票区につき五箇所以上十箇所以内において、政令で定めるところにより算定する。ただし、市町村の選挙管理委員会は、特別の事情がある場合には、あらかじめ都道府県の選挙管理委員会と協議の上、その総数を減ずることができる。

3　第一項の掲示場は、市町村の選挙管理委員会が、投票区ごとに、政令で定める基準に従い、公衆の見やすい場所に設置する。

4　市町村の選挙管理委員会は、第一項の掲示場を設置したときは、直ちに、その掲示場の設置場所を告示しなければならない。

5　公職の候補者は、第一項の掲示場に、当該選挙に関する事務を管理する選挙管理委員会（参議院合同選挙区選挙については、当該選挙に関する事務を管理する参議院合同選挙区選挙管理委員会）が定め、あらかじめ告示する日から第百四十三条第一項第四号の三及び第五号のポスターそれぞれ一枚を掲示することができる。この場合において、政令で定めるところにより、市町村の選挙管理委員会は、ポスターの掲示に関し、事情の許す限り便宜を供与するものとする。

6　前項の場合において、公職の候補者一人が掲示することができる掲示場の区画は、縦及び横それぞれ四十二センチメートル以上

**令**（ポスター掲示場）

**第一一一条**　法第百四十四条の二第二項又は第九項に規定するポスター掲示場の総数は、当該市町村の各投票区について、次の表の上欄に掲げる投票区ごとの選挙人名簿登録者数及び同表の中欄に掲げる投票区ごとの面積に応じ、それぞれ当該下欄に定める数を合計した数とする。

| 選挙人名簿登録者数 | 面積 | ポスター掲示場の数 |
|---|---|---|
| 一千人未満 | 二平方キロメートル未満 | 五箇所 |
| | 二平方キロメートル以上四平方キロメートル未満 | 六箇所 |
| | 四平方キロメートル以上八平方キロメートル未満 | 七箇所 |
| | 八平方キロメートル以上 | 八箇所 |
| 一千人以上五千人未満 | 四平方キロメートル未満 | 七箇所 |
| | 四平方キロメートル以上八平方キロメートル未満 | 八箇所 |
| | 八平方キロメートル以上 | 九箇所 |

とする。

7　前各項に規定するもののほか、第一項の掲示場におけるポスターの掲示の順序その他ポスターの掲示に関し必要な事項は、当該選挙に関する事務を管理する選挙管理委員会（参議院合同選挙区選挙については、当該選挙に関する事務を管理する参議院合同選挙区選挙管理委員会）が定める。

8　都道府県の議会の議員の選挙については都道府県は、市町村の議会の議員及び長の選挙については市町村は、それぞれ、条例で定めるところにより、第百四十三条第一項第五号のポスターの掲示場を設けることができる。

9　都道府県又は市町村が前項の規定によりポスターの掲示場を設置する場合においては、当該掲示場の総数は、一投票区につき五箇所以上十箇所以内において、政令で定めるところにより算定しなければならない。ただし、特別の事情がある場合には、当該都道府県又は市町村は、それぞれ、条例で定めるところにより、その総数を減ずることができる。

10　第三項から第七項までの規定は、第八項の規定によりポスターの掲示場を設置する場合について、準用する。

（ポスター掲示場を設置しない場合）

**第一四四条の三**　天災その他避けることのできない事故その他特別

| | | |
|---|---|---|
| 五千人以上一万人未満 | 四平方キロメートル未満 | 八箇所 |
| | 四平方キロメートル以上 | 九箇所 |
| 一万人以上 | 四平方キロメートル未満 | 九箇所 |
| | 四平方キロメートル以上 | 十箇所 |

2　前項の投票区ごとの選挙人名簿登録者数は、その選挙の期日の公示又は告示の日の直近において行われた法第二十二条第一項の規定による選挙人名簿の登録の直近において行われた同項の規定による選挙人名簿の登録の日（その選挙と選挙の期日を同じくし、公示又は告示の日を異にする他の選挙が行われる場合にあつては、これらの期日を同じくする選挙に係る公示又は告示のうち最初に行われる公示又は告示の日の直近において行われた同項の規定による選挙人名簿の登録の直近において行われた同項の規定による選挙人名簿の登録の日）現在において当該選挙人名簿に登録されている者の総数とし、前項の投票区ごとの面積は、市町村の選挙管理委員会が調査したおおむねの面積とする。

3　法第百四十四条の二第三項（同条第十項において準用する場合を含む。）に規定する政令で定める基準は、次のとおりとする。

一　各投票区に設置するポスター掲示場の数は、それぞれの投票区の選挙人名簿登録者数及び面積に応じ、おおむね第一項の表の下欄に掲げる数に準ずること。

二　各投票区に設置するポスター掲示場の配置は、当該投票区における人口密度、地勢、交通等の事情を総合的に考慮して合理的に行うこと。

の事情があるときは、前条第一項又は第八項の掲示場は、設けないことができる。

**（任意制ポスター掲示場）**

**第一四四条の四**　第百四十四条の二第八項の規定によるほか、都道府県の議会の議員の選挙については都道府県は、市町村の議会の議員及び長の選挙については市町村は、それぞれ、同条第三項から第七項まで及び前条の規定に準じて、条例で定めるところにより、第百四十三条第一項第五号のポスターの掲示場を設けることができる。この場合において、ポスターの掲示場の数は、一投票区につき一箇所以上とする。

**（ポスター掲示場の設置についての協力）**

**第一四四条の五**　第百四十四条の二及び前条の規定によりポスターの掲示場を設置する場合においては、土地又は工作物の居住者、管理者又は所有者は、ポスターの掲示場の設置に関し、事情の許す限り協力しなければならない。

**（ポスターの掲示箇所等）**

**第一四五条**　何人も、衆議院議員、参議院（比例代表選出）議員、都道府県の議会の議員又は市町村の議会の議員若しくは長の選挙（第百四十四条の二第八項の規定によりポスターの掲示場を設けることとした選挙を除く。）については、国若しくは地方公共団体が所有し若しくは管理するもの又は不在者投票管理者の管理する投票を記載する場所には、第百四十三条第一項第五号のポスターを掲示することができない。ただし、橋りよう、電柱、公営住宅その他総務省令で定めるもの並びに第百四十四条の二及び第百四十四条の四の掲示場に掲示する場合については、この限りでない。

2　何人も、前項の選挙については、第百四十三条第一項第五号の

---

**法**（選挙運動に関する各種制限違反、その二）

**第二四四条**　次の各号のいずれかに該当する者は、一年以下の禁錮又は三十万円以下の罰金に処する。

一～二の三　略

三　第百四十五条第一項又は第二項（第百六十四条の二第五項において準用する場合を含む。）の規定に違反して文書図画を掲示した者

四～八　略

2　略

**規**（ポスターの掲示箇所）

**第一八条**　法第百四十五条第一項ただし書の規定によりポスターを掲示することのできるものは、地方公共団体の管理する食堂及び

ポスターを他人の工作物に掲示しようとするときは、その居住者、居住者がない場合にはその管理者、管理者がない場合にはその所有者（次項において「居住者等」と総称する。）の承諾を得なければならない。

3 前項の承諾を得ないで他人の工作物に掲示された第百四十三条第一項第五号のポスターは、居住者等において撤去することができる。第一項の選挙以外の選挙において、居住者等の承諾を得ないで当該居住者等の工作物に掲示されたポスターについても、また同様とする。

【罰則】一・二項＝二四四条一項三号

**（文書図画の頒布又は掲示につき禁止を免れる行為の制限）**

**第一四六条** 何人も、選挙運動の期間中は、著述、演芸等の広告その他いかなる名義をもつてするを問わず、第百四十二条又は第百四十三条の禁止を免れる行為として、公職の候補者の氏名若しくはシンボル・マーク、政党その他の政治団体の名称又は公職の候補者を推薦し、支持し若しくは反対する者の名を表示する文書図画を頒布し又は掲示することができない。

2 前項の規定の適用については、選挙運動の期間中、公職の候補者の氏名、政党その他の政治団体の名称又は公職の候補者の推薦届出者その他選挙運動に従事する者若しくは公職の候補者と同一戸籍内に在る者の氏名を表示した年賀状、寒中見舞状、暑中見舞状その他これに類似する挨拶状を当該公職の候補者の選挙区（選挙区がないときはその区域）内に頒布し又は掲示する行為は、第百四十二条又は第百四十三条の禁止を免れる行為とみなす。

【罰則】二四三条一項五号

**（文書図画の撤去）**

**第一四七条** 都道府県又は市町村の選挙管理委員会は、次の各号の

---

浴場とする。

**法**（選挙運動に関する各種制限違反、その一）

**第二四三条** 次の各号のいずれかに該当する者は、二年以下の禁錮又は五十万円以下の罰金に処する。

一〜四 略

五 第百四十六条の規定に違反して文書図画を頒布し又は掲示した者

五の二〜十 略

2 略

**法**（選挙運動に関する各種制限違反、その一）

**第二四三条** 次の各号のいずれかに該当する者は、二年以下の禁錮

いずれかに該当する文書図画があると認めるときは、撤去させることができる。この場合において、都道府県又は市町村の選挙管理委員会は、あらかじめ、その旨を当該警察署長に通報するものとする。

一　第百四十三条、第百四十四条又は第百六十四条の二第二項若しくは第四項の規定に違反して掲示したもの

二　第百四十三条第十六項に規定する公職の候補者等若しくは後援団体が当該公職の候補者等若しくは後援団体となる前に掲示された文書図画で同項の規定に該当するもの又は同項の公職の候補者等若しくは後援団体に係る同条第十九項各号の区分による当該選挙ごとに当該各号に定める期間前若しくは期間中に掲示したポスターで当該期間中において同条第十六項の規定に該当するもの

三　第百四十三条の二の規定に違反して撤去しないもの

四　第百四十五条第一項又は第二項（第百六十四条の二第五項において準用する場合を含む。）の規定に違反して掲示したもの

五　選挙運動の期間前又は期間中に掲示した文書図画で前条の規定に該当するもの

【罰則】　一・二・五号に該当する文書図画に係る撤去の処分に従わなかった者＝二四三条一項五号の二、三・四号に該当する文書図画に係る撤去の処分に従わなかった者＝二四四条一項四号

（あいさつ状の禁止）

**第一四七条の二**　公職の候補者又は公職の候補者となろうとする者（公職にある者を含む。）は、当該選挙区（選挙区がないときは選挙の行われる区域）内にある者に対し、答礼のための自筆によるものを除き、年賀状、寒中見舞状、暑中見舞状その他これらに

---

又は五十万円以下の罰金に処する。

一～五　略

五の二　第百四十七条の規定による撤去の処分（同条第一号、第二号又は第五号に該当する文書図画に係るものに限る。）に従わなかつた者

六～十　略

2　略

**法**（選挙運動に関する各種制限違反、その二）

**第二四四条**　次の各号のいずれかに該当する者は、一年以下の禁錮又は三十万円以下の罰金に処する。

一～三　略

四　第百四十七条の規定による撤去の処分（同条第三号又は第四号に該当する文書図画に係るものに限る。）に従わなかつた者

五～八　略

2　略

類するあいさつ状（電報その他これに類するものを含む。）を出してはならない。

**（新聞紙、雑誌の報道及び評論等の自由）**

**第一四八条**　この法律に定めるところの選挙運動の制限に関する規定（第百三十八条の三の規定を除く。）は、新聞紙（これに類する通信類を含む。以下同じ。）又は雑誌が、選挙に関し、報道及び評論を掲載するの自由を妨げるものではない。但し、虚偽の事項を記載し又は事実を歪曲して記載する等表現の自由を濫用して選挙の公正を害してはならない。

2　新聞紙又は雑誌の販売を業とする者は、前項に規定する新聞紙又は雑誌を、通常の方法（選挙運動の期間中及び選挙の当日において、定期購読者以外の者に対して頒布する新聞紙又は雑誌については、有償でする場合に限る。）で頒布し又は都道府県の選挙管理委員会の指定する場所に掲示することができる。

3　前二項の規定の適用について新聞紙又は雑誌とは、選挙運動の期間中及び選挙の当日に限り、次に掲げるものをいう。ただし、点字新聞紙については、第一号ロの規定（同号ハ及び第二号中第一号ロに係る部分を含む。）は、適用しない。

一　次の条件を具備する新聞紙又は雑誌

イ　新聞紙にあつては毎月三回以上、雑誌にあつては毎月一回以上、号を逐つて定期に有償頒布するものであること。

ロ　第三種郵便物の承認のあるものであること。

ハ　当該選挙の選挙期日の公示又は告示の日前一年（時事に関する事項を掲載する日刊新聞紙にあつては、六月）以来、イ及びロに該当し、引き続き発行するものであること。

二　前号に該当する新聞紙又は雑誌を発行する者が発行する新聞紙又は雑誌で同号イ及びロの条件を具備するもの

---

**法（新聞紙、雑誌が選挙の公正を害する罪）**

**第二三五条の二**　次の各号の一に該当する者は、二年以下の禁錮又は三十万円以下の罰金に処する。

一　第百四十八条第一項ただし書（第二百一条の十五第一項において準用する場合を含む。）の規定に違反して新聞紙又は雑誌が選挙の公正を害したときは、その新聞紙若しくは雑誌の編集を実際に担当した者又はその新聞紙若しくは雑誌の経営を担当した者

二　第百四十八条第三項に規定する新聞紙及び雑誌並びに第二百一条の十五に規定する機関新聞紙及び機関雑誌以外の新聞紙及び雑誌（当該機関新聞紙及び機関雑誌の号外、臨時号、増刊号その他の臨時に発行するものを含む。）が選挙運動の期間中及び選挙の当日当該選挙に関し報道又は評論を掲載したときは、これらの新聞紙若しくは雑誌の編集を実際に担当した者又はその新聞紙若しくは雑誌の経営を担当した者

三　略

**法（選挙運動に関する各種制限違反、その一）**

**第二四三条**　次の各号のいずれかに該当する者は、二年以下の禁錮又は五十万円以下の罰金に処する。

一～五の二　略

六　第百四十八条第二項又は第百四十九条第五項の規定に違反して新聞紙又は雑誌を頒布し又は掲示した者

七～十　略

2　略

【罰則】　一項ただし書＝二三五条の二第一号、二項＝二四三条一項六号、三項に規定する以外の新聞紙及び雑誌が選挙に関し報道又は評論を掲載したとき＝二三五条の二第二号

**（新聞紙、雑誌の不法利用等の制限）**

**第一四八条の二**　何人も、当選を得若しくは得しめ又は得しめない目的をもつて新聞紙又は雑誌の編集その他経営を担当する者に対し金銭、物品その他の財産上の利益の供与、その供与の申込若しくは約束をし又は饗応接待、その申込若しくは約束をして、これに選挙に関する報道及び評論を掲載させることができない。

２　新聞紙又は雑誌の編集その他経営を担当する者は、前項の供与、饗応接待を受け若しくは要求し又は前項の申込を承諾して、これに選挙に関する報道及び評論を掲載することができない。

３　何人も、当選を得若しくは得しめ又は得しめない目的をもつて新聞紙又は雑誌に対する編集その他経営上の特殊の地位を利用して、これに選挙に関する報道及び評論を掲載し又は掲載させることができない。

【罰則】　一・二項＝二二三条の二、三項＝二三五条の二第三号

**（新聞広告）**

**第一四九条**　衆議院（小選挙区選出）議員の選挙については、候補者は、総務省令で定めるところにより、同一寸法で、いずれか一の新聞に、選挙運動の期間中、五回を限り、選挙に関して広告をし、候補者届出政党は、総務省令で定めるところにより、当該都道府県における当該候補者届出政党の届出候補者の数（十六人を超える場合においては、十六人とする。）に応じて総務省令で定める寸法で、いずれか一の新聞に、選挙運動の期間中、総務省令

---

**法（新聞紙、雑誌の不法利用罪）**

**第二二三条の二**　第百四十八条の二第一項又は第二項の規定に違反した者は、五年以下の懲役又は禁錮に処する。

２　第二百二十一条第三項各号に掲げる者が前項の罪を犯したときは、六年以下の懲役又は禁錮に処する。

**法（新聞紙、雑誌が選挙の公正を害する罪）**

**第二三五条の二**　次の各号の一に該当する者は、二年以下の禁錮又は三十万円以下の罰金に処する。

一・二　略

三　第百四十八条の二第三項の規定に違反して選挙に関する報道又は評論を掲載し又は掲載させた者

**法（選挙運動に関する各種制限違反、その一）**

**第二四三条**　次の各号のいずれかに該当する者は、二年以下の禁錮又は五十万円以下の罰金に処する。

一〜五の二　略

六　第百四十八条第二項又は第百四十九条第五項の規定に違反して新聞紙又は雑誌を頒布し又は掲示した者

七　第百四十九条第一項又は第四項の規定に違反して新聞広告をした者

で定める回数を限り、選挙に関して広告をすることができる。

2　衆議院（比例代表選出）議員の選挙については、衆議院名簿届出政党等は、総務省令で定めるところにより、当該選挙区における当該衆議院名簿届出政党等の衆議院名簿登載者の数（二十八人を超える場合においては、二十八人とする。以下この章において同じ。）に応じて総務省令で定める寸法で、いずれか一の新聞に、選挙運動の期間中、総務省令で定める回数を限り、選挙に関して広告をすることができる。

3　参議院（比例代表選出）議員の選挙については、参議院名簿届出政党等は、総務省令で定めるところにより、参議院名簿登載者の数（二十五人を超える場合においては、二十五人とする。以下この章において同じ。）に応じて総務省令で定める寸法で、いずれか一の新聞に、選挙運動の期間中、総務省令で定める回数を限り、選挙に関して広告をすることができる。

4　衆議院議員又は参議院（比例代表選出）議員の選挙以外の選挙については、公職の候補者は、総務省令で定めるところにより、同一寸法で、いずれか一の新聞に、選挙運動の期間中、二回（参議院選挙区選出議員の選挙にあつては五回（参議院合同選挙区選挙にあつては、十回）、都道府県知事の選挙にあつては四回）を限り、選挙に関して広告をすることができる。

5　前各項の広告を掲載した新聞紙は、第百四十二条又は第百四十三条の規定にかかわらず、新聞紙の販売を業とする者が、通常の方法（定期購読者以外の者に対して頒布する新聞紙については、有償でする場合に限る。）で頒布し又は都道府県の選挙管理委員会の指定する場所に掲示することができる。

6　衆議院議員、参議院議員又は都道府県知事の選挙においては、

---

八〜十　略

2　候補者届出政党、衆議院名簿届出政党等若しくは参議院名簿届出政党等が第百四十二条の二の規定に違反してパンフレット若しくは書籍を頒布したとき若しくは第百四十九条第一項から第三項までの規定に違反して新聞広告をしたとき又は候補者届出政党若しくは衆議院名簿届出政党等が第百六十四条の二第一項の規定に違反して立札若しくは看板の類を掲示しなかつたとき若しくは第百六十五条の二の規定に違反して政党演説会若しくは政党等演説会を開催したときは、当該候補者届出政党、衆議院名簿届出政党等又は参議院名簿届出政党等の役職員又は構成員として当該違反行為をした者は、二年以下の禁錮又は五十万円以下の罰金に処する。

**規（新聞広告）**

**第一九条**　法第百四十九条第一項又は第四項の規定により公職の候補者がすることができる新聞広告の寸法は、横九・六センチメートル、縦二段組以内とする。

2　法第百四十九条第一項の規定により一の候補者届出政党が一の都道府県においてすることができる新聞広告の寸法（当該候補者届出政党が同項の規定により当該都道府県においてすることができる新聞広告のすべてを合計した寸法をいう。）及び回数は、次の表の上欄に掲げる当該都道府県における届出候補者の数の区分に応じ、それぞれ当該中欄に定める寸法及び当該下欄に定める回数とする。この場合において、一回当たりの新聞広告の寸法は、横おおむね九・六センチメートル、縦一段組の寸法の整数（二以上のものに限る。）倍の寸法（その形態が長方形であるものに限る。）とし、横三十八・五センチメートル、縦十五段組の寸法を超えてはならないものとする。

無料で第一項から第四項までの規定による新聞広告をすることができる。ただし、衆議院（比例代表選出）議員の選挙にあつては当該衆議院名簿届出政党等の当該選挙区における得票総数が当該選挙区における有効投票の総数の百分の二以上、参議院（比例代表選出）議員の選挙にあつては当該参議院名簿届出政党等の得票総数（当該参議院名簿届出政党等に係る各参議院名簿登載者（当該選挙の期日において公職の候補者たる者に限る。）の得票総数を含むものをいう。）が当該選挙における有効投票の総数の百分の一以上である場合に限る。

【罰則】一項＝二四三条一項七号・二項、二・三項＝二四三条二項、四項＝二四三条一項七号、五項＝二四三条一項六号

| 当該都道府県における届出候補者の数 | 寸法 | 回数 |
| --- | --- | --- |
| 一人から五人まで | 横三十八・五センチメートル、縦四段組以内 | 八回以内 |
| 六人から十人まで | 横三十八・五センチメートル、縦八段組以内 | 十六回以内 |
| 十一人から十五人まで | 横三十八・五センチメートル、縦十二段組以内 | 二十四回以内 |
| 十六人 | 横三十八・五センチメートル、縦十六段組以内 | 三十二回以内 |

3　法第百四十九条第二項の規定により一の衆議院名簿届出政党等が一の選挙区においてすることができる新聞広告の寸法（当該衆議院名簿届出政党等が同項の規定により当該選挙区においてすることができる新聞広告のすべてを合計した寸法をいう。）及び回数は、次の表の上欄に掲げる当該選挙区における衆議院名簿登載者の数の区分に応じ、それぞれ当該中欄に定める寸法及び当該下欄に定める回数（令第百三十二条の三第二項に規定する再選挙においては、当該中欄に定める寸法の二分の一の寸法及び当該下欄に定める回数の二分の一の回数）とする。この場合においては、前項後段の規定を準用する。

| 当該選挙区における衆議院名簿登載者の数 | 寸法 | 回数 |
| --- | --- | --- |

| | | |
|---|---|---|
| 一人から九人まで | 横三十八・五センチメートル、縦八段組以内 | 十六回以内 |
| 十人から十八人まで | 横三十八・五センチメートル、縦十六段組以内 | 三十二回以内 |
| 十九人から二十七人まで | 横三十八・五センチメートル、縦二十四段組以内 | 四十八回以内 |
| 二十八人 | 横三十八・五センチメートル、縦三十二段組以内 | 六十四回以内 |

4　法第百四十九条第三項の規定により一の参議院名簿届出政党等がすることができる新聞広告の寸法（当該参議院名簿届出政党等が同項の規定によりすることができる新聞広告のすべてを合計した寸法をいう。）及び回数は、次の表の上欄に掲げる参議院名簿登載者の数の区分に応じ、それぞれ当該中欄に定める寸法及び当該下欄に定める回数（令第百三十二条の三の二第二項に規定する再選挙においては、当該中欄に定める寸法の二分の一の寸法及び当該下欄に定める回数の二分の一の回数）とする。この場合においては、第二項後段の規定を準用する。

| 参議院名簿登載者の数 | 寸　法 | 回　数 |
|---|---|---|
| 一人から八人まで | 横三十八・五センチメートル、縦二十段組以内 | 四十回以内 |
| 九人から十六人まで | 横三十八・五センチメートル、縦二十八段組以内 | 五十六回以内 |

| 十七人から二十四人まで | 横三十八・五センチメートル、縦三十六段組以内 | 七十二回以内 |
| --- | --- | --- |
| 二十五人 | 横三十八・五センチメートル、縦四十四段組以内 | 八十八回以内 |

5　前四項の規定による新聞広告は、記事下に限るものとし、色刷りは認めない。

6　衆議院小選挙区選出議員、参議院選挙区選出議員又は都道府県知事の選挙においては、第一項又は第二項の規定による新聞広告は、これを掲載しようとする新聞紙に主としてその発行区域の一部に関する記事を掲載する紙面の設けがあり、かつ、当該発行区域の一部が当該選挙の選挙区（選挙区がないときは選挙の行われる区域）の属する都道府県（候補者届出政党にあつては、その届け出た候補者に係る選挙区を包括する都道府県）の全部の区域（参議院合同選挙区選挙にあつては、当該選挙区の区域内の都道府県のうちいずれか一の都道府県の全部の区域）を包含している場合には、全国又はその発行区域の全部にわたる記事を掲載する紙面には、これを掲載することができない。

7　衆議院比例代表選出議員の選挙においては、第三項の規定による新聞広告は、一の新聞社が二以上の発行本社を設けてそれぞれ同一題号の新聞を発行している場合又は二以上の新聞社がそれぞれ同一題号の新聞を発行している場合には同一題号の新聞を発行する二以上の発行本社若しくは新聞社の発行する同一題号の新聞に通じて又は同一題号の新聞を発行する各発行本社若しくは各新聞社の発行する同一題号の新聞ごとに、一の新聞社が発行区域を異にする題号の異なる同種類の新聞を発行している場合には当該新聞社の発行する新聞のうち同一の新聞と認められるものとして

（政見放送）

**第一五〇条** 衆議院（小選挙区選出）議員又は参議院（選挙区選出）

総務大臣の指定するものについては当該新聞に通じて又は当該新聞ごとに、これをすることができる。

8 衆議院比例代表選出議員の選挙においては、第三項の規定による新聞広告は、当該選挙の選挙区の区域内において行われる衆議院小選挙区選出議員の選挙において、第一項又は第二項及び第六項の規定により新聞広告を掲載することができる紙面（以下「衆議院小選挙区の紙面」という。）に掲載するものとする。ただし、当該掲載しようとする新聞紙に、主として当該選挙区の全部又は一部の区域に関する記事を掲載する紙面（衆議院小選挙区の紙面を除く。以下「広域紙面」という。）の設けがある場合その他これに類する場合においては、この限りでない。

9 衆議院比例代表選出議員の選挙において、前項に規定する衆議院小選挙区の紙面又は広域紙面を二以上通じて利用することにより得られる区域（以下「紙面組合せ区域」という。）が、当該衆議院比例代表選出議員の選挙の選挙区の区域に包含される場合又は等しくなる場合その他これに類する場合においては、前項の規定にかかわらず、当該紙面組合せ区域に係る各紙面を通じて第三項の規定による新聞広告をすることができる。

10 衆議院議員の選挙においては、第二項の規定による新聞広告にあつては当該都道府県における衆議院小選挙区選出議員の選挙に関する広告である旨、第三項の規定による新聞広告にあつては当該選挙区における衆議院比例代表選出議員の選挙に関する広告である旨を記載しなければならない。

11 第七項の規定は、参議院比例代表選出議員の選挙について準用する。

令（政見放送）

**第一一一条の四** 衆議院小選挙区選出議員の選挙においては、候補議員の選挙においては、それぞれ候補者届出政党又は参議院（選挙区選出）議員の候補者は、政令で定めるところにより、選挙運動の期間中日本放送協会及び基幹放送事業者（放送法（昭和二十五年法律第百三十二号）第二条第二十三号に規定する基幹放送事業者をいい、日本放送協会及び放送大学学園（放送大学学園法（平成十四年法律第百五十六号）第三条に規定する放送大学学園をいう。第百五十二条第一項において同じ。）を除く。以下同じ。）のラジオ放送又はテレビジョン放送（放送法第二条第十六号に規定する中波放送又は同条第十八号に規定するテレビジョン放送をいう。以下同じ。）の放送設備により、公益のため、その政見（衆議院小選挙区選出議員の選挙にあつては、当該候補者届出政党が届け出た候補者の紹介を含む。以下この項において同じ。）を無料で放送することができる。この場合において、日本放送協会及び基幹放送事業者は、その録音し若しくは録画した政見又は次に掲げるものが録音し若しくは録画した政見をそのまま放送しなければならない。

一　候補者届出政党

二　参議院（選挙区選出）議員の候補者のうち、次に掲げる者

イ　第二百一条の四第二項の確認書の交付を受けた政党その他の政治団体で次の(1)又は(2)に該当するものの同条第一項に規定する推薦候補者

(1)　当該政党その他の政治団体に所属する衆議院議員又は参議院議員を五人以上有すること。

(2)　直近において行われた衆議院議員の総選挙における小選挙区選出議員の選挙若しくは比例代表選出議員の選挙又は参議院議員の通常選挙における比例代表選出議員の選挙若しくは選挙区選出議員の選挙における当該政党その他の政

---

者届出政党は、日本放送協会及び都道府県ごとに総務大臣が定める基幹放送事業者（法第百五十条第一項に規定する基幹放送事業者をいう。以下第百十一条の九までにおいて同じ。）の放送設備によりその政見（当該候補者届出政党が届け出た候補者の紹介を含む。）を放送することができる。

2　参議院選挙区選出議員の選挙においては、当該選挙における候補者は、日本放送協会及び選挙区ごとに総務大臣が定める基幹放送事業者の放送設備によりその政見を放送することができる。

3　衆議院比例代表選出議員の選挙においては、衆議院名簿届出政党等は、日本放送協会及び選挙区ごとに総務大臣が定める基幹放送事業者の放送設備によりその政見（衆議院名簿登載者の紹介を含む。）を放送することができる。

4　参議院比例代表選出議員の選挙においては、参議院名簿届出政党等は、日本放送協会の放送設備によりその政見（参議院名簿登載者の紹介を含む。）を放送することができる。

5　都道府県知事の選挙においては、当該選挙における候補者は、日本放送協会及び総務大臣が定める基幹放送事業者の放送設備によりその政見を放送することができる。

6　法第百五十条第四項に規定する政令で定める時間数は、候補者届出政党の数その他の事情を考慮して、総務大臣が日本放送協会及び基幹放送事業者と協議の上、第一項の規定による放送を行う場合における放送の単位として定める時間数に当該都道府県における候補者届出政党の届出候補者の数に応じて定める数値を乗じて得た時間数とする。

7　法第百五十条第五項に規定する政令で定める時間数（衆議院名簿届出政党等に係るものに限る。）は、衆議院名簿届出政党等の数その他の事情を考慮して、総務大臣が日本放送協会及び基幹放送

治団体の得票総数が当該選挙における有効投票の総数の百分の二以上であること。

ロ　第二百一条の六第三項（第二百一条の七第二項において準用する場合を含む。）の確認書の交付を受けた政党その他の政治団体でイ(1)又は(2)に該当するものの第二百一条の四第一項に規定する所属候補者

2　前項各号に掲げるものは、政令で定めるところにより、政令で定める額の範囲内で、同項の政見の放送のための録音又は録画を無料ですることができる。

3　衆議院（比例代表選出）議員、参議院（比例代表選出）議員又は都道府県知事の選挙においては、それぞれ衆議院名簿届出政党等、参議院名簿届出政党等又は都道府県知事の候補者は、政令で定めるところにより、選挙運動の期間中日本放送協会及び基幹放送事業者のラジオ放送又はテレビジョン放送の放送設備により、公益のため、その政見（衆議院比例代表選出議員の選挙にあつては衆議院名簿登載者、参議院比例代表選出議員の選挙にあつては参議院名簿登載者の紹介を含む。以下この項において同じ。）を無料で放送することができる。この場合において、日本放送協会及び基幹放送事業者は、その政見を録音し又は録画し、これをそのまま放送しなければならない。

4　第一項の放送のうち衆議院（小選挙区選出）議員の選挙における候補者届出政党の放送に関しては、当該都道府県における届出候補者を有する全ての候補者届出政党に対して、同一放送設備を使用し、当該都道府県における当該候補者届出政党の届出候補者の数（十二人を超える場合においては、十二人とする。）に応じて政令で定める時間数を与える等同等の利便を提供しなければならない。

送事業者と協議の上、第三項の規定による放送を行う場合における放送の単位として定める時間数に当該選挙区における衆議院名簿届出政党等の衆議院名簿登載者の数に応じて定める数値を乗じて得た時間数とする。

8　法第百五十条第五項に規定する政令で定める時間数（参議院名簿届出政党等に係るものに限る。）は、総務大臣が日本放送協会と協議の上、参議院名簿届出政党等の数その他の事情を考慮して、第四項の規定による放送を行う場合における放送の単位として定める時間数に参議院名簿登載者の数に応じて定める数値を乗じて得た時間数とする。

5　第一項の放送のうち参議院（選挙区選出）議員の選挙における候補者の放送又は第三項の放送に関しては、それぞれの選挙ごとに当該選挙区（選挙区がないときは、その区域）の全ての公職の候補者（衆議院比例代表選出議員の選挙にあつては衆議院名簿届出政党等、参議院比例代表選出議員の選挙にあつては参議院名簿届出政党等）に対して、同一放送設備を使用し、同一時間数（衆議院比例代表選出議員の選挙にあつては当該選挙区における当該衆議院名簿届出政党等の衆議院名簿登載者の数、参議院比例代表選出議員の選挙にあつては参議院名簿登載者の数に応じて政令で定める時間数）を与える等同等の利便を提供しなければならない。

6　参議院（選挙区選出）議員の候補者のうち第一項第二号イ又はロに掲げる者は、政令で定めるところにより、その者に係る同号イ又はロに規定する政党その他の政治団体が同号イ(1)又は(2)に該当することを証する政令で定める文書を当該選挙に関する事務を管理する都道府県の選挙管理委員会（参議院合同選挙区選挙については、当該選挙に関する事務を管理する参議院合同選挙区選挙管理委員会）に提出しなければならない。ただし、当該選挙と同時に行われる参議院（比例代表選出）議員の選挙において、当該政党その他の政治団体が次に掲げる政党その他の政治団体である場合（政令で定める場合を除く。）は、この限りでない。

一　第八十六条の三第一項第一号又は第二号に該当する政党その他の政治団体として同項の規定による届出をした政党その他の政治団体

二　任期満了前九十日に当たる日から七日を経過する日までの間に第八十六条の七第一項の規定による届出をした政党その他の政治団体で同条第五項の規定による届出をしていないもの（同条第三項の規定により添えた文書の内容に異動がないものに限

る。）

７　中央選挙管理会は、政令で定めるところにより、前項各号に掲げる政党その他の政治団体に関し必要な事項を、当該参議院（比例代表選出）議員の選挙と同時に行われる参議院（選挙区選出）議員の選挙に関する事務を管理する都道府県の選挙管理委員会（参議院合同選挙区選挙については、参議院合同選挙区選挙管理委員会）に通知しなければならない。

８　第一項第二号イ⑴に規定する衆議院議員又は参議院議員の数及び同号イ⑵に規定する政党その他の政治団体の得票総数の算定に関し必要な事項は、政令で定める。

９　第一項から第五項までの放送の回数、日時その他放送に関し必要な事項は、総務大臣が日本放送協会及び基幹放送事業者と協議の上、定める。この場合において、衆議院（比例代表選出）議員の選挙における衆議院名簿届出政党等又は参議院（比例代表選出）議員の選挙における参議院名簿届出政党等の放送に関しては、その利便の提供について、特別の考慮が加えられなければならない。

**（政見放送における品位の保持）**

**第一五〇条の二**　公職の候補者、候補者届出政党、衆議院名簿届出政党等及び参議院名簿届出政党等は、その責任を自覚し、前条第一項又は第三項に規定する放送（以下「政見放送」という。）をするに当たつては、他人若しくは他の政党その他の政治団体の名誉を傷つけ若しくは善良な風俗を害し又は特定の商品の広告その他営業に関する宣伝をする等いやしくも政見放送としての品位を損なう言動をしてはならない。

【罰則】　政見放送において二三五条二項の罪を犯した者＝二三五条の三第一項、特定の商品の広告その他営業に関する宣伝をした者＝二三五条の三第二項

---

**法**（政見放送又は選挙公報の不法利用罪）

**第二三五条の三**　政見放送又は選挙公報において第二百三十五条第二項の罪を犯した者は、五年以下の懲役若しくは禁錮又は百万円以下の罰金に処する。

２　政見放送又は選挙公報において特定の商品の広告その他営業に関する宣伝をした者は、百万円以下の罰金に処する。

**（経歴放送）**

**第一五一条**　衆議院（小選挙区選出）議員、参議院（選挙区選出）議員又は都道府県知事の選挙においては、日本放送協会は、その定めるところにより、公職の候補者の氏名、年齢、党派別（衆議院小選挙区選出議員の選挙にあつては、当該候補者に係る候補者届出政党の名称）、主要な経歴等を関係区域の選挙人に周知させるため、放送をするものとする。

２　前項の放送の回数は、公職の候補者一人について、衆議院（小選挙区選出）議員の選挙にあつてはラジオ放送によりおおむね十回及びテレビジョン放送により一回、その他の選挙にあつてはラジオ放送によりおおむね五回及びテレビジョン放送により一回とする。ただし、日本放送協会は、事情の許す限り、その回数を多くするように努めなければならない。

３　参議院（選挙区選出）議員又は都道府県知事の選挙においては、前二項に定めるもののほか、日本放送協会及び基幹放送事業者は、政令で定めるところにより、テレビジョン放送による政見放送を行う際にテレビジョン放送による経歴放送をするものとする。

**（政見放送及び経歴放送を中止する場合）**

**第一五一条の二**　第百条第一項から第四項までの規定に該当し投票を行うことを必要としなくなつたときは、政見放送（衆議院小選挙区選出議員の選挙において行われるものを除く。）及び経歴放送の手続は、中止する。

２　一の都道府県において行われるすべての衆議院（小選挙区選出）議員の選挙において、第百条第一項の規定に該当し投票を行うことを必要としなくなつたときは、当該都道府県において行われる衆議院（小選挙区選出）議員の選挙に係る政見放送の手続は、中止する。

３　天災その他避けることのできない事故その他特別の事情により、政見放送又は経歴放送が不能となつた場合においては、これに代わるべき政見放送又は経歴放送は行わない。

（選挙放送の番組編集の自由）

**第一五一条の三**　この法律に定めるところの選挙運動の制限に関する規定（第百三十八条の三の規定を除く。）は、日本放送協会又は基幹放送事業者が行なう選挙に関する報道又は評論について放送法の規定に従い放送番組を編集する自由を妨げるものではない。ただし、虚偽の事項を放送し又は事実をゆがめて放送する等表現の自由を濫用して選挙の公正を害してはならない。

【罰則】ただし書＝二三五条の四第一号

**第一五一条の四**　削除

（選挙運動放送の制限）

**第一五一条の五**　何人も、この法律に規定する場合を除く外、放送設備（広告放送設備、共同聴取用放送設備その他の有線電気通信設備を含む。）を使用して、選挙運動のために放送をし又は放送をさせることができない。

【罰則】二三五条の四第二号

（挨拶を目的とする有料広告の禁止）

**第一五二条**　公職の候補者又は公職の候補者となろうとする者（公職にある者を含む。次項において「公職の候補者等」という。）及び第百九十九条の五第一項に規定する後援団体（次項において「後援団体」という。）は、当該選挙区（選挙区がないときは選挙の行われる区域。次項において同じ。）内にある者に対する主として挨拶（年賀、寒中見舞、暑中見舞その他これらに類するもののためにする挨拶及び慶弔、激励、感謝その他これらに類するもののためにする挨拶に限る。次項において同じ。）を目的とす

---

**法**（選挙放送等の制限違反）

**第二三五条の四**　次の各号の一に該当する者は、二年以下の禁錮又は三十万円以下の罰金に処する。

一　第百五十一条の三ただし書の規定に違反して選挙の公正を害したときは、その放送をし又は編集をした者

二　第百五十一条の五の規定に違反して放送をし又は放送をさせた者

**法**（あいさつを目的とする有料広告の制限違反）

**第二三五条の六**　第百五十二条第一項の規定に違反して広告を掲載させ又は放送をさせた者（後援団体にあつては、その役職員又は構成員として当該違反行為をした者）は、五十万円以下の罰金に処する。

２　第百五十二条第二項の規定に違反して、公職の候補者若しくは公職の候補者となろうとする者（公職にある者を含む。）又は後援団体の役職員若しくは構成員を威迫して、広告を掲載させ又は放送をさせることを求めた者は、一年以下の懲役若しくは禁錮又

る広告を、有料で、新聞紙、雑誌、ビラ、パンフレット、インターネット等を利用する方法により頒布される文書図画その他これらに類するものに掲載させ、又は放送事業者（放送法第二条第二十六号に規定する放送事業者をいい、日本放送協会及び放送大学学園を除く。次項において同じ。）の放送設備により放送をさせることができない。

２　何人も、公職の候補者等又は後援団体に対して、当該選挙区内にある者に対する主として挨拶を目的とする広告を、新聞紙、雑誌、ビラ、パンフレット、インターネット等を利用する方法により頒布される文書図画その他これらに類するものに有料で掲載させ、又は放送事業者の放送設備により有料で放送をさせることを求めてはならない。

【罰則】一項＝二三五条の六第一項、二項＝二三五条の六第二項

**第一五三条から第一六〇条まで**　削除

**（公営施設使用の個人演説会等）**

**第一六一条**　公職の候補者（衆議院比例代表選出議員の選挙における候補者で当該選挙と同時に行われる衆議院小選挙区選出議員の選挙における候補者である者以外のもの並びに参議院比例代表選出議員の選挙における候補者たる参議院名簿登載者で第八十六条の三第一項後段の規定により優先的に当選人となるべき候補者としてその氏名及び当選人となるべき順位が参議院名簿に記載されているものを除く。次条から第百六十四条の三までにおいて同じ。）、候補者届出政党及び衆議院名簿届出政党等は、次に掲げる施設（候補者届出政党にあつてはその届け出た候補者に係る選挙区を包括する都道府県の区域内にあるもの、衆議院名簿届出政党等にあつてはその届け出た衆議院名簿に係る選挙区の区域内にあるものに限る。）を使用して、個人演説会、政党演説会又は政党

---

は三十万円以下の罰金に処する。

等演説会を開催することができる。

一　学校及び公民館（社会教育法（昭和二十四年法律第二百七号）第二十一条に規定する公民館をいう。）

二　地方公共団体の管理に属する公会堂

三　前二号のほか、市町村の選挙管理委員会の指定する施設

2　前項の施設については、政令の定めるところにより、その管理者において、必要な設備をしなければならない。

3　市町村の選挙管理委員会は、第一項第三号の施設の指定をしたときは、直ちに、都道府県の選挙管理委員会に、報告しなければならない。

4　前項の報告があつたときは、都道府県の選挙管理委員会は、その旨を告示しなければならない。

**（公営施設以外の施設使用の個人演説会等）**

**第一六一条の二**　公職の候補者、候補者届出政党及び衆議院名簿届出政党等は、前条第一項に規定する施設以外の施設（建物その他の施設の構内を含むものとし、候補者届出政党にあつてはその届け出た候補者に係る選挙区を包括する都道府県の区域内にあるもの、衆議院名簿届出政党等にあつてはその届け出た衆議院名簿に係る選挙区の区域内にあるものに限る。）を使用して、個人演説会、政党演説会又は政党等演説会を開催することができる。

**（個人演説会等における演説）**

**第一六二条**　個人演説会においては、当該公職の候補者は、その選挙運動のための演説をすることができる。

2　個人演説会においては、当該公職の候補者以外の者も当該公職の候補者の選挙運動のための演説をすることができる。

3　候補者届出政党が開催する政党演説会においては、演説者は、当該候補者届出政党が届け出た候補者の選挙運動のための演説を

することができる。

4　衆議院名簿届出政党等が開催する政党等演説会においては、演説者は、当該衆議院名簿届出政党等の選挙運動のための演説をすることができる。

（個人演説会等の開催の申出）

**第一六三条**　第百六十一条の規定により個人演説会を開催しようとする公職の候補者、政党演説会を開催しようとする候補者届出政党又は政党等演説会を開催しようとする衆議院名簿届出政党等は、開催すべき日前二日までに、使用すべき施設、開催すべき日時及び公職の候補者の氏名（候補者届出政党又は衆議院名簿届出政党等にあつては、その名称）を、文書で市町村の選挙管理委員会に申し出なければならない。

（個人演説会の施設の無料使用）

**第一六四条**　第百六十一条の規定により個人演説会を開催する場合における施設（設備を含む。）の使用については、公職の候補者一人につき、同一施設（設備を含む。）ごとに一回を限り、無料とする。

（個人演説会等の会場の掲示の特例）

**第一六四条の二**　衆議院（小選挙区選出）議員、参議院（選挙区選出）議員若しくは都道府県知事の候補者、候補者届出政党又は衆議院名簿届出政党等は、その個人演説会、政党演説会又は政党等演説会の開催中、次項に規定する立札又は看板の類を、会場前の公衆の見やすい場所に掲示しなければならない。

---

令（個人演説会等の開催の申出）

**第一一二条**　法第百六十一条第一項に規定する公職の候補者、候補者届出政党又は衆議院名簿届出政党等（以下第百二十二条までにおいて「公職の候補者等」という。）が、同項の規定により個人演説会、政党演説会又は政党等演説会（以下「個人演説会等」という。）を開催しようとする場合においては、都道府県の選挙管理委員会が定める様式の文書により、法第百六十三条の規定による個人演説会等の開催の申出をしなければならない。

2　公職の候補者等が法第百六十一条第一項に規定する個人演説会等を開催することができる施設（以下「個人演説会等の施設」という。）を使用して個人演説会等を開催しようとする場合においては、同一の施設については、同時に二以上の個人演説会等の開催の申出をし、又は既に申し出た使用の日を経過しない間において新たな申出をすることができない。

3　個人演説会等の施設を使用する時間は、一回について五時間を超えることができない。

法（選挙運動に関する各種制限違反、その一）

**第二四三条**　次の各号のいずれかに該当する者は、二年以下の禁錮又は五十万円以下の罰金に処する。

一～八　略

八の二　第百六十四条の二第一項の規定に違反して立札若しくは看板の類を掲示しなかつた者又は同条第二項若しくは第四項の規定に違反して文書図画を掲示した者

２　前項の規定により個人演説会、政党演説会又は政党等演説会の会場前に掲示しなければならない立札及び看板の類は、縦二百七十三センチメートル、横七十三センチメートルを超えてはならないものとし、これらには、当該選挙に関する事務を管理する選挙管理委員会（衆議院比例代表選出議員の選挙については中央選挙管理会、参議院合同選挙区選挙については当該選挙に関する事務を管理する参議院合同選挙区選挙管理委員会）の定めるところの表示をしなければならない。この場合において、政党演説会の会場前に掲示しなければならない立札及び看板の類について当該選挙に関する事務を管理する選挙管理委員会の定めるところの表示は、当該選挙の選挙区ごとに区分しなければならない。

３　前項に規定する立札及び看板の類の数は、候補者にあつては当該選挙ごとに通じて五（参議院合同選挙区選挙の候補者にあつては、十）を、候補者届出政党にあつてはその届け出た候補者に係る選挙区を包括する都道府県ごとに通じて二に当該都道府県における当該候補者届出政党の届出候補者の数を乗じて得た数を、衆

八の三〜十　略

２　候補者届出政党、衆議院名簿届出政党等若しくは参議院名簿届出政党等が第百四十二条の二の規定に違反してパンフレット若しくは書籍を頒布したとき若しくは第百四十九条第一項から第三項までの規定に違反して新聞広告をしたとき又は候補者届出政党若しくは衆議院名簿届出政党等が第百六十四条の二第一項の規定に違反して立札若しくは看板の類を掲示しなかつたとき若しくは第百六十五条の二の規定に違反して政党演説会若しくは政党等演説会を開催したときは、当該候補者届出政党、衆議院名簿届出政党等又は参議院名簿届出政党等の役職員又は構成員として当該違反行為をした者は、二年以下の禁錮又は五十万円以下の罰金に処する。

**令（個人演説会等の会場の立札及び看板の類の掲示責任者の氏名等の記載）**

**第一二五条の二**　法第百六十四条の二第二項の立札及び看板の類には、その表面に掲示責任者の氏名及び住所を記載しなければならない。この場合において、候補者届出政党又は衆議院名簿届出政党等が使用するものには、当該候補者届出政党又は衆議院名簿届出政党等の名称を併せて記載しなければならない。

議院名簿届出政党等にあつてはその届け出た衆議院名簿に係る選挙区ごとに通じて八を、超えることができない。この場合において、政党演説会の会場前に掲示する同項に規定する立札及び看板の類の選挙区ごとの数は、その届け出た候補者に係る選挙区ごとに通じて二以内とする。

4　第二項に規定する立札及び看板の類を除くほか、第一項の個人演説会、政党演説会又は政党等演説会につき選挙運動のために使用する文書図画は、第百四十三条第一項第四号の規定にかかわらず、個人演説会、政党演説会又は政党等演説会の会場外においては掲示することができない。

5　第二項に規定する立札及び看板の類は、個人演説会、政党演説会又は政党等演説会の会場外のいずれの場所（候補者届出政党の使用するものにあつてはその届け出た候補者に係る当該選挙区の区域内に、衆議院名簿届出政党等の使用するものにあつてはその届け出た衆議院名簿に係る選挙区の区域内に限る。）においても選挙運動のために使用することができる。ただし、当該立札及び看板の類の掲示箇所については、第百四十五条第一項及び第二項の規定を準用する。

6　衆議院（小選挙区選出）議員又は参議院（選挙区選出）議員の選挙においては、公職の候補者は、政令で定めるところにより、政令で定める額の範囲内で、第二項に規定する立札及び看板の類を無料で作成することができる。この場合においては、第百四十一条第七項ただし書の規定を準用する。

【罰則】　一項＝二四三条一項八号の二・二項、二・四項＝二四三条一項八号の二、五項において準用する一四五条一・二項＝二四四条一項三号

**（他の演説会の禁止）**

---

**法（選挙運動に関する各種制限違反、その二）**

**第二四四条**　次の各号のいずれかに該当する者は、一年以下の禁錮又は三十万円以下の罰金に処する。

一〜二の三　略

三　第百四十五条第一項又は第二項（第百六十四条の二第五項において準用する場合を含む。）の規定に違反して文書図画を掲示した者

四〜八　略

2　略

**法（選挙運動に関する各種制限違反、その一）**

**第一六四条の三**　選挙運動のためにする演説会は、この法律の規定により行う個人演説会、政党演説会及び政党等演説会を除くほか、いかなる名義をもつてするを問わず、開催することができない。

２　公職の候補者以外の者が二人以上の公職の候補者の合同演説会を開催すること、候補者届出政党以外の者が二以上の候補者届出政党の合同演説会を開催すること及び衆議院名簿届出政党等以外の者が二以上の衆議院名簿届出政党等の合同演説会を開催することは、前項に規定する禁止行為に該当するものとみなす。

【罰則】　二四三条一項八号の三

**（個人演説会等及び街頭演説における録音盤の使用）**

**第一六四条の四**　個人演説会、政党演説会及び政党等演説会並びに街頭演説においては、選挙運動のため、録音盤を使用して演説をすることを妨げない。

**（街頭演説）**

**第一六四条の五**　選挙運動のためにする街頭演説（屋内から街頭へ向かつてする演説を含む。以下同じ。）は、次に掲げる場合でなければ、行うことができない。

一　演説者がその場所にとどまり、次項に規定する標旗を掲げて行う場合（参議院比例代表選出議員の選挙においては、公職の候補者たる参議院名簿登載者で第八十六条の三第一項後段の規定により優先的に当選人となるべき候補者としてその氏名及び当選人となるべき順位が参議院名簿に記載されている者以外のものの選挙運動のために行う場合に限る。）

二　候補者届出政党又は衆議院名簿届出政党等が第百四十一条第二項又は第三項の規定により選挙運動のために使用する自動車又は船舶で停止しているものの車上又は船上及びその周囲で行う場合

---

**第二四三条**　次の各号のいずれかに該当する者は、二年以下の禁錮又は五十万円以下の罰金に処する。

一～八の二　略

八の三　第百六十四条の三の規定に違反して演説会を開催した者

八の四～十　略

２　略

**法（選挙運動に関する各種制限違反、その一）**

**第二四三条**　次の各号のいずれかに該当する者は、二年以下の禁錮又は五十万円以下の罰金に処する。

一～八の三　略

八の四　第百六十四条の五第一項の規定に違反して街頭演説をした者

八の五～十　略

２　略

2　選挙運動のために前項第一号の規定による街頭演説をしようとする場合には、公職の候補者（衆議院比例代表選出議員の選挙にあつては、衆議院名簿届出政党等）は、あらかじめ当該選挙に関する事務を管理する選挙管理委員会（衆議院比例代表選出議員又は参議院比例代表選出議員の選挙については中央選挙管理会、参議院合同選挙区選挙については当該選挙に関する事務を管理する参議院合同選挙区選挙管理委員会）の定める様式の標旗の交付を受けなければならない。

3　前項の標旗は、次の各号に掲げる選挙の区分に応じ、当該各号に定める数を交付する。

一　衆議院（比例代表選出）議員又は参議院（比例代表選出）議員の選挙以外の選挙　公職の候補者一人について、一（参議院合同選挙区選挙にあつては、二）

二　衆議院（比例代表選出）議員の選挙　衆議院名簿届出政党等について、その届け出た衆議院名簿に係る選挙区ごとに、当該衆議院（比例代表選出）議員の選挙において選挙すべき議員の数に相当する数

三　参議院（比例代表選出）議員の選挙　公職の候補者たる参議院名簿登載者一人について、六

4　第一項第一号の標旗は、当該公務員の請求があるときは、これを提示しなければならない。

【罰則】一項＝二四三条一項八号の四、四項＝二四四条一項五号の二

（夜間の街頭演説の禁止等）

**第一六四条の六**　何人も、午後八時から翌日午前八時までの間は、選挙運動のため、街頭演説をすることができない。

2　第百四十条の二第二項の規定は、選挙運動のための街頭演説をする者について準用する。

---

**法**（選挙運動に関する各種制限違反、その二）

**第二四四条**　次の各号のいずれかに該当する者は、一年以下の禁錮又は三十万円以下の罰金に処する。

一～五　略

五の二　第百六十四条の五第四項の規定に違反して標旗の提示を拒んだ者

六　第百六十四条の六第一項の規定に違反した者

七・八　略

2　略

3 選挙運動のための街頭演説をする者は、長時間にわたり、同一の場所にとどまつてすることのないように努めなければならない。

【罰則】 一項＝二四四条一項六号

（街頭演説の場合の選挙運動員等の制限）

**第一六四条の七** 第百六十四条の五第一項第一号の規定による街頭演説（衆議院比例代表選出議員の選挙において行われるものを除く。）においては、選挙運動に従事する者（運転手（第百四十一条第一項の規定により選挙運動のために使用される自動車一台につき一人に限る。）及び船員を除き、運転手の助手その他労務を提供する者を含む。）は、公職の候補者一人について（参議院比例代表選出議員の選挙にあつては公職の候補者たる参議院名簿登載者一人につき、参議院合同選挙区選挙にあつては候補者一人につき、それぞれ演説を行う場所ごとに）、十五人を超えてはならない。

2 前項の規定による選挙運動に従事する者は、当該選挙に関する事務を管理する選挙管理委員会（参議院比例代表選出議員の選挙については中央選挙管理会、参議院合同選挙区選挙については当該選挙に関する事務を管理する参議院合同選挙区選挙管理委員会）の定めるところにより、一定の腕章又は第百四十一条の二第二項の規定による腕章を着けなければならない。

【罰則】 二項＝二四三条一項八号の六

**第一六五条** 削除

（近接する選挙の場合の演説会等の制限）

**第一六五条の二** 何人も、二以上の選挙が行われる場合において、一の選挙の選挙運動の期間が他の選挙の選挙の期日にかかる場合においては、その当日当該投票所を閉じる時刻までの間は、その投票所を設けた場所の入口から三百メートル以内の区域において、選挙運動のためにする演説会（演説を含む。）を開催するこ

---

法（選挙運動に関する各種制限違反、その一）

**第二四三条** 次の各号のいずれかに該当する者は、二年以下の禁錮又は五十万円以下の罰金に処する。

一～八の五 略

八の六 第百六十四条の七第二項の規定に違反して選挙運動に従事した者

九 第百六十五条の二の規定に違反して演説会を開催し又は演説若しくは連呼行為をした者

十 第百六十六条の規定に違反して演説又は連呼行為をした者

2 候補者届出政党、衆議院名簿届出政党等若しくは参議院名簿届出政党等が第百四十二条の二の規定に違反してパンフレット若しくは書籍を頒布したとき若しくは第百四十九条第一項から第三項までの規定に違反して新聞広告をしたとき又は候補者届出政党若しくは衆議院名簿届出政党等が第百六十四条の二第一項の規定に

とができない。選挙運動のために街頭演説をすること及び第百四十条の二第一項ただし書の規定により自動車又は船舶の上において選挙運動のための連呼行為をすることも、また同様とする。

【罰則】　二四三条一項九号・二項

**（特定の建物及び施設における演説等の禁止）**

**第一六六条**　何人も、次に掲げる建物又は施設においては、いかなる名義をもつてするを問わず、選挙運動のためにする演説及び連呼行為を行うことができない。ただし、第一号に掲げる建物において第百六十一条の規定による個人演説会、政党演説会又は政党等演説会を開催する場合は、この限りでない。

一　国又は地方公共団体の所有し又は管理する建物（公営住宅を除く。）

二　汽車、電車、乗合自動車、船舶（第百四十一条第一項から第三項までの船舶を除く。）及び停車場その他鉄道地内

三　病院、診療所その他の療養施設

【罰則】　二四三条一項一〇号

**（選挙公報の発行）**

**第一六七条**　衆議院（小選挙区選出）議員、参議院（選挙区選出）議員又は都道府県知事の選挙においては、都道府県の選挙管理委員会は、公職の候補者の氏名、経歴、政見等を掲載した選挙公報を、選挙（選挙の一部無効による再選挙を除く。）ごとに、一回発行しなければならない。この場合において、衆議院（小選挙区選出）議員又は参議院（選挙区選出）議員の選挙については、公職の候補者の写真を掲載しなければならない。

2　都道府県の選挙管理委員会は、衆議院（比例代表選出）議員の選挙においては衆議院名簿届出政党等の名称及び略称、政見、衆議院名簿登載者の氏名、経歴及び当選人となるべき順位等を掲載した選挙公報を、参議院（比例代表選出）議員の選挙においては

---

違反して立札若しくは看板の類を掲示しなかつたとき若しくは第百六十五条の二の規定に違反して政党演説会若しくは政党等演説会を開催したときは、当該候補者届出政党、衆議院名簿届出政党等又は参議院名簿届出政党等の役職員又は構成員として当該違反行為をした者は、二年以下の禁錮又は五十万円以下の罰金に処する。

参議院名簿届出政党等の名称及び略称、政見、参議院名簿登載者の氏名、経歴及び写真（第八十六条の三第一項後段の規定により優先的に当選人となるべき候補者としてその氏名及び当選人となるべき順位が参議院名簿に記載されている者である参議院名簿登載者にあつては、氏名、経歴及び当選人となるべき順位。次条第三項及び第百六十九条第六項において同じ。）等を掲載した選挙公報を、選挙（選挙の一部無効による再選挙を除く。）ごとに、一回発行しなければならない。

3　選挙公報は、選挙区ごとに（選挙区がないときは選挙の行われる区域を通じて）、発行しなければならない。

4　特別の事情がある区域においては、選挙公報は、発行しない。

5　前項の規定により選挙公報を発行しない区域は、都道府県の選挙管理委員会が定める。

（掲載文の申請）

**第一六八条**　衆議院（小選挙区選出）議員、参議院（選挙区選出）議員又は都道府県知事の選挙において公職の候補者が選挙公報に氏名、経歴、政見等の掲載を受けようとするときは、その掲載文（衆議院小選挙区選出議員又は参議院選挙区選出議員の選挙にあつては、その掲載文及び写真。次条第一項において同じ。）を添付し、当該選挙の期日の公示又は告示があつた日から二日間（衆議院小選挙区選出議員の選挙にあつては、当該選挙の期日の公示又は告示があつた日）に、当該選挙に関する事務を管理する選挙管理委員会（参議院合同選挙区選挙については、当該選挙に関する事務を管理する参議院合同選挙区選挙管理委員会）に、文書で申請しなければならない。

2　衆議院（比例代表選出）議員の選挙において衆議院名簿届出政党等が選挙公報にその名称及び略称、政見、衆議院名簿登載者の氏名、経歴及び当選人となるべき順位等の掲載を受けようとするときは、その掲載文を添付し、当該選挙の期日の公示又は告示があつた日に、中央選挙管理会に、文書で申請しなければならない。

3　参議院（比例代表選出）議員の選挙において参議院名簿届出政党等が選挙公報にその名称及び略称、政見、参議院名簿登載者の氏名、経歴及び写真等の掲載を受けようとするときは、その掲載文を添付し、当該選挙の期日の公示又は告示があつた日から二日間に、中央選挙管理会に、文書で申請しなければならない。この場合において、当該参議院名簿届出政党等は、当該掲載文の二分の一以上に相当する部分に、第八十六条の三第一項後段の規定により優先的に当選人となるべき候補者としてその氏名及び当選人となるべき順位が参議院名簿に記載されている者である参議院名簿登載者以外の参議院名簿登載者については、各参議院名簿登載者の氏名及び経歴を記載し、又は記録し、並びに写真を貼り付け、又は記録し、同項後段の規定により優先的に当選人となるべき候補者としてその氏名及び当選人となるべき順位が参議院名簿に記載されている者である参議院名簿登載者については、その他の参議院名簿登載者の氏名、経歴及び写真と区分して、優先的に当選人となるべき候補者である旨を表示した上で、各参議院名簿登載者の氏名、経歴及び当選人となるべき順位を記載し、又は記録すること等により、参議院名簿登載者の紹介に努めるものとする。

4　前三項の掲載文については、第百五十条の二の規定を準用する。

（選挙公報の発行手続）

**第一六九条**　参議院合同選挙区選挙について前条第一項の申請があつたときは、参議院合同選挙区選挙管理委員会は、その掲載文の写しをその選挙の期日前十一日までに、合同選挙区都道府県の選挙管理委員会に送付しなければならない。

2　衆議院（比例代表選出）議員又は参議院（比例代表選出）議員の選挙について前条第二項又は第三項の申請があつたときは、中央選挙管理会は、その掲載文の写しを衆議院（比例代表選出）議員の選挙にあつてはその選挙の期日前九日までに、参議院（比例代表選出）議員の選挙にあつてはその選挙の期日前十一日までに、都道府県の選挙管理委員会に送付しなければならない。

3　都道府県の選挙管理委員会は、前条第一項の申請又は前二項の掲載文の写しの送付があつたときは、掲載文又はその写しを、原文のまま選挙公報に掲載しなければならない。この場合において、衆議院（比例代表選出）議員の選挙にあつては当該選挙区における当該衆議院名簿届出政党等の衆議院名簿登載者の数、参議院（比例代表選出）議員の選挙にあつては参議院名簿登載者の数に応じて総務省令で定める寸法により掲載するものとする。

4　衆議院議員の選挙においては、小選挙区選出議員の選挙に係る選挙公報と比例代表選出議員の選挙に係る選挙公報は、別の用紙をもつて発行しなければならない。

5　参議院議員の選挙においては、比例代表選出議員の選挙に係る選挙公報と選挙区選出議員の選挙に係る選挙公報は、別の用紙をもつて発行しなければならない。

6　衆議院（小選挙区選出）議員、参議院（選挙区選出）議員若しくは都道府県知事の選挙について一の用紙に二人以上の公職の候補者の氏名、経歴、政見、写真等を掲載する場合、衆議院（比例代表選出）議員の選挙について一の用紙に二以上の衆議院名簿届出政党等の名称及び略称、政見、衆議院名簿登載者の氏名、経歴及び当選人となるべき順位等を掲載する場合又は参議院（比例代表選出）議員の選挙について一の用紙に二以上の参議院名簿届出政党等の名称及び略称、政見、参議院名簿登載者の氏名、経歴及び写真等を掲載する場合においては、その掲載の順序は、都道府県の選挙管理委員会がくじで定める。

7　前条第一項の申請をした公職の候補者若しくはその代理人又は

同条第二項若しくは第三項の申請をした衆議院名簿届出政党等若しくは参議院名簿届出政党等の代表者若しくはその代理人は、前項のくじに立ち会うことができる。

（選挙公報の配布）

**第一七〇条**　選挙公報は、都道府県の選挙管理委員会の定めるところにより、市町村の選挙管理委員会が、当該選挙に用うべき選挙人名簿に登録された者の属する各世帯に対して、選挙の期日前二日までに、配布するものとする。ただし、第百十九条第一項又は第二項の規定により同時に選挙を行う場合においては、第百七十二条の二の規定による条例の定める期日までに、配布するものとする。

2　市町村の選挙管理委員会は、前項の各世帯に選挙公報を配布することが困難であると認められる特別の事情があるときは、あらかじめ、都道府県の選挙管理委員会に届け出て、選挙公報につき、同項の規定により配布すべき日までに新聞折込みその他これに準ずる方法による配布を行うことによつて、同項の規定による配布に代えることができる。この場合においては、当該市町村の選挙管理委員会は、市役所、町村役場その他適当な場所に選挙公報を備え置く等当該方法による選挙公報の配布を補完する措置を講ずることにより、選挙人が選挙公報を容易に入手することができるよう努めなければならない。

（選挙公報の発行を中止する場合）

**第一七一条**　第百条第一項から第四項までの規定に該当し投票を行うことを必要としなくなつたとき又は天災その他避けることのできない事故その他特別の事情があるときは、選挙公報発行の手続は、中止する。

（選挙公報に関しその他必要な事項）

**第一七二条**　第百六十七条から前条までに規定するもののほか、選挙公報の発行の手続に関し必要な事項は、当該選挙に関する事務を管理する選挙管理委員会（衆議院比例代表選出議員又は参議院比例代表選出議員の選挙については中央選挙管理会、参議院合同選挙区選挙については当該選挙に関する事務を管理する参議院合同選挙区選挙管理委員会）が定める。

**（任意制選挙公報の発行）**

**第一七二条の二**　都道府県の議会の議員、市町村の議会の議員又は市町村長の選挙（選挙の一部無効による再選挙を除く。）においては、当該選挙に関する事務を管理する選挙管理委員会は、第百六十七条から第百七十一条までの規定に準じて、条例で定めるところにより、選挙公報を発行することができる。

**第一七三条及び第一七四条**　削除

**（投票記載所の氏名等の掲示）**

**第一七五条**　市町村の選挙管理委員会は、各選挙につき、その選挙の当日、衆議院（比例代表選出）議員の選挙にあつては投票所内の投票の記載をする場所に衆議院名簿届出政党等の名称及び略称の掲示並びに投票所内のその他の適当な箇所に衆議院名簿届出政党等の名称及び略称並びに衆議院名簿登載者の氏名及び当選人となるべき順位の掲示を、参議院（比例代表選出）議員の選挙にあつては投票所内の投票の記載をする場所その他適当な箇所に参議院名簿届出政党等の名称及び略称並びに参議院名簿登載者の氏名（第八十六条の三第一項後段の規定により優先的に当選人となるべき候補者としてその氏名及び当選人となるべき順位が参議院名簿に記載されている者である参議院名簿登載者にあつては、氏名及び当選人となるべき順位。次項において同じ。）の掲示を、その他の選挙にあつては投票所内の投票の記載をする場所その他適当な箇所に公職の候補者の氏名及び党派別（衆議院小選挙区選出議員の選挙にあつては、当該候補者に係る候補者届出政党の名称。

以下この条において同じ。）の掲示をしなければならない。ただし、第四十六条の二第一項に規定する方法により投票を行う選挙にあつては、この限りでない。

2　市町村の選挙管理委員会は、各選挙（当該市町村の全部又は一部の区域が含まれる区域を区域として行われるものに限る。）につき、当該選挙の期日の公示又は告示があつた日の翌日から選挙の期日の前日までの間、期日前投票所又は不在者投票管理者のうち政令で定めるものの管理する投票を記載する場所内の適当な箇所に、衆議院（比例代表選出）議員の選挙にあつては衆議院名簿届出政党等の名称及び略称の掲示を、参議院（比例代表選出）議員の選挙にあつては参議院名簿届出政党等の名称及び略称並びに参議院名簿登載者の氏名の掲示を、その他の選挙にあつては公職の候補者の氏名及び党派別の掲示をしなければならない。

3　第一項の掲示の掲載の順序は、衆議院（比例代表選出）議員の選挙にあつてはいずれの掲示の掲載の順序も同一となるように都道府県の選挙管理委員会が都道府県ごとに、参議院（比例代表選出）議員の選挙にあつては都道府県の選挙管理委員会が都道府県ごとに、その他の選挙にあつては市町村の選挙管理委員会が開票区ごとに、当該選挙の公示又は告示があつた日において第八十六条第一項から第三項まで、第八十六条の二第一項、第八十六条の三第一項又は第八十六条の四第一項若しくは第二項の規定による届出をすべき時間が経過した後に行うくじで定める順序による。ただし、衆議院（比例代表選出）議員又は参議院（比例代表選出）議員の選挙以外の選挙について当該くじを行つた後、第八十六条第八項又は第八十六条の四第五項、第六項若しくは第八項の規定による届出があつた場合（これらの規定による届出のあつた公職の候補者の全員が候補者でなくなつたときを除く。）は、これらの規定の期間が経過した後市町村の選挙管理委員会が開票区ごとに改めて行うくじで定める順序による。

4　参議院（比例代表選出）議員の選挙における第一項の各参議院名簿届出政党等に係る参議院名簿登載者（第八十六条の三第一項後段の規定により優先的に当選人となるべき候補者としてその氏名及び当選人となるべき順位が参議院名簿に記載されている者を除く。）の氏名の掲示の掲載の順序は、参議院名簿に記載された氏名の順序（同条第二項において準用する第八十六条の二第九項の規定による届出があるときは、当該参議院名簿に記載された氏名の次に、当該届出に係る文書に記載された氏名をその記載された順序のとおりに加えた氏名の順序）による。

5　参議院（比例代表選出）議員の選挙における第一項の各参議院名簿届出政党等に係る第八十六条の三第一項後段の規定により優先的に当選人となるべき候補者としてその氏名及び当選人となるべき順位が参議院名簿に記載されている者である参議院名簿登載者の氏名及び当選人となるべき順位の掲示をする場合においては、当該参議院名簿届出政党等に係るその他の参議院名簿登載者の氏名と区分して、優先的に当選人となるべき候補者である旨を表示した上で、当該その他の参議院名簿登載者の氏名の次に、当該掲示の掲載をするものとする。

6　第八項前段に規定する場合を除くほか、第二項の掲示の掲載の順序は、第三項本文のくじで定める順序（参議院比例代表選出議員の選挙にあつては同項本文のくじで定める順序及び第四項に規定する順序、衆議院比例代表選出議員又は参議院比例代表選出議員の選挙以外の選挙において第十八条第二項の規定により当該選挙の行われる市町村の区域（当該区域が二以上の選挙区に分かれているときは、当該選挙区の区域）が数開票区に分かれている場合にあつては当該市町村の選挙管理委員会が指定する一の開票区（当該選挙の行われる市町村の区域が二以上の選挙区に分かれているときは、当該市町村の選挙管理委員会が選挙区ごとに指定する一の開票区）において行う第三項本文のくじで定める順序）による。この場合において、衆議院（比例代表選出）議員又は参議院（比例代表選出）議員の選挙以外の選挙について当該くじを行つた後、第八十六条第八項又は第八十六条の四第五項、第六項若しくは第八項の規定による届出があつたときは、これらの規定による届出のあつた公職の候補者の氏名及び党派別の掲示は、総務省令で定めるところによりするものとする。

7　第五項の規定は、参議院（比例代表選出）議員の選挙における第二項の各参議院名簿届出政党等に係る第八十六条の三第一項後段の規定により優先的に当選人となるべき候補者としてその氏名及び当選人となるべき順位が参議院名簿に記載されている者である参議院名簿登載者の氏名及び当選人となるべき順位の掲示をする場合について準用する。

8　第四十六条の二第一項に規定する方法により投票を行う選挙について第二項の掲示を行う場合には、その掲示の掲載の順序は、いずれの掲示の掲載の順序も同一となるように当該選挙に関する事務を管理する選挙管理委員会が当該選挙の告示があつた日において第八十六条の四第一項又は第二項の規定による届出をすべき時間が経過した後に行うくじで定める順序による。この場合において、当該くじを行つた後、第四十六条の二第二項の規定により変更して適用することとされた第八十六条の四第五項又は第八項の規定による届出があつたときは、これらの規定による届出のあつた公職の候補者の氏名及び党派別の掲示は、総務省令で定めるところによりするものとする。

9　公職の候補者（衆議院比例代表選出議員の選挙にあつては衆議院名簿届出政党等、参議院比例代表選出議員の選挙にあつては参議院名簿届出政党等の代表者）又はその代理人は、第三項又は前項のくじに立ち会うことができる。

10　前各項に規定するもののほか、第一項又は第二項の掲示に関し必要な事項は、都道府県の選挙管理委員会が定める。

**（交通機関の利用）**

**第一七六条**　衆議院（小選挙区選出）議員、参議院議員又は都道府県知事の選挙においては、公職の候補者（参議院比例代表選出議員の選挙における候補者たる参議院名簿登載者で第八十六条の三第一項後段の規定により優先的に当選人となるべき候補者としてその氏名及び当選人となるべき順位が参議院名簿に記載されているものを除く。以下この条において同じ。）、推薦届出者その他選挙運動に従事する者が選挙運動の期間中関係区域内において鉄道事業、軌道事業及び一般乗合旅客自動車運送事業に係る交通機関（参議院比例代表選出議員の選挙にあつては、旅客鉄道株式会社及び日本貨物鉄道株式会社に関する法律（昭和六十一年法律第八十八号）第一条第一項に規定する旅客会社、旅客鉄道株式会社及び日本貨物鉄道株式会社に関する法律の一部を改正する法律（平成十三年法律第六十一号）附則第二条第一項に規定する新会社及び旅客鉄道株式会社及び日本貨物鉄道株式会社に関する法律の一部を改正する法律（平成二十七年法律第三十六号）附則第二条第一項に規定する新会社の旅客鉄道事業及び一般乗合旅客自動車運送事業並びに国内定期航空運送事業に係る交通機関）を利用するため、公職の候補者は、国土交通大臣の定めるところにより、無料で、通じて十五枚（参議院合同選挙区選挙にあつては、三十枚）の特殊乗車券（参議院比例代表選出議員の選挙にあつては、通じて六枚の特殊乗車券（運賃及び国土交通大臣の定める急行料金を支払うことなく利用することができる特殊乗車券をいう。）又は特殊航空券）の交付を受けることができる。

**（通常葉書等の返還及び譲渡禁止）**

法（選挙運動に関する各種制限違反、その二）

**第一七七条**　第百四十二条第一項及び第五項の規定により選挙運動のために使用する通常葉書の交付を受けた者、同条第七項若しくは第百四十四条第二項の規定により証紙の交付を受けた者若しくは衆議院名簿届出政党等又は前条の規定により特殊乗車券若しくは特殊航空券の交付を受けた者は、次に掲げるときは、直ちにその全部を返還しなければならない。ただし、選挙運動に使用したためその全部を返還することができないときは、選挙運動に使用したことを証する明細書を添えて、残部を返還しなければならない。

一　公職の候補者（候補者届出政党の届出に係るもの及び参議院比例代表選出議員の候補者を除く。以下この号において同じ。）にあつては、第八十六条第九項若しくは第八十六条の四第九項の規定により公職の候補者の届出を却下されたとき又は第八十六条第十二項若しくは第八十六条の四第十項の規定により公職の候補者たることを辞したとき（第九十一条第二項又は第百三条第四項の規定により公職の候補者たることを辞したものとみなされる場合を含む。）。

二　候補者届出政党の届出に係る候補者にあつては、第八十六条第九項の規定により候補者の届出を却下されたとき又は同条第十一項の規定により候補者届出政党が当該候補者に係る候補者の届出を取り下げたとき（第九十一条第一項又は第百三条第四項の規定により候補者の届出が取り下げられたものとみなされる場合を含む。）。

三　衆議院名簿届出政党等にあつては、第八十六条の二第十項の規定により届出を取り下げたとき又は同条第十一項の規定により届出を却下されたとき。

四　参議院比例代表選出議員の候補者にあつては、第八十六条の三第二項において準用する第八十六条の二第七項の規定により

**第二四四条**　次の各号のいずれかに該当する者は、一年以下の禁錮又は三十万円以下の罰金に処する。

一～六　略

七　正当な理由がなくて、第百七十七条第一項の規定による返還をしなかつた者

八　第百七十七条第二項の規定に違反して譲渡した者

2　衆議院名簿届出政党等が正当な理由がなくて第百七十七条第一項の規定による返還をしなかつたとき又は候補者届出政党若しくは衆議院名簿届出政党等が同条第二項の規定に違反して譲渡したときは、当該候補者届出政党又は衆議院名簿届出政党等の役職員又は構成員として当該違反行為をした者は、一年以下の禁錮又は三十万円以下の罰金に処する。

き、第八十六条の三第二項において準用する第八十六条の二第十項の規定により参議院名簿届出政党等が当該候補者に係る参議院名簿を取り下げたとき又は第八十六条の三第二項において準用する第八十六条の二第十一項若しくは第十二項の規定により当該候補者に係る参議院名簿の届出若しくは当該候補者に係る参議院名簿登載者の補充の届出が却下されたとき。

2　第百四十二条第一項、第二項及び第五項の規定により選挙運動のために使用する通常葉書の交付を受けた者若しくは候補者届出政党、同条第七項若しくは第百四十四条第二項の規定により証紙の交付を受けた者、候補者届出政党若しくは衆議院名簿届出政党等又は前条に規定する特殊乗車券若しくは特殊航空券の交付を受けた者は、これらのものを他人に譲渡してはならない。

【罰則】　正当な理由がなくて一項の返還をしなかつたとき＝二四四条一項七号・二項、二項＝二四四条一項八号・二項

（選挙期日後の挨拶行為の制限）

**第一七八条**　何人も、選挙の期日（第百条第一項から第四項までの規定により投票を行わないこととなつたときは、同条第五項の規定による告示の日）後において、当選又は落選に関し、選挙人に挨拶する目的をもつて次に掲げる行為をすることができない。

一　選挙人に対して戸別訪問をすること。

二　自筆の信書及び当選又は落選に関する祝辞、見舞等の答礼のためにする信書並びにインターネット等を利用する方法により頒布される文書図画を除くほか文書図画を頒布し又は掲示すること。

三　新聞紙又は雑誌を利用すること。

四　第百五十一条の五に掲げる放送設備を利用して放送すること。

五　当選祝賀会その他の集会を開催すること。

---

**法**（選挙期日後のあいさつ行為の制限違反）

**第二四五条**　第百七十八条の規定に違反した者は、三十万円以下の罰金に処する。

六　自動車を連ね又は隊を組んで往来する等によつて気勢を張る行為をすること。
七　当選に関する答礼のため当選人の氏名又は政党その他の政治団体の名称を言い歩くこと。

【罰則】　二四五条

**（選挙期日後の文書図画の撤去）**

**第一七八条の二**　第百四十三条第一項第五号のポスター（第百四十四条の二第一項及び第八項の掲示場に掲示されたものを除く。）及び第百六十四条の二第二項の立札及び看板の類を掲示した者は、選挙の期日（第百条第一項から第四項までの規定により投票を行わないこととなつたときは、同条第五項の規定による告示の日）後速やかにこれを撤去しなければならない。

**（衆議院議員又は参議院議員の選挙における選挙運動の態様）**

**第一七八条の三**　衆議院議員の選挙においては、比例代表選出議員の選挙に係る選挙運動の制限に関するこの章の規定は、小選挙区選出議員の選挙に係る選挙運動が、この法律において許される態様において比例代表選出議員の選挙に係る選挙運動にわたることを妨げるものではない。

2　衆議院議員の選挙においては、小選挙区選出議員の選挙に係る選挙運動の制限に関するこの章の規定は、候補者届出政党である衆議院名簿届出政党等が行う比例代表選出議員の選挙に係る選挙運動が、この法律において許される態様において小選挙区選出議員の選挙に係る選挙運動にわたることを妨げるものではない。

3　参議院議員の選挙においては、比例代表選出議員の選挙に係る選挙運動の制限に関するこの章の規定は、選挙区選出議員の選挙に係る選挙運動が、この法律において許される態様において比例代表選出議員の選挙に係る選挙運動にわたることを妨げるものではない。

## 第十四章　選挙運動に関する収入及び支出並びに寄附

（収入、寄附及び支出の定義）
**第一七九条**　この法律において「収入」とは、金銭、物品その他の財産上の利益の収受、その収受の承諾又は約束をいう。
2　この法律において「寄附」とは、金銭、物品その他の財産上の利益の供与又は交付、その供与又は交付の約束で党費、会費その他債務の履行としてなされるもの以外のものをいう。
3　この法律において「支出」とは、金銭、物品その他の財産上の利益の供与又は交付、その供与又は交付の約束をいう。
4　前三項の金銭、物品その他の財産上の利益には、花輪、供花、香典又は祝儀として供与され、又は交付されるものその他これらに類するものを含むものとする。

（適用除外）
**第一七九条の二**　次条から第百九十七条までの規定は、衆議院（比例代表選出）議員の選挙については、適用しない。
2　次条から第百九十七条の二までの規定は、参議院（比例代表選出）議員の選挙における候補者たる参議院名簿登載者で第八十六条の三第一項後段の規定により優先的に当選人となるべき候補者としてその氏名及び当選人となるべき順位が参議院名簿に記載されているものについては、適用しない。

（出納責任者の選任及び届出）
**第一八〇条**　公職の候補者は、その選挙運動に関する収入及び支出の責任者（以下「出納責任者」という。）一人を選任しなければならない。ただし、公職の候補者が自ら出納責任者となり又は候補者届出政党若しくは参議院名簿届出政党等若しくは推薦届出者（推薦届出者が数人あるときは、その代表者。以下この項において同じ。）が当該候補者の承諾を得て出納責任者を選任し若しくは推薦届出者が当該候補者の承諾を得て自ら出納責任者となることを妨げない。

2　出納責任者を選任したもの（選任したものが候補者届出政党又は参議院名簿届出政党等である場合にあつては、その代表者）は、文書で、出納責任者の支出することのできる金額の最高額を定め、出納責任者とともにこれに署名押印しなければならない。

3　出納責任者を選任したもの（自ら出納責任者となつた者を含む。）は、直ちに出納責任者の氏名、住所、職業、生年月日及び選任年月日並びに公職の候補者の氏名を、文書で、当該選挙に関する事務を管理する選挙管理委員会（参議院比例代表選出議員の選挙については中央選挙管理会、参議院合同選挙区選挙については当該選挙に関する事務を管理する参議院合同選挙区選挙管理委員会）に届け出なければならない。

4　候補者届出政党若しくは参議院名簿届出政党等又は推薦届出者が出納責任者を選任した場合においては、前項の規定による届出には、その選任につき公職の候補者の承諾を得たことを証すべき書面（推薦届出者が出納責任者を選任した場合において、推薦届出者が数人あるときは、併せてその代表者たることを証すべき書面）を添えなければならない。

（出納責任者の解任及び辞任）

**第一八一条**　公職の候補者は、文書で通知することにより出納責任者を解任することができる。出納責任者を選任した候補者届出政党若しくは参議院名簿届出政党等又は推薦届出者において、当該候補者の承諾を得たときも、また同様とする。

2　出納責任者は、文書で公職の候補者及び当該出納責任者を選任したものに通知することにより辞任することができる。

（出納責任者の異動）

**第一八二条**　出納責任者に異動があつたときは、出納責任者を選任したものは、直ちに第百八十条第三項及び第四項の規定の例により、届け出なければならない。

2　前項の規定による届出で解任又は辞任による異動に関するものには、前条の規定による通知のあつたことを証すべき書面を添えなければならない。候補者届出政党若しくは参議院名簿届出政党等又は推薦届出者が出納責任者を解任した場合においては、併せて、その解任につき公職の候補者の承諾のあつたことを証すべき書面を添えなければならない。

（出納責任者の職務代行）

**第一八三条**　公職の候補者又は候補者届出政党若しくは参議院名簿届出政党等が出納責任者を選任した場合及び推薦届出者が自ら出納責任者となつた場合において、出納責任者に事故があるとき又は出納責任者が欠けたときは、公職の候補者が代わつて出納責任者の職務を行う。

2　推薦届出者が出納責任者を選任した場合において、出納責任者に事故があるとき又は出納責任者が欠けたときは、当該推薦届出者が代わつてその職務を行う。当該推薦届出者にも事故があるとき又はその者も欠けたときは、公職の候補者が代わつて出納責任者の職務を行う。

3　前二項の規定により出納責任者に代わつてその職務を行う者は、第百八十条第三項及び第四項の規定の例により、届け出なければならない。

4　前項の規定による届出には、出納責任者の氏名（出納責任者の選任をした推薦届出者にも事故があるとき又はその者も欠けたときは、併せてその氏名）事故又は欠けたことの事実及びその職務代行を始めた年月日を記載しなければならない。出納責任者に代わつてその職務を行う者がこれをやめたときは、その事由及びその職務代行をやめた年月日を記載しなければならない。

**（出納責任者の届出の効力）**

**第一八三条の二**　第百八十条第三項及び第四項、第百八十二条又は前条第三項及び第四項の規定による届出書類を郵便で差し出す場合においては、引受時刻証明の取扱いでこれを日本郵便株式会社に託した時をもつて、これらの規定による届出があつたものとみなす。

**（届出前の寄附の受領及び支出の禁止）**

**第一八四条**　出納責任者（出納責任者に代わつてその職務を行う者を含む。第百九十条の規定を除き、以下同じ。）は、第百八十条第三項及び第四項、第百八十二条又は第百八十三条第三項及び第四項の規定による届出がされた後でなければ、公職の候補者の推薦、支持又は反対その他の運動のために、いかなる名義をもつてするを問わず、公職の候補者のために寄附を受け又は支出をすることができない。

【罰則】二四六条一号・二五〇条

**（会計帳簿の備付及び記載）**

**第一八五条**　出納責任者は、会計帳簿を備え、左の各号に掲げる事項を記載しなければならない。

一　選挙運動に関するすべての寄附及びその他の収入（公職の候補者のために公職の候補者又は出納責任者と意思を通じてなされた寄附を含む。）

---

**法（選挙運動に関する収入及び支出の規制違反）**

**第二四六条**　次の各号に掲げる行為をした者は、三年以下の禁錮又は五十万円以下の罰金に処する。

一　第百八十四条の規定に違反して寄附を受け又は支出をしたとき。

二　第百八十五条の規定に違反して会計帳簿を備えず又は会計帳簿に記載をせず若しくはこれに虚偽の記入をしたとき。

三～九　略

**法（懲役又は禁錮及び罰金の併科、重過失の処罰）**

**第二五〇条**　第二百四十六条、第二百四十七条、第二百四十八条、第二百四十九条及び第二百四十九条の二（第三項及び第四項を除く。）の罪を犯した者には、情状により、懲役又は禁錮及び罰金を併科することができる。

2　重大な過失により、第二百四十六条、第二百四十七条、第二百四十八条、第二百四十九条及び第二百四十九条の二第一項から第

二　前号の寄附をした者の氏名、住所及び職業並びに寄附の金額（金銭以外の財産上の利益については時価に見積つた金額。以下同じ。）及び年月日
三　選挙運動に関するすべての支出（公職の候補者のために公職の候補者又は出納責任者と意思を通じてなされた支出を含む。）
四　前号の支出を受けた者の氏名、住所及び職業並びに支出の目的、金額及び年月日

2　前項の会計帳簿の種類及び様式は、総務省令で定める。

【罰則】二四六条二号・二五〇条

（明細書の提出）

**第一八六条**　出納責任者以外の者で公職の候補者のために選挙運動に関する寄附を受けたものは、寄附を受けた日から七日以内に、寄附をした者の氏名、住所及び職業並びに寄附の金額及び年月日を記載した明細書を出納責任者に提出しなければならない。但し、出納責任者の請求があるときは、直ちに提出しなければならない。

2　前項の寄附で当該候補者が候補者の届出（参議院比例代表選出議員の選挙にあつては、参議院名簿の届出又は参議院名簿登載者の補充の届出。以下この項において同じ。）がされる前に受けたものについては、候補者の届出がされた後直ちに出納責任者にその明細書を提出しなければならない。

【罰則】二四六条三号・二五〇条

（出納責任者の支出権限）

**第一八七条**　立候補準備のために要する支出並びに電話及びインターネット等を利用する方法による選挙運動に要する支出を除くほか、選挙運動に関する支出は、出納責任者でなければすることができない。ただし、出納責任者の文書による承諾を得た者は、この限りでない。

四項までの罪を犯した者も、処罰するものとする。ただし、裁判所は、情状により、その刑を減軽することができる。

**規**（会計帳簿の種類及び様式）

**第二二条**　法第百八十五条の規定による会計帳簿は、その種類を左の通りとし、別記第三十号様式に準じて作成しなければならない。
一　収入簿
二　支出簿

**法**（選挙運動に関する収入及び支出の規制違反）

**第二四六条**　次の各号に掲げる行為をした者は、三年以下の禁錮又は五十万円以下の罰金に処する。
一・二　略
三　第百八十六条の規定に違反して明細書の提出をせず、又はこれに虚偽の記入をしたとき。
四　第百八十七条第一項の規定に違反して支出をしたとき。
五～九　略

**法**（懲役又は禁錮及び罰金の併科、重過失の処罰）

**第二五〇条**　第二百四十六条、第二百四十七条、第二百四十八条、第二百四十九条及び第二百四十九条の二（第三項及び第四項を除く。）の罪を犯した者には、情状により、懲役又は禁錮及び罰金を併科することができる。

2　重大な過失により、第二百四十六条、第二百四十七条、第二百四十八条、第二百四十九条及び第二百四十九条の二第一項から第四項までの罪を犯した者も、処罰するものとする。ただし、裁判所は、情状により、その刑を減軽することができる。

2　立候補準備のために要した支出で公職の候補者若しくは出納責任者となつた者が支出し又は他の者がその者と意思を通じて支出したものについては、出納責任者は、その就任後直ちに当該候補者又は支出者につきその精算をしなければならない。

【罰則】一項＝二四六条四号・二五〇条

（領収書等の徴収及び送付）

**第一八八条**　出納責任者又は公職の候補者若しくは出納責任者と意思を通じてそのために支出をした者は、選挙運動に関するすべての支出について、支出の金額、年月日及び目的を記載した領収書その他の支出を証すべき書面を徴さなければならない。但し、これを徴し難い事情があるときは、この限りでない。

2　公職の候補者又は出納責任者と意思を通じてそのために支出をした者は、前項の書面を直ちに出納責任者に送付しなければならない。

【罰則】二四六条五号・二五〇条

（選挙運動に関する収入及び支出の報告書の提出）

**第一八九条**　出納責任者は、公職の候補者の選挙運動に関しなされた寄附及びその他の収入並びに支出について、第百八十五条第一項各号に掲げる事項を記載した報告書を、前条第一項の領収書その他の支出を証すべき書面の写し（同項の領収書その他の支出を証すべき書面を徴し難い事情があつたときは、その旨並びに当該支出の金額、年月日及び目的を記載した書面又は当該支出の目的を記載した書面並びに金融機関が作成した振込みの明細書であつて当該支出の金額及び年月日を記載したものの写し）を添付して、次の各号の定めるところにより、当該選挙に関する事務を管理する選挙管理委員会（参議院比例代表選出議員の選挙については中央選挙管理会、参議院合同選挙区選挙については当該選挙に関す

---

**法**（選挙運動に関する収入及び支出の規制違反）

**第二四六条**　次の各号に掲げる行為をした者は、三年以下の禁錮又は五十万円以下の罰金に処する。

一～四　略

五　第百八十八条の規定に違反して領収書その他の支出を証すべき書面を徴せず若しくはこれを送付せず又はこれに虚偽の記入をしたとき。

五の二　第百八十九条第一項の規定に違反して報告書若しくはこれに添付すべき書面の提出をせず又はこれらに虚偽の記入をしたとき。

六　第百九十条の規定による引継ぎをしないとき。

七～九　略

**法**（懲役又は禁錮及び罰金の併科、重過失の処罰）

**第二五〇条**　第二百四十六条、第二百四十七条、第二百四十八条、第二百四十九条及び第二百四十九条の二（第三項及び第四項を除く。）の罪を犯した者には、情状により、懲役又は禁錮及び罰金を併科することができる。

2　重大な過失により、第二百四十六条、第二百四十七条、第二百四十八条、第二百四十九条及び第二百四十九条の二第一項から第四項までの罪を犯した者も、処罰するものとする。ただし、裁判所は、情状により、その刑を減軽することができる。

る事務を管理する参議院合同選挙区選挙管理委員会）に提出しなければならない。

一　当該選挙の期日の公示又は告示の日前まで、選挙の期日の公示又は告示の日から選挙の期日まで及び選挙の期日経過後になされた寄附及びその他の収入並びに支出については、これを併せて精算し、選挙の期日から十五日以内に

二　前号の精算届出後になされた寄附及びその他の収入並びに支出については、その寄附及びその他の収入並びに支出がなされた日から七日以内に

2　前項の報告書の様式は、総務省令で定める。

3　第一項の報告書には、真実の記載がなされていることを誓う旨の文書を添えなければならない。

【罰則】一項＝二四六条五号の二・二五〇条

（出納責任者の事務引継）

**第一九〇条**　出納責任者が辞任し又は解任せられた場合においては、直ちに公職の候補者の選挙運動に関しなされた寄附及びその他の収入並びに支出の計算をし、あらたに出納責任者となつた者に対し、あらたに出納責任者となつた者がないときは出納責任者に代つてその職務を行う者に対し、引継をしなければならない。出納責任者に代つてその職務を行う者が事務の引継を受けた後、あらたに出納責任者が定つたときも、また同様とする。

2　前項の規定により引継ぎをする場合においては、引継ぎをする者において前条の規定の例により引継書を作成し、引継ぎの旨及び引継ぎの年月日を記載し、引継ぎをする者及び引継ぎを受ける者においてともに署名押印し、現金及び帳簿その他の書類とともに引継ぎをしなければならない。

【罰則】二四六条六号・二五〇条

（帳簿及び書類の保存）

**第一九一条**　出納責任者は、会計帳簿、明細書（第百八十六条に規定する明細書をいう。）及び第百八十八条第一項の領収書その他の支出を証すべき書面を、第百八十九条の規定による報告書提出の日から三年間、保存しなければならない。

2　前項の規定により保存すべき書類については、民間事業者等が行う書面の保存等における情報通信の技術の利用に関する法律（平成十六年法律第百四十九号）第三条及び第四条の規定は、適用しない。

【罰則】　一項＝二四六条七号・二五〇条、一項の規定による書面に虚偽の記入をしたとき＝二四六条八号・二五〇条

（報告書の公表、保存及び閲覧）

**第一九二条**　第百八十九条の規定による報告書を受理したときは、当該選挙に関する事務を管理する選挙管理委員会（参議院比例代表選出議員の選挙については中央選挙管理会、参議院合同選挙区選挙については当該選挙に関する事務を管理する参議院合同選挙区選挙管理委員会）は、総務省令の定めるところにより、その要旨を公表しなければならない。

2　前項の規定による公表は、中央選挙管理会にあつては官報により、参議院合同選挙区選挙管理委員会にあつては各合同選挙区都道府県の公報により、都道府県の選挙管理委員会にあつては都道府県の公報により、市町村の選挙管理委員会にあつてはそのあらかじめ告示をもつて定めたところの周知させやすい方法によつて行う。

3　第百八十九条の規定による報告書は、当該報告書を受理した選挙管理委員会、参議院合同選挙区選挙管理委員会又は中央選挙管理会において、受理した日から三年間、保存しなければならない。

---

**法**（選挙運動に関する収入及び支出の規制違反）

**第二四六条**　次の各号に掲げる行為をした者は、三年以下の禁錮又は五十万円以下の罰金に処する。

一～六　略

七　第百九十一条第一項の規定に違反して会計帳簿、明細書又は領収書その他の支出を証すべき書面を保存しないとき。

八　第百九十一条第一項の規定により保存すべき会計帳簿、明細書又は領収書その他の支出を証すべき書面に虚偽の記入をしたとき。

九　第百九十三条の規定による報告若しくは資料の提出を拒み又は虚偽の報告若しくは資料を提出したとき。

**法**（懲役又は禁錮及び罰金の併科、重過失の処罰）

**第二五〇条**　第二百四十六条、第二百四十七条、第二百四十八条、第二百四十九条及び第二百四十九条の二（第三項及び第四項を除く。）の罪を犯した者には、情状により、懲役又は禁錮及び罰金を併科することができる。

2　重大な過失により、第二百四十六条、第二百四十七条、第二百四十八条、第二百四十九条及び第二百四十九条の二第一項から第四項までの罪を犯した者も、処罰するものとする。ただし、裁判所は、情状により、その刑を減軽することができる。

4　何人も、前項の期間内においては、当該選挙に関する事務を管理する選挙管理委員会（参議院比例代表選出議員の選挙については中央選挙管理会、参議院合同選挙区選挙については当該選挙に関する事務を管理する参議院合同選挙区選挙管理委員会）の定めるところにより、報告書の閲覧を請求することができる。

**（報告書の調査に関する資料の要求）**

**第一九三条**　中央選挙管理会、参議院合同選挙区選挙管理委員会、都道府県の選挙管理委員会又は市町村の選挙管理委員会は、第百八十九条の規定による報告書の調査に関し必要があると認めるときは、公職の候補者その他関係人に対し、報告又は資料の提出を求めることができる。

【罰則】　本条の規定による報告・資料提出を拒み又は虚偽の報告・資料提出をしたとき＝二四六条九号・二五〇条

**（選挙運動に関する支出金額の制限）**

**第一九四条**　選挙運動（専ら在外選挙人名簿に登録されている選挙人（第四十九条の二第一項に規定する政令で定めるものを除く。）で衆議院議員又は参議院議員の選挙において投票をしようとするものの投票に関してする選挙運動で、国外においてするものを除く。）に関する支出の金額は、公職の候補者一人につき、参議院（比例代表選出）議員の選挙にあつては政令で定める額を、その他の選挙にあつては次の各号の区分による数を当該各号の区分に応じ政令で定める金額に乗じて得た額と当該各号の区分に応じ政令で定める額とを合算した額を超えることができない。

一　衆議院（小選挙区選出）議員　その選挙の期日の公示又は告示の日において当該選挙人名簿に登録されている者の総数の選挙

二　参議院（選挙区選出）議員の選挙　通常選挙における当該選挙区内の議員の定数

**令（選挙運動に関する支出金額の制限額）**

**第一二七条**　参議院比例代表選出議員の選挙に係る法第百九十四条第一項に規定する政令で定める額は、五千二百万円とし、その他の選挙に係る同項に規定する政令で定める金額（以下この条において「人数割額」という。）及び同項に規定する政令で定める額（以下この条において「固定額」という。）は、次の表の上欄に掲げる選挙の種類に応じ、それぞれ当該中欄及び下欄に定めるところによる。ただし、別表第五の上欄に掲げる選挙区又は選挙が行われる区域に係る固定額については、それぞれ同表の下欄に定める額とする。

| 選挙の種類 | 人数割額 | 固定額 |
| --- | --- | --- |
| 衆議院小選挙区選出議員の選挙 | 十五円 | 千九百十万円 |

| | |
|---|---|
| 区選出）議員の選挙 | をもつてその選挙の期日の公示又は告示の日において当該選挙人名簿に登録されている者の総数を除して得た数 |
| 三　地方公共団体の議会の議員の選挙 | 当該選挙区内の議員の定数（選挙区がないときは、議員の定数）をもつてその選挙の期日の告示の日において当該選挙人名簿に登録されている者の総数を除して得た数 |
| 四　地方公共団体の長の選挙 | その選挙の期日の告示の日において当該選挙人名簿に登録されている者の総数 |

2　前項の場合において百円未満の端数があるときは、その端数は、百円とする。

---

| | | |
|---|---|---|
| 参議院選挙区選出議員の選挙 | 法別表第三の議員数が二人の選挙区については、十三円<br>法別表第三の議員数が四人以上の選挙区については、二十円 | 二千三百七十万円 |
| 都道府県知事の選挙 | 七円 | 二千四百二十万円 |
| 都道府県の議会の議員の選挙 | 八十三円 | 三百九十万円 |
| 指定都市の議会の議員の選挙 | 百四十九円 | 三百七十万円 |
| 指定都市の長の選挙 | 七円 | 千四百五十万円 |
| 指定都市以外の市の議会の議員の選挙 | 五百一円 | 二百二十万円 |
| 指定都市以外の市の長の選挙 | 八十一円 | 三百十万円 |
| 町村の議会の議員の選挙 | 千百二十円 | 九十万円 |
| 町村長の選挙 | 百十円 | 百三十万円 |

2　前項の表の中欄に掲げる人数割額に当該上欄に掲げる選挙の種類に応ずる法第百九十四条第一項各号の区分による数を乗じて得た額が、当該下欄に掲げる固定額（前項ただし書の規定の適用がある場合には、当該選挙に係る別表第五の下欄に掲げる額）の参議院選挙区選出議員又は都道府県知事の選挙にあつては一・五倍、

（選挙の一部無効及び選挙の期日等の延期の場合の選挙運動に関する支出金額の制限）

**第一九五条**　選挙の一部無効による再選挙、第五十七条第一項の規定による投票の延期並びに第八十六条の四第七項及び第百二十六条第二項（これらの規定及び第八十六条の四第六項の規定について第四十六条の二第二項の規定を適用する場合を含む。）の規定による選挙期日の延期の場合における選挙運動（専ら在外選挙人名簿に登録されている選挙人（第四十九条の二第一項に規定する政令で定めるものを除く。）で衆議院議員又は参議院議員の選挙において投票をしようとするものの投票に関してする選挙運動で、国外においてするものを除く。）に関する支出の金額は、前条の規定にかかわらず、公職の候補者一人につき、政令で定めるところによる額を超えることができない。

指定都市以外の市の議会の議員の選挙にあつては二倍、指定都市以外の市の長の選挙にあつては五倍に相当する額（以下この項において「相当する額」という。）を超え、指定都市の議会の議員の選挙にあつてはその選挙の期日に当該選挙区の区域の全部を含む区域をその区域とする選挙区において当該指定都市の区域を包括する都道府県の議会の議員の選挙が行われるものとして算出した場合における当該都道府県の議会の議員の選挙の選挙運動に関する支出金額の制限額から当該固定額を減じて得た額（以下この項において「減じて得た額」という。）を超えるときは、当該人数割額は、前項の規定にかかわらず、それぞれ、当該相当する額又は当該減じて得た額を当該区分による数で除して得た額とする。

**令**（選挙の一部無効による再選挙及び繰延投票の場合の選挙運動に関する支出金額の制限額）

**第一二七条の二**　選挙の一部無効による再選挙の場合における法第百九十五条に規定する政令で定めるところによる額は、次の表の第一欄に掲げる選挙の種類及び同表の第二欄に掲げる再選挙の行われる区域の区分に応じ、同表の第三欄に掲げる額に当該再選挙の期日の告示の日において当該再選挙が行われる区域内の当該選挙人名簿に登録されている者の総数（地方公共団体の議会の議員の選挙については、当該再選挙を必要とするに至つた選挙における当該選挙区内の議員の定数（選挙区がないときは、議員の定数）をもつて当該再選挙の期日の告示の日において当該再選挙が行われる区域内の当該選挙人名簿に登録されている者の総数を除して得た数）を乗じて得た額と同表の第四欄に掲げる額とを合算した額とする。

| 第一欄 | 第二欄 | 第三欄 | 第四欄 |
|---|---|---|---|

| | | | |
|---|---|---|---|
| 衆議院小選挙区選出議員又は参議院選挙区選出議員の選挙 | 一の都道府県の区域（参議院合同選挙区選挙により選出される参議院選挙区選出議員の再選挙が行われる場合に限る。） | 三円 | 千五百九十万円 |
| | 一の指定都市の区域（参議院選挙区選出議員の再選挙が行われる場合に限る。） | 四円 | 千二百五十万円 |
| | 一の指定都市以外の市の区域又はその一部の区域 | 十六円 | 五百四十万円 |
| | 一の町村の区域又はその一部の区域 | 八十六円 | 二百七十万円 |
| 参議院比例代表選出議員の選挙 | 一の都道府県の区域 | 三円 | 千五百九十万円 |
| | 一の指定都市の区域 | 四円 | 千二百五十万円 |
| | 一の指定都市以外の市の区域又はその一部の区域 | 十六円 | 五百四十万円 |

| | | | |
|---|---|---|---|
| | 一の町村の区域又はその一部の区域 | 八十六円 | 二百七十万円 |
| 都道府県知事の選挙 | 一の指定都市の区域 | 四円 | 千二百万円 |
| | 一の指定都市以外の市の区域又はその一部の区域 | 十六円 | 五百二十万円 |
| | 一の町村の区域又はその一部の区域 | 八十六円 | 二百七十万円 |
| 都道府県の議会の議員の選挙 | 一の指定都市以外の市の区域又はその一部の区域 | 三十九円 | 二百九十万円 |
| | 一の町村の区域又はその一部の区域 | 百九円 | 百九十万円 |
| 指定都市の議会の議員の選挙 | 一の区の一部区域 | 八十一円 | 二百四十万円 |
| 指定都市の長の選挙 | 一の区の区域又はその一部の区域 | 二十六円 | 四百四十万円 |
| 指定都市以外の市の議会の議員の選挙 | 一の指定都市以外の市の一部の区域 | 百七十七円 | 百六十万円 |

| | | | |
|---|---|---|---|
| 指定都市以外の市の長の選挙 | 一の指定都市以外の市の一部の区域 | 四十三円 | 百八十万円 |
| 町村の議会の議員の選挙 | 一の町村の一部の区域 | 七百四十九円 | 七十万円 |
| 町村長の選挙 | 一の町村の一部の区域 | 七十四円 | 百十万円 |

2　選挙の一部無効による再選挙が前項の表の第二欄に掲げる再選挙の行われる区域の二以上を合わせた区域を区域として行われる場合における同表の第三欄及び第四欄に掲げる額については、次の表の上欄に掲げる当該再選挙の行われる区域の区分に応じ、当該区域をそれぞれ同表の下欄に掲げる区域とみなして、同項の規定を適用する。

| | | |
|---|---|---|
| (一) | 当該区域に一の都道府県の区域が含まれている場合 | 一の都道府県の区域 |
| (二) | (一)に掲げる場合を除くほか、当該区域に一の指定都市の区域が含まれている場合 | 一の指定都市の区域 |
| (三) | (一)及び(二)に掲げる場合を除くほか、当該区域に一の指定都市以外の市の区域又はその一部の区域が含まれている場合 | 一の指定都市以外の市の区域又はその一部の区域 |
| (四) | (一)から(三)までに掲げる場合を除くほか、当該区域に一の町村の区域又はその一部の区域が含まれている場合 | 一の町村の区域又はその一部の区域 |

3　前二項の規定によつて算出した額が、その再選挙の期日の告示の日において当該再選挙を必要とするに至つた選挙の選挙運動に関する支出金額の制限額を算出した場合における当該制限額の百分の六十に相当する額を超える場合においては、当該再選挙の場合における選挙運動に関する支出金額の制限額は、前二項の規定にかかわらず、当該百分の六十に相当する額とする。

4　法第五十七条第一項の規定により投票を行う場合における法第百九十五条に規定する政令で定めるところによる額は、前三項の規定に準じて算出した額の範囲内で当該選挙に関する事務を管理する選挙管理委員会（参議院比例代表選出議員の選挙については中央選挙管理会、参議院合同選挙区選挙については当該選挙に関する事務を管理する参議院合同選挙区選挙管理委員会）が定める額とする。

5　第一項及び前二項の場合において百円未満の端数があるときは、その端数は、百円とする。

**令（長の選挙の期日を延期する場合の選挙運動に関する支出金額の制限額）**

**第一二七条の三**　法第八十六条の四第七項又は第百二十六条第二項（これらの規定又は法第八十六条の四第六項の規定について法第四十六条の二第二項の規定を適用する場合を含む。）の規定により、選挙の期日が延期される場合における法第百九十五条に規定する政令で定めるところによる額は、法第百九十四条第一項第四号の規定による額に、その額に十分の一（法第八十六条の四第六項若しくは第七項又は第百二十六条第二項の規定について法第四十六条の二第二項の規定を適用する場合にあつては、法第三十三条第五項（法第三十四条の二第五項において準用する場合を含む。）、第三十四条第六項又は第百十九条第三項の規定により告示

（選挙運動に関する支出金額の制限額の告示）

**第一九六条**　当該選挙に関する事務を管理する選挙管理委員会（参議院比例代表選出議員の選挙については中央選挙管理会、参議院合同選挙区選挙については当該選挙に関する事務を管理する参議院合同選挙区選挙管理委員会）は、当該選挙の期日の公示又は告示があつた後、直ちに、前二条の規定による額を告示しなければならない。

【罰則】　本条の規定により告示された額を超えて支出をし又はさせたとき＝二四七条・二五〇条

（選挙運動に関する支出とみなされないものの範囲）

**第一九七条**　次に掲げる支出は、選挙運動に関する支出でないものとみなす。

一　立候補準備のために要した支出で、公職の候補者若しくは出納責任者となつた者のした支出又はその者と意思を通じてした支出以外のもの

二　第八十六条第一項から第三項まで若しくは第八項、第八十六条の三第一項若しくは同条第二項において準用する第八十六条の二第九項又は第八十六条の四第一項、第二項、第五項、第六項若しくは第八項の規定による届出があつた後公職の候補者又は出納責任者と意思を通じてした支出以外のもの

三　公職の候補者が乗用する船車馬等のために要した支出

した期日から法第四十六条の二第二項の規定により変更して適用することとされた法第八十六条の四第六項若しくは第七項又は第百二十六条第二項の規定により告示された期日の前日までの期間の日数に五十分の一を乗じて得た数）を乗じて得た額（百円未満の端数がある場合においては、その端数は、百円とする。）を加えた額とする。

法（選挙費用の法定額違反）

**第二四七条**　出納責任者が、第百九十六条の規定により告示された額を超えて選挙運動（専ら在外選挙人名簿に登録されている選挙人（第四十九条の二第一項に規定する政令で定めるものを除く。）で衆議院議員又は参議院議員の選挙において投票をしようとするものの投票に関してする選挙運動で、国外においてするものを除く。）に関する支出をし又はさせたときは、三年以下の禁錮又は五十万円以下の罰金に処する。

法（懲役又は禁錮及び罰金の併科、重過失の処罰）

**第二五〇条**　第二百四十六条、第二百四十七条、第二百四十八条、第二百四十九条及び第二百四十九条の二（第三項及び第四項を除く。）の罪を犯した者には、情状により、懲役又は禁錮及び罰金を併科することができる。

2　重大な過失により、第二百四十六条、第二百四十七条、第二百四十八条、第二百四十九条及び第二百四十九条の二第一項から第四項までの罪を犯した者も、処罰するものとする。ただし、裁判所は、情状により、その刑を減軽することができる。

四　選挙の期日後において選挙運動の残務整理のために要した支出

五　選挙運動に関し支払う国又は地方公共団体の租税又は手数料

六　候補者届出政党が行う選挙運動（専ら衆議院小選挙区選出議員の選挙以外の選挙において行うものを除く。）又は参議院名簿届出政党等が行う選挙運動（専ら参議院比例代表選出議員の選挙以外の選挙において行うものを除く。）のために要した支出

七　第二百一条の四又は第十四章の三の規定により政党その他の政治団体が行う選挙運動のために要した支出

２　第百四十一条の規定による自動車及び船舶を使用するために要した支出も、また前項と同様とする。

**（実費弁償及び報酬の額）**

**第一九七条の二**　衆議院（比例代表選出）議員の選挙以外の選挙においては、選挙運動（衆議院小選挙区選出議員の選挙において候補者届出政党が行うもの及び参議院小選挙区選出議員の選挙において参議院名簿届出政党等が行うものを除く。以下この項及び次項において同じ。）に従事する者に対し支給することができる実費弁償並びに選挙運動のために使用する労務者に対し支給することができる報酬及び実費弁償の額については、政令で定める基準に従い、当該選挙に関する事務を管理する選挙管理委員会（参議院比例代表選出議員の選挙については中央選挙管理会、参議院合同選挙区選挙については当該選挙に関する事務を管理する参議院合同選挙区選挙管理委員会）が定める。

---

**令（実費弁償及び報酬の額の基準等）**

**第一二九条**　法第百九十七条の二第一項に規定する実費弁償及び報酬の額についての政令で定める基準は、次の各号に掲げる区分に応じ、当該各号に定めるところによる。

一　選挙運動に従事する者一人に対し支給することができる実費弁償の額の基準　次に掲げる区分に応じ、それぞれ次に定める額

イ　鉄道賃　鉄道旅行について、路程に応じ旅客運賃等により算出した実費額

ロ　船賃　水路旅行について、路程に応じ旅客運賃等により算出した実費額

ハ　車賃　陸路旅行（鉄道旅行を除く。）について、路程に応じた実費額

ニ　宿泊料（食事料二食分を含む。）　一夜につき一万二千円

ホ　弁当料　一食につき千円、一日につき三千円

ヘ　茶菓料　一日につき五百円

二　選挙運動のために使用する労務者一人に対し支給することが

２　衆議院（比例代表選出）議員の選挙以外の選挙においては、選挙運動に従事する者（選挙運動のために使用する事務員、専ら第百四十一条第一項の規定により選挙運動のために使用される自動車又は船舶の上における選挙運動のために使用する者、専ら手話通訳のために使用する者及び専ら第百四十二条の三第一項の規定によるウェブサイト等を利用する方法による選挙運動のために使用する文書図画の頒布又は第百四十三条第一項の規定による選挙

できる報酬の額の基準　次に掲げる区分に応じ、それぞれ次に定める額

イ　基本日額　一万円以内

ロ　超過勤務手当　一日につき基本日額の五割以内

三　選挙運動のために使用する労務者一人に対し支給することができる実費弁償の額の基準　次に掲げる区分に応じ、それぞれ次に定める額

イ　鉄道賃、船賃及び車賃　それぞれ第一号イ、ロ及びハに掲げる額

ロ　宿泊料（食事料を除く。）　一夜につき一万円

２　選挙運動に従事する者又は選挙運動のために使用する労務者に対し法第百三十九条ただし書の規定により弁当を提供した場合においてその者に支給することができる弁当料の額又は報酬の基本日額は、法第百九十七条の二第一項の規定により、当該選挙に関する事務を管理する選挙管理委員会（参議院比例代表選出議員の選挙については中央選挙管理会、参議院合同選挙区選挙については当該選挙に関する事務を管理する参議院合同選挙区選挙管理委員会）が前項第一号又は第二号の基準に従い定めた一日についての弁当料の額又は報酬の基本日額から当該提供した弁当の実費に相当する額を差し引いたものとする。

３　法第百九十七条の二第二項に規定する政令で定める員数は、次に定めるところによる。

一　衆議院小選挙区選出議員、参議院議員又は都道府県知事の選挙にあつては、五十人

二　都道府県の議会の議員の選挙にあつては、十二人

三　指定都市の議会の議員の選挙にあつては、十二人

四　指定都市の長の選挙にあつては、三十四人

運動のために使用する文書図画の掲示のために口述を要約して文書図画に表示すること（次項及び第四項において「要約筆記」という。）のために使用する者に限る。）については、前項の規定による実費弁償のほか、当該選挙につき第八十六条第一項から第三項まで若しくは第八項、第八十六条の三第一項若しくは同条第二項において準用する第八十六条の二第九項又は第八十六条の四第一項、第二項、第五項、第六項若しくは第八項の規定による届出のあつた日からその選挙の期日の前日までの間に限り、公職の候補者一人について一日五十人を超えない範囲内で各選挙ごとに政令で定める員数の範囲内において、一人一日につき政令で定める基準に従い当該選挙に関する事務を管理する選挙管理委員会（参議院比例代表選出議員の選挙については中央選挙管理会、参議院合同選挙区選挙については当該選挙に関する事務を管理する参議院合同選挙区選挙管理委員会）が定める額の報酬を支給することができる。

3　衆議院（小選挙区選出）議員の選挙においては、候補者届出政党は、当該候補者届出政党が行う選挙運動に従事する者（当該候補者届出政党が行う選挙運動のために使用する事務員、専ら第百四十一条第二項の規定により選挙運動のために使用される自動車又は船舶の上における選挙運動のために使用する者、専ら手話通訳のために使用する者及び専ら要約筆記のために使用する者に限る。）に対し、当該選挙につき第八十六条第一項又は第八項の規定による届出のあつた日からその選挙の期日の前日までの間に限り、一人一日につき政令で定める額の報酬を支給することができる。

4　衆議院（比例代表選出）議員の選挙においては、衆議院名簿届出政党等は、当該衆議院名簿届出政党等が行う選挙運動に従事する者（当該衆議院名簿届出政党等が行う選挙運動のために使用す

---

五　指定都市以外の市の議会の議員の選挙にあつては、九人
六　指定都市以外の市の長の選挙にあつては、十二人
七　町村の議会の議員の選挙にあつては、七人
八　町村長の選挙にあつては、九人

4　法第百九十七条の二第二項に規定する報酬の額についての政令で定める基準は、選挙運動のために使用する事務員にあつては一人一日につき一万円以内とし、専ら法第百四十一条第一項の規定により選挙運動のために使用される自動車又は船舶の上における選挙運動のために使用する者、専ら手話通訳のために使用する者及び専ら要約筆記（法第百九十七条の二第二項に規定する要約筆記をいう。次項において同じ。）のために使用する者にあつては一人一日につき一万五千円以内とする。

5　法第百九十七条の二第三項に規定する報酬について政令で定める額は、選挙運動のために使用する事務員にあつては一人一日につき一万円以内の金額とし、専ら法第百四十一条第二項の規定により選挙運動のために使用される自動車又は船舶の上における選挙運動のために使用する者、専ら手話通訳のために使用する者及び専ら要約筆記のために使用する者にあつては一人一日につき一万五千円以内の金額とする。

6　前項の規定は、法第百九十七条の二第四項に規定する報酬について政令で定める額について準用する。この場合において、前項中「第百四十一条第二項」とあるのは、「第百四十一条第三項」

る事務員、専ら第百四十一条第三項の規定により選挙運動のために使用される自動車又は船舶の上における選挙運動のために使用する者、専ら手話通訳のために使用する者及び専ら要約筆記のために使用する者に限る。）に対し、当該選挙につき第八十六条の二第一項の規定による届出のあつた日からその選挙の期日の前日までの間に限り、一人一日につき政令で定める額の報酬を支給することができる。

5　第二項の規定により報酬の支給を受けることができる者は、公職の候補者が、その者を使用する前（その者を使用する前にこの項の規定による届出をすることができない場合として政令で定める場合にあつては、その者に対して第二項の規定により報酬を支給する前）に、政令で定めるところにより、当該選挙に関する事務を管理する選挙管理委員会（参議院比例代表選出議員の選挙については中央選挙管理会、参議院合同選挙区選挙については当該選挙に関する事務を管理する参議院合同選挙区選挙管理委員会）に届け出た者に限る。

---

と読み替えるものとする。

7　法第百九十七条の二第五項に規定する同条第二項の規定により報酬の支給を受けることができる者を使用する前に同条第五項の規定による届出をすることができない場合として政令で定める場合は、法第百五十条第一項第二号イ又はロに掲げる者が同条第二項の政見の放送のための録画をする場合において、その者が法第百九十七条の二第二項の規定により専ら手話通訳のために使用する者に対して報酬を支給するときとする。

8　法第百九十七条の二第五項の規定による届出をする場合には、同条第二項に規定する期間を通じて、それぞれ第三項各号に定める員数の五倍を超えない員数に限り、異なる者を届け出ることができるものとする。

9　法第百九十七条の二第五項の規定による届出は、同条第二項の規定により報酬の支給を受けることができる者を使用する前（第七項に規定する場合には、その者に対して同条第二項の規定により報酬を支給する前）に、文書で、当該選挙に関する事務を管理する選挙管理委員会（参議院比例代表選出議員の選挙については中央選挙管理会、参議院合同選挙区選挙については当該選挙に関する事務を管理する参議院合同選挙区選挙管理委員会）に対してしなければならない。

10　前項の文書を郵便で差し出す場合には、引受時刻証明の取扱い

**第一九八条**　削除

**（特定の寄附の禁止）**

**第一九九条**　衆議院議員及び参議院議員の選挙に関しては国と、地方公共団体の議会の議員及び長の選挙に関しては当該地方公共団体と、請負その他特別の利益を伴う契約の当事者である者は、当該選挙に関し、寄附をしてはならない。

2　会社その他の法人が融資（試験研究、調査及び災害復旧に係るものを除く。）を受けている場合において、当該融資を行なつている者が、当該融資につき、衆議院議員及び参議院議員の選挙に関しては国から、地方公共団体の議会の議員及び長の選挙に関しては当該地方公共団体から、利子補給金の交付の決定（利子補給金に係る契約の承諾の決定を含む。以下この条において同じ。）を受けたときは、当該利子補給金の交付の決定の通知を受けた日から当該利子補給金の交付の日から起算して一年を経過した日（当該利子補給金の交付の決定の全部の取消しがあつたときは、当該取消しの通知を受けた日）までの間、当該会社その他の法人は、当該選挙に関し、寄附をしてはならない。

【罰則】　一項＝二四八条一・二項・二五〇条、二項＝二四八条二項・二五〇条

**（公職の候補者等の寄附の禁止）**

**第一九九条の二**　公職の候補者又は公職の候補者となろうとする者（公職にある者を含む。以下この条において「公職の候補者等」という。）は、当該選挙区（選挙区がないときは選挙の行われる区域。以下この条において同じ。）内にある者に対し、いかなる名義をもつてするを問わず、寄附をしてはならない。ただし、政

でこれを日本郵便株式会社に託した時をもつて、法第百九十七条の二第五項の規定による届出があつたものとみなす。

**法（寄附の制限違反）**

**第二四八条**　第百九十九条第一項に規定する者（会社その他の法人を除く。）が同項の規定に違反して寄附をしたときは、三年以下の禁錮又は五十万円以下の罰金に処する。

2　会社その他の法人が第百九十九条の規定に違反して寄附をしたときは、その会社その他の法人の役職員として当該違反行為をした者は、三年以下の禁錮又は五十万円以下の罰金に処する。

**法（懲役又は禁錮及び罰金の併科、重過失の処罰）**

**第二五〇条**　第二百四十六条、第二百四十七条、第二百四十八条、第二百四十九条及び第二百四十九条の二（第三項及び第四項を除く。）の罪を犯した者には、情状により、懲役又は禁錮及び罰金を併科することができる。

2　重大な過失により、第二百四十六条、第二百四十七条、第二百四十八条、第二百四十九条及び第二百四十九条の二第一項から第四項までの罪を犯した者も、処罰するものとする。ただし、裁判所は、情状により、その刑を減軽することができる。

**法（公職の候補者等の寄附の制限違反）**

**第二四九条の二**　第百九十九条の二第一項の規定に違反して当該選挙に関し寄附をした者は、一年以下の禁錮又は三十万円以下の罰金に処する。

2　通常一般の社交の程度を超えて第百九十九条の二第一項の規定に違反して寄附をした者は、当該選挙に関して同項の規定に違反

党その他の政治団体若しくはその支部又は当該公職の候補者等の親族に対してする場合及び当該公職の候補者等が専ら政治上の主義又は施策を普及するために行う講習会その他の政治教育のための集会（参加者に対して饗応接待（通常用いられる程度の食事の提供を除く。）が行われるようなもの、当該選挙区外において行われるもの及び第百九十九条の五第四項各号の区分による当該選挙ごとに当該各号に定める期間内に行われるものを除く。以下この条において同じ。）に関し必要やむを得ない実費の補償（食事についての実費の補償を除く。以下この条において同じ。）としてする場合は、この限りでない。

2　公職の候補者等を寄附の名義人とする当該選挙区内にある者に対する寄附については、当該公職の候補者等以外の者は、いかなる名義をもつてするを問わず、これをしてはならない。ただし、当該公職の候補者等の親族に対してする場合及び当該公職の候補者等が専ら政治上の主義又は施策を普及するために行う講習会その他の政治教育のための集会に関し必要やむを得ない実費の補償としてする場合は、この限りでない。

3　何人も、公職の候補者等に対して、当該選挙区内にある者に対する寄附を勧誘し、又は要求してはならない。ただし、政党その他の政治団体若しくはその支部又は当該公職の候補者等の親族に対する寄附を勧誘し、又は要求する場合及び当該公職の候補者等が専ら政治上の主義又は施策を普及するために行う講習会その他

したものとみなす。

3　第百九十九条の二第一項の規定に違反して寄附（当該選挙に関しないもので、かつ、通常一般の社交の程度を超えないものに限る。）をした者で、次の各号に掲げる寄附以外の寄附をしたものは、五十万円以下の罰金に処する。

一　当該公職の候補者又は公職の候補者となろうとする者（公職にある者を含む。以下この条において「公職の候補者等」という。）が結婚披露宴に自ら出席しその場においてする当該結婚に関する祝儀の供与

二　当該公職の候補者等が葬式（告別式を含む。以下この号において同じ。）に自ら出席しその場においてする香典（これに類する弔意を表すために供与する金銭を含む。以下この号において同じ。）の供与又は当該公職の候補者等が葬式の日（葬式が二回以上行われる場合にあつては、最初に行われる葬式の日）までの間に自ら弔問しその場においてする香典の供与

4　第百九十九条の二第二項の規定に違反して寄附をした者（会社その他の法人又は団体にあつては、その役職員又は構成員として当該違反行為をした者）は、五十万円以下の罰金に処する。

5　第百九十九条の二第三項の規定に違反して、公職の候補者等を威迫して、寄附を勧誘し又は要求した者は、一年以下の懲役若しくは禁錮又は三十万円以下の罰金に処する。

6　公職の候補者等の当選又は被選挙権を失わせる目的をもつて、第百九十九条の二第三項の規定に違反して第三項各号に掲げる寄

の政治教育のための集会に関し必要やむを得ない実費の補償としてする寄附を勧誘し、又は要求する場合は、この限りでない。

4　何人も、公職の候補者等を寄附の名義人とする当該選挙区内にある者に対する寄附については、当該公職の候補者等以外の者に対して、これを勧誘し、又は要求してはならない。ただし、当該公職の候補者等の親族に対する寄附を勧誘し、又は要求する場合及び当該公職の候補者等が専ら政治上の主義又は施策を普及するために行う講習会その他の政治教育のための集会に関し必要やむを得ない実費の補償としてする寄附を勧誘し、又は要求する場合は、この限りでない。

【罰則】一項＝二四九条の二第一―三項・二五〇条一項（三項適用の場合を除く。）・二項、二項＝二四九条の二第四項・二五〇条二項、三項＝二四九条の二第五・六項・二五〇条一項、四項＝二四九条の二第七項・二五〇条一項

**（公職の候補者等の関係会社等の寄附の禁止）**

**第一九九条の三**　公職の候補者又は公職の候補者となろうとする者（公職にある者を含む。）がその役職員又は構成員である会社その他の法人又は団体は、当該選挙区（選挙区がないときは選挙の行われる区域）内にある者に対し、いかなる名義をもつてするを問わず、これらの者の氏名を表示し又はこれらの者の氏名が類推されるような方法で寄附をしてはならない。ただし、政党その他の政治団体又はその支部に対し寄附をする場合は、この限りでない。

【罰則】当該選挙に関し寄附をしたとき＝二四九条の三

**（公職の候補者等の氏名等を冠した団体の寄附の禁止）**

---

附（当該選挙に関しないもので、かつ、通常一般の社交の程度を超えないものに限る。）以外の寄附を勧誘し又は要求した者は、三年以下の懲役若しくは禁錮又は五十万円以下の罰金に処する。

7　第百九十九条の二第四項の規定に違反して、当該公職の候補者等以外の者（当該公職の候補者等以外の者が会社その他の法人又は団体であるときは、その役職員又は構成員）を威迫して、寄附を勧誘し又は要求した者は、一年以下の懲役若しくは禁錮又は三十万円以下の罰金に処する。

**法（懲役又は禁錮及び罰金の併科、重過失の処罰）**

**第二五〇条**　第二百四十六条、第二百四十七条、第二百四十八条、第二百四十九条及び第二百四十九条の二（第三項及び第四項を除く。）の罪を犯した者には、情状により、懲役又は禁錮及び罰金を併科することができる。

2　重大な過失により、第二百四十六条、第二百四十七条、第二百四十八条、第二百四十九条及び第二百四十九条の二第一項から第四項までの罪を犯した者も、処罰するものとする。ただし、裁判所は、情状により、その刑を減軽することができる。

**法（公職の候補者等の関係会社等の寄附の制限違反）**

**第二四九条の三**　会社その他の法人又は団体が第百九十九条の三の規定に違反して当該選挙に関し寄附をしたときは、その会社その他の法人又は団体の役職員又は構成員として当該違反行為をした者は、五十万円以下の罰金に処する。

**法（公職の候補者等の氏名等を冠した団体の寄附の制限違反）**

**第一九九条の四**　公職の候補者又は公職の候補者となろうとする者（公職にある者を含む。）の氏名が表示され又はその氏名が類推されるような名称が表示されている会社その他の法人又は団体は、当該選挙に関し、当該選挙区（選挙区がないときは選挙の行われる区域）内にある者に対し、いかなる名義をもつてするを問わず、寄附をしてはならない。ただし、政党その他の政治団体若しくはその支部又は当該公職の候補者若しくは公職の候補者となろうとする者（公職にある者を含む。）に対し寄附をする場合は、この限りでない。

【罰則】　二四九条の四

**（後援団体に関する寄附等の禁止）**

**第一九九条の五**　政党その他の団体又はその支部で、特定の公職の候補者若しくは公職の候補者となろうとする者（公職にある者を含む。）の政治上の主義若しくは施策を支持し、又は特定の公職の候補者若しくは公職の候補者となろうとする者（公職にある者を含む。）を推薦し、若しくは支持することがその政治活動のうち主たるものであるもの（以下「後援団体」という。）は、当該選挙区（選挙区がないときは、選挙の行われる区域）内にある者に対し、いかなる名義をもつてするを問わず、寄附をしてはならない。ただし、政党その他の政治団体若しくはその支部又は当該公職の候補者若しくは公職の候補者となろうとする者（公職にある者を含む。）に対し寄附をする場合及び当該後援団体がその団体の設立目的により行う行事又は事業に関し寄附（花輪、供花、香典、祝儀その他これらに類するものとしてされるもの及び第四項各号の区分による当該選挙ごとの一定期間内にされるものを除く。）をする場合は、この限りでない。

2　何人も、後援団体の総会その他の集会（後援団体を結成するた

**第二四九条の四**　会社その他の法人又は団体が第百九十九条の四の規定に違反して寄附をしたときは、その会社その他の法人又は団体の役職員又は構成員として当該違反行為をした者は、五十万円以下の罰金に処する。

**法（後援団体に関する寄附等の制限違反）**

**第二四九条の五**　後援団体が第百九十九条の五第一項の規定に違反して寄附をしたときは、その後援団体の役職員又は構成員として当該違反行為をした者は、五十万円以下の罰金に処する。

2　第百九十九条の五第二項の規定に違反して供応接待をし、又は

めの集会を含む。）又は後援団体が行なう見学、旅行その他の行事において、第四項各号の区分による当該選挙ごとに一定期間、当該選挙区（選挙区がないときは、選挙の行なわれる区域）内にある者に対し、饗応接待（通常用いられる程度の食事の提供を除く。）をし、又は金銭若しくは記念品その他の物品を供与してはならない。

3　公職の候補者又は公職の候補者となろうとする者（公職にある者を含む。）は、第百九十九条の二第一項の規定にかかわらず、次項各号の区分による当該選挙ごとに一定期間、当該公職の候補者又は公職の候補者となろうとする者（公職にある者を含む。）に係る後援団体（政治資金規正法第十九条第二項の規定による届出がされた政治団体を除く。）に対し、寄附をしてはならない。

4　この条において「一定期間」とは、次の各号に定める期間とする。

一　衆議院議員の総選挙にあつては、衆議院議員の任期満了の日前九十日に当たる日から当該総選挙の期日までの間又は衆議院の解散の日の翌日から当該総選挙の期日までの間

二　参議院議員の通常選挙にあつては、参議院議員の任期満了の日前九十日に当たる日から当該通常選挙の期日までの間

三　地方公共団体の議会の議員又は長の任期満了による選挙にあつては、その任期満了の日前九十日に当たる日（第三十四条の二第二項（同条第四項において準用する場合を含む。）の規定による告示がなされた場合にあつては、任期満了の日前九十日に当たる日又は当該告示がなされた日の翌日のいずれか早い日）から当該選挙の期日までの間

四　衆議院議員又は参議院議員の再選挙（統一対象再選挙を除く。）にあつては、当該選挙を行うべき事由が生じたとき（第三十三条の二第七項の規定の適用がある場合には、同項の規定によ

---

金銭若しくは記念品その他の物品を供与したもの（会社その他の法人又は団体を除く。）は、五十万円以下の罰金に処する。

3　会社その他の法人又は団体が第百九十九条の五第二項の規定に違反して供応接待をし、又は金銭若しくは記念品その他の物品を供与したときは、その会社その他の法人又は団体の役職員又は構成員として当該違反行為をした者は、五十万円以下の罰金に処する。

4　第百九十九条の五第三項の規定に違反して寄附をした者は、五十万円以下の罰金に処する。

り読み替えて適用される同条第一項に規定する遅い方の事由が生じたとき）その旨を当該選挙に関する事務を管理する選挙管理委員会（衆議院比例代表選出議員又は参議院比例代表選出議員の選挙については中央選挙管理会、参議院合同選挙区選挙については当該選挙に関する事務を管理する参議院合同選挙区選挙管理委員会）が告示した日の翌日から当該選挙の期日までの間

五　衆議院議員又は参議院議員の統一対象再選挙又は補欠選挙にあつては、当該選挙を行うべき事由が生じたとき（第三十三条の二第七項の規定の適用がある場合には、同項の規定により読み替えて適用される同条第二項から第五項までに規定する遅い方の事由が生じたとき）その旨を当該選挙に関する事務を管理する選挙管理委員会（衆議院比例代表選出議員又は参議院比例代表選出議員の選挙については中央選挙管理会、参議院合同選挙区選挙については当該選挙に関する事務を管理する参議院合同選挙区選挙管理委員会）が告示した日の翌日又は当該選挙を行うべき期日（同条第三項の規定によるものについては、参議院議員の任期満了の日）前九十日に当たる日のいずれか遅い日から当該選挙の期日までの間

六　地方公共団体の議会の議員又は長の選挙のうち任期満了による選挙以外の選挙にあつては、当該選挙を行うべき事由が生じたとき（第三十四条第四項の規定の適用がある場合には、同項の規定により読み替えて適用される同条第一項に規定する最も遅い事由が生じたとき）その旨を当該選挙に関する事務を管理する選挙管理委員会が告示した日の翌日から当該選挙の期日までの間

【罰則】　一項＝二四九条の五第一項、二項＝二四九条の五第二・三項、三項＝二四九条の五第四項

（特定人に対する寄附の勧誘、要求等の禁止）
**第二〇〇条**　何人も、選挙に関し、第百九十九条に規定する者に対して寄附を勧誘し又は要求してはならない。
２　何人も、選挙に関し、第百九十九条に規定する者から寄附を受けてはならない。
【罰則】二四九条・二五〇条
**第二〇一条**　削除

---

**法**（寄附の勧誘、要求等の制限違反）
**第二四九条**　第二百条第一項の規定に違反して寄附を勧誘し若しくは要求し又は同条第二項の規定に違反して寄附を受けた者（会社その他の法人又は団体にあつては、その役職員又は構成員として当該違反行為をした者）は、三年以下の禁錮又は五十万円以下の罰金に処する。
**法**（懲役又は禁錮及び罰金の併科、重過失の処罰）
**第二五〇条**　第二百四十六条、第二百四十七条、第二百四十八条、第二百四十九条及び第二百四十九条の二（第三項及び第四項を除く。）の罪を犯した者には、情状により、懲役又は禁錮及び罰金を併科することができる。
２　重大な過失により、第二百四十六条、第二百四十七条、第二百四十八条、第二百四十九条及び第二百四十九条の二第一項から第四項までの罪を犯した者も、処罰するものとする。ただし、裁判所は、情状により、その刑を減軽することができる。

## 第十四章の二　参議院（選挙区選出）議員の選挙の特例

（特例の範囲）

**第二〇一条の二**　参議院（選挙区選出）議員の選挙については、この章に規定する特例によるほか、この法律のその他の規定の定めるところによる。

**第二〇一条の三**　削除

（推薦団体の選挙運動の特例）

**第二〇一条の四**　参議院（選挙区選出）議員の選挙において、政党その他の政治団体であつて、第八十六条の四第三項の規定により政党その他の政治団体に所属する者として記載された候補者（以下「所属候補者」という。）でその所属する政党その他の政治団体が第二百一条の六第三項（第二百一条の七第二項において準用する場合を含む。）の確認書の交付を受けた政党その他の政治団体であるもの以外の候補者を推薦し、又は支持するものは、当該候補者の届出があつた日から当該選挙の期日の前日までの間、その推薦し、又は支持する候補者（以下この条及び第二百一条の六において「推薦候補者」という。）の属する選挙区につき、当該推薦候補者の数の四倍（参議院合同選挙区選挙にあつては、八倍）に相当する回数以内で、当該推薦候補者の選挙運動のための推薦演説会を開催することができる。

２　前項の規定の適用を受けようとする政党その他の政治団体は、政令で定めるところにより、推薦し、又は支持しようとする公職の候補者の当該政党その他の政治団体の推薦候補者とされること

---

**法**（推薦団体の選挙運動の規制違反）

**第二五二条の二**　第二百一条の四第二項の確認書の交付を受けた政党その他の政治団体が、同条第一項若しくは第六項から第八項ま

について の同意書を添え、当該選挙に関する事務を管理する都道府県の選挙管理委員会（参議院合同選挙区選挙については、当該選挙に関する事務を管理する参議院合同選挙区選挙管理委員会）に申請して、その確認書の交付を受けなければならない。

３　第一項の規定の適用については、一の政党その他の政治団体の推薦候補者とされた者は、当該選挙において、当該一の政党その他の政治団体以外の政党その他の政治団体の推薦候補者とされることができず、また、第二百一条の六第三項（第二百一条の七第二項において準用する場合を含む。）の確認書の交付を受けた政党その他の政治団体の所属候補者であつた者は、当該選挙において、政党その他の政治団体の推薦候補者とされることができない。

４　第二項の確認書を交付した当該選挙に関する事務を管理する都道府県の選挙管理委員会（参議院合同選挙区選挙については、当該選挙に関する事務を管理する参議院合同選挙区選挙管理委員会）は、直ちにその旨を総務大臣（参議院合同選挙区選挙については、総務大臣及び当該選挙の選挙区内の各合同選挙区都道府県の選挙管理委員会）に通知しなければならない。

５　第百六十六条（第一号に係る部分に限る。）の規定は、第一項の推薦演説会に適用しない。

６　第一項の推薦演説会のために使用する文書図画（ウェブサイト等を利用する方法により頒布されるものを除く。）は、次の各号のいずれかに該当するものに限り、掲示し又は頒布することができる。

一　推薦演説会の開催を周知させるために掲示するポスター

二　推薦演説会の会場においてその推薦演説会の開催中掲示するポスター、立札及び看板の類

三　屋内の推薦演説会の会場内においてその推薦演説会の開催中

で又は同条第九項において準用する第百四十三条第八項若しくは第九項若しくは第百四十四条第四項の規定に違反して選挙運動をしたときは、その政党その他の政治団体の役職員又は構成員として当該違反行為をした者は、百万円以下の罰金に処する。

２　第二百一条の四第九項において準用する第百四十四条第二項前段若しくは第五項又は第百四十五条第一項若しくは第二項の規定に違反してポスターを掲示した者は、五十万円以下の罰金に処する。

**令（文書図画の掲示者の氏名等の記載）**

**第一二九条の三**　法第二百一条の四第六項第二号に規定するポスター、立札及び看板の類を掲示する者は、その表面にその者の氏名及び住所並びに同条第二項の確認書の交付を受けた政党その他の政治団体の名称を記載しなければならない。

掲示する映写等の類

7　前項第一号のポスターは、一の推薦演説会の会場につき五百枚をこえることができない。

8　第六項第一号のポスターについては、当該選挙区の特定の候補者の氏名又はその氏名が類推されるような事項を記載してはならない。

9　第百四十三条第六項、第百四十四条第二項前段、第四項及び第五項、第百四十五条並びに第百七十八条の二の規定は第六項第一号のポスターについて、第百四十三条第八項及び第九項並びに第百四十三条の二の規定は第六項第二号のポスター、立札及び看板の類について準用する。この場合において、第百四十四条第二項前段中「衆議院比例代表選出議員又は参議院比例代表選出議員の選挙については、中央選挙管理会」とあるのは「参議院合同選挙区選挙については、当該選挙に関する事務を管理する参議院合同選挙区選挙管理委員会」と、同条第五項後段中「候補者届出政党」とあるのは「、第二百一条の四第二項の確認書の交付を受けた政党その他の政治団体」と、「当該候補者届出政党の名称を、衆議院名簿届出政党等が使用するものにあつては当該衆議院名簿届出政党等の名称及び前項のポスターである旨を表示する記号を、参議院名簿登載者が使用するものにあつては当該参議院名簿登載者に係る参議院名簿届出政党等の名称を」とあるのは「当該政党その他の政治団体の名称を」と、第百四十五条第一項ただし書中「総務省令で定めるもの並びに第百四十四条の二及び第百四十四条の四の掲示場に掲示する場合」とあるのは「総務省令で定めるもの」と読み替えるものとする。

【罰則】　一・六～八・九項において準用する一四三条八・九項・一四四条四項＝二五二条の二第一項、九項において準用す

る一四四条三項前段・五項・一四五条一・二項＝二五二条の三第二項

## 第十四章の三　政党その他の政治団体等の選挙における政治活動

（総選挙における政治活動の規制）

**第二〇一条の五**　政党その他の政治活動を行う団体は、別段の定めがある場合を除き、その政治活動のうち、政談演説会及び街頭政談演説の開催、ポスターの掲示、立札及び看板の類（政党その他の政治団体の本部又は支部の事務所において掲示するものを除く。以下同じ。）の掲示並びにビラ（これに類する文書図画を含む。以下同じ。）の頒布（これらの掲示又は頒布には、それぞれ、ポスター、立札若しくは看板の類又はビラで、政党その他の政治活動を行う団体のシンボル・マークを表示するものの掲示又は頒布を含む。以下同じ。）並びに宣伝告知（政党その他の政治活動を行う団体の発行する新聞紙、雑誌、書籍及びパンフレットの普及宣伝を含む。以下同じ。）のための自動車、船舶及び拡声機の使用については、衆議院議員の総選挙の期日の公示の日から選挙の当日までの間に限り、これをすることができない。

【罰則】二五二条の三第一項

（通常選挙における政治活動の規制）

**第二〇一条の六**　政党その他の政治活動を行う団体は、その政治活動のうち、政談演説会及び街頭政談演説の開催、ポスターの掲示、立札及び看板の類の掲示並びにビラの頒布並びに宣伝告知のため

**法**（政党その他の政治活動を行う団体の政治活動の規制違反）

**第二五二条の三**　政党その他の政治活動を行う団体が第二百一条の五（第二百一条の七第一項において準用する場合を含む。）、第二百一条の六第一項（第二百一条の七第二項において準用する場合を含む。）、第二百一条の八第一項（同条第三項において準用する場合を含む。）、第二百一条の九第一項、第二百一条の十一第二項、第二百一条の十二第一項若しくは第二項若しくは第二百一条の十三第一項の規定又は第二百一条の十五第一項において準用する第百四十八条第二項の規定に違反して政治活動をしたときは、その政党その他の政治活動を行う団体の役職員又は構成員として当該違反行為をした者は、百万円以下の罰金に処する。

２　略

の自動車及び拡声機の使用については、参議院議員の通常選挙の期日の公示の日から選挙の当日までの間に限り、これをすることができない。ただし、参議院名簿届出政党等であり又は当該選挙において全国を通じて十人以上の所属候補者を有する政党その他の政治団体が、次の各号に掲げる政治活動につき、その選挙の期日の公示の日から選挙の期日の前日までの間、当該各号の規定によりする場合は、この限りでない。

一　政談演説会の開催については、衆議院（小選挙区選出）議員の一選挙区ごとに一回

二　街頭政談演説の開催については、第三号の規定により使用する自動車で停止しているものの車上及びその周囲

三　政策の普及宣伝（政党その他の政治団体の発行する新聞紙、雑誌、書籍及びパンフレットの普及宣伝を含む。以下同じ。）及び演説の告知のための自動車の使用については、政党その他の政治団体の本部及び支部を通じて六台以内、所属候補者（参議院名簿登載者を含む。以下この条において同じ。）の数が十人を超える場合においては、その超える数が五人を増すごとに一台を六台に加えた台数以内

三の二　政策の普及宣伝及び演説の告知のための拡声機の使用については、政談演説会の会場、街頭政談演説（政談演説を含む。）の場所及び前号の規定により使用する自動車の車上

四　ポスターの掲示については、長さ八十五センチメートル、幅六十センチメートル以内のもの七万枚以内、所属候補者の数が十人を超える場合においては、その超える数が五人を増すごとに五千枚を七万枚に加えた枚数以内

五　立札及び看板の類の掲示については

イ　その開催する政談演説会の告知のために使用するもの（一

の政談演説会ごとに、立札及び看板の類を通じて五以内）及びその会場内で使用するもの

ロ　第三号の規定により使用する自動車に取り付けて使用するもの

六　ビラの頒布（散布を除く。）については、総務大臣に届け出たもの三種類以内

２　前項第四号のポスター及び同項第六号のビラは、第百四十二条及び第百四十三条の規定にかかわらず、当該参議院名簿届出政党等又は所属候補者の選挙運動のために使用することができる。ただし、当該選挙区（選挙区がないときは、選挙の行われる区域）の特定の候補者の氏名又はその氏名が類推されるような事項を記載したものを使用することはできない。

３　第一項ただし書の規定の適用を受けようとする政党その他の政治団体は、政令で定めるところにより、所属候補者の氏名その他必要な事項を記載し、総務大臣に申請して、その確認書の交付を受けなければならない。

４　総務大臣は、前項の確認書を交付したときは、その旨を参議院（選挙区選出）議員の選挙に関する事務を管理する都道府県の選挙管理委員会（参議院合同選挙区選挙については、参議院合同選挙区選挙管理委員会及び各合同選挙区都道府県の選挙管理委員会）に通知しなければならない。

５　第一項の規定の適用については、第三項の確認書の交付を受けた一の政党その他の政治団体の所属候補者とされた者は、当該選挙において、当該一の政党その他の政治団体以外の政党その他の政治団体の所属候補者とされることができず、また、一の政党その他の政治団体の推薦候補者であつた者は、当該選挙において、政党その他の政治団体の所属候補者とされることができない。

【罰則】　一項＝二五二条の三第一項

（衆議院議員又は参議院議員の再選挙又は補欠選挙の場合の規制）

**第二〇一条の七**　第二百一条の五の規定は、衆議院議員の再選挙又は補欠選挙について、準用する。この場合において、同条中「衆議院議員の総選挙の期日の公示の日から選挙の当日までの間に限り」とあるのは、「衆議院議員の再選挙又は補欠選挙の行われる区域においてその選挙の期日の告示の日から選挙の当日までの間に限り」と読み替えるものとする。

２　前条の規定は、参議院議員の再選挙又は補欠選挙について、準用する。この場合において、同条第一項本文中「参議院議員の通常選挙の期日の公示の日から選挙の当日までの間に限り」とあるのは「参議院議員の再選挙又は補欠選挙の行われる区域においてその選挙の期日の告示の日から選挙の当日までの間に限り」と、同項ただし書中「全国を通じて十人」とあるのは「一人」と、「公示」とあるのは「告示」と読み替えるものとし、同項第三号に規定する自動車の台数は、所属候補者（参議院比例代表選出議員の選挙にあつては、参議院名簿登載者）の数にかかわらず、一台（参議院合同選挙区選挙にあつては、二台）とし、参議院（選挙区選出）議員の再選挙又は補欠選挙については、同項第四号に規定するポスターの枚数は、所属候補者の数にかかわらず、衆議院（小選挙区選出）議員の一選挙区ごとに五百枚以内とし、政党その他の政治団体による同項第六号のビラの届出及び総務大臣による同条第四項の通知は、当該選挙に関する事務を管理する選挙管理委員会（参議院合同選挙区選挙については、同号のビラの届出にあつては当該選挙に関する事務を管理する参議院合同選挙区選挙管理委員会、同項の通知にあつては当該選挙に関する事務を管理する参議院合同選挙区選挙管理委員会及び当該選挙の選挙区内の各

令（参議院比例代表選出議員の選挙の再選挙における政治活動用ポスターの数）

**第一二九条の六**　参議院比例代表選出議員の選挙の一部無効による再選挙については、法第二百一条の七第二項において準用する法第二百一条の六第三項の規定により確認書の交付を受けた政党その他の政治団体が使用するポスターの数は、同条第一項第四号の規定にかかわらず、衆議院小選挙区選出議員の一選挙区ごとに五百枚以内とする。

合同選挙区都道府県の選挙管理委員会）に対して行うものとする。

【罰則】一項において準用する二〇一条の五・二項において準用する二〇一条の六＝二五二条の三第一項

**（都道府県又は指定都市の議会の議員の選挙における政治活動の規制）**

**第二〇一条の八**　政党その他の政治活動を行う団体は、その政治活動のうち、政談演説会及び街頭政談演説の開催、ポスターの掲示、立札及び看板の類の掲示並びにビラの頒布並びに宣伝告知のための自動車及び拡声機の使用については、都道府県の議会の議員又は指定都市の議会の議員の一般選挙の行われる区域においてその選挙の期日の告示の日から選挙の当日までの間に限り、これをすることができない。ただし、選挙の行われる区域を通じて三人以上の所属候補者を有する政党その他の政治団体が、次の各号に掲げる政治活動につき、その選挙の期日の告示の日から選挙の期日の前日までの間、当該各号の規定によりする場合は、この限りでない。

一　政談演説会の開催については、所属候補者の数の四倍に相当する回数

二　街頭政談演説の開催については、次号の規定により使用する自動車で停止しているものの車上及びその周囲

三　政策の普及宣伝及び演説の告知のための自動車の使用については、政党その他の政治団体の本部及び支部を通じて一台、所属候補者の数が三人を超える場合においては、その超える数が五人を増すごとに一台を一台に加えた台数以内

三の二　政策の普及宣伝及び演説の告知のための拡声機の使用については、政談演説会の会場、街頭政談演説（政談演説を含む。）の場所及び前号の規定により使用する自動車の車上

---

**法（政党その他の政治活動を行う団体の政治活動の規制違反）**

**第二五二条の三**　政党その他の政治活動を行う団体が第二百一条の五（第二百一条の七第一項において準用する場合を含む。）、第二百一条の六第一項（第二百一条の七第二項において準用する場合を含む。）、第二百一条の八第一項（同条第三項において準用する場合を含む。）、第二百一条の九第一項、第二百一条の十一第二項、第二百一条の十二第一項若しくは第二項若しくは第二百一条の十三第一項の規定又は第二百一条の十五第一項において準用する第百四十八条第二項の規定に違反して政治活動をしたときは、その政党その他の政治活動を行う団体の役職員又は構成員として当該違反行為をした者は、百万円以下の罰金に処する。

２　略

四　ポスターの掲示については、一選挙区ごとに、長さ八十五センチメートル、幅六十センチメートル以内のもの百枚以内、当該選挙区の所属候補者の数が一人を超える場合にあつては、その超える数が一人を増すごとに五十枚を百枚に加えた枚数以内

五　立札及び看板の類の掲示については

イ　その開催する政談演説会の告知のために使用するもの（一の政談演説会ごとに、立札及び看板の類を通じて五以内）及びその会場内で使用するもの

ロ　第三号の規定により使用する自動車に取り付けて使用するもの

六　ビラの頒布（散布を除く。）については、当該選挙に関する事務を管理する選挙管理委員会に届け出たもの二種類以内

2　第二百一条の六第二項の規定は前項第四号のポスター及び同項第六号のビラについて、同条第三項の規定は第一項ただし書の規定の適用を受けようとする政党その他の政治団体について、同条第五項の規定は第一項の規定を適用する場合について準用する。この場合において、同条第二項中「当該参議院名簿届出政党等又は所属候補者」とあるのは「所属候補者」と、同条第三項中「総務大臣」とあるのは「当該選挙に関する事務を管理する選挙管理委員会」と読み替えるものとする。

3　前二項の規定は、都道府県の議会の議員又は指定都市の議会の議員の再選挙、補欠選挙又は増員選挙について準用する。この場合において、第一項中「選挙の行われる区域を通じて三人以上の所属候補者」とあるのは、「所属候補者」と読み替えるものとする。

【罰則】　一項（三項において準用する場合を含む。）＝二五二条の三第一項

（都道府県知事又は市長の選挙における政治活動の規制）

法（政党その他の政治活動を行う団体の政治活動の規制違反）

**第二〇一条の九**　政党その他の政治活動を行う団体は、その政治活動のうち、政談演説会及び街頭政談演説の開催、ポスターの掲示、立札及び看板の類の掲示並びにビラの頒布並びに宣伝告知のための自動車及び拡声機の使用については、都道府県知事又は市長の選挙の行われる区域においてその選挙の期日の告示の日から選挙の当日までの間に限り、これをすることができない。ただし、政党その他の政治団体で所属候補者又は支援候補者（第八十六条の四第三項の規定により政党その他の政治団体に所属する者として記載されなかつた公職の候補者で、当該政党その他の政治団体が推薦し、又は支持するものをいう。以下この条及び第二百一条の十一において同じ。）を有するものが、次の各号に掲げる政治活動につき、その選挙の期日の告示の日から選挙の期日の前日までの間、当該各号の規定によりする場合は、この限りでない。

一　政談演説会の開催については、都道府県知事の選挙にあつては衆議院（小選挙区選出）議員の選挙区ごとに一回、市長の選挙にあつては当該選挙の行われる区域につき二回

二　街頭政談演説の開催については、第三号の規定により使用する自動車で停止しているものの車上及びその周囲

三　政策の普及宣伝及び演説の告知のための自動車の使用については、政党その他の政治団体の本部及び支部を通じて一台

三の二　政策の普及宣伝及び演説の告知のための拡声機の使用については、政談演説会の会場、街頭政談演説（政談演説を含む。）の場所及び前号の規定により使用する自動車の車上

四　ポスターの掲示については、都道府県知事の選挙にあつては衆議院（小選挙区選出）議員の一選挙区ごとに、長さ八十五センチメートル、幅六十センチメートル以内のもの五百枚以内、市長の選挙にあつては当該選挙の行われる区域につき、長さ八

---

**第二五二条の三**　政党その他の政治活動を行う団体が第二百一条の五（第二百一条の七第一項において準用する場合を含む。）、第二百一条の六第一項（第二百一条の七第二項において準用する場合を含む。）、第二百一条の八第一項（同条第三項において準用する場合を含む。）、第二百一条の九第一項、第二百一条の十一第二項、第二百一条の十二第一項若しくは第二項若しくは第二百一条の十三第一項の規定又は第二百一条の十五第一項において準用する第百四十八条第二項の規定に違反して政治活動をしたときは、その政党その他の政治活動を行う団体の役職員又は構成員として当該違反行為をした者は、百万円以下の罰金に処する。

２　略

十五センチメートル、幅六十センチメートル以内のもの千枚以内

五　立札及び看板の類の掲示については

イ　その開催する政談演説会の告知のために使用するもの（一の政談演説会ごとに、立札及び看板の類を通じて五以内）及びその会場内で使用するもの

ロ　第三号の規定により使用する自動車に取り付けて使用するもの

六　ビラの頒布（散布を除く。）については、当該選挙に関する事務を管理する選挙管理委員会に届け出たもの二種類以内

2　第二百一条の六第二項の規定は、前項第四号のポスター及び同項第六号のビラについて準用する。この場合において、同条第二項中「当該参議院名簿届出政党等又は所属候補者」とあるのは、「所属候補者又は支援候補者」と読み替えるものとする。

3　第一項ただし書の規定の適用を受けようとする政党その他の政治団体は、政令で定めるところにより、所属候補者又は支援候補者の氏名を記載し、支援候補者については当該政党その他の政治団体の支援候補者とされることについての本人の同意書を添え、当該選挙に関する事務を管理する選挙管理委員会に申請して、その確認書の交付を受けなければならない。

4　第一項の規定の適用については、前項の確認書の交付を受けた一の政党その他の政治団体の所属候補者又は支援候補者とされた者は、当該選挙において、当該一の政党その他の政治団体以外の政党その他の政治団体の所属候補者又は支援候補者とされることができず、また、当該選挙において、当該一の政党その他の政治団体の支援候補者又は所属候補者とされることができない。

【罰則】一項＝二五二条の三第一項

（二以上の選挙が行われる場合の政治活動）

**第二〇一条の一〇**　前五条の規定は、これらの条に掲げる選挙の二以上のものが行われる場合において、一の選挙の行われる区域が他の選挙の行われる区域の全部又は一部を含み、且つ、一の選挙の期日の公示又は告示の日からその選挙の当日までの間が他の選挙の期日の公示又は告示の日からその選挙の当日までの間にかかるときは、これらの条のそれぞれの規定により政治活動を行うことのできる政党その他の政治団体が、その二以上の選挙が重複して行われる区域においてその期間それぞれの規定に従つて政治活動を行うことを妨げるものではない。

（政治活動の態様）

**第二〇一条の一一**　この章の規定による政談演説会及び街頭政談演説においては、政策の普及宣伝のほか、所属候補者（参議院比例代表選出議員の選挙にあつては当該参議院名簿届出政党等又は当該参議院名簿登載者（第八十六条の三第一項後段の規定により優先的に当選人となるべき候補者としてその氏名及び当選人となるべき順位が参議院名簿に記載されている者を除く。）、都道府県知事又は市長の選挙にあつては所属候補者又は支援候補者）の選挙運動のための演説をもすることができる。この場合においては、第百六十四条の三及び第百六十六条（第一号に係る部分に限る。）の規定は政談演説会に、第百六十四条の五の規定は街頭政談演説に適用しない。

2　本章の規定による政談演説会を開催する場合には、政党その他の政治団体は、あらかじめ当該政談演説会場の所在する都道府県の選挙管理委員会（指定都市の議会の議員及び市の長の選挙については、市の選挙管理委員会）に届け出なければならない。

3　本章の規定による自動車には、総務大臣（都道府県の議会の議

---

**法**（政党その他の政治活動を行う団体の政治活動の規制違反）

**第二五二条の三**　政党その他の政治活動を行う団体が第二百一条の五（第二百一条の七第一項において準用する場合を含む。）、第二百一条の六第一項（第二百一条の七第二項において準用する場合を含む。）、第二百一条の八第一項（同条第三項において準用する

員、都道府県知事、指定都市の議会の議員及び市の長の選挙については、当該選挙に関する事務を管理する選挙管理委員会）の定めるところの表示をしなければならない。

4　この章の規定によるポスターは、当該選挙に関する事務を管理する選挙管理委員会（参議院議員の通常選挙及び参議院比例代表選出議員の再選挙又は補欠選挙については総務大臣、参議院合同選挙区選挙（再選挙又は補欠選挙に限る。以下この項において同じ。）については当該選挙に関する事務を管理する参議院合同選挙区選挙管理委員会）の定めるところにより、当該選挙に関する事務を管理する選挙管理委員会（参議院議員の通常選挙及び参議院比例代表選出議員の再選挙又は補欠選挙については総務大臣、参議院合同選挙区選挙については当該選挙に関する事務を管理する参議院合同選挙区選挙管理委員会）の行う検印を受け、又はその交付する証紙を貼らなければ掲示することができない。この場合において、当該選挙に関する事務を管理する選挙管理委員会（参議院合同選挙区選挙については、当該選挙に関する事務を管理する参議院合同選挙区選挙管理委員会）の行う検印又はその交付する証紙は、市の長の選挙に係るものを除き、衆議院（小選挙区選出）議員の選挙区（都道府県の議会の議員又は指定都市の議会の議員の選挙にあつては、当該選挙の選挙区）ごとに区分しなければならない。

5　本章の規定によるポスターには、その表面に当該政党その他の政治団体の名称並びに掲示責任者及び印刷者の氏名（法人にあつては名称）及び住所、本章の規定によるビラには、その表面に当該政党その他の政治団体の名称、選挙の種類及び本章の規定によるビラである旨を表示する記号を記載しなければならない。

6　第百四十五条の規定は、この章の規定によるポスター並びに立

場合を含む。）、第二百一条の九第一項、第二百一条の十一第二項、第二百一条の十二第一項若しくは第二項若しくは第二百一条の十三第一項の規定又は第二百一条の十五第一項において準用する第百四十八条第二項の規定に違反して政治活動をしたときは、その政党その他の政治活動を行う団体の役職員又は構成員として当該違反行為をした者は、百万円以下の罰金に処する。

2　次の各号の一に該当する行為をした者は、五十万円以下の罰金に処する。

一　第二百一条の十一第三項又は第八項の規定に違反して表示をしなかつたとき。

二　第二百一条の十一第四項、第五項若しくは第九項の規定若しくは同条第六項において準用する第百四十五条第一項若しくは第二項の規定に違反してポスター、立札若しくは看板の類を掲示し、又は第二百一条の十一第五項の規定に違反してビラを頒布したとき。

三　第二百一条の十一第十一項又は第二百一条の十四第二項の規定による撤去の処分に従わなかつたとき。

**規**（ポスター並びに立札及び看板の類の掲示箇所）

札及び看板の類について、準用する。この場合において、同条第一項ただし書中「総務省令で定めるもの並びに第百四十四条の二及び第百四十四条の四の掲示場に掲示する場合」とあるのは、「総務省令で定めるもの」と読み替えるものとする。

7　第百四十三条第六項の規定はこの章の規定によるポスターについて、第百七十八条の二の規定はこの章の規定によるポスターで所属候補者（参議院比例代表選出議員の選挙にあつては当該参議院名簿届出政党等又は当該参議院名簿登載者、都道府県知事又は市長の選挙にあつては所属候補者又は支援候補者）の選挙運動のために使用するものについて準用する。

8　本章の規定により政談演説会の開催につきその告知のために使用する立札及び看板の類には、当該政談演説会場の所在する都道府県の選挙管理委員会（指定都市の議会の議員及び市の長の選挙については、市の選挙管理委員会）の定めるところの表示をしなければならない。

9　前項の立札及び看板の類には、その表面に掲示責任者の氏名及び住所を記載しなければならない。

10　本章の規定により立札又は看板の類を掲示した者は、本章の規定により使用される自動車を政策の普及宣伝及び演説の告知のために使用することをやめたとき、又は政談演説会が終了したときは、直ちにこれらを撤去しなければならない。

11　都道府県又は市町村の選挙管理委員会は、政治活動のために使用する文書図画で本章の規定に違反して掲示したもの又は前項の

**第三一条の三**　法第二百一条の十一第六項において準用する法第百四十五条第一項ただし書の規定によりポスターを掲示することのできるものは、地方公共団体の管理する食堂及び浴場とする。

2　法第二百一条の十一第六項において準用する法第百四十五条第一項ただし書の規定により立札及び看板の類を掲示することのできるものは、法第十四章の三の規定による政談演説会の開催当日における当該政談演説会の会場内及び会場前並びに公園、広場、緑地及び道路とする。

規定に違反して撤去しないものがあると認めるときは、撤去させることができる。この場合において、都道府県又は市町村の選挙管理委員会は、あらかじめ、その旨を当該警察署長に通報するものとする。

【罰則】　二項＝二五二条の三第一項、三・八項＝二五二条の三第二項一号、四・五・九項・六項において準用する一四五条一・二項＝二五二条の三第二項二号、一一項の処分に従わなかったとき＝二五二条の三第二項三号

**（政談演説会等の制限）**

**第二〇一条の一二**　政党その他の政治団体は、午後八時から翌日午前八時までの間は、本章の規定による街頭政談演説を開催することができない。

2　政党その他の政治団体は、二以上の選挙が行われる場合において、一の選挙の期日の公示又は告示の日からその選挙の期日の前日までの間が他の選挙の期日にかかる場合においては、その当日当該投票所を閉じる時刻までの間は、その投票所を設けた場所の入口から三百メートル以内の区域において、本章の規定による政談演説会又は街頭政談演説を開催することができない。次条第一項ただし書の規定により自動車の上において政治活動のための連呼行為をすることも、また同様とする。

3　第百四十条の二第二項及び第百六十四条の六第三項の規定は、本章の規定による街頭政談演説を開催する政党その他の政治団体について準用する。

【罰則】　一・二項＝二五二条の三第一項

**（連呼行為等の禁止）**

**第二〇一条の一三**　政党その他の政治活動を行う団体は、各選挙につき、その選挙の期日の公示又は告示の日からその選挙の当日ま

---

**法（政党その他の政治活動を行う団体の政治活動の規制違反）**

**第二五二条の三**　政党その他の政治活動を行う団体が第二百一条の五（第二百一条の七第一項において準用する場合を含む。）、第二百一条の六第一項（第二百一条の七第二項において準用する場合を含む。）、第二百一条の八第一項（同条第三項において準用する場合を含む。）、第二百一条の九第一項、第二百一条の十一第二項、第二百一条の十二第一項若しくは第二項若しくは第二百一条の十三第一項の規定又は第二百一条の十五第一項において準用する第百四十八条第二項の規定に違反して政治活動をしたときは、その政党その他の政治活動を行う団体の役職員又は構成員として当該違反行為をした者は、百万円以下の罰金に処する。

2　略

での間に限り、政治活動のため、次の各号に掲げる行為をすることができない。ただし、第一号の連呼行為については、この章の規定による政談演説会の会場及び街頭政談演説の場所においてする場合並びに午前八時から午後八時までの間に限り、この章の規定により政策の普及宣伝及び演説の告知のために使用される自動車の上においてする場合並びに第三号の文書図画の頒布については、この章の規定による政談演説会の会場においてする場合は、この限りでない。

一　連呼行為をすること。

二　いかなる名義をもつてするを問わず、掲示し又は頒布する文書図画（新聞紙及び雑誌並びにインターネット等を利用する方法により頒布されるものを除く。）に、当該選挙区（選挙区がないときは、選挙の行われる区域）の特定の候補者の氏名又はその氏名が類推されるような事項を記載すること。

三　国又は地方公共団体が所有し又は管理する建物（専ら職員の居住の用に供されているもの及び公営住宅を除く。）において文書図画（新聞紙及び雑誌を除く。）の頒布（郵便等又は新聞折込みの方法による頒布を除く。）をすること。

2　第百四十条の二第二項の規定は、前項ただし書の規定により政治活動のための連呼行為をする政党その他の政治団体について準用する。

【罰則】　一項＝二五二条の三第一項

**（選挙運動の期間前に掲示されたポスターの撤去）**

**第二〇一条の一四**　各選挙につき、当該選挙の期日の公示又は告示の前に政党その他の政治活動を行う団体がその政治活動のために使用するポスターを掲示した者は、当該ポスターにその氏名又はその氏名が類推されるような事項を記載された者が当該選挙において候補者となつたときは、当該候補者となつた日のうちに、当該選挙区（選挙区がないときは、選挙の行われる区域）において、当該ポスターを撤去しなければならない。

２　都道府県又は市町村の選挙管理委員会は、前項の規定に違反して撤去しないポスターがあると認めるときは、撤去させることができる。この場合において、都道府県又は市町村の選挙管理委員会は、あらかじめ、その旨を当該警察署長に通報するものとする。

【罰則】　二項の処分に従わなかったとき＝二五二条の三第二項三号

**（政党その他の政治団体の機関紙誌）**

**第二〇一条の一五**　政党その他の政治団体の発行する新聞紙及び雑誌については、衆議院議員、参議院議員、都道府県の議会の議員、都道府県知事、指定都市の議会の議員又は市長の選挙の期日の公示又は告示の日からその選挙の当日までの間に限り、第百四十八条第三項の規定を適用せず、衆議院議員の選挙にあつては候補者届出政党又は衆議院名簿届出政党等の本部、衆議院議員の選挙以外の選挙にあつては当該選挙につきこの章の規定により政治活動をすることができる政党その他の政治団体の本部において直接発行し、かつ、通常の方法（機関新聞紙については、政談演説会（衆議院議員の選挙にあつては、政党演説会又は政党等演説会）の会場において頒布する場合を含む。）により頒布する機関新聞紙又は機関雑誌で、総務大臣（都道府県の議会の議員、都道府県知事、指定都市の議会の議員又は市長の選挙については、当該選挙に関する事務を管理する選挙管理委員会）に届け出たもの各一に限り、かつ、当該機関新聞紙又は機関雑誌の号外、臨時号、増刊号その他の臨時に発行するものを除き、同条第一項及び第二項の規定を準用する。この場合において、同条第二項中「通常の方法（選

---

**法（政党その他の政治活動を行う団体の政治活動の規制違反）**

**第二五二条の三**　略

２　次の各号の一に該当する行為をした者は、五十万円以下の罰金に処する。

一・二　略

三　第二百一条の十一第十一項又は第二百一条の十四第二項の規定による撤去の処分に従わなかつたとき。

**法（新聞紙、雑誌が選挙の公正を害する罪）**

**第二三五条の二**　次の各号の一に該当する者は、二年以下の禁錮又は三十万円以下の罰金に処する。

一　第百四十八条第一項ただし書（第二百一条の十五第一項において準用する場合を含む。）の規定に違反して新聞紙又は雑誌が選挙の公正を害したときは、その新聞紙若しくは雑誌の編集を実際に担当した者又はその新聞紙若しくは雑誌の経営を担当した者

二　第百四十八条第三項に規定する新聞紙及び雑誌並びに第二百一条の十五に規定する機関新聞紙及び機関雑誌以外の新聞紙及び雑誌（当該機関新聞紙及び機関雑誌の号外、臨時号、増刊号その他の臨時に発行するものを含む。）が選挙運動の期間中及び選挙の当日当該選挙に関し報道又は評論を掲載したときは、これらの新聞紙若しくは雑誌の編集を実際に担当した者又はその新聞紙若しくは雑誌の経営を担当した者

三　略

**法（政党その他の政治活動を行う団体の政治活動の規制違反）**

**第二五二条の三**　政党その他の政治活動を行う団体が第二百一条の

挙運動の期間中及び選挙の当日において、定期購読者以外の者に対して頒布する新聞紙又は雑誌については、有償でする場合に限る。」とあるのは、当該機関新聞紙又は機関雑誌で引き続いて発行されている期間が六月に満たないものについては「通常の方法（政談演説会（衆議院議員の選挙にあつては、政党演説会又は政党等演説会）の会場においてする場合に限る。）」と、当該機関新聞紙又は機関雑誌で引き続いて発行されている期間が六月以上のものについては「通常の方法（当該選挙の期日の公示又は告示の日前六月間において平常行われていた方法をいい、その間に行われた臨時又は特別の方法を含まない。）」と読み替えるものとする。

2　前項の届出には、当該機関新聞紙又は雑誌の名称並びに編集人及び発行人の氏名その他政令で定める事項を記載しなければならない。

3　第一項の規定の適用については、当該機関新聞紙又は機関雑誌の号外、臨時号、増刊号その他の臨時に発行するもので当該選挙に関する報道及び評論を掲載していないものについても、当該選挙区（選挙区がないときは、選挙の行われる区域）の特定の候補者の氏名又はその氏名が類推されるような事項が記載されているときは、当該選挙区（選挙区がないときは、選挙の行われる区域）内においては、同項に規定する当該機関新聞紙又は機関雑誌の号外、臨時号、増刊号その他の臨時に発行するものとみなす。

【罰則】　一項において準用する一四八条一項ただし書＝二三五条の二第一号、一項において準用する一四八条二項＝二五二条の三第一項、本条に規定する機関新聞紙及び機関雑誌以外の新聞紙及び雑誌が当該選挙に関し報道又は評論を掲載したとき＝二三五条の二第二号

五　（第二百一条の七第一項において準用する場合を含む。）、第二百一条の六第一項（第二百一条の七第二項において準用する場合を含む。）、第二百一条の八第一項（同条第三項において準用する場合を含む。）、第二百一条の九第一項、第二百一条の十一第二項、第二百一条の十二第一項若しくは第二項若しくは第二百一条の十三第一項の規定又は第二百一条の十五第一項において準用する第百四十八条第二項の規定に違反して政治活動をしたときは、その政党その他の政治活動を行う団体の役職員又は構成員として当該違反行為をした者は、百万円以下の罰金に処する。

2　略

**令（機関紙誌の届出事項）**

**第一二九条の七**　法第二百一条の十五第二項に規定する政令で定める事項は、機関新聞紙又は機関雑誌の創刊年月日、発行方法及び引き続いて発行されている期間とする。

# 第十五章　争訟

（地方公共団体の議会の議員及び長の選挙の効力に関する異議の申出及び審査の申立て）

**第二百二条**　地方公共団体の議会の議員及び長の選挙において、その選挙の効力に関し不服がある選挙人又は公職の候補者は、当該選挙の日から十四日以内に、文書で当該選挙に関する事務を管理する選挙管理委員会に対して異議を申し出ることができる。

2　前項の規定により市町村の選挙管理委員会に対して異議を申し出た場合において、その決定に不服がある者は、その決定書の交付を受けた日又は第二百十五条の規定による告示の日から二十一日以内に、文書で当該都道府県の選挙管理委員会に審査を申し立てることができる。

（地方公共団体の議会の議員及び長の選挙の効力に関する訴訟）

**第二百三条**　地方公共団体の議会の議員及び長の選挙において、前条第一項の異議の申出若しくは同条第二項の審査の申立てに対する都道府県の選挙管理委員会の決定又は裁決に不服がある者は、当該都道府県の選挙管理委員会を被告とし、その決定書若しくは裁決書の交付を受けた日又は第二百十五条の規定による告示の日から三十日以内に、高等裁判所に訴訟を提起することができる。

2　地方公共団体の議会の議員及び長の選挙の効力に関する訴訟は、前条第一項又は第二項の規定による異議の申出又は審査の申立てに対する都道府県の選挙管理委員会の決定又は裁決に対してのみ提起することができる。

（衆議院議員又は参議院議員の選挙の効力に関する訴訟）

---

令（行政不服審査法施行令の準用）

**第一二九条の八**　行政不服審査法施行令第三条、第四条第二項、第七条から第十一条まで及び第十四条の規定は、法第二百二条第一項及び第二百六条第一項の異議の申出について準用する。この場合において、同令第三条第二項中「審査庁（審理員が指名されている場合において、審理手続が終結するまでの間は、審理員）」とあるのは「公職選挙法（昭和二十五年法律第百号）第二百二条第一項又は第二百六条第一項の異議の申出を受けた選挙管理委員会（以下「審査庁」という。）」と、同令第七条第一項中「審査請求人及び処分庁等」とあるのは「異議申出人」と、同令第八条中「審理員」とあるのは「審査庁」と、「審理関係人がある」とあるのは「審理関係人（公職選挙法第二百十六条第一項において準用する法第三十一条第二項に規定する審理関係人をいう。以下この条において同じ。）がある」と、「総務省令で」とあるのは「審査庁が」と、同令第九条中「審理員」とあるのは「審査庁」と読み替えるものとする。

2　行政不服審査法施行令第三条から第十一条まで及び第十四条の規定は、法第二百二条第二項及び第二百六条第二項の審査の申立てについて準用する。この場合において、同令第三条第二項中「審査庁（審理員が指名されている場合において、審理手続が終結するまでの間は、審理員）」とあるのは「公職選挙法（昭和二十五年法律第百号）第二百二条第二項又は第二百六条第二項の審査の申立てを受けた選挙管理委員会（以下「審査庁」という。）」と、

**第二〇四条**　衆議院議員又は参議院議員の選挙において、その選挙の効力に関し異議がある選挙人又は公職の候補者（衆議院小選挙区選出議員の選挙にあつては候補者又は候補者届出政党、衆議院比例代表選出議員の選挙にあつては衆議院名簿届出政党等、参議院比例代表選出議員の選挙にあつては参議院名簿届出政党等又は参議院名簿登載者（第八十六条の三第一項後段の規定により優先的に当選人となるべき候補者としてその氏名及び当選人となるべき順位が参議院名簿に記載されている者を除く。））は、衆議院（小選挙区選出）議員又は参議院（選挙区選出）議員の選挙にあつては当該選挙に関する事務を管理する都道府県の選挙管理委員会（参議院合同選挙区選挙については、当該選挙に関する事務を管理する参議院合同選挙区選挙管理委員会）を、衆議院（比例代表選出）議員又は参議院（比例代表選出）議員の選挙にあつては中央選挙管理会を被告とし、当該選挙の日から三十日以内に、高等裁判所に訴訟を提起することができる。

**（選挙の無効の決定、裁決又は判決）**

**第二〇五条**　選挙の効力に関し異議の申出、審査の申立て又は訴訟の提起があつた場合において、選挙の規定に違反することがあるときは選挙の結果に異動を及ぼす虞がある場合に限り、当該選挙管理委員会又は裁判所は、その選挙の全部又は一部の無効を決定し、裁決し又は判決しなければならない。

2　前項の規定により当該選挙管理委員会又は裁判所がその選挙の一部の無効を決定し、裁決し又は判決する場合において、当選に異動を生ずる虞のない者を区分することができるときは、その者に限り当選を失わない旨をあわせて決定し、裁決し又は判決しなければならない。

3　前項の場合において、当選に異動を生ずる虞の有無につき判断

同令第七条第一項中「処分庁等」とあるのは「当該選挙に関する事務を管理する選挙管理委員会」と、同令第八条中「審理員」とあるのは「審査庁」と、「審理関係人がある」とあるのは「審理関係人（公職選挙法第二百十六条第二項において準用する法第三十一条第二項に規定する審理関係人をいう。以下この条において同じ。）がある」と、「総務省令で」とあるのは「審査庁が」と、同令第九条中「審理員」とあるのは「審査庁」と読み替えるものとする。

を受ける者（以下本条中「当該候補者」という。）の得票数（一部無効に係る区域以外の区域における得票数をいう。以下本条中同じ。）から左に掲げる各得票数を各別に差し引いて得た各数の合計数が、選挙の一部無効に係る区域における選挙人の数より多いときは、当該候補者は、当選に異動を生ずる虞のないものとする。

一　得票数の最も多い者から順次に数えて、当該選挙において選挙すべき議員の数に相当する数に至る順位の次の順位にある候補者の得票数

二　得票数が前号の候補者より多く、当該候補者より少い各候補者のそれぞれの得票数

4　前項の選挙の一部無効に係る区域における選挙人とは、第二項の規定による決定、裁決又は判決の直前（判決の場合にあつては高等裁判所の判決の基本たる口頭弁論終結の直前）に当該選挙の一部無効に係る区域において行われた選挙の当日投票できる者であつた者とする。

5　衆議院（比例代表選出）議員又は参議院（比例代表選出）議員の選挙については、前三項の規定は適用せず、第一項の規定により選挙の一部を無効とする判決があつた場合においても、衆議院名簿届出政党等又は参議院名簿届出政党等に係る当選人の数の決定及び当選人の決定は、当該再選挙の結果に基づく新たな決定に係る告示がされるまでの間（第三十三条の二第六項の規定により当該再選挙を行わないこととされる場合にあつては、当該議員の任期満了の日までの間）は、なおその効力を有する。

**（地方公共団体の議会の議員又は長の当選の効力に関する異議の申出及び審査の申立て）**

**第二〇六条**　地方公共団体の議会の議員又は長の選挙においてその当選の効力に関し不服がある選挙人又は公職の候補者は、第百一

---

**令（行政不服審査法施行令の準用）**

**第一二九条の八**　行政不服審査法施行令第三条、第四条第二項、第七条から第十一条まで及び第十四条の規定は、法第二百二条第一項及び第二百六条第一項の異議の申出について準用する。この場

条の三第二項又は第百六条第二項の規定による告示の日から十四日以内に、文書で当該選挙に関する事務を管理する選挙管理委員会に対して異議を申し出ることができる。

２　前項の規定により市町村の選挙管理委員会に対して異議を申し出た場合において、その決定に不服がある者は、その決定書の交付を受けた日又は第二百十五条の規定による告示の日から二十一日以内に、文書で当該都道府県の選挙管理委員会に審査を申し立てることができる。

**（地方公共団体の議会の議員及び長の当選の効力に関する訴訟）**

**第二〇七条**　地方公共団体の議会の議員及び長の選挙において、前条第一項の異議の申出若しくは同条第二項の審査の申立てに対する都道府県の選挙管理委員会の決定又は裁決に不服がある者は、当該都道府県の選挙管理委員会を被告とし、その決定書若しくは裁決書の交付を受けた日又は第二百十五条の規定による告示の日から三十日以内に、高等裁判所に訴訟を提起することができる。

２　第二百三条第二項の規定は、地方公共団体の議会の議員及び長の当選の効力に関する訴訟を提起する場合に、準用する。

**（衆議院議員又は参議院議員の当選の効力に関する訴訟）**

**第二〇八条**　衆議院議員又は参議院議員の選挙において、当選をしなかつた者（衆議院小選挙区選出議員の選挙にあつては候補者届出政党、衆議院比例代表選出議員の選挙にあつては衆議院名簿届出政党等、参議院比例代表選出議員の選挙にあつては参議院名簿届出政党等を含む。）で当選の効力に関し不服があるものは、衆議院（小選挙区選出）議員又は参議院（選挙区選出）議員の選挙にあつては当該選挙に関する事務を管理する都道府県の選挙管理委員会（参議院合同選挙区選挙については、当該選挙に関する事務を管理する参議院合同選挙区選挙管理委員会）を、衆議院（比

合において、同令第三条第二項中「審査庁（審理員が指名されている場合において、審理手続が終結するまでの間は、審理員）」とあるのは「公職選挙法（昭和二十五年法律第百号）第二百二条第一項又は第二百六条第一項の異議の申出を受けた選挙管理委員会（以下「審査庁」という。）」と、同令第七条第一項中「審査請求人及び処分庁等」とあるのは「異議申出人」と、同令第八条中「審理員」とあるのは「審査庁」と、「審理関係人がある」とあるのは「審理関係人（公職選挙法第二百十六条第一項において準用する法第三十一条第二項に規定する審理関係人をいう。以下この条において同じ。）がある」と、「総務省令で」とあるのは「審査庁が」と、同令第九条中「審理員」とあるのは「審査庁」と読み替えるものとする。

２　行政不服審査法施行令第三条から第十一条まで及び第十四条の規定は、法第二百二条第二項及び第二百六条第二項の審査の申立てについて準用する。この場合において、同令第三条第二項中「審査庁（審理員が指名されている場合において、審理手続が終結するまでの間は、審理員）」とあるのは「公職選挙法（昭和二十五年法律第百号）第二百二条第二項又は第二百六条第二項の審査の申立てを受けた選挙管理委員会（以下「審査庁」という。）」と、同令第七条第一項中「処分庁等」とあるのは「当該選挙に関する事務を管理する選挙管理委員会」と、同令第八条中「審理員」とあるのは「審査庁」と、「審理関係人がある」とあるのは「審理関係人（公職選挙法第二百十六条第二項において準用する法第三十一条第二項に規定する審理関係人をいう。以下この条において同じ。）がある」と、「総務省令で」とあるのは「審査庁が」と、同令第九条中「審理員」とあるのは「審査庁」と読み替えるものとする。

例代表選出）議員又は参議院（比例代表選出）議員の選挙にあつては中央選挙管理会を被告とし、第百一条第二項、第百一条の二第二項、第百一条の二の二第二項若しくは第百一条の三第二項又は第百六条第二項の規定による告示の日から三十日以内に、高等裁判所に訴訟を提起することができる。ただし、衆議院（比例代表選出）議員の選挙においては、当該選挙と同時に行われた衆議院（小選挙区選出）議員の選挙における選挙又は当選の効力に関する事由を理由とし、当選の効力に関する訴訟を提起することができない。

2　衆議院（比例代表選出）議員の当選の効力に関し訴訟の提起があつた場合において、衆議院名簿届出政党等に係る当選人の数の決定に過誤があるときは、裁判所は、当該衆議院名簿届出政党等に係る当選人の数の決定の無効を判決しなければならない。この場合においては、当該衆議院名簿届出政党等につき失われることのない当選人の数を併せて判決するものとする。

3　前項の規定は、参議院（比例代表選出）議員の選挙の当選の効力に関する訴訟の提起があつた場合について準用する。この場合において、同項中「衆議院名簿届出政党等」とあるのは、「参議院名簿届出政党等」と読み替えるものとする。

**（当選の効力に関する争訟における選挙の無効の決定、裁決又は判決）**

**第二〇九条**　前三条の規定による当選の効力に関する異議の申出、審査の申立て又は訴訟の提起があつた場合においても、その選挙が第二百五条第一項の場合に該当するときは、当該選挙管理委員会又は裁判所は、その選挙の全部又は一部の無効を決定し、裁決し又は判決しなければならない。

2　第二百五条第二項から第五項までの規定は、前項の場合に準用する。

（当選の効力に関する争訟における潜在無効投票）

**第二〇九条の二**　当選の効力に関する異議の申出、審査の申立て又は訴訟の提起があつた場合において、選挙の当日選挙権を有しない者の投票その他本来無効なるべき投票であつてその無効原因が表面に現れない投票で有効投票に算入されたことが推定され、かつ、その帰属が不明な投票があることが判明したときは、当該選挙管理委員会又は裁判所は、第九十五条又は第九十五条の二若しくは第九十五条の三の規定の適用に関する各公職の候補者又は各衆議院名簿届出政党等若しくは各参議院名簿届出政党等の有効投票の計算については、その開票区ごとに、各公職の候補者又は各衆議院名簿届出政党等若しくは各参議院名簿届出政党等の得票数（各参議院名簿届出政党等の得票数にあつては、当該参議院名簿届出政党等に係る各参議院名簿登載者（当該選挙の期日において公職の候補者たる者に限る。以下この項及び次項において同じ。）の得票数を含むものをいう。）から、当該無効投票数を各公職の候補者又は各衆議院名簿届出政党等若しくは各参議院名簿届出政党等の得票数（各参議院名簿届出政党等の得票数にあつては、当該参議院名簿届出政党等に係る各参議院名簿登載者の得票数を含むものをいう。）に応じてあん分して得た数をそれぞれ差し引くものとする。

２　前項の場合において、各参議院名簿届出政党等に係る各参議院名簿登載者の有効投票及び当該参議院名簿届出政党等の有効投票（当該参議院名簿届出政党等に係る各参議院名簿登載者の有効投票を含まないものをいう。）の計算については、その開票区ごとに、各参議院名簿登載者の得票数及び当該参議院名簿届出政党等の得票数（当該参議院名簿届出政党等に係る各参議院名簿登載者の得票数を含まないものをいう。以下この項において同じ。）から、前項の規定によりあん分して得た数を各参議院名簿登載者の得票数及び当該参議院名簿届出政党等の得票数に応じてあん分して得た数をそれぞれ差し引くものとする。

**（総括主宰者、出納責任者等の選挙犯罪による公職の候補者であつた者の当選の効力及び立候補の資格に関する訴訟等）**

**第二一〇条**　第二百五十一条の二第一項第一号から第三号までに掲げる者が第二百二十一条第三項、第二百二十二条第三項、第二百二十三条第三項若しくは第二百二十三条の二第二項の規定により刑に処せられた場合又は出納責任者が第二百四十七条の規定により刑に処せられた場合において、これらの者に係る公職の候補者であつた者が第二百五十四条の二第一項の規定による通知を受けたときは、当該公職の候補者であつた者は、検察官を被告とし、当該通知を受けた日から三十日以内に、高等裁判所に、これらの者が当該公職の候補者であつた者に係る第二百五十一条の二第一項第一号から第三号までに掲げる者若しくは出納責任者に該当しないこと又は同条第四項各号に掲げる場合に該当することを理由とし、当該公職の候補者であつた者の当該選挙における当選が無効とならないこと、当該公職の候補者であつた者が当該選挙に係る選挙区（選挙区がないときは、選挙の行われる区域）において行われる当該公職に係る選挙において公職の候補者となり若しくは公職の候補者であることができないこととならないこと又は当該公職の候補者であつた者で衆議院（小選挙区選出）議員の選挙における候補者であつたものの当該選挙と同時に行われた衆議院（比例代表選出）議員の選挙における当選が無効とならないことの確認を求める訴訟を提起することができる。ただし、当該公職の候補者であつた者が第二百五十四条の二第一項の規定による通知を受けた日から三十日を経過する日までの間に、当該公職の候補者であつた者が当該選挙において当選人と定められ当該当選人に係る第百一条第二項、第百一条の二の二第二項若しくは第百一条の三第二項の規定による告示があつたとき又は当該公職の候補者であつた者で衆議院（小選挙区選出）議員の選挙における候補者であつたものが当該選挙と同時に行われた衆議院（比例代表選出）議員の選挙において当選人と定められ当該当選人に係る第百一条の二第二項の規定による告示があつたときは、当該当選人の当選が無効とならないことの確認を求める訴訟の出訴期間は、当該告示の日から三十日以内とする。

2　第二百五十一条の二第一項第一号から第三号までに掲げる者が第二百二十一条第三項、第二百二十二条第三項、第二百二十三条第三項若しくは第二百二十三条の二第二項の規定により刑に処せられた場合又は出納責任者が第二百四十七条の規定により刑に処せられた場合において、これらの者に係る公職の候補者であつた者が第二百五十四条の二第一項の規定による通知を受けた日から三十日を経過した日後に、当該公職の候補者であつた者が当該選挙において当選人と定められ当該当選人に係る第百一条第二項、第百一条の二の二第二項若しくは第百一条の三第二項の規定による告示があつたとき又は当該公職の候補者であつた者で衆議院（小選挙区選出）議員の選挙における候補者であつたものが当該選挙と同時に行われた衆議院（比例代表選出）議員の選挙において当選人と定められ当該当選人に係る第百一条の二第二項の規定による告示があつたときは、第二百五十一条の二第一項又は第三項の規定により当該当選人の当選を無効であると認める検察官は、当選人を被告とし、当該告示の日から三十日以内に、高等裁判所に訴訟を提起しなければならない。

（総括主宰者、出納責任者等の選挙犯罪による公職の候補者等であつた者の当選無効及び立候補の禁止の訴訟）

**第二一一条**　第二百五十一条の二第一項各号に掲げる者又は第二百五十一条の三第一項に規定する組織的選挙運動管理者等が第二百二十一条、第二百二十二条、第二百二十三条又は第二百二十三条の二の罪を犯し刑に処せられたため、第二百五十一条の二第一項又は第二百五十一条の三第一項の規定により当該公職の候補者又は公職の候補者となろうとする者（以下この条及び第二百十九条第一項において「公職の候補者等」という。）であつた者の当該選挙における当選が無効であり、当該公職の候補者等であつた者が当該選挙に係る選挙区（選挙区がないときは、選挙の行われる区域）において行われる当該公職に係る選挙において公職の候補者となり若しくは公職の候補者であることができず、又は当該公職の候補者等であつた者で衆議院（小選挙区選出）議員の選挙における候補者であつたものの当該選挙と同時に行われた衆議院（比例代表選出）議員の選挙における当選が無効であると認める検察官は、前条に規定する場合を除くほか、当該公職の候補者等であつた者を被告とし、その裁判確定の日から三十日以内に、高等裁判所に訴訟を提起しなければならない。ただし、当該裁判確定の日後に、当該公職の候補者等であつた者が当該選挙において当選人と定められ当該当選人に係る第百一条第二項、第百一条の二の二第二項若しくは第百一条の三第二項の規定による告示があつたとき又は当該公職の候補者等であつた者で衆議院（小選挙区選出）議員の選挙における候補者であつたものが当該選挙と同時に行われた衆議院（比例代表選出）議員の選挙において当選人と定められ当該当選人に係る第百一条の二第二項の規定による告示があつたときは、当該当選人の当選に係る当選無効の訴訟の出訴期間は、当該告示の日から三十日以内とする。

2　第二百五十一条の四第一項各号に掲げる者が第二百二十一条から第二百二十三条の二まで、第二百二十五条、第二百二十六条、第二百三十九条第一項第一号、第三号若しくは第四号又は第二百三十九条の二の罪を犯し刑に処せられたため、第二百五十一条の四第一項の規定により当該当選人の当選を無効であると認める検察官は、当選人を被告とし、その裁判確定の日から三十日以内に、高等裁判所に訴訟を提起しなければならない。この場合においては、前項ただし書の規定を準用する。

**（選挙人等の出頭及び証言の請求）**

**第二一二条**　選挙管理委員会は、本章に規定する異議の申出又は審査の申立てがあつた場合において、その決定又は裁決のため必要があると認めるときは、選挙人その他の関係人の出頭及び証言を求めることができる。

2　民事訴訟に関する法令の規定中証人の尋問に関する規定は、前項の規定により選挙管理委員会が選挙人その他の関係人の出頭及び証言を求める場合について準用する。ただし、罰金、拘留、勾引又は過料に関する規定は、この限りでない。

3　第一項の規定により出頭した選挙人その他の関係人の要した実費は、当該地方公共団体が、条例の定めるところにより、弁償しなければならない。

【罰則】二項において準用する民事訴訟に関する法令の規定＝二五三条

**（争訟の処理）**

**第二一三条**　本章に規定する争訟については、異議の申出に対する決定はその申出を受けた日から三十日以内に、審査の申立てに対する裁決はその申立てを受理した日から六十日以内に、訴訟の判

**法（選挙人等の偽証罪）**

**第二五三条**　第二百十二条第二項において準用する民事訴訟に関する法令の規定により宣誓した選挙人その他の関係人が虚偽の陳述をしたときは、三月以上五年以下の禁錮に処する。

2　前項の罪は、当該選挙管理委員会の告発を待つて論ずる。

3　第一項の罪を犯した者が当該異議の申立に対する決定又は訴願に対する裁決が行われる前に自白したときは、その刑を減軽し、又は免除することができる。

決は事件を受理した日から百日以内に、これをするように努めなければならない。

2　前項の訴訟については、裁判所は、他の訴訟の順序にかかわらず速かにその裁判をしなければならない。

（争訟の提起と処分の執行）

**第二一四条**　本章に規定する異議の申出、審査の申立て又は訴訟の提起があつても、処分の執行は、停止しない。

（決定書、裁決書の交付及びその要旨の告示）

**第二一五条**　第二百二条第一項及び第二百六条第一項の異議の申出に対する決定又は第二百二条第二項及び第二百六条第二項の審査の申立てに対する裁決は、文書をもつてし、理由を附けて異議申出人又は審査申立人に交付するとともに、その要旨を告示しなければならない。

（行政不服審査法の準用）

**第二一六条**　第二百二条第一項及び第二百六条第一項の異議の申出については、この章に規定するもののほか、行政不服審査法第九条第四項、第十一条から第十三条まで、第十九条第二項（第三号及び第五号を除く。）及び第四項、第二十三条、第二十四条、第二十七条、第三十条第二項及び第三項、第三十一条（第五項を除く。）、第三十二条第一項及び第三項、第三十三条、第三十五条から第三十七条まで、第三十八条（第六項を除く。）、第三十九条、第四十一条第一項及び第二項、同条第三項（審理手続を終結した旨の通知に関する部分に限る。）、第四十四条、第四十五条第一項及び第二項並びに第五十三条の規定を準用する。この場合において、これらの規定（同法第十一条第二項及び第四十四条の規定を除く。）中「審理員」とあるのは「審査庁」と、同法第九条第四項中「審査庁」とあるのは「公職選挙法第二百二条第一項又は第二百六条第一項の異議の申出を受けた選挙管理委員会（以下「審査庁」という。）」と、同法第十一条第二項中「第九条第一項の規定により指名された者（以下「審理員」という。）」とあるのは「審査庁」と、同法第三十条第三項中「審査請求人から反論書の提出があったときはこれを参加人及び処分庁等に、参加人」とあるのは「参加人」と、「審査請求人及び処分庁等に、それぞれ」とあるのは「異議申出人に」と、同法第三十一条第二項中「審理関係人」とあるのは「審理関係人（異議申出人及び参加人をいう。以下同じ。）」と、同法第三十八条第四項及び第五項中「政令」とあるのは「条例」と、同法第四十四条中「行政不服審査会等から諮問に対する答申を受けたとき（前条第一項の規定による諮問を要しない場合（同項第二号又は第三号に該当する場合を除く。）にあっては審理員意見書が提出されたとき、同項第二号又は第三号に該当する場合にあっては同項第二号又は第三号に規定する議を経たとき）」とあるのは「審理手続を終結したとき」と読み替えるものとする。

2　第二百二条第二項及び第二百六条第二項の審査の申立てについては、この章に規定するもののほか、行政不服審査法第九条第四項、第十一条から第十三条まで、第十九条第二項（第三号及び第五号を除く。）及び第四項、第二十三条、第二十四条、第二十七条、第二十九条第一項本文、第二項及び第五項、第三十条から第三十三条まで、第三十五条から第三十七条まで、第三十八条（第六項を除く。）、第三十九条、第四十一条第一項及び第二項、同条第三項（審理手続を終結した旨の通知に関する部分に限る。）、第四十四条、第四十五条第一項及び第二項、第五十二条第一項並びに第五十三条の規定を準用する。この場合において、これらの規定（同法第十一条第二項及び第四十四条の規定を除く。）中「審理員」

とあるのは「審査庁」と、「処分庁等」とあるのは「当該選挙に関する事務を管理する選挙管理委員会」と、同法第九条第四項中「審査庁」とあるのは「公職選挙法第二百二条第二項又は第二百六条第二項の審査の申立てを受けた選挙管理委員会（以下「審査庁」という。）」と、同法第十一条第二項中「第九条第一項の規定により指名された者（以下「審理員」という。）」とあるのは「審査庁」と、同法第二十九条第一項中「審査庁から指名されたときは、直ちに」とあるのは「審査の申立てがされたときは、第二十四条の規定により当該審査の申立てを却下する場合を除き、速やかに」と、同法第三十一条第二項中「審理関係人」とあるのは「審理関係人（審査申立人、参加人及び当該選挙に関する事務を管理する選挙管理委員会をいう。以下同じ。）」と、同法第三十八条第四項及び第五項中「政令」とあるのは「条例」と、同法第四十四条中「行政不服審査会等から諮問に対する答申を受けたとき（前条第一項の規定による諮問を要しない場合（同項第二号又は第三号に該当する場合を除く。）にあっては審理員意見書が提出されたとき、同項第二号又は第三号に該当する場合にあっては同項第二号又は第三号に規定する議を経たとき）」とあるのは「審理手続を終結したとき」と読み替えるものとする。

（訴訟の管轄）

**第二一七条**　第二百三条第一項、第二百四条、第二百七条第一項、第二百八条第一項、第二百十条又は第二百十一条の規定による訴訟は、当該選挙に関する事務を管理する選挙管理委員会の所在地を管轄する高等裁判所（衆議院比例代表選出議員の選挙については第二百四条又は第二百八条第一項の規定による訴訟にあつては東京高等裁判所、第二百十条又は第二百十一条の規定による訴訟にあつては当該公職の候補者であつた者で当該選挙と同時に行われた衆議院小選挙区選出議員の選挙における候補者であつたものに係る当該衆議院小選挙区選出議員の選挙に関する事務を管理する選挙管理委員会の所在地を管轄する高等裁判所、参議院比例代表選出議員の選挙については東京高等裁判所、参議院合同選挙区選挙については当該選挙に関する事務を管理する参議院合同選挙区選挙管理委員会の設置に関する規約に定める第五条の六第十六項第三号に掲げる執務場所を管轄する高等裁判所）の専属管轄とする。

**（選挙関係訴訟における検察官の立会）**

**第二一八条**　裁判所は、本章の規定による訴訟を裁判するに当り、検察官をして口頭弁論に立ち合わしめることができる。

**（選挙関係訴訟に対する訴訟法規の適用）**

**第二一九条**　この章（第二百十条第一項を除く。）に規定する訴訟については、行政事件訴訟法第四十三条の規定にかかわらず、同法第十三条、第十九条から第二十一条まで、第二十五条から第二十九条まで、第三十一条及び第三十四条の規定は、準用せず、また、同法第十六条から第十八条までの規定は、一の選挙の効力を争う数個の請求、第二百七条若しくは第二百八条の規定により一の選挙における当選の効力を争う数個の請求、第二百十条第二項の規定により公職の候補者であつた者の当選の効力を争う数個の請求、第二百十一条の規定により公職の候補者等であつた者の当選の効力若しくは立候補の資格を争う数個の請求又は選挙の効力を争う請求とその選挙における当選の効力に関し第二百七条若しくは第二百八条の規定によりこれを争う請求とに関してのみ準用する。

2　第二百十条第一項に規定する訴訟については、行政事件訴訟法第四十一条の規定にかかわらず、同法第十三条、第十七条及び第十八条の規定は、準用せず、また、同法第十六条及び第十九条の規定は、第二百十条第一項の規定により公職の候補者であつた者の当選の無効又は立候補の禁止を争う数個の請求に関してのみ準用する。

（選挙関係訴訟についての通知及び判決書謄本の送付）

**第二二〇条**　第二百三条、第二百四条、第二百七条又は第二百八条の規定による訴訟が提起されたときは、裁判所の長は、その旨を、総務大臣に通知し、かつ、衆議院（比例代表選出）議員又は参議院（比例代表選出）議員の選挙については中央選挙管理会、参議院合同選挙区選挙については合同選挙区都道府県の知事を経て当該選挙に関する事務を管理する参議院合同選挙区選挙管理委員会、この法律に定めるその他の選挙については関係地方公共団体の長を経て当該選挙に関する事務を管理する選挙管理委員会に通知しなければならない。その訴訟が係属しなくなつたときも、また同様とする。

2　第二百十条又は第二百十一条の規定による訴訟が提起された場合において、その訴訟が係属しなくなつたときも、また前項と同様とする。

3　前二項に掲げる訴訟につき判決が確定したときは、裁判所の長は、その判決書の謄本を、総務大臣に送付し、かつ、衆議院（比例代表選出）議員又は参議院（比例代表選出）議員の選挙については中央選挙管理会、参議院合同選挙区選挙については合同選挙区都道府県の知事を経て当該選挙に関する事務を管理する参議院合同選挙区選挙管理委員会、この法律に定めるその他の選挙については関係地方公共団体の長を経て当該選挙に関する事務を管理する選挙管理委員会に送付しなければならない。この場合においては、衆議院議員又は参議院議員については衆議院議長又は参議院議長に、地方公共団体の議会の議員については当該議会の議長に、併せて送付しなければならない。

4　裁判所の長は、衆議院（小選挙区選出）議員の選挙における候補者であつた者で当該選挙と同時に行われた衆議院（比例代表選出）議員の選挙における候補者であつたものについて当該衆議院（小選挙区選出）議員の選挙に係る第二項の規定による通知又は前項の規定による送付をする場合には、併せて、中央選挙管理会に、第二項に規定する訴訟が係属しなくなつた旨を通知し、又は前項の判決書の謄本を送付しなければならない。

## 第十六章　罰則

（買収及び利害誘導罪）

**第二二一条**　次の各号に掲げる行為をした者は、三年以下の懲役若しくは禁錮又は五十万円以下の罰金に処する。

一　当選を得若しくは得しめ又は得しめない目的をもつて選挙人又は選挙運動者に対し金銭、物品その他の財産上の利益若しくは公私の職務の供与、その供与の申込み若しくは約束をし又は供応接待、その申込み若しくは約束をしたとき。

二　当選を得若しくは得しめ又は得しめない目的をもつて選挙人又は選挙運動者に対しその者又はその者と関係のある社寺、学校、会社、組合、市町村等に対する用水、小作、債権、寄附その他特殊の直接利害関係を利用して誘導をしたとき。

三　投票をし若しくはしないこと、選挙運動をし若しくはやめたこと又はその周旋勧誘をしたことの報酬とする目的をもつて選挙人又は選挙運動者に対し第一号に掲げる行為をしたとき。

四　第一号若しくは前号の供与、供応接待を受け若しくは要求し、第一号若しくは前号の申込みを承諾し又は第二号の誘導に応じ若しくはこれを促したとき。

五　第一号から第三号までに掲げる行為をさせる目的をもつて選挙運動者に対し金銭若しくは物品の交付、交付の申込み若しくは約束をし又は選挙運動者がその交付を受け、その交付を要求し若しくはその申込みを承諾したとき。

六　前各号に掲げる行為に関し周旋又は勧誘をしたとき。

2　中央選挙管理会の委員若しくは中央選挙管理会の庶務に従事する総務省の職員、参議院合同選挙区選挙管理委員会の委員若しくは職員、選挙管理委員会の委員若しくは職員、投票管理者、開票管理者、選挙長若しくは選挙分会長又は選挙事務に関係のある国若しくは地方公共団体の公務員が当該選挙に関し前項の罪を犯したときは、四年以下の懲役若しくは禁錮又は百万円以下の罰金に処する。公安委員会の委員又は警察官がその関係区域内の選挙に関し同項の罪を犯したときも、また同様とする。
3　次の各号に掲げる者が第一項の罪を犯したときは、四年以下の懲役若しくは禁錮又は百万円以下の罰金に処する。
一　公職の候補者
二　選挙運動を総括主宰した者
三　出納責任者（公職の候補者又は出納責任者と意思を通じて当該公職の候補者のための選挙運動に関する支出の金額のうち第百九十六条の規定により告示された額の二分の一以上に相当する額を支出した者を含む。）
四　三以内に分けられた選挙区（選挙区がないときは、選挙の行われる区域）の地域のうち一又は二の地域における選挙運動を主宰すべき者として第一号又は第二号に掲げる者から定められ、当該地域における選挙運動を主宰した者

（多数人買収及び多数人利害誘導罪）

**第二百二十二条**　左の各号に掲げる行為をした者は、五年以下の懲役又は禁錮に処する。
一　財産上の利益を図る目的をもつて公職の候補者又は公職の候補者となろうとする者のため多数の選挙人又は選挙運動者に対し前条第一項第一号から第三号まで、第五号又は第六号に掲げる行為をし又はさせたとき。
二　財産上の利益を図る目的をもつて公職の候補者又は公職の候補者となろうとする者のため多数の選挙人又は選挙運動者に対し前条第一項第一号から第三号まで、第五号又は第六号に掲げる行為をすることを請け負い若しくは請け負わせ又はその申込をしたとき。
2　前条第一項第一号から第三号まで、第五号又は第六号の罪を犯した者が常習者であるときも、また前項と同様とする。
3　前条第三項各号に掲げる者が第一項の罪を犯したときは、六年以下の懲役又は禁錮に処する。

（公職の候補者及び当選人に対する買収及び利害誘導罪）

**第二百二十三条**　次の各号に掲げる行為をした者は、四年以下の懲役若しくは禁錮又は百万円以下の罰金に処する。
一　公職の候補者たること若しくは公職の候補者となろうとすることをやめさせる目的をもつて公職の候補者若しくは公職の候補者となろうとする者に対し又は当選を辞させる目的をもつて当選人に対し第二百二十一条第一項第一号又は第二号に掲げる行為をしたとき。
二　公職の候補者たること若しくは公職の候補者となろうとすることをやめたこと、当選を辞したこと又はその周旋勧誘をしたことの報酬とする目的をもつて公職の候補者であつた者、公職の候補者となろうとした者

又は当選人であつた者に対し第二百二十一条第一項第一号に掲げる行為をしたとき。

三　前二号の供与、供応接待を受け若しくは要求し、前二号の申込みを承諾し又は第一号の誘導に応じ若しくはこれを促したとき。

四　前各号に掲げる行為に関し周旋又は勧誘をなしたとき。

２　中央選挙管理会の委員若しくは中央選挙管理会の庶務に従事する総務省の職員、参議院合同選挙区選挙管理委員会の委員若しくは職員、選挙管理委員会の委員若しくは職員、投票管理者、開票管理者、選挙長若しくは選挙分会長又は選挙事務に関係のある国若しくは地方公共団体の公務員が当該選挙に関し前項の罪を犯したときは、五年以下の懲役若しくは禁錮又は百万円以下の罰金に処する。公安委員会の委員又は警察官がその関係区域内の選挙に関し同項の罪を犯したときも、また同様とする。

３　第二百二十一条第三項各号に掲げる者が第一項の罪を犯したときは、五年以下の懲役若しくは禁錮又は百万円以下の罰金に処する。

**（新聞紙、雑誌の不法利用罪）**

**第二百二十三条の二**　第百四十八条の二第一項又は第二項の規定に違反した者は、五年以下の懲役又は禁錮に処する。

２　第二百二十一条第三項各号に掲げる者が前項の罪を犯したときは、六年以下の懲役又は禁錮に処する。

**（買収及び利害誘導罪の場合の没収）**

**第二百二十四条**　前四条の場合において収受し又は交付を受けた利益は、没収する。その全部又は一部を没収することができないときは、その価額を追徴する。

**（おとり罪）**

**第二百二十四条の二**　第二百五十一条の二第一項若しくは第三項又は第二百五十一条の三第一項の規定に該当することにより公職の候補者又は公職の候補者となろうとする者（以下この条において「公職の候補者等」という。）の当選を失わせ又は立候補の資格を失わせる目的をもつて、当該公職の候補者等以外の公職の候補者等その他の公職の候補者等の選挙運動に従事する者と意思を通じて、当該公職の候補者等に係る第二百五十一条の二第一項各号に掲げる者又は第二百五十一条の三第一項に規定する組織的選挙運動管理者等を誘導し又は挑発してその者をして第二百二十一条、第二百二十二条、第二百二十三条、第二百二十三条の二又は第二百四十七条の罪を犯させた者は、一年以上五年以下の懲役又は禁錮に処する。

２　第二百五十一条の二第一項各号に掲げる者又は第二百五十一条の三第一項に規定する組織的選挙運動管理者等が、第二百五十一条の二第一項若しくは第三項又は第二百五十一条の三第一項の規定に該当することにより当該公職の候補者等の当選を失わせ又は立候補の資格を失わせる目的をもつて、当該公職の候補者等以外の公職の候補者等その他その公職の候補者等の選挙運動に従事する者と意思を通じて、第二百二十一条から第二百二十三条の二まで又は第二百四十七条の罪を犯したときは、一年以上六年以下の懲役又は禁錮に処する。

**（候補者の選定に関する罪）**

**第二二四条の三**　衆議院（小選挙区選出）議員の候補者となるべき者の選定、衆議院名簿登載者の選定又は参議院名簿登載者の選定（第八十六条の三第一項後段の規定により優先的に当選人となるべき候補者としてその氏名及び当選人となるべき順位が参議院名簿に記載される者又は同条第二項において読み替えて準用する第八十六条の二第九項後段の規定により優先的に当選人となるべき候補者としてその氏名及び当選人となるべき順位が同項の規定による届出に係る文書に記載される者の選定並びにそれらの者の間における当選人となるべき順位の決定を含む。）につき権限を有する者が、その権限の行使に関し、請託を受けて、財産上の利益を収受し、又はこれを要求し、若しくは約束したときは、これを三年以下の懲役に処する。

２　前項の利益を供与し、又はその申込み若しくは約束をした者は、三年以下の懲役又は百万円以下の罰金に処する。

３　第一項の場合において、収受した利益は、没収する。その全部又は一部を没収することができないときは、その価額を追徴する。

**（選挙の自由妨害罪）**

**第二二五条**　選挙に関し、次の各号に掲げる行為をした者は、四年以下の懲役若しくは禁錮又は百万円以下の罰金に処する。

一　選挙人、公職の候補者、公職の候補者となろうとする者、選挙運動者又は当選人に対し暴行若しくは威力を加え又はこれをかどわかしたとき。

二　交通若しくは集会の便を妨げ、演説を妨害し、又は文書図画を毀棄し、その他偽計詐術等不正の方法をもつて選挙の自由を妨害したとき。

三　選挙人、公職の候補者、公職の候補者となろうとする者、選挙運動者若しくは当選人又はその関係のある社寺、学校、会社、組合、市町村等に対する用水、小作、債権、寄附その他特殊の利害関係を利用して選挙人、公職の候補者、公職の候補者となろうとする者、選挙運動者又は当選人を威迫したとき。

**（職権濫用による選挙の自由妨害罪）**

**第二二六条**　選挙に関し、国若しくは地方公共団体の公務員、行政執行法人若しくは特定地方独立行政法人の役員若しくは職員、中央選挙管理会の委員若しくは中央選挙管理会の庶務に従事する総務省の職員、参議院合同選挙区選挙管理委員会の委員若しくは職員、選挙管理委員会の委員若しくは職員、投票管理者、開票管理者又は選挙長若しくは選挙分会長が故意にその職務の執行を怠り又は正当な理由がなくて公職の候補者若しくは選挙運動者に追随し、その居宅若しくは選挙事務所に立ち入る等その職権を濫用して選挙の自由を妨害したときは、四年以下の禁錮に処する。

2　国若しくは地方公共団体の公務員、行政執行法人若しくは特定地方独立行政法人の役員若しくは職員、中央選挙管理会の委員若しくは中央選挙管理会の庶務に従事する総務省の職員、参議院合同選挙区選挙管理委員会の委員若しくは職員、選挙管理委員会の委員若しくは職員、投票管理者、開票管理者又は選挙長若しくは選挙分会長が選挙人に対し、その投票しようとし又は投票した被選挙人の氏名（衆議院比例代表選出議員の選挙にあつては政党その他の政治団体の名称又は略称、参議院比例代表選出議員の選挙にあつては被選挙人の氏名又は政党その他の政治団体の名称若しくは略称）の表示を求めたときは、六月以下の禁錮又は三十万円以下の罰金に処する。

（投票の秘密侵害罪）

**第二二七条**　中央選挙管理会の委員若しくは中央選挙管理会の庶務に従事する総務省の職員、参議院合同選挙区選挙管理委員会の委員若しくは職員、選挙管理委員会の委員若しくは職員、投票管理者、開票管理者、選挙長若しくは選挙分会長、選挙事務に関係のある国若しくは地方公共団体の公務員、立会人（第四十八条第二項の規定により投票を補助すべき者及び第四十九条第三項の規定により投票に関する記載をすべき者を含む。以下同じ。）又は監視者が選挙人の投票した被選挙人の氏名（衆議院比例代表選出議員の選挙にあつては政党その他の政治団体の名称又は略称、参議院比例代表選出議員の選挙にあつては被選挙人の氏名又は政党その他の政治団体の名称若しくは略称）を表示したときは、二年以下の禁錮又は三十万円以下の罰金に処する。その表示した事実が虚偽であるときも、また同様とする。

（投票干渉罪）

**第二二八条**　投票所（共通投票所及び期日前投票所を含む。次条及び第二百三十二条において同じ。）又は開票所において正当な理由がなくて選挙人の投票に干渉し又は被選挙人の氏名（衆議院比例代表選出議員の選挙にあつては政党その他の政治団体の名称又は略称、参議院比例代表選出議員の選挙にあつては被選挙人の氏名又は政党その他の政治団体の名称若しくは略称）を認知する方法を行つた者は、一年以下の禁錮又は三十万円以下の罰金に処する。

2　法令の規定によらないで投票箱を開き、又は投票箱の投票を取り出した者は、三年以下の懲役若しくは禁錮又は五十万円以下の罰金に処する。

（選挙事務関係者、施設等に対する暴行罪、騒擾罪等）

**第二二九条**　投票管理者、開票管理者、選挙長、選挙分会長、立会人若しくは選挙監視者に暴行若しくは脅迫を加え、投票所、開票所、選挙会場若しくは選挙分会場を騒擾し又は投票、投票箱その他関係書類（関係の電磁的記録媒体（電子的方式、磁気的方式その他人の知覚によつては認識することができない方式で作られる記録であつて電子計算機による情報処理の用に供されるものに係る記録媒体をいう。以下同じ。）を含む。）を抑留し、毀壊し若しくは奪取した者は、四年以下の懲役又は禁錮に処する。

（多衆の選挙妨害罪）

**第二三〇条**　多衆集合して第二百二十五条第一号又は前条の罪を犯した者は、次の区別に従つて処断する。選挙に関し、多衆集合して、交通若しくは集会の便を妨げ、又は演説を妨害した者も、同様とする。

一　首謀者は、一年以上七年以下の懲役又は禁錮に処する。

二　他人を指揮し又は他人に率先して勢を助けた者は、六月以上五年以下の懲役又は禁錮に処する。

三　付和随行した者は、二十万円以下の罰金又は科料に処する。

2　前項の罪を犯すため多衆集合し当該公務員から解散の命令を受けることが三回以上に及んでもなお解散しないときは、首謀者は、二年以下の禁錮に処し、その他の者は、二十万円以下の罰金又は科料に処する。

（凶器携帯罪）

**第二三一条**　選挙に関し、銃砲、刀剣、こん棒その他人を殺傷するに足るべき物件を携帯した者は、二年以下の禁錮又は三十万円以下の罰金に処する。

2　当該警察官は、必要と認める場合においては、前項の物件を領置することができる。

（投票所、開票所、選挙会場等における凶器携帯罪）

**第二三二条**　前条の物件を携帯して投票所、開票所、選挙会場又は選挙分会場に入つた者は、三年以下の禁錮又は五十万円以下の罰金に処する。

（携帯兇器の没収）

**第二三三条**　前二条の罪を犯した場合においては、その携帯した物件を没収する。

（選挙犯罪の煽動罪）

**第二三四条**　演説又は新聞紙、雑誌、ビラ、電報、ポスターその他いかなる方法をもつてするを問わず、第二百二十一条、第二百二十二条、第二百二十三条、第二百二十五条、第二百二十八条、第二百二十九条、第二百三十条、第二百三十一条又は第二百三十二条の罪を犯させる目的をもつて人を煽動した者は、一年以下の禁錮又は三十万円以下の罰金に処する。

（虚偽事項の公表罪）

**第二百三十五条** 当選を得又は得させる目的をもつて公職の候補者若しくは公職の候補者となろうとする者の身分、職業若しくは経歴、その者の政党その他の団体への所属、その者に係る候補者届出政党の候補者の届出、その者に係る参議院名簿届出政党等の届出又はその者に対する人若しくは政党その他の団体の推薦若しくは支持に関し虚偽の事項を公にした者は、二年以下の禁錮又は三十万円以下の罰金に処する。

２ 当選を得させない目的をもつて公職の候補者又は公職の候補者となろうとする者に関し虚偽の事項を公にし、又は事実をゆがめて公にした者は、四年以下の懲役若しくは禁錮又は百万円以下の罰金に処する。

（新聞紙、雑誌が選挙の公正を害する罪）

**第二百三十五条の二** 次の各号の一に該当する者は、二年以下の禁錮又は三十万円以下の罰金に処する。

一 第百四十八条第一項ただし書（第二百一条の十五第一項において準用する場合を含む。）の規定に違反して新聞紙又は雑誌が選挙の公正を害したときは、その新聞紙若しくは雑誌の編集を実際に担当した者又はその新聞紙若しくは雑誌の経営を担当した者

二 第百四十八条第三項に規定する新聞紙及び雑誌並びに第二百一条の十五に規定する機関新聞紙及び機関雑誌以外の新聞紙及び雑誌（当該機関新聞紙及び機関雑誌の号外、臨時号、増刊号その他の臨時に発行するものを含む。）が選挙運動の期間中及び選挙の当日当該選挙に関し報道又は評論を掲載したときは、これらの新聞紙若しくは雑誌の編集を実際に担当した者又はその新聞紙若しくは雑誌の経営を担当した者

三 第百四十八条の二第三項の規定に違反して選挙に関する報道又は評論を掲載し又は掲載させた者

（政見放送又は選挙公報の不法利用罪）

**第二百三十五条の三** 政見放送又は選挙公報において第二百三十五条第二項の罪を犯した者は、五年以下の懲役若しくは禁錮又は百万円以下の罰金に処する。

２ 政見放送又は選挙公報において特定の商品の広告その他営業に関する宣伝をした者は、百万円以下の罰金に処する。

（選挙放送等の制限違反）

**第二百三十五条の四** 次の各号の一に該当する者は、二年以下の禁錮又は三十万円以下の罰金に処する。

一　第百五十一条の三ただし書の規定に違反して選挙の公正を害したときは、その放送をし又は編集をした者
二　第百五十一条の五の規定に違反して放送をし又は放送をさせた者

（氏名等の虚偽表示罪）
**第二百三十五条の五**　当選を得若しくは得しめ又は得しめない目的をもつて真実に反する氏名、名称又は身分の表示をして郵便等、電報、電話又はインターネット等を利用する方法により通信をした者は、二年以下の禁錮又は三十万円以下の罰金に処する。

（あいさつを目的とする有料広告の制限違反）
**第二百三十五条の六**　第百五十二条第一項の規定に違反して広告を掲載させ又は放送をさせた者（後援団体にあつては、その役職員又は構成員として当該違反行為をした者）は、五十万円以下の罰金に処する。
２　第百五十二条第二項の規定に違反して、公職の候補者若しくは公職の候補者となろうとする者（公職にある者を含む。）又は後援団体の役職員若しくは構成員を威迫して、広告を掲載させ又は放送をさせることを求めた者は、一年以下の懲役若しくは禁錮又は三十万円以下の罰金に処する。

（詐偽登録、虚偽宣言罪等）
**第二百三十六条**　詐偽の方法をもつて選挙人名簿又は在外選挙人名簿に登録をさせた者は、六月以下の禁錮又は三十万円以下の罰金に処する。
２　選挙人名簿に登録をさせる目的をもつて住民基本台帳法第二十二条の規定による届出に関し虚偽の届出をすることによつて選挙人名簿に登録をさせた者も、前項と同様とする。
３　第五十条第一項の場合において虚偽の宣言をした者は、二十万円以下の罰金に処する。

（選挙人名簿の抄本等の閲覧に係る命令違反及び報告義務違反）
**第二百三十六条の二**　第二十八条の四第三項（第三十条の十二において準用する場合を含む。）又は第二十八条の四第四項（第三十条の十二において準用する場合を含む。）の規定による命令に違反した者（法人（法人でない団体で代表者又は管理人の定めのあるものを含む。次項において同じ。）にあつては、その役職員又は構成員として当該違反行為をした者）は、六月以下の懲役又は三十万円以下の罰金に処する。
２　第二十八条の四第五項（第三十条の十二において準用する場合を含む。）の規定による報告をせず、又は虚偽の報告をした者（法人にあつては、その役職員又は構成員として当該違反行為をした者）は、三十万円以下の罰金に処する。

（詐偽投票及び投票偽造、増減罪）

**第二三七条**　選挙人でない者が投票をしたときは、一年以下の禁錮又は三十万円以下の罰金に処する。
２　氏名を詐称しその他詐偽の方法をもつて投票し又は投票しようとした者は、二年以下の禁錮又は三十万円以下の罰金に処する。
３　投票を偽造し又はその数を増減した者は、三年以下の懲役若しくは禁錮又は五十万円以下の罰金に処する。
４　中央選挙管理会の委員若しくは中央選挙管理会の庶務に従事する総務省の職員、参議院合同選挙区選挙管理委員会の委員若しくは職員、選挙管理委員会の委員若しくは職員、投票管理者、開票管理者、選挙長若しくは選挙分会長、選挙事務に関係のある国若しくは地方公共団体の公務員、立会人又は監視者が前項の罪を犯したときは、五年以下の懲役若しくは禁錮又は五十万円以下の罰金に処する。

**（代理投票等における記載義務違反）**

**第二三七条の二**　第四十八条第二項（第四十六条の二第二項の規定を適用する場合を含む。）の規定により公職の候補者（公職の候補者たる参議院名簿登載者を含む。）の氏名若しくは衆議院名簿届出政党等若しくは参議院名簿届出政党等の名称若しくは略称又は公職の候補者に対して○の記号を記載すべきものと定められた者が選挙人の指示する公職の候補者（公職の候補者たる参議院名簿登載者を含む。）の氏名若しくは衆議院名簿届出政党等若しくは参議院名簿届出政党等の名称若しくは略称又は公職の候補者に対して○の記号を記載しなかつたときは、二年以下の禁錮又は三十万円以下の罰金に処する。
２　第四十九条第三項の規定により投票に関する記載をすべき者が選挙人の指示する公職の候補者（公職の候補者たる参議院名簿登載者を含む。）の氏名又は衆議院名簿届出政党等若しくは参議院名簿届出政党等の名称若しくは略称を記載しなかつたときは、二年以下の禁錮又は三十万円以下の罰金に処する。
３　前項に規定するもののほか、第四十九条第三項の規定により投票に関する記載をすべき者が、投票を無効とする目的をもつて、投票に関する記載をせず、又は虚偽の記載をしたときも、前項と同様とする。

**（立会人の義務を怠る罪）**

**第二三八条**　立会人が正当な理由がなくてこの法律に規定する義務を欠くときは、二十万円以下の罰金に処する。

**（立候補に関する虚偽宣誓罪）**

**第二三八条の二**　第八十六条第五項（同条第八項においてその例によることとされる場合を含む。）、第七項（同条第八項においてその例によることとされる場合を含む。）若しくは第十項（第九十八条第四項（第百十二条第七項において準用する場合を含む。）において準用する場合を含む。）、第八十六条の二第二項（同条第九項においてその例によることとされる場合を含む。）若しくは第八項（第九十八条第四項（第百十二条第七項において準用する場合を含む。）において準用する場合を含む。）、第八十六条の三第二項において準用する第八十六条の二第二項、第八項（第九十八条第四項（第百十二条第七項において準用する場合を含む。）において準用する場合を含む。）若しくは第九項又は第八十六条の四第四項（同条第五項、第六項又は第八項においてその例によることとされる場合を含む。）の規定により添付された宣誓書において虚偽の誓いをした者は、三十万円以下の罰金に処する。

２　前項の罪は、当該選挙に関する事務を管理する選挙管理委員会（衆議院比例代表選出議員又は参議院比例代表選出議員の選挙については中央選挙管理会、参議院合同選挙区選挙については当該選挙に関する事務を管理する参議院合同選挙区選挙管理委員会）の告発を待つて論ずる。

**（事前運動、教育者の地位利用、戸別訪問等の制限違反）**

**第二百三十九条**　次の各号の一に該当する者は、一年以下の禁錮又は三十万円以下の罰金に処する。

一　第百二十九条、第百三十七条、第百三十七条の二又は第百三十七条の三の規定に違反して選挙運動をした者

二　第百三十四条の規定による命令に従わない者

三　第百三十八条の規定に違反して戸別訪問をした者

四　第百三十八条の二の規定に違反して署名運動をした者

２　候補者届出政党、衆議院名簿届出政党等又は参議院名簿届出政党等が第百三十四条の規定による命令に違反して選挙事務所を閉鎖しなかつたときは、当該候補者届出政党、衆議院名簿届出政党等又は参議院名簿届出政党等の役職員又は構成員として当該違反行為をした者は、一年以下の禁錮又は三十万円以下の罰金に処する。

**（公務員等の選挙運動等の制限違反）**

**第二百三十九条の二**　国又は地方公共団体の公務員、行政執行法人又は特定地方独立行政法人の役員又は職員及び公庫の役職員（公職にある者を除く。）であつて、衆議院議員又は参議院議員の選挙において当該公職の候補者となろうとするもので次の各号に掲げる行為をしたものは、第百二十九条の規定に違反して選挙運動をした者とみなし、二年以下の禁錮又は三十万円以下の罰金に処する。

一　当該公職の候補者となろうとする選挙区（選挙区がないときは、選挙の行われる区域。以下この項において「当該選挙区」という。）において職務上の旅行又は職務上出席した会議その他の集会の機会を利用して、当該選挙に関し、選挙人にあいさつすること。

二　当該選挙区において、その地位及び氏名（これらのものが類推されるような名称を含む。）を表示した文

書図画を当該選挙に関し、掲示し、又は頒布すること。
三 その職務の執行に当たり、当該選挙区内にある者に対し、当該選挙に関し、その者に係る特別の利益を供与し、又は供与することを約束すること。
四 その地位を利用して、当該選挙に関し、国又は地方公共団体の公務員、行政執行法人又は特定地方独立行政法人の役員又は職員及び公庫の役職員をして、その職務の執行に当たり、当該選挙区内にある者に対し、その者に係る特別の利益を供与させ、又は供与することを約束させること。
2 第百三十六条の二の規定に違反して選挙運動又は行為をした者は、二年以下の禁錮又は三十万円以下の罰金に処する。

（選挙事務所、休憩所等の制限違反）
**第二四〇条** 次の各号の一に該当する者は、三十万円以下の罰金に処する。
一 第百三十一条第一項の規定に違反して選挙事務所を設置した者
一の二 第百三十一条第二項の規定に違反して選挙事務所を移動（廃止に伴う設置を含む。）した者
二 第百三十二条の規定に違反して選挙事務所を設置した者
三 第百三十三条の規定に違反して休憩所その他これに類似する設備を設けた者
2 候補者届出政党、衆議院名簿届出政党等又は参議院名簿届出政党等が第百三十一条第一項若しくは第百三十二条の規定に違反して選挙事務所を設置したとき又は第百三十一条第二項の規定に違反して選挙事務所を移動（廃止に伴う設置を含む。）したときは、当該候補者届出政党、衆議院名簿届出政党等又は参議院名簿届出政党等の役職員又は構成員として当該違反行為をした者は、三十万円以下の罰金に処する。

（選挙事務所設置違反、特定公務員等の選挙運動の禁止違反）
**第二四一条** 次の各号の一に該当する者は、六月以下の禁錮又は三十万円以下の罰金に処する。
一 第百三十条第一項の規定に違反して選挙事務所を設置した者
二 第百三十五条又は第百三十六条の規定に違反して選挙運動をした者

（選挙事務所の設置届出及び表示違反）
**第二四二条** 第百三十条第二項の規定に違反して届出をしなかつた者又は第百三十一条第三項の規定に違反して標札を掲示しなかつた者は、二十万円以下の罰金に処する。
2 候補者届出政党、衆議院名簿届出政党等又は参議院名簿届出政党等が第百三十条第二項の規定に違反して届出をせず、又は第百三十一条第三項の規定に違反して標札を掲示しなかつたときは、当該候補者届出政党、衆

議院名簿届出政党等又は参議院名簿届出政党等の役職員又は構成員として当該違反行為をした者は、二十万円以下の罰金に処する。

（人気投票の公表の禁止違反）

**第二四二条の二**　第百三十八条の三の規定に違反して人気投票の経過又は結果を公表した者は、二年以下の禁錮又は三十万円以下の罰金に処する。ただし、新聞紙又は雑誌にあつてはその編集を実際に担当した者又はその新聞紙若しくは雑誌の経営を担当した者を、放送にあつてはその編集をした者又は放送をさせた者を罰する。

（選挙運動に関する各種制限違反、その一）

**第二四三条**　次の各号のいずれかに該当する者は、二年以下の禁錮又は五十万円以下の罰金に処する。

一　第百三十九条の規定に違反して飲食物を提供した者

一の二　第百四十条の二第一項の規定に違反して連呼行為をした者

二　第百四十一条第一項又は第四項の規定に違反して自動車、船舶又は拡声機を使用した者

二の二　第百四十一条の二第二項の規定に違反して乗車し又は乗船した者

二の三　第百四十一条の三の規定に違反して選挙運動をした者

三　第百四十二条の規定に違反して文書図画を頒布した者

三の二　第百四十二条の四第二項（同条第三項又は第四項において読み替えて適用される場合を含む。）又は第六項の規定に違反して選挙運動用電子メールの送信をした者

三の三　第百四十二条の六の規定に違反して広告を文書図画に掲載させた者

四　第百四十三条又は第百四十四条の規定に違反して文書図画を掲示した者

五　第百四十六条の規定に違反して文書図画を頒布し又は掲示した者

五の二　第百四十七条の規定による撤去の処分（同条第一号、第二号又は第五号に該当する文書図画に係るものに限る。）に従わなかつた者

六　第百四十八条第二項又は第百四十九条第五項の規定に違反して新聞紙又は雑誌を頒布し又は掲示した者

七　第百四十九条第一項又は第四項の規定に違反して新聞広告をした者

八　削除

八の二　第百六十四条の二第一項の規定に違反して立札若しくは看板の類を掲示しなかつた者又は同条第二項若しくは第四項の規定に違反して文書図画を掲示した者

八の三　第百六十四条の三の規定に違反して演説会を開催した者

八の四　第百六十四条の五第一項の規定に違反して街頭演説をした者
八の五　削除
八の六　第百六十四条の七第二項の規定に違反して選挙運動に従事した者
九　第百六十五条の二の規定に違反して演説会を開催し又は演説若しくは連呼行為をした者
十　第百六十六条の規定に違反して演説又は連呼行為をした者

2　候補者届出政党、衆議院名簿届出政党等若しくは参議院名簿届出政党等が第百四十二条の二の規定に違反して新聞広告をしたとき又は候補者届出政党若しくは衆議院名簿届出政党等が第百六十四条の二第一項の規定に違反して立札若しくは看板の類を掲示しなかつたとき若しくは第百六十五条の二の規定に違反して政党演説会若しくは政党等演説会を開催したときは、当該候補者届出政党、衆議院名簿届出政党等又は参議院名簿届出政党等の役職員又は構成員として当該違反行為をした者は、二年以下の禁錮又は五十万円以下の罰金に処する。

（選挙運動に関する各種制限違反、その二）

**第二四四条**　次の各号のいずれかに該当する者は、一年以下の禁錮又は三十万円以下の罰金に処する。

一　第百四十条の規定に違反した者
二　第百四十一条第五項の規定に違反して表示をしなかつた者
二の二　第百四十二条の四第七項の規定に違反して同項に規定する事項を表示しなかつた者
二の三　第百四十二条の五第二項の規定に違反して同項に規定する事項を表示しなかつた者
三　第百四十五条第一項又は第二項（第百六十四条の二第五項において準用する場合を含む。）の規定に違反して文書図画を掲示した者
四　第百四十七条の規定による撤去の処分（同条第三号又は第四号に該当する文書図画に係るものに限る。）に従わなかつた者
五　削除
五の二　第百六十四条の五第四項の規定に違反して標旗の提示を拒んだ者
六　第百六十四条の六第一項の規定に違反した者
七　正当な理由がなくて、第百七十七条第一項の規定による返還をしなかつた者
八　第百七十七条第二項の規定に違反して譲渡した者

2　衆議院名簿届出政党等が正当な理由がなくて第百七十七条第一項の規定による返還をしなかつたとき又は候

補者届出政党若しくは衆議院名簿届出政党等が同条第二項の規定に違反して譲渡したときは、当該候補者届出政党又は衆議院名簿届出政党等の役職員又は構成員として当該違反行為をした者は、一年以下の禁錮又は三十万円以下の罰金に処する。

（選挙期日後のあいさつ行為の制限違反）

**第二四五条** 第百七十八条の規定に違反した者は、三十万円以下の罰金に処する。

（選挙運動に関する収入及び支出の規制違反）

**第二四六条** 次の各号に掲げる行為をした者は、三年以下の禁錮又は五十万円以下の罰金に処する。

一　第百八十四条の規定に違反して寄附を受け又は支出をしたとき。

二　第百八十五条の規定に違反して会計帳簿を備えず又は会計帳簿に記載をせず若しくはこれに虚偽の記入をしたとき。

三　第百八十六条の規定に違反して明細書の提出をせず、又はこれに虚偽の記入をしたとき。

四　第百八十七条第一項の規定に違反して支出をしたとき。

五　第百八十八条の規定に違反して領収書その他の支出を証すべき書面を徴せず若しくはこれを送付せず又はこれに虚偽の記入をしたとき。

五の二　第百八十九条第一項の規定に違反して報告書若しくはこれに添付すべき書面の提出をせず又はこれらに虚偽の記入をしたとき。

六　第百九十条の規定による引継ぎをしないとき。

七　第百九十一条第一項の規定に違反して会計帳簿、明細書又は領収書その他の支出を証すべき書面を保存しないとき。

八　第百九十一条第一項の規定により保存すべき会計帳簿、明細書又は領収書その他の支出を証すべき書面に虚偽の記入をしたとき。

九　第百九十三条の規定による報告若しくは資料の提出を拒み又は虚偽の報告若しくは資料を提出したとき。

【罰則】併科＝二五〇条一項、重過失の処罰＝二五〇条二項

（選挙費用の法定額違反）

**第二四七条** 出納責任者が、第百九十六条の規定により告示された額を超えて選挙運動（専ら在外選挙人名簿に登録されている選挙人（第四十九条の二第一項に規定する政令で定めるものを除く。）で衆議院議員又は参議院議員の選挙において投票をしようとするものの投票に関してする選挙運動で、国外においてするものを除

く。）に関する支出をし又はさせたときは、三年以下の禁錮又は五十万円以下の罰金に処する。

【罰則】併科＝二五〇条一項、重過失の処罰＝二五〇条二項

**（寄附の制限違反）**

**第二四八条**　第百九十九条第一項に規定する者（会社その他の法人を除く。）が同項の規定に違反して寄附をしたときは、三年以下の禁錮又は五十万円以下の罰金に処する。

２　会社その他の法人が第百九十九条の規定に違反して寄附をしたときは、その会社その他の法人の役職員として当該違反行為をした者は、三年以下の禁錮又は五十万円以下の罰金に処する。

【罰則】併科＝二五〇条一項、重過失の処罰＝二五〇条二項

**（寄附の勧誘、要求等の制限違反）**

**第二四九条**　第二百条第一項の規定に違反して寄附を勧誘し若しくは要求し又は同条第二項の規定に違反して寄附を受けた者（会社その他の法人又は団体にあつては、その役職員又は構成員として当該違反行為をした者）は、三年以下の禁錮又は五十万円以下の罰金に処する。

【罰則】併科＝二五〇条一項、重過失の処罰＝二五〇条二項

**（公職の候補者等の寄附の制限違反）**

**第二四九条の二**　第百九十九条の二第一項の規定に違反して当該選挙に関し寄附をした者は、一年以下の禁錮又は三十万円以下の罰金に処する。

２　通常一般の社交の程度を超えて第百九十九条の二第一項の規定に違反して寄附をした者は、当該選挙に関して同項の規定に違反したものとみなす。

３　第百九十九条の二第一項の規定に違反して寄附（当該選挙に関しないもので、かつ、通常一般の社交の程度を超えないものに限る。）をした者で、次の各号に掲げる寄附以外の寄附をしたものは、五十万円以下の罰金に処する。

一　当該公職の候補者又は公職の候補者となろうとする者（公職にある者を含む。以下この条において「公職の候補者等」という。）が結婚披露宴に自ら出席しその場においてする当該結婚に関する祝儀の供与

二　当該公職の候補者等が葬式（告別式を含む。以下この号において同じ。）に自ら出席しその場においてする香典（これに類する弔意を表すために供与する金銭を含む。以下この号において同じ。）の供与又は当該公職の候補者等が葬式の日（葬式が二回以上行われる場合にあつては、最初に行われる葬式の日）までの間に自ら弔問しその場においてする香典の供与

４　第百九十九条の二第二項の規定に違反して寄附をした者（会社その他の法人又は団体にあつては、その役職員又は構成員として当該違反行為をした者）は、五十万円以下の罰金に処する。

５　第百九十九条の二第三項の規定に違反して、公職の候補者等を威迫して、寄附を勧誘し又は要求した者は、一年以下の懲役若しくは禁錮又は三十万円以下の罰金に処する。

６　公職の候補者等の当選又は被選挙権を失わせる目的をもつて、第百九十九条の二第三項の規定に違反して第三項各号に掲げる寄附（当該選挙に関しないもので、かつ、通常一般の社交の程度を超えないものに限る。）以外の寄附を勧誘し又は要求した者は、三年以下の懲役若しくは禁錮又は五十万円以下の罰金に処する。

７　第百九十九条の二第四項の規定に違反して、当該公職の候補者等以外の者（当該公職の候補者等以外の者が会社その他の法人又は団体であるときは、その役職員又は構成員）を威迫して、寄附を勧誘し又は要求した者は、一年以下の懲役若しくは禁錮又は三十万円以下の罰金に処する。

【罰則】　併科（一・二・五―七項）＝二五〇条一項、重過失の処罰（一―四項）＝二五〇条二項

**（公職の候補者等の関係会社等の寄附の制限違反）**

**第二四九条の三**　会社その他の法人又は団体が第百九十九条の三の規定に違反して当該選挙に関し寄附をしたときは、その会社その他の法人又は団体の役職員又は構成員として当該違反行為をした者は、五十万円以下の罰金に処する。

**（公職の候補者等の氏名等を冠した団体の寄附の制限違反）**

**第二四九条の四**　会社その他の法人又は団体が第百九十九条の四の規定に違反して寄附をしたときは、その会社その他の法人又は団体の役職員又は構成員として当該違反行為をした者は、五十万円以下の罰金に処する。

**（後援団体に関する寄附等の制限違反）**

**第二四九条の五**　後援団体が第百九十九条の五第一項の規定に違反して寄附をしたときは、その後援団体の役職員又は構成員として当該違反行為をした者は、五十万円以下の罰金に処する。

２　第百九十九条の五第二項の規定に違反して供応接待をし、又は金銭若しくは記念品その他の物品を供与したもの（会社その他の法人又は団体を除く。）は、五十万円以下の罰金に処する。

３　会社その他の法人又は団体が第百九十九条の五第二項の規定に違反して供応接待をし、又は金銭若しくは記念品その他の物品を供与したときは、その会社その他の法人又は団体の役職員又は構成員として当該違反行為をした者は、五十万円以下の罰金に処する。

４　第百九十九条の五第三項の規定に違反して寄附をした者は、五十万円以下の罰金に処する。

（懲役又は禁錮及び罰金の併科、重過失の処罰）

**第二五〇条**　第二百四十六条、第二百四十七条、第二百四十八条、第二百四十九条及び第二百四十九条の二（第三項及び第四項を除く。）の罪を犯した者には、情状により、懲役又は禁錮及び罰金を併科することができる。

２　重大な過失により、第二百四十六条、第二百四十七条、第二百四十八条、第二百四十九条及び第二百四十九条の二第一項から第四項までの罪を犯した者も、処罰するものとする。ただし、裁判所は、情状により、その刑を減軽することができる。

（当選人の選挙犯罪による当選無効）

**第二五一条**　当選人がその選挙に関しこの章に掲げる罪（第二百三十五条の六、第二百三十六条の二、第二百四十五条、第二百四十六条第二号から第九号まで、第二百四十八条、第二百四十九条の二第三項から第五項まで及び第七項、第二百四十九条の三、第二百四十九条の四、第二百四十九条の五第一項及び第三項、第二百五十二条の二、第二百五十二条の三並びに第二百五十三条の罪を除く。）を犯し刑に処せられたときは、その当選人の当選は、無効とする。

（総括主宰者、出納責任者等の選挙犯罪による公職の候補者等であつた者の当選無効及び立候補の禁止）

**第二五一条の二**　次の各号に掲げる者が第二百二十一条、第二百二十二条、第二百二十三条又は第二百二十三条の二の罪を犯し刑に処せられたとき（第四号及び第五号に掲げる者については、これらの罪を犯し禁錮以上の刑に処せられたとき）は、当該公職の候補者又は公職の候補者となろうとする者（以下この条において「公職の候補者等」という。）であつた者の当選は無効とし、かつ、これらの者は、第二百五十一条の五に規定する時から五年間、当該選挙に係る選挙区（選挙区がないときは、選挙の行われる区域）において行われる当該公職に係る選挙において公職の候補者となり、又は公職の候補者であることができない。この場合において、当該公職の候補者等であつた者で衆議院（小選挙区選出）議員の選挙における候補者であつたものが、当該選挙と同時に行われた衆議院（比例代表選出）議員の選挙における当選人となつたときは、当該当選人の当選は、無効とする。

一　選挙運動（参議院比例代表選出議員の選挙にあつては、参議院名簿登載者（第八十六条の三第一項後段の規定により優先的に当選人となるべき候補者としてその氏名及び当選人となるべき順位が参議院名簿に記載されている者を除く。）のために行う選挙運動に限る。次号を除き、以下この条及び次条において同じ。）を総括主宰した者

二　出納責任者（公職の候補者（参議院比例代表選出議員の選挙における候補者たる参議院名簿登載者で第八

十六条の三第一項後段の規定により優先的に当選人となるべき候補者としてその氏名及び当選人となるべき順位が参議院名簿に記載されているものを除く。以下この号において同じ。）又は出納責任者と意思を通じて当該公職の候補者のための選挙運動に関する支出の金額のうち第百九十六条の規定により告示された額の二分の一以上に相当する額を支出した者を含む。）

三　三以内に分けられた選挙区（選挙区がないときは、選挙の行われる区域）の地域のうち一又は二の地域における選挙運動を主宰すべき者として公職の候補者又は第一号に掲げる者から定められ、当該地域における選挙運動を主宰した者

四　公職の候補者等の父母、配偶者、子又は兄弟姉妹で当該公職の候補者等又は第一号若しくは前号に掲げる者と意思を通じて選挙運動をしたもの

五　公職の候補者等の秘書（公職の候補者等に使用される者で当該公職の候補者等の政治活動を補佐するものをいう。）で当該公職の候補者等又は第一号若しくは第三号に掲げる者と意思を通じて選挙運動をしたもの

2　公職の候補者等の秘書という名称を使用する者又はこれに類似する名称を使用する者について、当該公職の候補者等がこれらの名称の使用を承諾し又は容認している場合には、当該名称を使用する者は、前項の規定の適用については、公職の候補者等の秘書と推定する。

3　出納責任者が第二百四十七条の罪を犯し刑に処せられたときは、当該出納責任者に係る公職の候補者であつた者の当選は、無効とし、かつ、その者は、第二百五十一条の五に規定する時から五年間、当該選挙に係る選挙区（選挙区がないときは、選挙の行われる区域）において行われる当該公職に係る選挙において、公職の候補者となり、又は公職の候補者であることができない。この場合においては、第一項後段の規定を準用する。

4　前三項の規定（立候補の禁止及び衆議院比例代表選出議員の選挙における当選の無効に関する部分に限る。）は、第一項又は前項に規定する罪に該当する行為が、次の各号のいずれかに該当する場合には、当該行為に関する限りにおいて、適用しない。

一　第一項又は前項に規定する罪に該当する行為が当該行為をした者以外の者の誘導又は挑発によつてされ、かつ、その誘導又は挑発が第一項若しくは前項又は次条第一項の規定に該当することにより当該公職の候補者等の当選を失わせ又は立候補の資格を失わせる目的をもつて、当該公職の候補者等以外の公職の候補者等その他その公職の候補者等の選挙運動に従事する者と意思を通じてされたものであるとき。

二　第一項又は前項に規定する罪に該当する行為が第一項若しくは前項又は次条第一項の規定に該当することにより当該公職の候補者等の当選を失わせ又は立候補の資格を失わせる目的をもつて、当該公職の候補者等

以外の公職の候補者等その他その公職の候補者等の選挙運動に従事する者と意思を通じてされたものであるとき。

５　前各項の規定（第一項後段及び第三項後段の規定並びに前項の規定（衆議院比例代表選出議員の選挙における当選の無効に関する部分に限る。）を除く。）は、衆議院（比例代表選出）議員の選挙については、適用しない。

**（組織的選挙運動管理者等の選挙犯罪による公職の候補者等であつた者の当選無効及び立候補の禁止）**

**第二五一条の三**　組織的選挙運動管理者等（公職の候補者又は公職の候補者となろうとする者（以下この条において「公職の候補者等」という。）と意思を通じて組織により行われる選挙運動において、当該選挙運動の計画の立案若しくは調整又は当該選挙運動に従事する者の指揮若しくは監督その他当該選挙運動の管理を行う者（前条第一項第一号から第三号までに掲げる者を除く。）をいう。）が、第二百二十一条、第二百二十二条、第二百二十三条又は第二百二十三条の二の罪を犯し禁錮以上の刑に処せられたときは、当該公職の候補者等であつた者の当選は無効とし、かつ、これらの者は、第二百五十一条の五に規定する時から五年間、当該選挙に係る選挙区（選挙区がないときは、選挙の行われる区域）において行われる当該公職に係る選挙において公職の候補者となり、又は公職の候補者であることができない。この場合において、当該公職の候補者等であつた者で衆議院（小選挙区選出）議員の選挙における候補者であつたものが、当該選挙と同時に行われた衆議院（比例代表選出）議員の選挙における当選人となつたときは、当該当選人の当選は、無効とする。

２　前項の規定は、同項に規定する罪に該当する行為が、次の各号のいずれかに該当する場合には、当該行為に関する限りにおいて、適用しない。

一　前項に規定する罪に該当する行為が当該行為をした者以外の者の誘導又は挑発によつてされ、かつ、その誘導又は挑発が前条第一項又は前項の規定に該当することにより当該公職の候補者等の当選を失わせ又は立候補の資格を失わせる目的をもつて、当該公職の候補者等以外の公職の候補者等その他その公職の候補者等の選挙運動に従事する者と意思を通じてされたものであるとき。

二　前項に規定する罪に該当する行為が前条第一項又は前項の規定に該当することにより当該公職の候補者等の当選を失わせ又は立候補の資格を失わせる目的をもつて、当該公職の候補者等以外の公職の候補者等その他その公職の候補者等の選挙運動に従事する者と意思を通じてされたものであるとき。

三　当該公職の候補者等が、前項に規定する組織的選挙運動管理者等が同項に規定する罪に該当する行為を行うことを防止するため相当の注意を怠らなかつたとき。

３　前二項の規定（第一項後段の規定及び前項の規定（衆議院比例代表選出議員の選挙における当選の無効に関

する部分に限る。）を除く。）は、衆議院（比例代表選出）議員の選挙については、適用しない。

（公務員等の選挙犯罪による当選無効）

**第二五一条の四** 国又は地方公共団体の公務員、行政執行法人又は特定地方独立行政法人の役員又は職員及び公庫の役職員（公職にある者を除く。以下この条において「公務員等」という。）であつた者が、公務員等の職を離れた日以後最初に公職の候補者（選挙の期日まで公職の候補者であつた場合の公職の候補者に限り、参議院比例代表選出議員の選挙における候補者たる参議院名簿登載者で第八十六条の三第一項後段の規定により優先的に当選人となるべき候補者としてその氏名及び当選人となるべき順位が参議院名簿に記載されているものを除く。）となつた衆議院議員又は参議院議員の選挙（その者が公務員等の職を離れた日以後三年以内に行われたものに限る。）において当選人となつた場合において、次の各号に掲げる者が、当該当選人のために行つた選挙運動又は行為に関し、第二百二十一条、第二百二十二条、第二百二十三条、第二百二十三条の二、第二百二十五条、第二百二十六条、第二百三十九条第一項第一号、第三号若しくは第四号又は第二百三十九条の二の罪を犯し刑に処せられたときは、当該当選人の当選は、無効とする。

一　当該当選人の在職した公務員等の職（その者が当該公務員等の職を離れた日前三年間に在職したものに限る。以下この条において同じ。）と同一の職にある公務員等又は当該当選人の在職した公務員等の職の所掌に係る事務に従事する公務員等で当該当選人から当該選挙に関し指示又は要請を受けたもの

二　当該当選人の在職した公務員等の職の所掌に係る事務に従事する公務員等で当該当選人に係る前号に掲げる者から当該選挙に関し指示又は要請を受けたもの

三　当該当選人の在職した公務員等の職の所掌に係る事務と同種であり、かつ、その処理に関しこれと関係がある事務をその従事する事務の全部又は一部とする地方公共団体の公務員、行政執行法人又は特定地方独立行政法人の役員又は職員及び公庫の役職員で、当該当選人又は当該当選人に係る前二号に掲げる者から当該選挙に関し指示又は要請を受けたもの

2　前項の規定は、衆議院（比例代表選出）議員の選挙については、適用しない。

（当選無効及び立候補の禁止の効果の生ずる時期）

**第二五一条の五** 前三条の規定による当選無効及び立候補の禁止の効果は、第二百十条第一項の規定による訴訟についての原告敗訴の判決（訴状を却下する命令を含む。）が確定した時、当該訴訟を提起しないで同項に規定する出訴期間が経過した時若しくは当該訴訟についての訴えの取下げがあつた時又は同条第二項若しくは第二百十一条の規定による訴訟についての原告勝訴の判決が確定した時において、それぞれ生ずるものとする。

（選挙犯罪による処刑者に対する選挙権及び被選挙権の停止）

**第二五二条**　この章に掲げる罪（第二百三十六条の二第二項、第二百四十条、第二百四十二条、第二百四十四条、第二百四十五条、第二百五十二条の二、第二百五十二条の三及び第二百五十三条の罪を除く。）を犯し罰金の刑に処せられた者は、その裁判が確定した日から五年間（刑の執行猶予の言渡しを受けた者については、その裁判が確定した日から刑の執行を受けることがなくなるまでの間）、この法律に規定する選挙権及び被選挙権を有しない。

２　この章に掲げる罪（第二百五十三条の罪を除く。）を犯し禁錮以上の刑に処せられた者は、その裁判が確定した日から刑の執行を終わるまでの間若しくは刑の時効による場合を除くほか刑の執行の免除を受けるまでの間及びその後五年間又はその裁判が確定した日から刑の執行を受けることがなくなるまでの間、この法律に規定する選挙権及び被選挙権を有しない。

３　第二百二十一条、第二百二十二条、第二百二十三条又は第二百二十三条の二の罪につき刑に処せられた者で更に第二百二十一条から第二百二十三条の二までの罪につき刑に処せられた者については、前二項の五年間は、十年間とする。

４　裁判所は、情状により、刑の言渡しと同時に、第一項に規定する者（第二百二十一条から第二百二十三条の二までの罪につき刑に処せられた者を除く。）に対し同項の五年間若しくは刑の執行猶予中の期間について選挙権及び被選挙権を有しない旨の規定を適用せず、若しくはその期間のうちこれを適用すべき期間を短縮する旨を宣告し、第一項に規定する者で第二百二十一条から第二百二十三条の二までの罪につき刑に処せられたもの及び第二項に規定する者に対し第一項若しくは第二項の五年間若しくは刑の執行猶予の言渡しを受けた場合にあつてはその執行猶予中の期間のうち選挙権及び被選挙権を有しない旨の規定を適用すべき期間を短縮する旨を宣告し、又は前項に規定する者に対し同項の十年間の期間を短縮する旨を宣告することができる。

（推薦団体の選挙運動の規制違反）

**第二五二条の二**　第二百一条の四第二項の確認書の交付を受けた政党その他の政治団体が、同条第一項若しくは第六項から第八項まで又は同条第九項において準用する第百四十三条第八項若しくは第九項若しくは第百四十四条第四項の規定に違反して選挙運動をしたときは、その政党その他の政治団体の役職員又は構成員として当該違反行為をした者は、百万円以下の罰金に処する。

２　第二百一条の四第九項において準用する第百四十四条第二項前段若しくは第五項又は第百四十五条第一項若しくは第二項の規定に違反してポスターを掲示した者は、五十万円以下の罰金に処する。

（政党その他の政治活動を行う団体の政治活動の規制違反）

**第二五二条の三**　政党その他の政治活動を行う団体が第二百一条の五（第二百一条の七第一項において準用する場合を含む。）、第二百一条の六第一項（第二百一条の七第二項において準用する場合を含む。）、第二百一条の八第一項（同条第三項において準用する場合を含む。）、第二百一条の九第一項、第二百一条の十一第二項、第二百一条の十二第一項若しくは第二項若しくは第二百一条の十三第一項の規定又は第二百一条の十五第一項において準用する第百四十八条第二項の規定に違反して政治活動をしたときは、その政党その他の政治活動を行う団体の役職員又は構成員として当該違反行為をした者は、百万円以下の罰金に処する。

２　次の各号の一に該当する行為をした者は、五十万円以下の罰金に処する。

一　第二百一条の十一第三項又は第八項の規定に違反して表示をしなかつたとき。

二　第二百一条の十一第四項、第五項若しくは第九項の規定若しくは同条第六項において準用する第百四十五条第一項若しくは第二項の規定に違反してポスター、立札若しくは看板の類を掲示し、又は第二百一条の十一第五項の規定に違反してビラを頒布したとき。

三　第二百一条の十一第十一項又は第二百一条の十四第二項の規定による撤去の処分に従わなかつたとき。

（選挙人等の偽証罪）

**第二五三条**　第二百十二条第二項において準用する民事訴訟に関する法令の規定により宣誓した選挙人その他の関係人が虚偽の陳述をしたときは、三月以上五年以下の禁錮に処する。

２　前項の罪は、当該選挙管理委員会の告発を待つて論ずる。

３　第一項の罪を犯した者が当該異議の申立に対する決定又は訴願に対する裁決が行われる前に自白したときは、その刑を減軽し、又は免除することができる。

（刑事事件の処理）

**第二五三条の二**　当選人に係るこの章に掲げる罪（第二百三十五条の六、第二百三十六条の二、第二百四十五条、第二百四十六条第二号から第九号まで、第二百四十八条、第二百四十九条の二第三項から第五項まで及び第七項、第二百四十九条の三、第二百四十九条の四、第二百四十九条の五第一項及び第三項、第二百五十二条の二、第二百五十二条の三並びに第二百五十三条の罪を除く。）、第二百五十一条の二第一項各号に掲げる者若しくは第二百五十一条の三第一項に規定する組織的選挙運動管理者等に係る第二百二十一条、第二百二十二条、第二百二十三条若しくは第二百二十三条の二の罪、出納責任者に係る第二百四十七条の罪又は第二百五十一条の四第一項各号に掲げる者に係る第二百二十一条から第二百二十三条の二まで、第二百二十五条、第二百二十六条、

第二百三十九条第一項第一号、第三号若しくは第四号若しくは第二百三十九条の二の罪に関する刑事事件については、訴訟の判決は、事件を受理した日から百日以内にこれをするように努めなければならない。

2　前項の訴訟については、裁判長は、第一回の公判期日前に、審理に必要と見込まれる公判期日を、次に定めるところにより、一括して定めなければならない。

一　第一回の公判期日は、事件を受理した日から、第一審にあつては三十日以内、控訴審にあつては五十日以内の日を定めること。

二　第二回以降の公判期日は、第一回の公判期日の翌日から起算して七日を経過するごとに、その七日の期間ごとに一回以上となるように定めること。

3　第一項の訴訟については、裁判所は、特別の事情がある場合のほかは、他の訴訟の順序にかかわらず速やかにその裁判をしなければならない。

**（当選人等の処刑の通知）**

**第二五四条**　当選人がその選挙に関しこの章に掲げる罪（第二百三十五条の六、第二百三十六条の二、第二百四十五条、第二百四十六条第二号から第九号まで、第二百四十八条、第二百四十九条の二第三項から第五項まで及び第七項、第二百四十九条の三、第二百四十九条の四、第二百四十九条の五第一項及び第三項、第二百五十二条の二、第二百五十二条の三並びに第二百五十三条の罪を除く。）を犯し刑に処せられたとき、第二百五十一条の二第一項各号に掲げる者若しくは第二百五十一条の三第一項に規定する組織的選挙運動管理者等が第二百二十一条、第二百二十二条、第二百二十三条若しくは第二百二十三条の二の罪を犯し刑に処せられたとき、出納責任者が第二百四十七条の罪を犯し刑に処せられたとき又は第二百五十一条の四第一項各号に掲げる者が第二百二十一条から第二百二十三条の二まで、第二百二十五条、第二百二十六条、第二百三十九条第一項第一号、第三号若しくは第四号若しくは第二百三十九条の二の罪を犯し刑に処せられたときは、裁判所の長は、その旨を総務大臣に通知し、かつ、衆議院（比例代表選出）議員又は参議院（比例代表選出）議員の選挙については中央選挙管理会に、参議院合同選挙区選挙については合同選挙区都道府県の知事を経て当該選挙に関する事務を管理する参議院合同選挙区選挙管理委員会に、この法律に定めるその他の選挙については関係地方公共団体の長を経て当該選挙に関する事務を管理する選挙管理委員会に通知しなければならない。衆議院議員又は参議院議員たる当選人が刑に処せられた場合においては衆議院議長又は参議院議長に、地方公共団体の議会の議員たる当選人が刑に処せられた場合においては当該議会の議長に、衆議院（小選挙区選出）議員の選挙における候補者であつた者で当該選挙と同時に行われた衆議院（比例代表選出）議員の選挙における候補者であつたものに係る第二百五十一条の二第一項各号に掲げる者、第二百五十一条の三第一項に規定する組織的選挙運動管理者等又は出納責任者が刑に処せられた場合においては中央選挙管理会に、併せて通知しなければならない。

（総括主宰者、出納責任者等の処刑の通知）

**第二五四条の二**　衆議院（比例代表選出）議員の選挙以外の選挙について、第二百五十一条の二第一項第一号から第三号までに掲げる者が第二百二十一条第三項、第二百二十二条第三項、第二百二十三条第三項若しくは第二百二十三条の二第二項の規定により刑に処せられたとき又は出納責任者が第二百四十七条の規定により刑に処せられたときは、当該事件が係属した最後の審級の裁判所は、検察官の申立てにより、その旨をこれらの者に係る公職の候補者であつた者に書面により速やかに通知しなければならない。

２　前項の通知は、送達の方法をもつて行う。この場合において、当該送達に関しては、民事訴訟に関する法令の規定中送達に関する規定を準用する。

３　第一項の規定による通知が行われたときは、裁判所の長は、その旨を、総務大臣に通知し、かつ、参議院（比例代表選出）議員の選挙については中央選挙管理会に、参議院合同選挙区選挙については合同選挙区都道府県の知事を経て当該選挙に関する事務を管理する参議院合同選挙区選挙管理委員会に、その他の選挙については関係地方公共団体の長を経て当該選挙に関する事務を管理する選挙管理委員会に通知しなければならない。衆議院（小選挙区選出）議員の選挙における候補者であつた者で当該選挙と同時に行われた衆議院（比例代表選出）議員の選挙における候補者であつたものに同項の規定による通知が行われた場合においては、中央選挙管理会に、併せて通知しなければならない。

（不在者投票の場合の罰則の適用）

**第二五五条**　第四十九条第一項の規定による投票については、その投票を管理すべき者はこれを投票管理者、その投票を記載すべき場所はこれを投票所、その投票に立ち会うべき者はこれを投票立会人、選挙人が指示する公職の候補者（公職の候補者たる参議院名簿登載者を含む。以下この条及び次条において同じ。）一人の氏名、一の衆議院名簿届出政党等の名称若しくは略称又は一の参議院名簿届出政党等の名称若しくは略称を記載すべきものと定められた者はこれを第四十八条第二項の規定により公職の候補者の氏名、衆議院名簿届出政党等の名称若しくは略称又は参議院名簿届出政党等の名称若しくは略称を記載すべきものと定められた者とみなして、この章の規定を適用する。

２　第四十九条第二項の規定による投票については、選挙人が投票の記載の準備に着手してから投票を記載した投票用紙を郵便等により送付するためこれを封入するまでの間における当該投票に関する行為を行う場所を投票所とみなして、第二百二十八条第一項及び第二百三十四条中同項に係る部分の規定を適用する。

3　第四十九条第四項の規定による投票については、その投票を管理すべき者は投票管理者と、その投票を記載すべき場所は投票所と、その投票に立ち会うべき者は投票立会人と、選挙人が指示する公職の候補者一人の氏名、一の衆議院名簿届出政党等の名称若しくは略称又は一の参議院名簿届出政党等の名称若しくは略称を記載すべきものと定められた者は第四十八条第二項の規定により公職の候補者の氏名、衆議院名簿届出政党等の名称若しくは略称又は参議院名簿届出政党等の名称若しくは略称を記載すべきものと定められた者とみなして、この章の規定を適用する。

4　第四十九条第七項の規定による投票については、船舶において投票を管理すべき者及び投票を受信すべき市町村の選挙管理委員会の委員長は投票管理者と、投票の記載をし、これを送信すべき場所及び投票を受信すべき場所は投票所と、投票を受信すべきファクシミリ装置は投票箱と、船舶において投票に立ち会うべき者は投票立会人と、選挙人が指示する公職の候補者一人の氏名、一の衆議院名簿届出政党等の名称若しくは略称又は一の参議院名簿届出政党等の名称若しくは略称を記載すべきものと定められた者は第四十八条第二項の規定により公職の候補者の氏名、衆議院名簿届出政党等の名称若しくは略称又は参議院名簿届出政党等の名称若しくは略称を記載すべきものと定められた者とみなして、この章の規定を適用する。

5　第四十九条第八項において準用する同条第七項の規定による投票については、投票を受信すべき市町村の選挙管理委員会の委員長は投票管理者と、投票の記載をし、これを送信すべき場所及び投票を受信すべき場所は投票所と、投票を受信すべきファクシミリ装置は投票箱とみなして、この章の規定を適用する。

6　第四十九条第九項の規定による投票については、同項の施設又は船舶において投票を管理すべき者及び投票を受信すべき市町村の選挙管理委員会の委員長は投票管理者と、投票の記載をし、これを送信すべき場所及び投票を受信すべき場所は投票所と、投票を受信すべきファクシミリ装置は投票箱と、同項の施設又は船舶において投票に立ち会うべき者は投票立会人と、選挙人が指示する公職の候補者一人の氏名、一の衆議院名簿届出政党等の名称若しくは略称を記載すべきものと定められた者は第四十八条第二項の規定により公職の候補者の氏名、衆議院名簿届出政党等の名称若しくは略称又は参議院名簿届出政党等の名称若しくは略称を記載すべきものと定められた者とみなして、この章の規定を適用する。

**（在外投票の場合の罰則の適用）**

**第二五五条の二**　第三十条の五第二項及び第三項に規定する在外選挙人名簿の登録の申請の経由に係る事務、第四十九条の二第一項第一号に規定する在外投票に係る事務その他のこの法律及びこの法律に基づく命令により在外公館の長に属させられた事務に従事する在外公館の長及び職員並びに第三十条の五第二項及び第三項に規定する在外選挙人名簿の登録の申請の経由に係る事務に従事する者は、第百三十六条第一号、第二百二十一条第二項、第二百二十三条第二項、第二百二十六条、第二百二十七条及び第二百三十七条第四項に規定する選挙管理委員会の職員とみなして、この章の規定を適用する。

2　第四十九条の二第一項第一号の規定による投票については、その投票を管理すべき在外公館の長は投票管理者（第二百二十九条に規定する投票管理者に限る。）と、その投票を記載すべき場所は投票所と、その投票に立ち会うべき者は投票立会人と、選挙人が指示する公職の候補者一人の氏名、一の衆議院名簿届出政党等の名称若しくは略称又は一の参議院名簿届出政党等の名称若しくは略称を記載すべきものと定められた者は第四十八条第二項の規定により公職の候補者の氏名、衆議院名簿届出政党等の名称若しくは略称又は参議院名簿届出政党等の名称若しくは略称を記載すべきものと定められた者とみなして、この章の規定を適用する。

3　第四十九条の二第一項第二号の規定による投票については、選挙人が投票の記載の準備に着手してから投票を記載した投票用紙を郵便等により送付するためこれを封入するまでの間における当該投票に関する行為を行う場所を投票所とみなして、第二百二十八条第一項及び第二百三十四条中同項に係る部分の規定を適用する。

（国外犯）

**第二五五条の三**　第二百二十一条、第二百二十二条、第二百二十三条、第二百二十三条の二、第二百二十四条の二、第二百二十四条の三第一項及び第二項、第二百二十五条、第二百二十六条、第二百二十七条、第二百二十八条第一項、第二百二十九条、第二百三十条、第二百三十一条第一項、第二百三十二条、第二百三十四条、第二百三十五条、第二百三十五条の五、第二百三十五条の六第二項、第二百三十七条、第二百三十七条の二、第二百三十八条、第二百三十九条第一項（第百三十七条の三の規定に違反して選挙運動をした者に係る部分に限る。）、第二百三十九条の二第二項、第二百四十一条（第百三十六条の規定に違反して選挙運動をした者に係る部分に限る。）、第二百四十六条第三号及び第五号並びに第二百五十条第二項（重大な過失により、第二百四十六条（第三号及び第五号に限る。）の罪を犯した者に係る部分に限る。）の罪は、刑法第三条の例に従う。

（偽りその他不正の手段による選挙人名簿の抄本等の閲覧等に対する過料）

**第二五五条の四**　次の各号のいずれかに該当する者は、第二百三十六条の二の規定により刑を科すべき場合を除き、三十万円以下の過料に処する。

一　偽りその他不正の手段により、第二十八条の二第一項（同条第九項において読み替えて適用される場合を含む。以下この号において同じ。）若しくは第二十八条の三第一項（第一号を除く。以下この号において同じ。）

又は第三十条の十二において準用する第二十八条の二第一項若しくは第二十八条の三第一項の規定による選挙人名簿の抄本又は在外選挙人名簿の抄本の閲覧をし、又はさせた者（法人（法人でない団体で代表者又は管理人の定めのあるものを含む。次号において同じ。）にあつては、その役職員又は構成員として当該違反行為をした者）

二　第二十八条の四第一項（第三十条の十二において準用する場合を含む。）の規定に違反した者（法人にあつては、その役職員又は構成員として当該違反行為をした者）

2　前項の規定による過料についての裁判は、簡易裁判所がする。

## 第十七章　補則

（衆議院議員の任期の起算）

**第二五六条**　衆議院議員の任期は、総選挙の期日から起算する。但し、任期満了に因る総選挙が衆議院議員の任期満了の日前に行われたときは、前任者の任期満了の日の翌日から起算する。

（参議院議員の任期の起算）

**第二五七条**　参議院議員の任期は、前の通常選挙による参議院議員の任期満了の日の翌日から起算する。但し、通常選挙が前の通常選挙による参議院議員の任期満了の日の翌日後に行われたときは、通常選挙の期日から起算する。

（地方公共団体の議会の議員の任期の起算）

**第二五八条**　地方公共団体の議会の議員の任期は、一般選挙の日から起算する。但し、任期満了に因る一般選挙が地方公共団体の議会の議員の任期満了の日前に行われた場合において、前任の議員が任期満了の日まで在任したときは前任者の任期満了の日の翌日から、選挙の期日後に前任の議員がすべてなくなつたときは議員がすべてなくなつた日の翌日から、それぞれ起算する。

（地方公共団体の長の任期の起算）

**第二五九条**　地方公共団体の長の任期は、選挙の日から起算する。但し、任期満了に因る選挙が地方公共団体の長の任期満了の日前に行われた場合において、前任の長が任期満了の日まで在任したときは前任者の任期満了の日の翌日から、選挙の期日後に前任の長が欠けたときはその欠けた日の翌日から、それぞれ起算する。

（地方公共団体の長の任期の起算の特例）

**第二五九条の二**　地方公共団体の長の職の退職を申し出た者が当該退職の申立てがあつたことにより告示された地方公共団体の長の選挙において当選人となつたときは、その者の任期については、当該退職の申立て及び当該退職の申立てがあつたことにより告示された選挙がなかつたものとみなして前条の規定を適用する。

**（補欠議員の任期）**

**第二六〇条**　衆議院議員、参議院議員又は地方公共団体の議会の議員の補欠議員は、それぞれその前任者の残任期間在任する。

２　地方公共団体の議会の議員の定数に異動を生じたためあらたに選挙された議員は、一般選挙により選挙された議員の任期満了の日まで在任する。

**（選挙管理費用の国と地方公共団体との負担区分）**

**第二六一条**　選挙に関する費用で国と地方公共団体とが負担するものの区分については、本章に特別の規定があるものを除く外、地方財政法（昭和二十三年法律第百九号）の定めるところによる。

**（選挙に関する常時啓発の費用の財政措置）**

**第二六一条の二**　参議院合同選挙区選挙管理委員会並びに都道府県及び市町村の選挙管理委員会が第六条第一項の規定により行う選挙に関する常時啓発のための次に掲げる費用並びに同条第二項の規定により行う衆議院議員及び参議院議員の選挙の結果の速報に要する費用については、国において財政上必要な措置を講ずるものとする。

一　講演会、討論会、研修会、講習会、映画会等の開催に要する費用
二　新聞、パンフレット、ポスター等の文書図画の刊行又は頒布に要する費用
三　関係各種の団体、機関等との連絡を図るために要する費用
四　その他必要な事業を行うに要する費用

**（各選挙に通ずる選挙管理費用の財政措置）**

**第二六二条**　選挙に関する次に掲げる費用については、国において財政上必要な措置を講ずるものとする。

一　選挙人名簿の調製に要する費用
二　点字器の調整に要する費用
三　削除
四　第百六十七条の規定による選挙公報の発行に要する費用
五　第百九十二条の規定による報告書の公表、保存及び閲覧の施設に要する費用

（衆議院議員又は参議院議員の選挙管理費用の国庫負担）

**第二六三条**　衆議院議員又は参議院議員の選挙に関する次に掲げる費用は、国庫の負担とする。

一　投票の用紙及び封筒、第四十九条第一項の規定による投票に関する不在者投票証明書及びその封筒並びに投票箱の調製に要する費用

二　選挙事務のため参議院合同選挙区選挙管理委員会並びに都道府県及び市町村の選挙管理委員会、投票管理者、開票管理者、選挙長及び選挙分会長において要する費用

三　投票所、共通投票所、期日前投票所、開票所、選挙会場及び選挙分会場に要する費用

四　第四十九条第一項及び第四項の規定による投票に関する選挙事務のため不在者投票管理者において要する費用及びその投票記載の場所に要する費用、同条第二項の規定により行われる郵便等による送付に要する費用並びに同条第七項及び第九項の規定により行われる送信に要する費用

四の二　在外選挙人名簿及び在外選挙人証の調製並びに在外選挙人証の交付に要する費用

四の三　第四十九条の二第一項第二号の規定により行われる投票に関する費用

五　投票管理者、開票管理者、選挙長、選挙分会長、投票立会人、開票立会人及び選挙立会人に対する報酬及び費用弁償に要する費用

五の二　第百三十一条第三項の規定による標札に要する費用

五の三　第百四十一条第五項及び第百六十四条の二第二項の規定による表示に要する費用

五の四　第百四十一条第七項の規定による選挙運動用自動車の使用に要する費用

六　第百四十二条第一項の規定による通常葉書の費用並びに同条第十項の規定による通常葉書及びビラの作成に要する費用

六の二　第百四十三条第十四項の規定による立札及び看板の類並びにポスターの作成に要する費用

七　第百四十四条の二の規定による掲示場の設置に要する費用

八　第百四十九条の規定による新聞広告に要する費用

九　第百五十条及び第百五十一条の規定による放送に要する費用

十　第百六十一条の規定による個人演説会のための施設（設備を含む。）、第百六十四条の五の規定による標旗並びに第百四十一条の二及び第百六十四条の七の規定による腕章に関する費用

十の二　第百六十四条の二第六項の規定による立札及び看板の類の作成に要する費用

十一　第百七十五条の規定による掲示に要する費用

十二　第百七十六条の規定による交通機関の使用に要する費用

**（地方公共団体の議会の議員又は長の選挙管理費用の地方公共団体負担）**

**第二百六十四条**　地方公共団体の議会の議員又は長の選挙に関する次に掲げる費用は、当該地方公共団体の負担とする。

一　前条第一号から第四号まで、第五号の三、第六号、第十号及び第十一号に掲げる費用

二　前条第五号に掲げる者に対する報酬及び費用弁償に要する費用

2　都道府県知事の選挙に関する前条第五号の二、第七号から第九号まで及び第十二号に掲げる費用については、当該都道府県の負担とする。

3　第百四十一条第八項の規定による選挙運動用自動車の使用に要する費用、第百四十二条第十一項の規定によるビラの作成に要する費用、第百四十三条第十五項の規定によるポスターの作成に要する費用、第百四十四条の二第八項及び第百四十四条の四の規定による掲示場の設置に要する費用並びに第百七十二条の二の規定による選挙公報の発行に要する費用については、当該地方公共団体の負担とする。

4　都道府県の議会の議員及び都道府県知事の選挙と市町村の議会の議員及び市町村長の選挙を同時に行う場合の費用の負担区分については、関係地方公共団体が協議して定める。

**（行政手続法の適用除外）**

**第二百六十四条の二**　この法律の規定による処分その他公権力の行使に当たる行為については、行政手続法（平成五年法律第八十八号）第二章、第三章及び第四章の二の規定は、適用しない。

**（審査請求の制限）**

**第二百六十五条**　この法律の規定による処分その他公権力の行使に当たる行為又はその不作為については、審査請求をすることができない。

**（特別区の特例）**

**第二百六十六条**　この法律中市に関する規定は、特別区に適用する。この場合において、第三十三条第三項中「第六条の二第四項又は第七条第七項」とあるのは、「第二百八十一条の四第六項（同条第九項において準用する場合を含む。）又は大都市地域における特別区の設置に関する法律（平成二十四年法律第八十号）第九条第二項」とする。

2　都の議会の議員の各選挙区において選挙すべき議員の数については、特別区の存する区域以外の区域を区域とする各選挙区において選挙すべき議員の数を、特別区の存する区域を一の選挙区とみなして定め、特別区の

区域を区域とする各選挙区において選挙すべき議員の数を、特別区の存する区域を一の選挙区とみなした場合において当該区域において選挙すべきこととなる議員の数を特別区の区域を区域とする各選挙区に配分することにより定めることができる。

**（地方公共団体の組合の特例）**

**第二六七条**　地方公共団体の組合の選挙については、法律に特別の定があるものを除く外、都道府県の加入するものにあつてはこの法律中都道府県に関する規定、市及び特別区の加入するもので都道府県の加入しないものにあつてはこの法律中市に関する規定、その他のものにあつてはこの法律中町村に関する規定を適用する。

**（財産区の特例）**

**第二六八条**　財産区の議会の議員の選挙については、地方自治法第二百九十五条の規定による条例で規定するものを除く外、この法律中町村の議会の議員の選挙に関する規定を適用する。但し、被選挙権の有無は、市町村又は特別区の議会が決定する。

**（指定都市の区及び総合区に対するこの法律の適用）**

**第二六九条**　衆議院議員、参議院議員、都道府県の議会の議員及び長の選挙並びに指定都市の議会の議員及び長の選挙に関するこの法律の規定の適用については、政令で定めるところにより、指定都市においては、区及び総合区を市とみなし、区及び総合区の選挙管理委員会及び選挙管理委員を市の選挙管理委員会及び選挙管理委員とみなす。この場合において、第二十二条第一項及び第三項の規定の適用については、同条第一項中「有する者」とあるのは「有し、かつ、同日において当該区（総合区を含む。以下この項及び第三項において同じ。）の区長（総合区長を含む。以下この項及び第三項において同じ。）が作成する住民基本台帳に記録されている者（前条第二項に規定する者にあつては、当該指定都市の区域内から住所を移す直前に当該区の区長が作成する住民基本台帳に記録されていた者）」と、同条第三項中「有する者」とあるのは「有し、かつ、当該選挙時登録の基準日において当該区の区長が作成する住民基本台帳に記録されている者（前条第二項に規定する者にあつては、当該指定都市の区域内から住所を移す直前に当該区の区長が作成する住民基本台帳に記録されていた者）」とする。

**（選挙に関する期日の国外における取扱い）**

**第二六九条の二**　この法律に規定する衆議院議員又は参議院議員の選挙に関する期日の国外における取扱い（第四十九条第一項、第四項及び第七項から第九項までの規定による投票に関するものを除く。）については、政令で定める。

（選挙に関する届出等の時間）

**第二七〇条**　この法律又はこの法律に基づく命令の規定により総務大臣、中央選挙管理会、参議院合同選挙区選挙管理委員会、選挙管理委員会、投票管理者、開票管理者、選挙長、選挙分会長等に対して行う届出、請求、申出その他の行為は、午前八時三十分から午後五時までの間に行わなければならない。ただし、次に掲げる行為は、当該市町村の選挙管理委員会の職員につき定められている執務時間内に行わなければならない。

一　第二十八条の二第一項（同条第九項の規定により読み替えて適用される場合を含む。第三号において同じ。）の規定による選挙人名簿の抄本の閲覧の申出（第二十四条第一項各号に定める期間又は期日のうち地方公共団体の休日に行われる特定の者が選挙人名簿に登録された者であるかどうかの確認を行うためのものを除く。）又は第二十八条の三第一項の規定による選挙人名簿の抄本の閲覧の申出

二　第二十九条第二項の規定による選挙人名簿の修正に関する調査の請求

三　第三十条の十二において準用する第二十八条の二第一項の規定による在外選挙人名簿の抄本の閲覧の申出（第三十条の八第一項各号に掲げる期間又は期日のうち地方公共団体の休日に行われる特定の者が在外選挙人名簿に登録された者であるかどうかの確認を行うためのものを除く。）又は第三十条の十二において準用する第二十八条の三第一項の規定による在外選挙人名簿の抄本の閲覧の申出

四　第三十条の十三第二項において準用する第二十九条第二項の規定による在外選挙人名簿の修正に関する調査の請求

２　前項の規定にかかわらず、第四十九条第一項、第四項若しくは第七項から第九項までの規定による投票に関し国外において行う行為、第四十九条の二第一項第一号の規定による投票又はこの法律若しくはこの法律に基づく命令の規定により在外公館の長に対して行う行為は、政令で定める時間内に行わなければならない。

（不在者投票の時間）

**第二七〇条の二**　前条第一項の規定にかかわらず、第四十九条第一項、第四項、第七項又は第九項の規定による投票に関し不在者投票管理者等に対して行う行為（国外において行うものを除く。次項において同じ。）のうち政令で定めるものは、午前八時三十分（当該行為を行おうとする地の市町村の選挙管理委員会が地域の実情等を考慮して午前六時三十分から午前八時三十分までの間でこれと異なる時刻を定めている場合には、当該定められている時刻）から午後八時（当該行為を行おうとする地の市町村の選挙管理委員会が地域の実情等を考慮して午後五時から午後十時までの間でこれと異なる時刻を定めている場合には、当該定められている時刻）までの間に行うことができる。

２　前条第一項の規定にかかわらず、第四十九条第一項、第四項、第七項又は第九項の規定による投票に関し不在者投票管理者等に対して行う行為のうち政令で定めるものは、当該行為を行おうとする地の市町村の選挙管理委員会の職員につき定められている執務時間内に行わなければならない。

（選挙に関する届出等の期限）

**第二七〇条の三**　この法律又はこの法律に基づく命令の規定によつて総務大臣、中央選挙管理会、参議院合同選挙区選挙管理委員会又は選挙管理委員会に対してする届出、請求、申出その他の行為（内閣総理大臣、選挙管理委員会等が総務大臣、参議院合同選挙区選挙管理委員会又は選挙管理委員会に対してする行為を含む。）の期限については、行政機関の休日に関する法律（昭和六十三年法律第九十一号）第二条本文及び地方自治法第四条の二第四項本文の規定は、適用しない。ただし、第十五章に規定する争訟に係る異議の申出又は審査の申立ての期限については、この限りでない。

（都道府県の議会の議員の選挙区の特例）

**第二七一条**　昭和四十一年一月一日現在において設けられている都道府県の議会の議員の選挙区については、当該区域の人口が当該都道府県の人口を当該都道府県の議会の議員の定数をもつて除して得た数の半数に達しなくなつた場合においても、当分の間、第十五条第二項前段の規定にかかわらず、当該区域をもつて一選挙区を設けることができる。

（一部無効に因る再選挙の特例）

**第二七一条の二**　選挙の一部無効に因る再選挙については、この法律に特別の規定があるものを除く外、当該再選挙の行われる区域、選挙運動の期間等に応じて政令で特別の定をすることができる。

（衆議院比例代表選出議員又は参議院比例代表選出議員の再選挙又は補欠選挙の特例）

**第二七一条の三**　衆議院（比例代表選出）議員又は参議院（比例代表選出）議員の再選挙又は補欠選挙につきこの法律の規定により難い事項については、政令で特別の定めをすることができる。

（再立候補の場合の特例）

**第二七一条の四**　公職の候補者たることを辞した（公職の候補者たることを辞したものとみなされる場合を含む。）後再び当該選挙の公職の候補者となつた者、候補者届出政党の届出に係る候補者であつた者で、当該候補者届出政党が当該届出を取り下げた（当該届出が取り下げられたものとみなされる場合を含む。）後再び当該選挙の候補者となつたもの及び当該届出が却下された（第八十六条第九項第三号に掲げる事由により却下された場合を除く。）後再び当該選挙の候補者となつたもの並びに参議院名簿届出政党等の届出に係る候補者であつた者で公職の候補者たる参議院名簿登載者（第八十六条の三第一項後段の規定により優先的に当選人となるべき候補者としてその氏名及び当選人となるべき順位が参議院名簿に記載されている者を除く。以下この条において同じ。）でなくなつた後再び当該選挙の候補者たる参議院名簿登載者となつたものについては、当該選挙の選挙運動及び選挙運動に関する収入、支出等に関し政令で特別の定めをすることができる。

**（在外投票を行わせることができない場合の取扱い）**

**第二七一条の五**　第四十九条の二第一項第一号の規定による投票を同号に定める期間内に行わせることができないときは、更に投票を行わせることは、しないものとする。

**（適用関係）**

**第二七一条の六**　この法律の適用については、文書図画に記載され又は表示されているバーコードその他これに類する符号に記録されている事項であつてこれを読み取るための装置を用いて読み取ることにより映像面に表示されるもの（以下「符号読取表示事項」という。）は、当該文書図画に記載され又は表示されているものとする。

2　前項の規定にかかわらず、この法律の適用については、符号読取表示事項がこの法律の規定により文書図画に記載し又は表示しなければならない事項であるときは、当該符号読取表示事項は、当該文書図画に記載され又は表示されていないものとする。

3　この法律の適用については、文書図画を記録した電磁的記録媒体を頒布することは、当該文書図画の頒布とみなす。

**（命令への委任）**

**第二七二条**　この法律の実施のための手続その他その施行に関し必要な規定は、命令で定める。

**（選挙事務の委嘱）**

**第二七三条**　参議院合同選挙区選挙管理委員会又は都道府県若しくは市町村の選挙管理委員会が、都道府県知事又は市町村長の承認を得て、当該都道府県又は市町村の補助機関たる職員に選挙に関する事務を委嘱したときは、これらの職員は、忠実にその事務を執行しなければならない。

**（選挙人に関する記録の保護）**

**第二七四条**　市町村の委託を受けて行う選挙人名簿又は在外選挙人名簿に関する事務の処理に従事している者又は従事していた者は、その事務に関して知り得た事項をみだりに他人に知らせ、又は不当な目的に使用してはならない。

**（事務の区分）**

**第二七五条**　この法律の規定により地方公共団体が処理することとされている事務のうち、次に掲げるものは、地方自治法第二条第九項第一号に規定する第一号法定受託事務とする。

一　衆議院議員又は参議院議員の選挙に関し、都道府県が処理することとされている事務

二　都道府県が第百四十三条第十七項の規定により処理することとされている事務（衆議院議員又は参議院議員の選挙における公職の候補者又は公職の候補者となろうとする者（公職にある者を含む。以下この項において「国の選挙の公職の候補者等」という。）及び第百九十九条の五第一項に規定する後援団体（以下この条において「後援団体」という。）で当該国の選挙の公職の候補者等に係るものの政治活動のために掲示される第百四十三条第十六項第一号に規定する立札及び看板の類に係る事務に限る。）、第百四十七条の規定により処理することとされている事務（国の選挙の公職の候補者等及び当該国の選挙の公職の候補者等に係る後援団体の政治活動のために使用される文書図画に係る事務に限る。）、第百四十八条第二項及び第二百一条の七第二項の規定により処理することとされている事務、第二百一条の十一第二項の規定により処理することとされている事務（第二百一条の六第一項ただし書（第二百一条の七第二項において準用する場合を含む。）の規定により開催される政談演説会に係る事務に限る。）、第二百一条の十一第四項の規定により処理することとされている事務（第二百一条の七第二項において準用する第二百一条の六第一項ただし書の規定により掲示されるポスターに係る事務に限る。）、第二百一条の十一第八項の規定により処理することとされている事務（第二百一条の六第一項ただし書（第二百一条の七第二項において準用する場合を含む。）の規定により掲示される立札及び看板の類に係る事務に限る。）並びに第二百一条の十一第十一項及び第二百一条の十四第二項の規定により処理することとされている事務（衆議院議員又は参議院議員の選挙の期日の公示又は告示の日から選挙の当日までの間における事務に限る。）

三　衆議院議員又は参議院議員の選挙に関し、市町村が処理することとされている事務

四　選挙人名簿又は在外選挙人名簿に関し、市町村が処理することとされている事務

五　市町村が第百四十七条の規定により処理することとされている事務（国の選挙の公職の候補者等及び当該国の選挙の公職の候補者等に係る後援団体の政治活動のために使用される文書図画に係る事務に限る。）並びに第二百一条の十一第十一項及び第二百一条の十四第二項の規定により処理することとされている事務（衆議院議員又は参議院議員の選挙の期日の公示又は告示の日から選挙の当日までの間における事務に限る。）

2　この法律の規定により地方公共団体が処理することとされている事務のうち、次に掲げるものは、地方自治

法第二条第九項第二号に規定する第二号法定受託事務とする。

一　都道府県の議会の議員又は長の選挙に関し、市町村が処理することとされている事務

二　市町村が第百四十七条の規定により処理することとされている事務（都道府県の議会の議員又は長の選挙における公職の候補者又は公職の候補者となろうとする者（公職にある者を含む。以下この項において「都道府県の選挙の公職の候補者等」という。）及び当該都道府県の選挙の公職の候補者等に係る後援団体の政治活動のために使用される文書図画に係る事務に限る。）並びに第二百一条の十一第十一項及び第二百一条の十四第二項の規定により処理することとされている事務（都道府県の議会の議員又は長の選挙の期日の告示の日から選挙の当日までの間における事務に限る。）

**附　則**

1　この法律は、昭和二十五年五月一日から施行する。

2　戸籍法（昭和二十二年法律第二百二十四号）の適用を受けない者の選挙権及び被選挙権は、当分の間、停止する。

3　前項の者は、選挙人名簿又は在外選挙人名簿に登録することができない。

4　海上の交通がとざされその他特別の事情がある地域で政令で指定するものにおいては、政令で定めるまでは、選挙は、行わない。

5　前項に掲げる地域において初めて行う選挙に関し必要な事項は、政令で定める。

6　政令で定める日前に住民基本台帳に記録されたことがある者であつて、同日以後いずれの市町村の住民基本台帳にも記録されたことがないものに対するこの法律の適用については、第三十条の五第一項中「最終住所の所在地の市町村の選挙管理委員会（その者が、いずれの市町村の住民基本台帳にも記録されたことがない者である場合には、申請の時におけるその者の本籍地の市町村の選挙管理委員会）」とあり、及び同条第三項中「当該申請をした者の最終住所の所在地の市町村の選挙管理委員会（当該申請をした者が、いずれの市町村の住民基本台帳にも記録されたことがない者である場合には、申請の時におけるその者の本籍地の市町村の選挙管理委員会）」とあるのは、「申請の時におけるその者の本籍地の市町村の選挙管理委員会」とする。

7　当分の間、北方領土問題等の解決の促進のための特別措置に関する法律（昭和五十七年法律第八十五号）第十一条第一項に規定する北方地域に本籍を有する者に対するこの法律の適用については、第十一条第三項中「市町村長は、その市町村に本籍を有する者で」とあるのは「北方領土問題等の解決の促進のための特別措置に関する法律（昭和五十七年法律第八十五号。以下「特別措置法」という。）第十一条第一項の規定により法務大

臣が指名した者は、同項に規定する北方地域に本籍を有する者で」と、第三十条の五第一項及び第三項中「申請の時におけるその者の本籍地の市町村」とあるのは「申請の時において特別措置法第十一条第一項の規定により法務大臣が指名した者が長である市又は町」と、第三十条の十三第一項中「市町村長は、その市町村に本籍を有する者で」とあるのは「特別措置法第十一条第一項の規定により法務大臣が指名した者は、同項に規定する北方地域に本籍を有する者で」と、前項の規定により読み替えて適用される第三十条の五第一項及び第三項中「申請の時におけるその者の本籍地の市町村」とあるのは「申請の時において特別措置法第十一条第一項の規定により法務大臣が指名した者が長である市又は町」とする。

**別表**　略

## ○政治資金規正法（昭和二三年七月二九日法律第一九四号）

**改正**　昭二四・五・三一法一六一、昭二五・四・一五法一〇一、昭二七・七・三一法二六二、八・一六法三〇七、昭三〇・一・二八法四、昭三五・六・三〇法一一三、昭三七・五・一〇法一一二、昭五〇・七・一五法六四、昭五五・一二・八法一〇七、昭五七・八・二四法八一、平四・一二・一六法九九、平五・一一・一二法八九、平六・二・四法四、三・一一法一二、七・一法八一、一一・二五法一〇六、平九・五・九法四三、平一〇・五・六法四七、平一一・七・一六法八七、法一〇四、一二・二〇法一五九、二二法一六〇、平一三・六・八法四〇、平一四・七・三一法九八、法一〇〇、平一五・七・一六法一一九、平一六・一二・一法一五〇、三法一五四、平一七・七・二六法八七、一〇・二一法一〇二、一一・二法一〇四、法一〇五、平一八・六・一四法六六、一二・二〇法一一三、平一九・六・一法七四、七・六法一〇七、一二・二八法一三五、平二六・五・三〇法四二、六・一三法六七、法六九、令元・五・三一法一六

**注**　令和四年六月一七日法律第六八号の改正は、令和四年六月一七日から起算して三年を超えない範囲内において政令で定める日から施行のため、改正を加えてありません。

政治資金規正法をここに公布する。

政治資金規正法目次



〈二段対照部分の略号〉
**法**……政治資金規正法（罰則）
**令**……政治資金規正法施行令
**規**……政治資金規正法施行規則

## ○政治資金規正法施行令〔抄〕（昭和五〇年九月二六日政令第二七七号）

**最終改正**　令四・三・三〇政一二八

## ○政治資金規正法施行規則〔抄〕（昭和五〇年九月二六日自治省令第一七号）

**最終改正**　令四・七・二五総務令四九

政治資金規正法

## 第一章　総則

（目的）

**第一条**　この法律は、議会制民主政治の下における政党その他の政治団体の機能の重要性及び公職の候補者の責務の重要性にかんがみ、政治団体及び公職の候補者により行われる政治活動が国民の不断の監視と批判の下に行われるようにするため、政治団体の届出、政治団体に係る政治資金の収支の公開並びに政治団体及び公職の候補者に係る政治資金の授受の規正その他の措置を講ずることにより、政治活動の公明と公正を確保し、もつて民主政治の健全な発達に寄与することを目的とする。

（基本理念）

**第二条**　この法律は、政治資金が民主政治の健全な発達を希求して拠出される国民の浄財であることにかんがみ、その収支の状況を明らかにすることを旨とし、これに対する判断は国民にゆだね、いやしくも政治資金の拠出に関する国民の自発的意思を抑制することのないように、適切に運用されなければならない。

２　政治団体は、その責任を自覚し、その政治資金の収受に当たつては、いやしくも国民の疑惑を招くことのないように、この法律に基づいて公明正大に行わなければならない。

（定義等）

**第三条**　この法律において「政治団体」とは、次に掲げる団体をいう。

一　政治上の主義若しくは施策を推進し、支持し、又はこれに反対することを本来の目的とする団体

二　特定の公職の候補者を推薦し、支持し、又はこれに反対することを本来の目的とする団体

三　前二号に掲げるもののほか、次に掲げる活動をその主たる活動として組織的かつ継続的に行う団体

イ　政治上の主義若しくは施策を推進し、支持し、又はこれに反対すること。

ロ　特定の公職の候補者を推薦し、支持し、又はこれに反対すること。

2　この法律において「政党」とは、政治団体のうち次の各号のいずれかに該当するものをいう。

一　当該政治団体に所属する衆議院議員又は参議院議員を五人以上有するもの

二　直近において行われた衆議院議員の総選挙における小選挙区選出議員の選挙若しくは比例代表選出議員の選挙又は直近において行われた参議院議員の通常選挙若しくは当該参議院議員の通常選挙の直近において行われた参議院議員の通常選挙における比例代表選出議員の選挙若しくは選挙区選出議員の選挙における当該政治団体の得票総数が当該選挙における有効投票の総数の百分の二以上であるもの

3　前項各号の規定は、他の政党（第六条第一項（同条第五項において準用する場合を含む。）の規定により政党である旨の届出をしたものに限る。）に所属している衆議院議員又は参議院議員が所属している政治団体については、適用しない。

4　この法律において「公職の候補者」とは、公職選挙法（昭和二十五年法律第百号）第八十六条の規定により候補者として届出があつた者、同法第八十六条の二若しくは第八十六条の三の規定による届出により候補者となつた者又は同法第八十六条の四の規定により候補者として届出があつた者（当該候補者となろうとする者及び同法第三条に規定する公職にある者を含む。）をいう。

5　第二項第一号に規定する衆議院議員又は参議院議員の数の算定、同項第二号に規定する政治団体の得票総数の算定その他同項の規定の適用について必要な事項は、政令で定める。

**第四条**　この法律において「収入」とは、金銭、物品その他の財産上の利益の収受で、第八条の三各号に掲げる方法による運用のために供与し、又は交付した金銭等（金銭その他政令で定める財産上の利益をいう。以下同じ。）の当該運用に係る当該金銭等に相当する金銭等の収受以外のものをいう。

2　この法律において「党費又は会費」とは、いかなる名称をもつてするを問わず、政治団体の党則、規約その他これらに相当するものに基づく金銭上の債務の履行として当該政治団体の構成員が負担するものをいう。

3　この法律において「寄附」とは、金銭、物品その他の財産上の利益の供与又は交付で、党費又は会費その他債務の履行としてされるもの以外のものをいう。

4　この法律において「政治活動に関する寄附」とは、政治団体に対してされる寄附又は公職の候補者の政治活動（選挙運動を含む。）に関してされる寄附をいう。

５　この法律において「支出」とは、金銭、物品その他の財産上の利益の供与又は交付で、第八条の三各号に掲げる方法による運用のためにする金銭等の供与又は交付以外のものをいう。

**第五条**　この法律の規定を適用するについては、次に掲げる団体は、政治団体とみなす。
一　政治上の主義又は施策を研究する目的を有する団体で、衆議院議員若しくは参議院議員が主宰するもの又はその主要な構成員が衆議院議員若しくは参議院議員であるもの
二　政治資金団体（政党のために資金上の援助をする目的を有する団体で、第六条の二第二項前段の規定による届出がされているものをいう。以下同じ。）

２　この法律の規定を適用するについては、法人その他の団体が負担する党費又は会費は、寄附とみなす。

## 第二章　政治団体の届出等

（**政治団体の届出等**）

**第六条**　政治団体は、その組織の日又は第三条第一項各号若しくは前条第一項各号の団体となつた日（同項第二号の団体にあつては次条第二項前段の規定による届出がされた日、第十九条の七第一項第二号に係る国会議員関係政治団体として新たに組織され又は新たに政治団体となつた団体にあつては第十九条の八第一項の規定による通知を受けた日）から七日以内に、郵便又は民間事業者による信書の送達に関する法律（平成十四年法律第九十九号）第二条第六項に規定する一般信書便事業者、同条第九項に規定する特定信書便事業者若しくは同法第三条第四号に規定する外国信書便事業者による同法第二条第二項に規定する信書便によることなく文書で、その旨、当該政治団体の目的、名称、主たる事務所の所在地及び主としてその活動を行う区域、当該政治団体の代表者、会計責任者及び会計責任者に事故があり又は会計責任者が欠けた場合にその職務を行うべき者それぞれ一人の氏名、住所、生年月日及び選任年月日、当該政治団体が政党又は政治資金団体であるときはその旨、当該政治団体が第十九条の七第一項第一号に係る国会議員関係政治団体であるときはその旨及びその代表者である公職の候補者に係る公職の種類、当該政治団体が同項第二号に係る国会議員関係政治団体であるときはその旨、同号の公職の候補者の氏名及び当該公職の候補者に係る公職の種類その他政令で定める事項を、次の各号の区分に応じ当該各号に掲げる都道府県の選挙管理委員会又は総務大臣に届け出なければならない。
一　都道府県の区域において主としてその活動を行う政治団体（政党及び政治資金団体を除く。次号において

同じ。）　主たる事務所の所在地の都道府県の選挙管理委員会

二　二以上の都道府県の区域にわたり、又は主たる事務所の所在地の都道府県の区域外の地域において、主として その活動を行う政治団体　主たる事務所の所在地の都道府県の選挙管理委員会を経て総務大臣

三　政党及び政治資金団体　主たる事務所の所在地の都道府県の選挙管理委員会を経て総務大臣

2　政治団体は、前項の規定による届出をする場合には、綱領、党則、規約その他の政令で定める文書（第七条第一項において「綱領等」という。）を提出しなければならない。

3　第一項の規定による届出をする場合には、当該届出に係る政治団体の名称は、第七条の二第一項の規定により公表された政党又は政治資金団体の名称及びこれらに類似する名称以外の名称でなければならない。

4　第一項の文書の様式は、総務省令で定める。

5　第一項及び第二項の規定は、政党以外の政治団体が第三条第二項の規定に該当することにより政党となつた場合について準用する。

**第六条の二**　政党は、それぞれ一の団体を当該政党の政治資金団体になるべき団体として指定することができる。

2　政党は、前項の指定をしたときは、直ちにその旨を総務大臣に届け出なければならない。その指定を取り消したときも、同様とする。

**第六条の三**　政治団体は、その主たる事務所の所在地又は主として活動を行う区域の異動により、第六条第一項各号の区分に応じ、同項の規定による届出を受けるべき都道府県の選挙管理委員会又は総務大臣に異動が生じたときは、その異動の日から七日以内に、当該異動が生じたことにより同項の規定による届出を受けるべき都道府県の選挙管理委員会又は総務大臣に対し、同項及び同条第二項の規定の例により届け出なければならない。

**第七条**　政治団体は、第六条第一項（同条第五項において準用する場合及び前条の規定によりその例によることとされる場合を含む。次条及び第七条の三において同じ。）の規定により届け出た事項に異動があつたときは、第六条第五項に規定する場合に該当する場合を除き、その異動の日（第十九条の七第一項第二号に係る国会議員関係政治団体に該当したとき又は当該国会議員関係政治団体に該当しなくなつたときにあつては、第十九条の八第一項又は第二項の規定による通知を受けた日）から七日以内に、その異動に係る事項を第六条第一項の規定の例により届け出なければならない。同条第二項（同条第五項において準用する場合及び前条の規定によりその例によることとされる場合を含む。）の規定により政治団体が提出した綱領等の内容に異動があつたときも、同様とする。

2　第六条第三項の規定は、政治団体が前項前段の規定による届出をする場合について準用する。

（政治団体の名称等の公表）

**第七条の二**　第六条第一項の規定による届出があつたときは、当該届出を受けた都道府県の選挙管理委員会又は総務大臣は、その届出に係る政治団体の名称、その代表者及び会計責任者の氏名、当該政治団体の主たる事務所の所在地、当該政治団体が政党又は政治資金団体であるときはその旨、当該政治団体が第十九条の七第一項第一号に係る国会議員関係政治団体であるときはその旨及びその代表者である公職の候補者に係る公職の種類並びに当該政治団体が同項第二号に係る国会議員関係政治団体であるときはその旨、同号の公職の候補者の氏名及び当該公職の候補者に係る公職の種類を、遅滞なく、都道府県の公報又は官報への掲載、インターネットの利用その他の適切な方法により公表しなければならない。これらの事項につき前条第一項前段の規定による届出があつたときも、同様とする。

２　都道府県の選挙管理委員会は、前項の規定による公表を都道府県の公報への掲載により行つたときは、直ちに当該公報の写しを総務大臣に送付しなければならない。

３　政党が第三条第二項の規定に該当しなくなつたことにより政党でなくなつたとき又は政治資金団体につき第六条の二第二項後段の規定による届出があつたときは、総務大臣は、遅滞なく、その旨を官報への掲載、インターネットの利用その他の適切な方法により公表しなければならない。

（届出台帳の調製等）

**第七条の三**　第六条第一項の規定による届出を受けた都道府県の選挙管理委員会又は総務大臣は、その届出に係る政治団体の台帳を調製し、これを保管しなければならない。

２　前項の台帳の記載事項その他その調製及び保管に関し必要な事

項は、総務省令で定める。

**（届出前の寄附又は支出の禁止）**

**第八条**　政治団体は、第六条第一項の規定による届出がされた後でなければ、政治活動（選挙運動を含む。）のために、いかなる名義をもつてするを問わず、寄附を受け、又は支出をすることができない。

**（政治資金パーティーの開催）**

【罰則】二三条

**第八条の二**　政治資金パーティー（対価を徴収して行われる催物で、当該催物の対価に係る収入の金額から当該催物に要する経費の金額を差し引いた残額を当該催物を開催した者又はその者以外の者の政治活動（選挙運動を含む。これらの者が政治団体である場合には、その活動）に関し支出することとされているものをいう。以下同じ。）は、政治団体によつて開催されるようにしなければならない。

**（政治団体及び公職の候補者の政治資金の運用）**

**第八条の三**　政治団体はその有する金銭等を、公職の候補者はその者が政党から受けた政治活動に関する寄附その他の政治資金に係る金銭等を、次に掲げる方法以外の方法により運用してはならない。

一　銀行その他の金融機関への預金又は貯金

二　国債証券、地方債証券、政府保証債券（その元本の償還及び利息の支払について政府が保証する債券をいう。）又は銀行、農林中央金庫、株式会社商工組合中央金庫若しくは全国を地区とする信用金庫連合会の発行する債券（次条第一項第三号ロにおいて「国債証券等」という。）の取得

三　金融機関の信託業務の兼営等に関する法律（昭和十八年法律

---

**法〔罰則〕**

**第二三条**　政治団体が第八条の規定に違反して寄附を受け又は支出をしたときは、当該政治団体の役職員又は構成員として当該違反行為をした者は、五年以下の禁錮又は百万円以下の罰金に処する。

【関係罰則】二七条一項（併科）、二八条（公民権停止）、二八条の二（没収）、二八条の三（両罰）

第四十三号）第一条第一項の認可を受けた金融機関への金銭信託で元本補てんの契約のあるもの

（会計帳簿の備付け及び記載）

**第九条**　政治団体の会計責任者（会計責任者に事故があり、又は会計責任者が欠けた場合にあつては、その職務を行うべき者。第十五条を除き、以下同じ。）（会計帳簿の記載に係る部分に限り、会計責任者の職務を補佐する者を含む。）は、会計帳簿を備え、これに当該政治団体に係る次に掲げる事項を記載しなければならない。

一　すべての収入及びこれに関する次に掲げる事項

イ　個人が負担する党費又は会費については、その件数、金額及び納入年月日

ロ　寄附（第二十二条の六第二項に規定する寄附を除く。以下ロ及び第十二条第一項第一号ロにおいて同じ。）については、その寄附をした者の氏名、住所及び職業（寄附をした者が団体である場合には、その名称、主たる事務所の所在地及び代表者の氏名。次条第一項及び第二項並びに第十二条第一項第一号ロにおいて同じ。）、当該寄附の金額（金銭以外の財産上の利益については、時価に見積もつた金額。以下同条までにおいて同じ。）及び年月日並びに当該寄附をした者が第二十二条の五第一項本文に規定する者であつて同項ただし書に規定するものであるときはその旨

ハ　寄附のうち次条第二項の寄附のあつせんをされたものについては、その寄附のあつせんをした者の氏名、住所及び職業（寄附のあつせんをした者が団体である場合には、その名称、主たる事務所の所在地及び代表者の氏名。同項及び第十二条第一項第一号ハにおいて同じ。）並びに当該寄附のあつせんに係る寄附の金額、これを集めた期間及びこれが当該政治団

---

**法**（罰則）

**第二四条**　次の各号の一に該当する者（会社、政治団体その他の団体（以下この章において「団体」という。）にあつては、その役職員又は構成員として当該違反行為をした者）は、三年以下の禁錮又は五十万円以下の罰金に処する。

一　第九条の規定に違反して会計帳簿を備えず、又は同条、第十八条第三項若しくは第十九条の四の規定に違反して第九条第一項の会計帳簿に記載すべき事項の記載をせず、若しくはこれに虚偽の記入をした者

二〜七　略

【関係罰則】　二七条（併科・重大な過失）、二八条（公民権停止）

体に提供された年月日

ニ　第二十二条の六第二項に規定する寄附については、同一の日に同一の場所で受けた寄附ごとに、その金額の合計額並びに当該年月日及び場所

ホ　機関紙誌の発行その他の事業による収入については、その事業の種類並びに当該種類ごとの金額及び収入年月日

ヘ　機関紙誌の発行その他の事業による収入のうち政治資金パーティーの対価に係る収入については、政治資金パーティーごとに、その名称、開催年月日、開催場所及び対価に係る収入の金額並びに対価の支払をした者の氏名、住所及び職業（対価の支払をした者が団体である場合には、その名称、主たる事務所の所在地及び代表者の氏名。次条第三項及び第十二条第一項第一号トにおいて同じ。）並びに当該対価の支払に係る収入の金額及び年月日

ト　政治資金パーティーの対価に係る収入のうち次条第三項の対価の支払のあつせんをされたものについては、政治資金パーティーごとに、当該対価の支払のあつせんをした者の氏名、住所及び職業（対価の支払のあつせんをした者が団体である場合には、その名称、主たる事務所の所在地及び代表者の氏名。同項及び第十二条第一項第一号チにおいて同じ。）並びに当該対価の支払のあつせんに係る収入の金額、これを集めた期間及びこれが当該政治団体に提供された年月日

チ　借入金については、その借入先、当該借入先ごとの金額及び借入年月日

リ　その他の収入については、その基因となつた事実並びにその金額及び年月日

二　すべての支出（当該政治団体のためにその代表者又は会計責

任者と意思を通じてされた支出を含む。以下この条、第十二条、第十七条、第十九条の十一、第十九条の十三及び第十九条の十六において同じ。）並びに支出を受けた者の氏名及び住所（支出を受けた者が団体である場合には、その名称及び主たる事務所の所在地。次条第一項及び第十二条第一項第二号において同じ。）並びにその支出の目的、金額及び年月日

三　金銭等の運用に関する次に掲げる事項

イ　預金（普通預金及び当座預金を除く。以下この号及び第十二条第一項第三号ホにおいて同じ。）又は貯金（普通貯金を除く。以下この号及び第十二条第一項第三号ホにおいて同じ。）については、これを預け入れたときは当該預金又は貯金の種類、預け入れた金融機関の名称及び所在地並びに預入れの金額及び年月日、これの払戻しを受けたときは当該預金又は貯金の種類、払戻しを受けた金融機関の名称及び所在地並びに払戻しの金額及び年月日

ロ　国債証券等については、これを取得したときは当該国債証券等の種類及び銘柄、取得先の氏名又は名称及び住所又は所在地並びに取得の価額及び年月日、これを譲渡し、又はこれの償還を受けたときは当該国債証券等の種類及び銘柄、譲渡先の氏名又は名称及び住所又は所在地並びに譲渡の価額及び年月日又は償還を受けた価額及び年月日

ハ　金銭信託については、これを信託したときは当該金銭信託の受託者の名称及び所在地、信託した金銭の額並びに信託の設定年月日及び期間、当該金銭信託が終了したときは受託者の名称及び所在地、委託者に帰属した金銭の額並びに信託の終了年月日

２　前項の会計帳簿の種類、様式及び記載要領は、総務省令で定め

る。

【罰則】　二四条一号

（会計責任者に対する明細書の提出）

**第一〇条**　政治団体の代表者若しくは会計責任者と意思を通じて当該政治団体のために寄附を受け、又は支出をした者は、寄附を受け又は支出をした日から七日以内に、寄附をした者の氏名、住所及び職業並びに当該寄附の金額及び年月日又は支出を受けた者の氏名及び住所並びに当該支出の目的、金額及び年月日を記載した明細書を会計責任者に提出しなければならない。ただし、会計責任者の請求があるときは、直ちにこれを提出しなければならない。

2　政治団体のために寄附のあつせん（特定の政治団体又は公職の候補者のために政治活動に関する寄附を集めて、これを当該政治団体又は公職の候補者に提供することをいう。以下同じ。）をした者は、その寄附のあつせんを終えた日から七日以内に、当該寄附をした者及び当該寄附のあつせんをした者の氏名、住所及び職業、当該寄附の金額及び年月日並びに当該寄附のあつせんに係る金額及びこれを集めた期間を記載した明細書を会計責任者に提出しなければならない。

3　政治団体のために政治資金パーティーの対価の支払のあつせん（特定の政治団体のために政治資金パーティーの対価として支払われる金銭等を集めて、これを当該政治団体に提供することをいう。以下同じ。）をした者は、その対価の支払のあつせんを終えた日から七日以内に、当該対価の支払をした者及び当該対価の支払のあつせんをした者の氏名、住所及び職業、当該支払われた対価の金額及び年月日並びに当該対価の支払のあつせんに係る金額及びこれを集めた期間を記載した明細書を会計責任者に提出しなければならない。

---

**法**（罰則）

**第二四条**　次の各号の一に該当する者（会社、政治団体その他の団体（以下この章において「団体」という。）にあつては、その役職員又は構成員として当該違反行為をした者）は、三年以下の禁錮又は五十万円以下の罰金に処する。

一　略

二　第十条の規定に違反して明細書の提出をせず、又はこれに記載すべき事項の記載をせず、若しくはこれに虚偽の記入をした者

三～七　略

【関係罰則】　二七条（併科・重大な過失）、二八条（公民権停止）

【罰則】　二四条二号

（会計責任者等が支出をする場合の手続）

**第一一条**　政治団体の会計責任者又は政治団体の代表者若しくは会計責任者と意思を通じて当該政治団体のために支出をした者は、一件五万円以上のすべての支出について、当該支出の目的、金額及び年月日を記載した領収書その他の支出を証すべき書面（以下「領収書等」という。）を徴さなければならない。ただし、これを徴し難い事情があるときは、この限りでない。

2　政治団体の代表者又は会計責任者と意思を通じて当該政治団体のために一件五万円以上の支出をした者は、領収書等（振込みの方法により支出したときにあつては、金融機関が作成した振込みの明細書であつて当該支出の金額及び年月日を記載したもの（以下「振込明細書」という。））を直ちに会計責任者に送付しなければならない。

【罰則】　二四条三号

（報告書の提出）

**第一二条**　政治団体の会計責任者（報告書の記載に係る部分に限り、会計責任者の職務を補佐する者を含む。）は、毎年十二月三十一日現在で、当該政治団体に係るその年における収入、支出その他の事項で次に掲げるもの（これらの事項がないときは、その旨）を記載した報告書を、その日の翌日から三月以内（その間に衆議院議員の総選挙又は参議院議員の通常選挙の公示の日から選挙の期日までの期間がかかる場合（第二十条第一項において「報告書の提出期限が延長される場合」という。）には、四月以内）に、第六条第一項各号の区分に応じ当該各号に掲げる都道府県の選挙管理委員会又は総務大臣に提出しなければならない。

一　すべての収入について、その総額及び総務省令で定める項目

---

**法**（罰則）

**第二四条**　次の各号の一に該当する者（会社、政治団体その他の団体（以下この章において「団体」という。）にあつては、その役職員又は構成員として当該違反行為をした者）は、三年以下の禁錮又は五十万円以下の罰金に処する。

一・二　略

三　第十一条の規定に違反して領収書等を徴せず、若しくはこれを送付せず、又はこれに虚偽の記入をした者

四〜七　略

【関係罰則】　二七条（併科・重大な過失）、二八条（公民権停止）

**法**（罰則）

**第二五条**　次の各号の一に該当する者は、五年以下の禁錮又は百万円以下の罰金に処する。

一　第十二条又は第十七条の規定に違反して報告書又はこれに併せて提出すべき書面の提出をしなかつた者

一の二　略

二　第十二条、第十七条、第十八条第四項又は第十九条の五の規定に違反して第十二条第一項若しくは第十七条第一項の報告書又はこれに併せて提出すべき書面に記載すべき事項の記載をしなかつた者

三　第十二条第一項若しくは第十七条第一項の報告書又はこれに併せて提出すべき書面に虚偽の記入をした者

別の金額並びに次に掲げる事項
イ　個人が負担する党費又は会費については、その金額及びこれを納入した者の数
ロ　同一の者からの寄附で、その金額の合計額が年間五万円を超えるものについては、その寄附をした者の氏名、住所及び職業、当該寄附の金額及び年月日並びに当該寄附をした者が第二十二条の五第一項本文に規定する者であつて同項ただし書に規定するものであるときはその旨
ハ　同一の者によつて寄附のあつせんをされた寄附で、その金額の合計額が年間五万円を超えるものについては、その寄附のあつせんをした者の氏名、住所及び職業並びに当該寄附のあつせんに係る寄附の金額、これを集めた期間及びこれが当該政治団体に提供された年月日
ニ　第二十二条の六第二項に規定する寄附については、同一の日に同一の場所で受けた寄附ごとに、その金額の合計額並びに当該年月日及び場所
ホ　機関紙誌の発行その他の事業による収入については、その事業の種類及び当該種類ごとの金額
ヘ　機関紙誌の発行その他の事業による収入のうち、特定パーティー（政治資金パーティーのうち、当該政治資金パーティーの対価に係る収入の金額が千万円以上であるものをいう。以下この条及び第十八条の二において同じ。）又は特定パーティーになると見込まれる政治資金パーティーの対価に係る収入がある場合においては、これらのパーティーごとに、その名称、開催年月日、開催場所及び対価に係る収入の金額並びに対価の支払をした者の数
ト　一の政治資金パーティーの対価に係る収入（報告書に記載

2　前項の場合（第十七条の規定に係る違反の場合を除く。）において、政治団体の代表者が当該政治団体の会計責任者の選任及び監督について相当の注意を怠つたときは、五十万円以下の罰金に処する。

【関係罰則】　二七条（併科・重大な過失）、二八条（公民権停止）

**規（収入及び支出の項目等）**
**第七条**　法第十二条第一項第一号に規定する総務省令で定める項目は、個人が負担する党費又は会費、寄附（法第五条第二項の規定により寄附とみなされるものを含む。以下同じ。）による収入、機関紙誌の発行その他の事業による収入、借入金、本部又は支部から供与された交付金に係る収入及びその他の収入とする。
2　法第十二条第一項第二号及び第十八条第四項第二号に規定する総務省令で定める項目は、人件費、光熱水費、備品・消耗品費、事務所費、組織活動費、選挙関係費、機関紙誌の発行その他の事業費、調査研究費、寄附・交付金及びその他の経費とする。

すべき収入があつた年の前年以前における収入を含む。）のうち、同一の者からの政治資金パーティーの対価の支払で、その金額の合計額が二十万円を超えるものについては、その年における対価の支払について、当該対価の支払をした者の氏名、住所及び職業並びに当該対価の支払に係る収入の金額及び年月日

チ　一の政治資金パーティーの対価に係る収入（報告書に記載すべき収入があつた年の前年以前における収入を含む。）のうち、同一の者によつて対価の支払のあつせんをされたもので、その金額の合計額が二十万円を超えるものについては、その年における対価の支払のあつせんについて、当該対価の支払のあつせんをした者の氏名、住所及び職業並びに当該対価の支払のあつせんに係る収入の金額、これを集めた期間及びこれが当該政治団体に提供された年月日

リ　借入金については、借入先及び当該借入先ごとの金額

ヌ　その他の収入（寄附並びにイ、ホ及びリの収入以外の収入で一件当たりの金額（数回にわたつてされたときは、その合計金額）が十万円以上のものに限る。）については、その基因となつた事実並びにその金額及び年月日

二　すべての支出について、その総額及び総務省令で定める項目別の金額並びに人件費、光熱水費その他の総務省令で定める経費以外の経費の支出（一件当たりの金額（数回にわたつてされたときは、その合計金額）が五万円以上のものに限る。）については、その支出を受けた者の氏名及び住所並びに当該支出の目的、金額及び年月日

三　十二月三十一日において有する資産等（次に掲げる資産及び借入金をいう。以下この号及び第十七条第一項において同じ。）

---

3　法第十二条第一項第二号に規定する総務省令で定める経費は、人件費、光熱水費、備品・消耗品費及び事務所費とする。

について、当該資産等の区分に応じ、次に掲げる事項
イ　土地　所在及び面積並びに取得の価額及び年月日
ロ　建物　所在及び床面積並びに取得の価額及び年月日
ハ　建物の所有を目的とする地上権又は土地の賃借権　当該権利に係る土地の所在及び面積並びに当該権利の取得の価額及び年月日
ニ　取得の価額が百万円を超える動産　品目及び数量並びに取得の価額及び年月日
ホ　預金又は貯金　預金又は貯金の残高
ヘ　金銭信託　信託している金銭の額及び信託の設定年月日
ト　金融商品取引法（昭和二十三年法律第二十五号）第二条第一項及び第二項に規定する有価証券（金銭信託の受益証券及び受益権を除く。）種類、銘柄及び数量並びに取得の価額及び年月日
チ　出資による権利　出資先並びに当該出資先ごとの金額及び年月日
リ　貸付先ごとの残高が百万円を超える貸付金　貸付先及び貸付残高
ヌ　支払われた金額が百万円を超える敷金　支払先並びに当該支払われた敷金の金額及び年月日
ル　取得の価額が百万円を超える施設の利用に関する権利　種類及び対象となる施設の名称並びに取得の価額及び年月日
ヲ　借入先ごとの残高が百万円を超える借入金　借入先及び借入残高

2　政治団体の会計責任者は、前項の報告書を提出するときは、同項第二号に規定する経費の支出について、総務省令で定めるところにより、領収書等の写し（当該領収書等を複写機により複写し

たものに限る。以下同じ。）（領収書等を徴し難い事情があつたときは、その旨並びに当該支出の目的、金額及び年月日を記載した書面（第十九条の十一第一項において「領収書等を徴し難かつた支出の明細書」という。）又は当該支出の目的を記載した書面及び振込明細書の写し（当該振込明細書を複写機により複写したものに限る。）。以下同じ。）を併せて提出しなければならない。

3　政治団体の会計責任者（会計責任者の職務を補佐する者を含む。第十九条の四及び第十九条の五において同じ。）は、第一項第一号へからチまでの特定パーティー又は政治資金パーティーの対価に係る収入のうち、同項の規定により報告書に記載すべき収入があつた年の前年以前において収受されたものがある場合において、当該特定パーティー又は政治資金パーティーに係る事項について同項の規定により報告書を提出するときは、当該報告書に記載すべき収入があつた年の前年以前において収受されたものについて同号へからチまでに掲げる事項を併せて記載しなければならない。

4　第一項の報告書の様式及び記載要領は、総務省令で定める。

【罰則】一項＝二五条一項一・二・三号・二項、二項以下＝二五条一・二号・二項

**第一三条**　前条第一項の規定は、政治団体の会計責任者が同項の規定により報告すべき寄附以外の寄附について、同項の規定による報告書に同項の規定により報告すべき寄附に準じて記載することを妨げるものではない。政治資金パーティーの対価に係る収入についても、同様とする。

**（監査意見書の添付）**

**第一四条**　政党又は政治資金団体の会計責任者は、第十二条第一項の規定による報告書を提出するときは、あらかじめ、当該政党又

は政治資金団体の党則、規約その他これらに相当するものに基づいて設けられた会計監査を行うべき者に対し、当該報告書に係る会計帳簿、明細書（第十条に規定する明細書をいう。以下同じ。）及び領収書等についての監査意見を求め、当該監査意見を記載した書面を当該報告書に添付するものとする。

2　前項の書面の様式は、総務省令で定める。

**（会計責任者の事務の引継ぎ）**

**第一五条**　政治団体の会計責任者の更迭があつた場合においては、前任者は、退職の日から十五日以内に、その担任する事務を後任者に引き継がなければならない。

2　前項の場合において、前任者が引継ぎをし、又は後任者が引継ぎを受けることができないときは、会計責任者の職務を行う者において引継ぎをし、又は引継ぎを受けなければならない。会計責任者の職務を行う者が事務の引継ぎを受けた後後任者に引継ぎをすることができるようになつたときは、直ちにこれに引継ぎをしなければならない。

3　前二項の規定により引継ぎをする場合においては、引継ぎをする者において引継書を作成し、引継ぎの旨及び引継ぎの年月日を記載し、引継ぎをする者及び引継ぎを受ける者においてともに署名捺印し、現金及び帳簿その他の書類とともに引継ぎをしなければならない。

【罰則】　二四条六号

**（会計帳簿等の保存）**

**第一六条**　政治団体の会計責任者（政治団体が次条第一項の規定に該当する場合にあつては、当該政治団体の会計責任者であつた者。次項において同じ。）は、会計帳簿、明細書、領収書等及び振込明細書を、第二十条第一項の規定によりこれらに係る報告書の要

---

**法〔罰則〕**

**第二四条**　次の各号の一に該当する者（会社、政治団体その他の団体（以下この章において「団体」という。）にあつては、その役職員又は構成員として当該違反行為をした者）は、三年以下の禁錮又は五十万円以下の罰金に処する。

一〜三　略

四　第十六条第一項（第十九条の十一第二項の規定により読み替えて適用する場合を含む。）の規定に違反して会計帳簿、明細書、領収書等、領収書等を徴し難かつた支出の明細書等又は振込明細書を保存しない者

五　第十六条第一項（第十九条の十一第二項の規定により読み替えて適用する場合を含む。）の規定により保存すべき会計帳簿、明細書、領収書等、領収書等を徴し難かつた支出の明細書等又は振込明細書に虚偽の記入をした者

六　第十五条の規定による引継ぎをしない者

七　略

【関係罰則】　二七条（併科・重大な過失）、二八条（公民権停止）

旨が公表された日から三年を経過する日まで保存しなければならない。

2　政治団体の会計責任者は、第二十二条の五第二項の規定による通知を受けたときは、当該通知に係る文書を、第二十条第一項の規定により当該通知に係る同項に規定する報告書の要旨が公表された日から三年を経過する日まで保存しなければならない。

【罰則】一項＝二四条四・五号

（解散の届出等）

**第一七条**　政治団体が解散し、又は目的の変更その他により政治団体でなくなつたときは、その代表者及び会計責任者であつた者は、その日から三十日以内に、その旨及び年月日を、第六条第一項各号の区分に応じ当該各号に掲げる都道府県の選挙管理委員会又は総務大臣に文書で届け出るとともに、第十二条第一項の規定の例により、その日現在で、収入及び支出並びに資産等に関する事項を記載した報告書を提出しなければならない。

2　政治団体が第十二条第一項の規定による報告書をその提出期限までに提出しない場合において、当該政治団体が当該提出期限までに当該提出期限の属する年の前年において同項の規定により提出すべき報告書をも提出していないものであるときは、第八条の規定の適用については、当該政治団体は、当該提出期限を経過した日以後は、第六条第一項の規定による届出をしていないものとみなす。

3　政治団体が第一項の規定により届出をしたとき、又は前項の規定に該当することとなつたときは、第六条第一項各号の区分に従い、当該都道府県の選挙管理委員会又は総務大臣は、遅滞なく、その旨を都道府県の公報又は官報への掲載、インターネットの利用その他の適切な方法により公表しなければならない。

---

法（罰則）

**第二五条**　次の各号の一に該当する者は、五年以下の禁錮又は百万円以下の罰金に処する。

一　第十二条又は第十七条の規定に違反して報告書又はこれに併せて提出すべき書面の提出をしなかつた者

一の二　略

二　第十二条、第十七条、第十八条第四項又は第十九条の五の規定に違反して第十二条第一項若しくは第十七条第一項の報告書又はこれに併せて提出すべき書面に記載すべき事項の記載をしなかつた者

三　第十二条第一項若しくは第十七条第一項の報告書又はこれに併せて提出すべき書面に虚偽の記入をした者

2　略

【関係罰則】二七条（併科・重大な過失）、二八条（公民権停止）

4　第十二条第二項から第四項まで、第十三条及び第十四条の規定は第一項の報告書について、第七条の二第二項の規定は前項の規定により都道府県の選挙管理委員会が公表を都道府県の公報への掲載により行つたときについて、それぞれ準用する。

【罰則】　一項＝二五条一項一・二・三号、二項以下＝二五条一項一・二号

（政治団体の支部）

**第一八条**　政治団体（政治資金団体を除く。）が支部を有する場合には、当該政治団体の本部及び支部は、それぞれ一の政治団体とみなしてこの章の規定（これに係る罰則を含む。）を適用する。この場合において、第六条第五項、第六条の二、第七条の二第三項、第十四条（前条第四項において準用する場合を含む。）及び次条の規定は、当該政治団体の支部については適用がないものとし、第九条第一項第一号リ中「その他の収入」とあるのは「その他の収入（寄附並びにイ、ホ及びチの収入並びに第十八条第三項に規定する交付金以外の収入をいう。）」と、第十二条第一項第一号ヌ中「リの収入」とあるのは「リの収入並びに第十八条第四項に規定する交付金」とし、その他のこの章の規定の当該政治団体の本部及び支部についての適用に関し必要な技術的読替えその他必要な事項は、政令で定める。

2　前項の場合において、政治団体の支部が第十九条の七第二項に規定する政党の支部であるときは、当該政治団体の支部は、第六条及び第六条の三から第七条の二までの規定の適用については、それぞれ一の第十九条の七第一項第一号に係る国会議員関係政治団体とみなす。

3　第一項の場合において、政治団体の会計責任者は、第九条第一項の規定による会計帳簿の記載をするときは、当該政治団体の本

法〔罰則〕

**第二四条**　次の各号の一に該当する者（会社、政治団体その他の団

部又は支部から供与された交付金に係る収入について、その本部又は支部の名称及び主たる事務所の所在地並びに当該交付金の金額及び年月日を併せて記載しなければならない。

4　第一項の場合において、政治団体の会計責任者は、第十二条第一項又は前条第一項の規定による報告書の記載をするときは、当該政治団体の本部若しくは支部から供与された交付金に係る収入又は当該政治団体の本部若しくは支部に対して供与した交付金に係る支出について、その総額及び次に掲げる事項を併せて記載しなければならない。

一　当該政治団体の本部又は支部から供与された交付金に係る収入については、その本部又は支部の名称及び主たる事務所の所在地並びに当該交付金の金額及び年月日

二　当該政治団体の本部又は支部に対して供与した交付金に係る支出については、その本部又は支部の名称及び主たる事務所の所在地、総務省令で定める項目の別並びに当該交付金の金額及び年月日

5　第一項の場合において、政治団体の本部は、当該政治団体の支部が解散したときは、当該支部の代表者及び会計責任者であつた者に代わつて、前条第一項の規定による届出をすることができる。この場合においては、当該政治団体の本部は、当該支部の代表者及び会計責任者であつた者に対し、当該届出をした旨を通知しな

体（以下この章において「団体」という。）にあつては、その役職員又は構成員として当該違反行為をした者）は、三年以下の禁錮又は五十万円以下の罰金に処する。

一　第九条の規定に違反して会計帳簿を備えず、又は同条、第十八条第三項若しくは第十九条の四の規定に違反して第九条第一項の会計帳簿に記載すべき事項の記載をせず、若しくはこれに虚偽の記入をした者

二～七　略

【関係罰則】　二七条（併科・重大な過失）、二八条（公民権停止）

**法**（罰則）

**第二五条**　次の各号の一に該当する者は、五年以下の禁錮又は百万円以下の罰金に処する。

一・一の二　略

二　第十二条、第十七条、第十八条第四項又は第十九条の五の規定に違反して第十二条第一項若しくは第十七条第一項の報告書又はこれに併せて提出すべき書面に記載すべき事項の記載をしなかつた者

三　略

2　前項の場合（第十七条の規定に係る違反の場合を除く。）において、政治団体の代表者が当該政治団体の会計責任者の選任及び監督について相当の注意を怠つたときは、五十万円以下の罰金に処する。

【関係罰則】　二七条（併科・重大な過失）、二八条（公民権停止）

ければならない。

【罰則】　三項＝二四条一号、四項＝二五条一項二号・二項

（政治団体以外の者が特定パーティーを開催する場合の特例）

**第一八条の二**　政治団体以外の者が特定パーティーになると見込まれる政治資金パーティーを開催する場合には、当該政治団体以外の者は、当該政治資金パーティーについては、当該政治資金パーティーを開催しようとする時から政治団体とみなして、この章（第六条第五項、第六条の二、第七条の二、第十二条第一項第三号及び第三項、第十四条、第十六条第二項、第十七条第三項並びに前条の規定を除く。）の規定（これに係る罰則を含む。）を適用する。政治団体以外の者が開催する政治資金パーティーが特定パーティーになつたときも、同様とする。

２　前項の場合において、第六条第一項中「その組織の日又は第三条第一項各号若しくは前条第一項各号の団体となつた日（同項第二号の団体にあつては次条第二項前段の規定による届出がされた日、第十九条の七第一項第二号に係る国会議員関係政治団体として新たに組織され又は新たに政治団体となつた団体にあつては第十九条の八第一項の規定による通知を受けた日）」とあるのは「第十八条の二第一項の規定により政治団体以外の者が政治団体とみなされることとなつた日」と、「主としてその活動を行う区域」とあるのは「開催する政治資金パーティーの開催場所」と、同項第一号及び第二号中「主としてその活動を行う」とあるのは「政治資金パーティーを開催する」と、同条第二項中「綱領、党則、規約」とあるのは「当該政治資金パーティーの名称、開催年月日及び開催場所並びに当該政治資金パーティーの対価に係る収入の予定金額及び当該対価に係る収入の金額から当該政治資金パーティーに要する経費の金額を差し引いた残額を支出することとさ

れている者の氏名（その者が団体である場合には、その名称）を記載した文書」と、「綱領等」とあるのは「開催計画書等」と、同条第四項中「第一項」とあるのは「第一項及び第二項」と、第六条の三中「主として活動を行う区域」とあるのは「政治資金パーティーの開催場所」と、第七条第一項中「綱領等」とあるのは「開催計画書等」と、第八条中「政治活動（選挙運動を含む。）」とあるのは「政治資金パーティーに係る対価の支払」と、「寄附」とあるのは「当該政治資金パーティーに係る対価の開催」と、第八条の三中「その有する」とあるのは「政治資金パーティーの開催に関してされた収入に係る金銭等の全部又は一部に相当する」と、第九条第一項中「政治団体に係る」とあるのは「政治団体の開催する政治資金パーティーに係る」と、第十二条第一項中「の会計責任者」とあるのは「の代表者及び会計責任者」と、「毎年十二月三十一日現在で、当該政治団体に係るその年における収入、支出その他の事項で次に掲げるもの」とあるのは「当該政治団体の開催した政治資金パーティーに係る次に掲げる事項」と、「その日の翌日から三月以内（その間に衆議院議員の総選挙又は参議院議員の通常選挙の公示の日から選挙の期日までの期間がかかる場合（第二十条第一項において「報告書の提出期限が延長される場合」という。）には、四月以内）」とあるのは「当該政治資金パーティーの終了した日から三月以内」と、同項第一号中「すべての収入」とあるのは「すべての収入（予定される収入を含む。以下この号において同じ。）」と、同号ロ及びハ中「年間五万円」とあるのは「五万円」と、同号ト及びチ中「その年における対価」とあるのは「当該対価」と、同項第二号中「すべての支出」とあるのは「すべての支出（予定される支出を含む。以下この号において同じ。）」と、同条第二項中「支出について」とあるのは「支出（予定される支出を除く。）について」と、第十六条第一項中「次条第一項」とあるのは「第十八条の二第四項」と、第十七条第一項中「政治団体が解散し、又は目的の変更その他により政治団体でなくなつたとき」とあるのは「第十八条の二第一項の規定により政治団体とみなされる政治団体以外の者が第六条第一項の規定により届け出た政治資金パーティーの開催を中止したとき」と、「会計責任者であつた者」とあるのは「会計責任者（報告書の記載に係る部分に限り、会計責任者の職務を補佐する者を含む。）」と、同条第二項中「第十二条第一項」とあるのは「第十二条第一項又は前項」と、「提出しない場合において、当該政治団体が当該提出期限までに当該提出期限の属する年の前年において同項の規定により提出すべき報告書をも提出していないものであるとき」とあるのは「提出しないとき」と、第二十三条中「寄附」とあるのは「対価の支払」とし、その他この章の規定の当該政治団体以外の者についての適用に関し必要な技術的読替えその他必要な事項は、政令で定める。

3　第一項後段の規定により政治団体とみなされる政治団体以外の者は、前項の規定により読み替えて適用される第六条第一項に定める期間内に同項の規定による届出をするまでの間、同条の規定による届出をしたものとみなす。

4　第一項の規定により政治団体とみなされる政治団体以外の者について、第二項の規定により読み替えて適用される第十二条第一項の規定による報告書が提出されたとき又は第二項の規定により読み替えて適用される第六条第一項の規定により届け出た政治資金パーティーの開催が中止された場合において第二項の規定により読み替えて適用される第十七条第一項の規定による報告書が提出されたときは、当該政治団体とみなされる政治団体以外の者は、政治団体でなくなつたものとみなす。

## 第三章　公職の候補者に係る資金管理団体の届出等

（資金管理団体の届出等）

**第一九条**　公職の候補者は、その者がその代表者である政治団体（第三条第一項第三号の規定に該当するもの、第五条第一項の規定により政治団体とみなされるもの及びその者以外の者を推薦し又は支持することを本来の目的とするものを除く。）のうちから、一の政治団体をその者のために政治資金の拠出を受けるべき政治団体として指定することができる。

2　公職の候補者は、前項の指定をしたときは、その指定の日から七日以内に、文書で、その旨、その者に係る公職の種類並びにその指定をした政治団体（以下「資金管理団体」という。）の名称、主たる事務所の所在地及び代表者の氏名を、当該政治団体の第六条第一項各号の区分に応じ、当該各号に掲げる都道府県の選挙管理委員会又は総務大臣に届け出なければならない。

3　前項の規定による届出（以下「資金管理団体の届出」という。）をした者は、次の各号のいずれかに該当するときは、当該各号に定める日から七日以内に、同項の規定の例により、その旨（第三号に該当するときは、その異動に係る事項）を届け出なければならない。

一　第一項の指定を取り消したとき　その取消しの日

二　資金管理団体の届出をした者が公職の候補者でなくなり、若しくは当該資金管理団体の代表者でなくなり、又は当該資金管

理団体が解散し、若しくは第一項に規定する政治団体でなくなつたとき　その事実が生じた日

三　前項の規定により届け出た事項に異動があつたとき　その異動の日

4　前二項の規定による届出をする者は、当該届出に係る書面にそれぞれ真実の記載がされていることを誓う旨の文書を、当該書面に添えなければならない。

5　第二項及び第三項の規定による届出の様式は、総務省令で定める。

**（資金管理団体の名称等の公表）**

**第一九条の二**　資金管理団体の届出があつたときは、当該資金管理団体の届出を受けた都道府県の選挙管理委員会又は総務大臣は、その資金管理団体の届出をした者の氏名、その者に係る公職の種類並びに資金管理団体の名称、主たる事務所の所在地及び代表者の氏名を、遅滞なく、都道府県の公報又は官報への掲載、インターネットの利用その他の適切な方法により公表しなければならない。これらの事項につき前条第三項の規定による届出があつたときも、同様とする。

2　都道府県の選挙管理委員会又は総務大臣は、前項の規定による公表を都道府県の公報又は官報への掲載により行つたときは、直ちに、当該都道府県の公報又は官報の写しを、都道府県の選挙管理委員会にあつては総務大臣及び政令で定める都道府県の選挙管理委員会、総務大臣にあつては政令で定める都道府県の選挙管理委員会に送付しなければならない。

**（資金管理団体による不動産の取得等の制限）**

**第一九条の二の二**　資金管理団体は、土地若しくは建物の所有権又は建物の所有を目的とする地上権若しくは土地の賃借権を取得

し、又は保有してはならない。

**（資金管理団体に対する寄附に係る通知）**

**第一九条の三**　資金管理団体の届出をした公職の候補者は、その者が公職の候補者である間に政党から受けた政治活動に関する寄附に係る金銭等の全部又は一部に相当する金銭等を当該資金管理団体に取り扱わせるため当該資金管理団体に寄附するときは、文書で、その旨を当該資金管理団体の会計責任者に通知しなければならない。

２　資金管理団体の会計責任者は、前項の規定による通知を受けたときは、当該通知に係る文書を、第二十条第一項の規定により当該通知に係る同項に規定する報告書の要旨が公表された日から三年を経過する日まで保存しなければならない。

**（資金管理団体の会計帳簿の記載）**

**第一九条の四**　資金管理団体の会計責任者は、特定寄附（資金管理団体の届出をした公職の候補者が前条第一項の規定により当該資金管理団体に対してする寄附をいう。以下同じ。）について、政治団体の会計責任者として第九条第一項の規定による会計帳簿の記載をするときは、前条第一項の規定により通知された事項を併せて記載しなければならない。

【罰則】　二四条一号

**（資金管理団体の報告書の記載等）**

**第一九条の五**　資金管理団体（第十二条第一項又は第十七条第一項の規定により報告書に記載すべき収入及び支出があつた年において資金管理団体であつたものを含む。次条において同じ。）の会

**法〔罰則〕**

**第二四条**　次の各号の一に該当する者（会社、政治団体その他の団体（以下この章において「団体」という。）にあつては、その役職員又は構成員として当該違反行為をした者）は、三年以下の禁錮又は五十万円以下の罰金に処する。

一　第九条の規定に違反して会計帳簿を備えず、又は同条、第十八条第三項若しくは第十九条の四の規定に違反して第九条第一項の会計帳簿に記載すべき事項の記載をせず、若しくはこれに虚偽の記入をした者

二～七　略

【関係罰則】　二七条（併科・重大な過失）、二八条（公民権停止）

**法〔罰則〕**

**第二五条**　次の各号の一に該当する者は、五年以下の禁錮又は百万円以下の罰金に処する。

一・一の二　略

計責任者は、特定寄附について、政治団体の会計責任者として第十二条第一項又は第十七条第一項の規定による報告書の記載をするときは、その総額を併せて記載しなければならない。

【罰則】二五条一項二号・二項

**第一九条の五の二**　資金管理団体（第十九条の七第一項に規定する国会議員関係政治団体であるものを除く。）の会計責任者が政治団体の会計責任者として行う第十二条第一項及び第二項又は第十七条第一項及び第四項の規定による報告書及び領収書等の写しの提出に係る第十二条第一項第二号の規定の適用については、同号中「経費以外の経費の支出」とあるのは、「経費以外の経費（第十九条第二項に規定する資金管理団体である間に行つた支出にあつては、人件費以外の経費）の支出」とする。

**（支部を有する政治団体に係るこの章の規定の適用）**

**第一九条の六**　第十九条第一項に規定する政治団体が支部を有する場合には、当該政治団体の本部及び支部は、それぞれ一の政治団体とみなして、この章の規定（これに係る罰則を含む。）を適用する。この場合において、この章の規定の当該政治団体の本部及び支部についての適用に関し必要な技術的読替えその他必要な事項は、政令で定める。

二　第十二条、第十七条、第十八条第四項又は第十九条の五の規定に違反して第十二条第一項若しくは第十七条第一項の報告書又はこれに併せて提出すべき書面に記載すべき事項の記載をしなかつた者

三　略

2　前項の場合（第十七条の規定に係る違反の場合を除く。）において、政治団体の代表者が当該政治団体の会計責任者の選任及び監督について相当の注意を怠つたときは、五十万円以下の罰金に処する。

【関係罰則】二七条（併科・重大な過失）、二八条（公民権停止）

## 第三章の二　国会議員関係政治団体に関する特例等

### 第一節　国会議員関係政治団体に関する特例

（国会議員関係政治団体）

**第一九条の七**　この節において「国会議員関係政治団体」とは、次に掲げる政治団体（政党及び第五条第一項各号に掲げる団体を除く。）をいう。

一　衆議院議員又は参議院議員に係る公職の候補者が代表者である政治団体

二　租税特別措置法（昭和三十二年法律第二十六号）第四十一条の十八第一項第四号に該当する政治団体のうち、特定の衆議院議員又は参議院議員に係る公職の候補者を推薦し、又は支持することを本来の目的とする政治団体

２　この節の規定（これに係る罰則を含む。）の適用については、政党の支部で、公職選挙法第十二条に規定する衆議院議員又は参議院議員に係る選挙区の区域又は選挙の行われる区域を単位として設けられるもののうち、衆議院議員又は参議院議員に係る公職の候補者が代表者であるものは、それぞれ一の前項第一号に係る国会議員関係政治団体とみなす。

（国会議員関係政治団体に係る通知）

**第一九条の八**　衆議院議員又は参議院議員に係る公職の候補者は、前条第一項第二号に係る国会議員関係政治団体に該当する政治団体があるときは、当該政治団体に対し、文書で、同号に係る国会

---

租税特別措置法

（政治活動に関する寄附をした場合の寄附金控除の特例又は所得税額の特別控除）

**第四一条の一八**　１　略

一～三　略

四　政治資金規正法第三条第一項第二号に掲げる団体のうち次に掲げるもの

イ　衆議院議員、参議院議員、都道府県の議会の議員、都道府県知事又は地方自治法（昭和二十二年法律第六十七号）第二百五十二条の十九第一項の指定都市の議会の議員若しくは市長の職（ロにおいて「公職」という。）にある者を推薦し、又は支持することを本来の目的とするもの

ロ　特定の公職の候補者（公職選挙法第八十六条から第八十六条の四までの規定による届出により公職の候補者となつた者

議員関係政治団体に該当するため第六条第一項又は第七条第一項の規定による届出をする必要がある旨を、遅滞なく、通知するものとする。

2　前項の規定による通知をした者は、衆議院議員又は参議院議員に係る公職の候補者でなくなつたときは、当該政治団体に対し、文書で、前条第一項第二号に係る国会議員関係政治団体に該当しなくなつたため第七条第一項の規定による届出をする必要がある旨を、遅滞なく、通知するものとする。

3　前二項の文書の様式は、総務省令で定める。

**（国会議員関係政治団体に係る支出の手続）**

**第一九条の九**　国会議員関係政治団体の会計責任者又は国会議員関係政治団体の代表者若しくは会計責任者と意思を通じて当該国会議員関係政治団体のために支出をした者に係る第十一条の規定の適用については、同条第一項中「一件五万円以上のすべての支出」とあるのは「すべての支出」と、同条第二項中「一件五万円以上の支出」とあるのは「支出」とする。

**（国会議員関係政治団体の報告書の記載等）**

**第一九条の一〇**　国会議員関係政治団体（第十二条第一項又は第十七条第一項の規定により報告書に記載すべき収入及び支出があつた年において国会議員関係政治団体であつたものを含む。次条から第十九条の十五までにおいて同じ。）の会計責任者が政治団体の会計責任者として行う第十二条第一項及び第二項又は第十七条第一項及び第四項の規定による報告書及び領収書等の写しの提出に係る第十二条第一項及び第十七条第一項の規定の適用については、第十二条第一項中「三月以内」とあるのは「五月以内」と、「四月以内」とあるのは「六月以内」と、同項第二号中「経費以外の経費の支出」とあるのは「経費以外の経費（第十九条の七第

をいう。）又は当該公職の候補者となろうとする者を推薦し、又は支持することを本来の目的とするもの（イに掲げるものを除く。）

2～6　略

一項に規定する国会議員関係政治団体である間に行つた支出にあつては、人件費以外の経費）の支出」と、「五万円以上の」とあるのは「一万円を超える」と、第十七条第一項中「三十日以内」とあるのは「六十日以内」とする。

**（国会議員関係政治団体に係る領収書等を徴し難かつた支出の明細書等の作成）**

**第一九条の一一**　国会議員関係政治団体の会計責任者は、当該国会議員関係政治団体が行つた支出のうち領収書等を徴し難い事情があつたものについては、第十九条の十三第一項の規定により政治資金監査を受けるまでの間に、領収書等を徴し難かつた支出の明細書（振込明細書があるときにあつては、第十二条第二項の当該支出の目的を記載した書面。以下「領収書等を徴し難かつた支出の明細書等」という。）を作成しなければならない。

2　国会議員関係政治団体の会計責任者に係る第十六条第一項の規定の適用については、同項中「及び振込明細書」とあるのは、「、振込明細書及び領収書等を徴し難かつた支出の明細書等」とする。

【罰則】二項＝二四条四・五号

---

法（罰則）

**第二四条**　次の各号の一に該当する者（会社、政治団体その他の団体（以下この章において「団体」という。）にあつては、その役職員又は構成員として当該違反行為をした者）は、三年以下の禁錮又は五十万円以下の罰金に処する。

一～三　略

四　第十六条第一項（第十九条の十一第二項の規定により読み替えて適用する場合を含む。）の規定に違反して会計帳簿、明細書、領収書等、領収書等を徴し難かつた支出の明細書等又は振込明細書を保存しない者

五　第十六条第一項（第十九条の十一第二項の規定により読み替えて適用する場合を含む。）の規定により保存すべき会計帳簿、明細書、領収書等、領収書等を徴し難かつた支出の明細書等又は振込明細書に虚偽の記入をした者

**（第十九条の七第一項第二号に係る国会議員関係政治団体についての適用）**

**第一九条の一二**　第十九条の七第一項第二号に係る国会議員関係政治団体については、第十九条の九において読み替えて適用する第十一条、第十九条の十において読み替えて適用する第十二条第一項第二号、同条第二項及び前条第二項において読み替えて適用する第十六条第一項の規定は、第六条第一項又は第七条第一項の規定により当該国会議員関係政治団体である旨の届出をした日から適用する。

**（登録政治資金監査人による政治資金監査）**

**第一九条の一三**　国会議員関係政治団体の会計責任者は、政治団体の会計責任者として第十二条第一項又は第十七条第一項の報告書を提出するときは、あらかじめ、当該報告書並びに当該報告書に係る会計帳簿、明細書、領収書等、領収書等を徴し難かつた支出の明細書等及び振込明細書について、政治資金適正化委員会が行う政治資金監査に関する研修を修了した登録政治資金監査人（以下この条及び次条において単に「登録政治資金監査人」という。）の政治資金監査を受けなければならない。

2　前項の政治資金監査は、政治資金適正化委員会が定める政治資金監査に関する具体的な指針に基づき、次の各号に掲げる事項について行うものとする。

一　会計帳簿、明細書、領収書等、領収書等を徴し難かつた支出の明細書等及び振込明細書が保存されていること。

二　会計帳簿には当該国会議員関係政治団体に係るその年における支出の状況が記載されており、かつ、当該国会議員関係政治

六・七　略

【関係罰則】　二七条（併科・重大な過失）、二八条（公民権停止）

団体の会計責任者が当該会計帳簿を備えていること。
三　第十二条第一項又は第十七条第一項の報告書は、会計帳簿、明細書、領収書等、領収書等を徴し難かつた支出の明細書等及び振込明細書に基づいて支出の状況が表示されていること。
四　領収書等を徴し難かつた支出の明細書等は、会計帳簿に基づいて記載されていること。
3　登録政治資金監査人は、第一項の政治資金監査を行つたときは、政治資金監査報告書を作成しなければならない。
4　前項の政治資金監査報告書の様式は、総務省令で定める。
5　国会議員関係政治団体の代表者、会計責任者、会計責任者に事故があり又は会計責任者が欠けた場合にその職務を行うべき者その他総務省令で定める者である登録政治資金監査人は、当該国会議員関係政治団体について、第一項の政治資金監査を行うことができない。
6　第三項の政治資金監査報告書を作成した登録政治資金監査人である公認会計士に係る公認会計士法（昭和二十三年法律第百三号）第三十二条第二項（同法第四十六条の十第二項において準用する場合を含む。）又は第三項の規定による調査については、同法第三十三条の規定は、適用しない。
【罰則】　三項＝二六条の六

**（政治資金監査報告書の提出）**
**第一九条の一四**　国会議員関係政治団体の会計責任者は、政治団体の会計責任者として第十二条第一項又は第十七条第一項の報告書を提出するときは、前条第三項の規定により登録政治資金監査人が作成した政治資金監査報告書を当該報告書に併せて提出しなければならない。
【罰則】　二五条一項一号の二・二項

---

**法**（罰則）
**第二六条の六**　第十九条の十三第三項の政治資金監査報告書に虚偽の記載をした者は、三十万円以下の罰金に処する。

**規**（政治資金監査を行うことができない者）
**第一七条**　法第十九条の十三第五項に規定する総務省令で定める者は、次に掲げる者とする。
一　国会議員関係政治団体の代表者、会計責任者又は会計責任者に事故があり若しくは会計責任者が欠けた場合にその職務を行うべき者の配偶者
二　国会議員関係政治団体の役職員又はその配偶者
三　法第十九条の七第一項第二号に係る国会議員関係政治団体にあつては、同号の公職の候補者又はその配偶者

**法**（罰則）
**第二五条**　次の各号の一に該当する者は、五年以下の禁錮又は百万円以下の罰金に処する。
一　略
一の二　第十九条の十四の規定に違反して、政治資金監査報告書の提出をしなかつた者
二・三　略

（電子情報処理組織を使用した報告書の提出）

**第一九条の一五**　国会議員関係政治団体の会計責任者は、第十九条の十において読み替えて適用する第十二条第一項又は第十七条第一項の規定による報告書及び前条の規定による政治資金監査報告書の提出については、情報通信技術を活用した行政の推進等に関する法律（平成十四年法律第百五十一号）第六条第一項の規定により同項に規定する電子情報処理組織を使用する方法により行うよう努めるものとする。

（国会議員関係政治団体に係る少額領収書等の写しの開示）

**第一九条の一六**　何人も、国会議員関係政治団体について、第二十条第一項の規定により報告書の要旨が公表された日から三年間、当該報告書を受理した総務大臣又は都道府県の選挙管理委員会に対し、当該報告書に係る支出（人件費以外の経費の支出に限る。）のうち、第十二条第二項の規定により提出すべき領収書等の写しに係る支出以外の支出に係る領収書等の写し（以下この条及び第三十二条第一号において「少額領収書等の写し」という。）の開示を請求することができる。ただし、国会議員関係政治団体でない間に行つた支出に係る少額領収書等の写しについては、この限りでない。

2　前項の規定による開示の請求（以下この条において「開示請求」という。）は、当該開示請求に係る国会議員関係政治団体を特定し、かつ、少額領収書等の写しに係る支出がされた年を単位とし、かつ、第

2　前項の場合（第十七条の規定に係る違反の場合を除く。）において、政治団体の代表者が当該政治団体の会計責任者の選任及び監督について相当の注意を怠つたときは、五十万円以下の罰金に処する。

【関係罰則】　二七条（併科・重大な過失）、二八条（公民権停止）

十二条第一項第二号に規定する総務省令で定める項目ごとに区分してしなければならない。

3　開示請求は、次に掲げる事項を記載した書面（次項において「開示請求書」という。）を総務大臣又は都道府県の選挙管理委員会に提出してしなければならない。

一　開示請求をする者の氏名又は名称及び住所又は居所並びに法人その他の団体にあつては代表者の氏名

二　開示請求に係る国会議員関係政治団体の名称並びに少額領収書等の写しに係る支出がされた年及び第十二条第一項第二号に規定する総務省令で定める項目

4　総務大臣又は都道府県の選挙管理委員会は、開示請求書に形式上の不備があると認めるときは、開示請求をした者（以下この条において「開示請求者」という。）に対し、相当の期間を定めて、その補正を求めることができる。この場合において、総務大臣又は都道府県の選挙管理委員会は、開示請求者に対し、補正の参考となる情報を提供するよう努めなければならない。

5　開示請求を受けた総務大臣又は都道府県の選挙管理委員会は、当該開示請求が権利の濫用又は公の秩序若しくは善良の風俗に反すると認められる場合に該当するときを除き、当該開示請求があつた日から十日以内に、当該開示請求に係る国会議員関係政治団体の会計責任者に対し、当該開示請求に係る少額領収書等の写しの提出を命じなければならない。ただし、前項の規定により補正を求めた場合にあつては、当該補正に要した日数は、当該期間に算入しない。

6　国会議員関係政治団体の会計責任者は、前項の規定による命令を受けたときは、当該命令があつた日から二十日以内に、総務省令で定めるところにより、当該命令に係る少額領収書等の写しを総務大臣又は都道府県の選挙管理委員会に提出しなければならない。ただし、当該命令に係る少額領収書等の写しに係る支出がないとき又は当該命令に係る少額領収書等の写しと同一の少額領収書等の写しを既に提出しているときは、その旨を通知すれば足りる。

7　第五項の規定による命令を受けた国会議員関係政治団体の会計責任者は、事務処理上の困難その他正当な理由があるときは、総務大臣又は都道府県の選挙管理委員会に対し、前項に規定する期間を総務省令で定める相当の期間延長するよう求めることができる。

8　国会議員関係政治団体の会計責任者は、前項の規定により期間の延長を求めるときは、第六項に規定する期間内に、延長を求める期間、その理由その他総務省令で定める事項を記載した書面をもつてしなければならない。

9　総務大臣又は都道府県の選挙管理委員会は、第七項の規定による期間の延長の求めがあつたときは、第六項に規定する期間を相当の期間延長するものとする。この場合において、総務大臣又は都道府県の選挙管理委員会は、開示請求者に対し、遅滞なく、延長後の期間及び延長の理由を書面により通知しなければならない。

10　総務大臣又は都道府県の選挙管理委員会は、開示請求者に対し、第六項の規定により提出された少額領収書等の写し（同項ただし書に規定する同一の少額領収書等の写しが既に提出されている場合にあつては、当該少額領収書等の写し）（当該少額領収書等の写しに行政機関の保有する情報の公開に関する法律（平成十一年法律第四十二号）第五条に規定する不開示情報が記録されている場合にあつては、当該不開示情報が記録されている部分を除く。）

を開示しなければならない。

11　総務大臣又は都道府県の選挙管理委員会は、前項の規定により少額領収書等の写しの全部又は一部を開示するときは、第六項の規定により当該少額領収書等の写しの提出があつた日（第五項の規定による命令に係る少額領収書等の写しの全部について、第六項ただし書に規定する同一の少額領収書等の写しが既に提出されているときは、同項ただし書の通知があつた日）から三十日以内に、その旨を決定し、開示請求者に対し、その旨及び開示の実施に関し総務省令で定める事項を書面により通知しなければならない。

12　総務大臣又は都道府県の選挙管理委員会は、次の各号に掲げるときは、遅滞なく、開示請求に係る少額領収書等の写しの開示をしない旨の決定をし、開示請求者に対し、その旨を書面により通知しなければならない。

一　当該開示請求が第五項に規定する権利の濫用又は公の秩序若しくは善良の風俗に反すると認められる場合に該当するとき。

二　第六項ただし書の規定により、国会議員関係政治団体から第五項の規定による命令に係る少額領収書等の写しに係る支出がない旨の通知があつたとき。

13　第十一項の規定にかかわらず、総務大臣又は都道府県の選挙管理委員会は、事務処理上の困難その他正当な理由があるときは、同項に規定する期間を三十日以内に限り延長することができる。この場合において、総務大臣又は都道府県の選挙管理委員会は、開示請求者に対し、遅滞なく、延長後の期間及び延長の理由を書面により通知しなければならない。

14　開示請求に係る少額領収書等の写しが著しく大量であるため、第六項の規定により少額領収書等の写しの提出があつた日から六十日以内にそのすべてについて第十一項の決定をすることにより事務の遂行に著しい支障が生ずるおそれがある場合には、前項の規定にかかわらず、総務大臣又は都道府県の選挙管理委員会は、開示請求に係る少額領収書等の写しのうちの相当の部分につき当該期間内に当該決定をし、残りの少額領収書等の写しについては相当の期間内に当該決定をすれば足りる。この場合において、総務大臣又は都道府県の選挙管理委員会は、第十一項に規定する期間内に、開示請求者に対し、次に掲げる事項を書面により通知しなければならない。

一　本項を適用する旨及びその理由

二　残りの少額領収書等の写しについて開示決定をする期限

15　少額領収書等の写しの開示は、閲覧又は写しの交付により行う。

16　総務大臣又は都道府県の選挙管理委員会は、第五項の規定による命令に違反して当該国会議員関係政治団体の会計責任者が少額領収書等の写しを提出しないときは、その旨を開示請求者に通知するとともに、その旨並びに当該国会議員関係政治団体の名称及び主たる事務所の所在地を、遅滞なく、インターネットの利用その他の適切な方法により公表するものとする。

17　総務大臣又は都道府県の選挙管理委員会は、第六項の規定により提出された少額領収書等の写しについて、これに係る第十二条第一項の報告書を保存すべき期間保存しなければならない。

18　第六項の規定により提出された少額領収書等の写し（その写しを含む。）については、行政機関の保有する情報の公開に関する法律又は都道府県情報公開条例（都道府県の保有する情報の公開を請求する住民等の権利について定める当該都道府県の条例をいう。）の規定は、適用しない。

19　開示請求をする者又は少額領収書等の写しの開示を受ける者

は、それぞれ、実費の範囲内において、総務大臣に対する開示請求に係るものについては政令で定める額の開示請求に係る手数料又は開示の実施に係る手数料を納めなければならない。

20　前各項の規定は、国会議員関係政治団体以外の政治団体となつた場合においても、第十六条第一項の規定に基づき領収書等を保存しなければならない期間、当該政治団体を国会議員関係政治団体とみなして適用する。

21　行政事件訴訟法（昭和三十七年法律第百三十九号）第十二条第四項の規定により同項に規定する特定管轄裁判所に第十一項若しくは第十二項の決定（以下この条において「開示決定等」という。）の取消しを求める訴訟又は開示決定等若しくは開示請求に係る不作為に係る審査請求に対する裁決の取消しを求める訴訟（次項において「少額領収書等開示訴訟」という。）が提起された場合においては、同法第十二条第五項の規定にかかわらず、他の裁判所に同一又は同種若しくは類似の少額領収書等の写しに係る開示決定等又は開示決定等若しくは開示請求に係る不作為に係る審査請求に対する裁決に係る抗告訴訟（同法第三条第一項に規定する抗告訴訟をいう。次項において同じ。）が係属しているときは、当該特定管轄裁判所は、当事者の住所又は所在地、尋問を受けるべき証人の住所、争点又は証拠の共通性その他の事情を考慮して、相当と認めるときは、申立てにより又は職権で、訴訟の全部又は一部について、当該他の裁判所又は同法第十二条第一項から第三項までに定める裁判所に移送することができる。

22　前項の規定は、行政事件訴訟法第十二条第四項の規定により同項に規定する特定管轄裁判所に開示決定等又は開示決定等若しくは開示請求に係る不作為に係る審査請求に対する裁決に係る抗告訴訟で少額領収書等開示訴訟以外のものが提起された場合について準用する。

（政治団体の支部に係るこの節の規定の適用）

**第一九条の一七**　政治団体（政党及び第五条第一項各号に掲げる団体を除く。）が支部を有する場合には、当該政治団体の本部及び支部は、それぞれ一の政治団体とみなして、この節の規定（これに係る罰則を含む。）を適用する。

## 第二節　登録政治資金監査人

（登録）

**第一九条の一八**　次の各号のいずれかに該当する者は、登録政治資金監査人名簿に、氏名、生年月日、住所その他総務省令で定める事項の登録を受けて、登録政治資金監査人となることができる。

一　弁護士

二　公認会計士

三　税理士

2　次の各号のいずれかに該当する者は、前項の登録を受けることができない。

一　第二十六条の六又は第二十六条の七の罪を犯し刑に処せられ、その執行を終わり、又はその執行を受けることのなくなつた日から三年を経過しない者

二　第十九条の二十二第一項の規定により登録を取り消され、その取消しの日から三年を経過しない者

三　懲戒処分により、弁護士、公認会計士又は税理士の業務を停止された者で、現にその処分を受けているもの

（登録政治資金監査人名簿）

**第一九条の一九**　登録政治資金監査人名簿は、政治資金適正化委員会に備える。

2　登録政治資金監査人名簿の登録は、政治資金適正化委員会が行う。

3　政治資金適正化委員会は、総務省令で定めるところにより、第一項の登録政治資金監査人名簿を磁気ディスク（これに準ずる方法により一定の事項を確実に記録しておくことができる物を含む。）をもつて調製することができる。

（登録の手続）

**第一九条の二〇**　第十九条の十八第一項の登録を受けようとする者（以下この条において「申請者」という。）は、同項に規定する事項を記載した登録申請書を、同項各号のいずれかに該当する者であることを証する書面を添えて、政治資金適正化委員会に提出しなければならない。

2　政治資金適正化委員会は、前項の規定による登録申請書の提出があつた場合において、申請者が第十九条の十八第一項各号のいずれかに該当する者（同条第二項各号のいずれかに該当する者を除く。）であるときは、遅滞なく登録を行い、申請者が同条第一項各号のいずれにも該当しない者であるとき又は同条第二項各号のいずれかに該当する者であるときは、登録を拒否しなければならない。

3　政治資金適正化委員会は、前項の規定により登録政治資金監査人名簿に登録したときは当該申請者に登録政治資金監査人証票を交付し、同項の規定により登録を拒否したときはその理由を付記した書面によりその旨を当該申請者に通知しなければならない。

（変更登録）

**第一九条の二一**　登録政治資金監査人は、第十九条の十八第一項の規定により登録を受けた事項に変更を生じたときは、遅滞なく変更の登録を申請しなければならない。

**（登録の取消し）**

**第一九条の二二**　政治資金適正化委員会は、登録政治資金監査人の登録を受けた者が、第十九条の十八第一項各号のいずれかに該当する者であること又は同条第二項各号のいずれにも該当しないことについて、記載すべき事項を記載せず若しくは虚偽の記載をして第十九条の二十第一項の規定による登録申請書を提出し、その申請に基づき当該登録を受けた者であることが判明したときは、その登録を取り消さなければならない。

2　政治資金適正化委員会は、前項の規定により登録を取り消すときは、その理由を付記した書面により、その旨を当該処分を受ける者に通知しなければならない。

**（登録の抹消）**

**第一九条の二三**　政治資金適正化委員会は、登録政治資金監査人が次の各号のいずれかに該当するとき又は本人から登録の抹消の申請があつたときは、遅滞なく当該登録を抹消しなければならない。

一　第十九条の十八第一項各号のいずれにも該当しなくなつたとき。

二　第十九条の十八第二項第一号又は第三号に該当するに至つたとき。

三　前条第一項の規定により登録を取り消されたとき。

2　登録政治資金監査人が前項第一号又は第二号に該当することとなつたときは、その者、その法定代理人又はその相続人は、遅滞なく、政治資金適正化委員会にその旨を届け出なければならない。

**（登録及び登録の抹消の公告）**

**第一九条の二四**　政治資金適正化委員会は、登録政治資金監査人の登録をしたとき及びその登録を抹消したときは、遅滞なく、その旨及び登録を抹消した場合にはその事由を、官報への掲載、インターネットの利用その他の適切な方法により公告しなければならない。

（登録政治資金監査人証票の返還）

**第一九条の二五**　登録政治資金監査人の登録が抹消されたときは、その者、その法定代理人又はその相続人は、遅滞なく、登録政治資金監査人証票を政治資金適正化委員会に返還しなければならない。

（登録の細目）

**第一九条の二六**　この節に定めるもののほか、登録の手続、登録の抹消、登録政治資金監査人名簿、登録政治資金監査人証票その他登録に関する細目については、総務省令で定める。

（登録政治資金監査人の研修）

**第一九条の二七**　登録政治資金監査人は、総務省令で定めるところにより、政治資金適正化委員会が行う政治資金監査に関する研修を受けるものとする。

2　政治資金適正化委員会は、前項の研修を修了した者について登録政治資金監査人名簿に当該研修を修了した旨を付記するとともに、当該研修を修了した者に対しその旨を証する書面を交付しなければならない。

3　政治資金適正化委員会は、第一項の研修を受ける登録政治資金監査人から実費の範囲内において政令で定める額の手数料を徴収することができる。

（秘密保持義務）

**第一九条の二八**　登録政治資金監査人又は登録政治資金監査人であつた者は、正当な理由がなく、政治資金監査の業務に関して知り得た秘密を漏らしてはならない。

2　登録政治資金監査人の使用人その他の従業者又はこれらの者で

---

法〔罰則〕

**第二六条の七**　第十九条の二十八又は第十九条の三十二第七項の規定に違反して秘密を漏らした者は、一年以下の懲役又は五十万円以下の罰金に処する。

あつた者は、正当な理由がなく、政治資金監査の業務を補助したことについて知り得た秘密を漏らしてはならない。

【罰則】　二六条の七

## 第三節　政治資金適正化委員会

（設置）

**第一九条の二九**　総務省に、政治資金適正化委員会（以下この節において「委員会」という。）を置く。

（所掌事務）

**第一九条の三〇**　委員会は、次に掲げる事務をつかさどる。

一　第十二条第一項又は第十七条第一項の報告書の記載方法に係る基本的な方針を定めること。

二　登録政治資金監査人の登録に関すること。

三　登録政治資金監査人に係る研修を行うこと。

四　政治資金監査に関する具体的な指針を定めること。

五　登録政治資金監査人に対し、政治資金監査の適確な実施について必要な指導及び助言を行うこと。

六　第十九条の十六第五項に規定する権利の濫用又は公の秩序若しくは善良の風俗に反すると認められる場合についての具体的な指針を定めること。

七　前各号に掲げるもののほか、法律又は法律に基づく命令に基づき委員会に属させられた事務

2　委員会は、必要があると認めるときは、政治資金の収支の報告及び公開に関する重要事項について、総務大臣に建議することができる。

（組織）

**第一九条の三一**　委員会は、委員五人をもつて組織する。

2　委員は、非常勤とする。

（委員）

**第一九条の三二**　委員は、学識経験のある者のうちから、国会の議決による指名に基づいて、総務大臣が任命する。

2　前項の指名に当たつては、同一の政党その他の政治団体に属する者が三人以上とならないようにしなければならない。

3　委員の任期は、三年とする。ただし、補欠の委員の任期は、前任者の残任期間とする。

4　前項の規定にかかわらず、委員は、国会の閉会又は衆議院の解散の場合に任期が満了したときは、新たに委員が、その後最初に召集された国会における指名に基づいて任命されるまでの間、なお在任するものとする。

5　総務大臣は、委員が心身の故障のため職務の執行ができないと認める場合又は委員に職務上の義務違反その他委員たるに適しない非行があると認める場合においては、国会の同意を得て、これを罷免することができる。

6　委員のうち同一の政党その他の政治団体に属する者が三人以上となつた場合においては、総務大臣は、くじで定める二人以外の委員を罷免するものとする。

7　委員は、職務上知ることのできた秘密を漏らしてはならない。その職を退いた後も同様とする。

【罰則】　七項＝二六条の七

（委員長）

**第一九条の三三**　委員会に委員長を置き、委員の互選によつて委員のうちからこれを定める。

2　委員長は、会務を総理し、委員会を代表する。

---

**法**（罰則）

**第二六条の七**　第十九条の二十八又は第十九条の三十二第七項の規定に違反して秘密を漏らした者は、一年以下の懲役又は五十万円以下の罰金に処する。

3　委員長に事故があるときは、あらかじめその指名する委員が、その職務を代理する。

（会議）

**第一九条の三四**　委員会は、委員長が招集する。

2　委員会は、委員長及び二人以上の委員の出席がなければ、会議を開き、議決をすることができない。

3　委員会の議事は、出席者の過半数でこれを決し、可否同数のときは、委員長の決するところによる。

4　委員長に事故がある場合の第二項の規定の適用については、前条第三項に規定する委員は、委員長とみなす。

（資料の提出その他の協力）

**第一九条の三五**　委員会は、その所掌事務を遂行するため必要があると認めるときは、関係行政機関の長及び都道府県の選挙管理委員会に対し、資料の提出、意見の開陳、説明その他の必要な協力を求めることができる。

2　委員会は、その所掌事務を遂行するため特に必要があると認めるときは、前項に規定する者以外の者であつて政治資金に関し識見を有する者に対しても、必要な協力を依頼することができる。

（事務局）

**第一九条の三六**　委員会の事務を処理させるため、委員会に事務局を置く。

2　事務局に、事務局長のほか、所要の職員を置く。

3　事務局長は、委員長の命を受けて、局務を掌理する。

（政令への委任）

**第一九条の三七**　この節に定めるもののほか、委員会の組織及び運営に関し必要な事項は、政令で定める。

## 第四章　報告書の公開

（収支報告書の要旨の公表）

**第二〇条**　第十二条第一項又は第十七条第一項の規定による報告書を受理したときは、総務大臣又は都道府県の選挙管理委員会は、総務省令の定めるところにより、その要旨を公表しなければならない。この場合において、第十二条第一項の規定による報告書については、報告書の提出期限が延長される場合その他特別の事情がある場合を除き、当該報告書が提出された年の十一月三十日までに公表するものとする。

２　前項の規定による公表は、総務大臣にあつては官報により、都道府県の選挙管理委員会にあつては都道府県の公報により、これを行う。

３　都道府県の選挙管理委員会は、第一項の規定により同項の報告書の要旨を公表したときは、直ちにその写しを総務大臣に送付しなければならない。

４　総務大臣又は都道府県の選挙管理委員会は、第一項の規定にかかわらず、インターネットの利用その他の適切な方法により同項の報告書を公表するときは、当該報告書の要旨を公表することを要しない。この場合において、インターネットの利用その他の適切な方法による当該報告書の公表は、同項の規定による報告書の要旨の公表とみなす。

（収支報告書等の保存及び閲覧等）

**第二〇条の二**　第十二条第一項又は第十七条第一項の規定による報告書、第十二条第二項（第十七条第四項において準用する場合を含む。第三十二条第三号において同じ。）及び第十四条第一項（第十七条第四項において準用する場合を含む。次項において同じ。）の規定による書面並びに第十九条の十四の規定による政治資金監査報告書は、これらを受理した総務大臣又は都道府県の選挙管理委員会において、前条第一項の規定により報告書の要旨を公表した日から三年を経過する日まで保存しなければならない。

2　何人も、前条第一項の規定により報告書の要旨が公表された日から三年間、総務大臣の場合にあつては総務省令の定めるところにより、都道府県の選挙管理委員会の場合にあつては当該選挙管理委員会の定めるところにより、当該報告書、第十四条第一項の規定による書面又は政治資金監査報告書の閲覧又は写しの交付を請求することができる。

3　前項の規定により、総務大臣に対して写しの交付を請求しようとする者は、実費の範囲内において政令で定める額の手数料を納付しなければならない。

（収支報告書等に係る情報の公開）

**第二〇条の三**　第十二条第一項若しくは第十七条第一項の規定による報告書又はこれに添付し、若しくは併せて提出すべき書面（以下この条において「収支報告書等」という。）で第二十条第一項の規定により当該報告書の要旨が公表される前のものに係る行政機関の保有する情報の公開に関する法律第三条の規定による開示の請求があつた場合においては、当該要旨が公表される日前は同法第九条第一項の決定を行わない。

2　前項に規定する開示の請求があつた場合における行政機関の保有する情報の公開に関する法律の規定の適用については、同法第十条第一項中「開示請求があった日から三十日以内」とあるのは「政治資金規正法（昭和二十三年法律第百九十四号）第二十条第一項の規定により要旨が公表された日から同日後三十日を経過する日までの間」と、同法第十一条中「開示請求があった日から六十日以内」とあるのは「政治資金規正法第二十条第一項の規定により要旨が公表された日から同日後六十日を経過する日までの間」とする。

3　都道府県は、第一項の規定の例により、収支報告書等に係る情報の開示を行うものとする。

## 第五章　寄附等に関する制限

（会社等の寄附の制限）

**第二十一条**　会社、労働組合（労働組合法（昭和二十四年法律第百七十四号）第二条に規定する労働組合をいう。第三項並びに第二十一条の三第一項及び第二項において同じ。）、職員団体（国家公務員法（昭和二十二年法律第百二十号）第百八条の二又は地方公務員法（昭和二十五年法律第二百六十一号）第五十二条に規定する職員団体をいう。第三項並びに第二十一条の三第一項及び第二項において同じ。）その他の団体は、政党及び政治資金団体以外の者に対しては、政治活動に関する寄附をしてはならない。

2　前項の規定は、政治団体がする寄附については、適用しない。

3　何人も、会社、労働組合、職員団体その他の団体（政治団体を除く。）に対して、政治活動に関する寄附（政党及び政治資金団体に対するものを除く。）をすることを勧誘し、又は要求してはならない。

4　第一項及び前項の規定の適用については、政党の支部で、一以上の市町村（特別区を含む。）の区域（地方自治法（昭和二十二年法律第六十七号）第二百五十二条の十九第一項の指定都市にあつては、その区又は総合区の区域）又は公職選挙法第十二条に規

---

**法**（罰則）

**第二六条**　次の各号の一に該当する者（団体にあつては、その役職員又は構成員として当該違反行為をした者）は、一年以下の禁錮又は五十万円以下の罰金に処する。

一　第二十一条第一項、第二十一条の二第一項、第二十一条の三第一項及び第二項若しくは第三項又は第二十二条第一項若しくは第二項の規定に違反して寄附をした者

二　第二十一条第三項の規定に違反して寄附をすることを勧誘し、又は要求した者

三　略

【関係罰則】　二七条一項（併科）、二八条（公民権停止）、二八条の二（没収）、二八条の三第一・三項（両罰）

定する選挙区の区域を単位として設けられる支部以外のものは、政党及び政治資金団体以外のそれぞれ一の政治団体とみなす。

【罰則】一項＝二六条一号、三項＝二六条二号

**（公職の候補者の政治活動に関する寄附の禁止）**

**第二一条の二**　何人も、公職の候補者の政治活動（選挙運動を除く。）に関して寄附（金銭等によるものに限るものとし、政治団体に対するものを除く。）をしてはならない。

２　前項の規定は、政党がする寄附については、適用しない。

【罰則】一項＝二六条一号

**（寄附の総額の制限）**

**第二一条の三**　政党及び政治資金団体に対してされる政治活動に関する寄附は、各年中において、次の各号の区分に応じ、当該各号に掲げる額を超えることができない。

一　個人のする寄附　二千万円

二　会社のする寄附　次の表の上欄に掲げる会社の資本金の額又は出資の金額の区分に応じ、それぞれ同表の下欄に掲げる額

| | |
|---|---|
| 五十億円以上 | 三千万円 |
| 十億円以上五十億円未満 | 千五百万円 |
| 十億円未満 | 七百五十万円 |

**法（罰則）**

**第二六条**　次の各号の一に該当する者（団体にあつては、その役職員又は構成員として当該違反行為をした者）は、一年以下の禁錮又は五十万円以下の罰金に処する。

一　第二十一条第一項、第二十一条の二第一項、第二十一条の三第一項及び第二項若しくは第三項又は第二十二条第一項若しくは第二項の規定に違反して寄附をした者

二・三　略

【関係罰則】二七条一項（併科）、二八条（公民権停止）、二八条の二（没収）、二八条の三第一・三項（両罰）

三　労働組合又は職員団体のする寄附　次の表の上欄に掲げる労働組合の組合員又は職員団体の構成員（次項において「組合員等」という。）の数の区分に応じ、それぞれ同表の下欄に掲げる額

| | |
|---|---|
| 十万人以上 | 三千万円 |
| 五万人以上十万人未満 | 千五百万円 |
| 五万人未満 | 七百五十万円 |

四　前二号の団体以外の団体（政治団体を除く。）のする寄附　次の表の上欄に掲げる団体の前年における年間の経費の額の区分に応じ、それぞれ同表の下欄に掲げる額

| | |
|---|---|
| 六千万円以上 | 三千万円 |
| 二千万円以上六千万円未満 | 千五百万円 |
| 二千万円未満 | 七百五十万円 |

２　資本金の額若しくは出資の金額が百億円以上の会社、組合員等の数が十五万人以上の労働組合若しくは職員団体又は前年における年間の経費の額が八千万円以上の前項第四号の団体については、同項第二号から第四号までに掲げる額は、三千万円に、それぞれ資本金の額若しくは出資の金額が五十億円を超える金額五十億円ごと、組合員等の数が十万人を超える数五万人ごと、又は前年における年間の経費の額が六千万円を超える金額二千万円ごとに五百万円（その合計額が三千万円に達した後においては、三百

万円）を加算した金額（その加算する金額の合計額が七千万円を超える場合には、七千万円を加算した金額）として、同項の規定を適用する。

3　個人のする政治活動に関する寄附で政党及び政治資金団体以外の者に対してされるものは、各年中において、千万円を超えることができない。

4　第一項及び前項の規定は、特定寄附及び遺贈によつてする寄附については、適用しない。

5　第一項第二号に規定する資本金の額又は出資の金額、同項第三号に規定する組合員等の数及び同項第四号に規定する年間の経費の額の計算その他同項の規定の適用について必要な事項は、政令で定める。

【罰則】　一―三項＝二六条一号

（同一の者に対する寄附の制限）

**第二二条**　政党及び政治資金団体以外の政治団体のする政治活動に関する寄附は、各年中において、政党及び政治資金団体以外の同一の政治団体に対しては、五千万円を超えることができない。

2　個人のする政治活動に関する寄附は、各年中において、政党及び政治資金団体以外の同一の者に対しては、百五十万円を超えることができない。

3　前項の規定は、資金管理団体の届出をした公職の候補者が当該資金管理団体に対してする寄附及び遺贈によつてする寄附については、適用しない。

【罰則】　一・二項＝二六条一号

（量的制限等に違反する寄附の受領の禁止）

**第二二条の二**　何人も、第二十一条第一項、第二十一条の二第一項、第二十一条の三第一項及び第二項若しくは第三項又は前条第一項

---

**法**〔罰則〕

**第二六条**　次の各号の一に該当する者（団体にあつては、その役職員又は構成員として当該違反行為をした者）は、一年以下の禁錮又は五十万円以下の罰金に処する。

一　第二十一条第一項、第二十一条の二第一項、第二十一条の三第一項及び第二項若しくは第三項又は第二十二条第一項若しくは第二項の規定に違反して寄附をした者

二　略

三　第二十二条の二の規定に違反して寄附を受けた者

【関係罰則】　二七条一項（併科）、二八条（公民権停止）、二八条の二（没収）、二八条の三第一・三項（両罰）

若しくは第二項の規定のいずれかに違反してされる寄附を受けてはならない。

【罰則】　二六条三号

（寄附の質的制限）

**第二二条の三**　国から補助金、負担金、利子補給金その他の給付金（試験研究、調査又は災害復旧に係るものその他性質上利益を伴わないもの及び政党助成法（平成六年法律第五号）第三条第一項の規定による政党交付金（同法第二十七条第一項の規定による特定交付金を含む。）を除く。第四項において同じ。）の交付の決定（利子補給金に係る契約の承諾の決定を含む。第四項において同じ。）を受けた会社その他の法人は、当該給付金の交付の決定の通知を受けた日から同日後一年を経過する日（当該給付金の交付の決定の全部の取消しがあつたときは、当該取消しの通知を受けた日）までの間、政治活動に関する寄附をしてはならない。

２　国から資本金、基本金その他これらに準ずるものの全部又は一部の出資又は拠出を受けている会社その他の法人は、政治活動に関する寄附をしてはならない。

３　前二項の規定は、これらの規定に該当する会社その他の法人が、地方公共団体の議会の議員若しくは長に係る公職の候補者、これらの者に係る資金管理団体又はこれらの者に係る第三条第一項第二号若しくは第三号ロの規定に該当する政治団体に対してする政治活動に関する寄附については、適用しない。

４　第一項及び第二項の規定は、次の各号に掲げる会社その他の法人が、当該各号の地方公共団体の議会の議員若しくは長に係る公職の候補者、これらの者に係る資金管理団体又はこれらの者を推薦し、支持し、若しくはこれに反対する政治団体に対してする政治活動に関する寄附について準用する。

法〔罰則〕

**第二六条の二**　次の各号の一に該当する者は、三年以下の禁錮又は五十万円以下の罰金に処する。

一　第二十二条の三第一項又は第二項（これらの規定を同条第四項において準用する場合を含む。）の規定に違反して寄附をした会社その他の法人の役職員として当該違反行為をした者

二　第二十二条の三第五項の規定に違反して寄附をすることを勧誘し、又は要求した者（団体にあつては、その役職員又は構成員として当該違反行為をした者）

三　第二十二条の三第六項、第二十二条の五第一項又は第二十二条の六第三項の規定に違反して寄附を受けた者（団体にあつては、その役職員又は構成員として当該違反行為をした者）

四～六　略

【関係罰則】　二七条一項（併科）、二八条（公民権停止）、二八条の二（没収）、二八条の三第一・三項（両罰）

一　地方公共団体から補助金、負担金、利子補給金その他の給付金の交付の決定を受けた会社その他の法人

二　地方公共団体から資本金、基本金その他これらに準ずるものの全部又は一部の出資又は拠出を受けている会社その他の法人

5　何人も、第一項又は第二項（これらの規定を前項において準用する場合を含む。）の規定の適用を受ける者であることを知りながら、その者に対して、政治活動に関する寄附をすることを勧誘し、又は要求してはならない。

6　何人も、第一項又は第二項（これらの規定を第四項において準用する場合を含む。）の規定に違反してされる寄附であることを知りながら、これを受けてはならない。

【罰則】一・二項（四項において準用する場合を含む。）＝二六条の二第一号、五項＝二六条の二第二号、六項＝二六条の二第三号

**第二二条の四**　三事業年度以上にわたり継続して政令で定める欠損を生じている会社は、当該欠損がうめられるまでの間、政治活動に関する寄附をしてはならない。

2　何人も、前項の規定に違反してされる寄附であることを知りながら、これを受けてはならない。

【罰則】一項＝二六条の三第一号、二項＝二六条の三第二号

---

**令**（法第二十二条の四第一項の政令で定める欠損）

**第二二条**　法第二十二条の四第一項に規定する政令で定める欠損は、会社の確定した決算における貸借対照表に記載された純資産額から当該貸借対照表に記載された資本金その他の総務省令で定めるものの額の合計額を控除した額が零に満たない場合におけるその満たない部分の額とする。

**法**〔罰則〕

**第二六条の三**　次の各号の一に該当する者は、五十万円以下の罰金に処する。

一　第二十二条の四第一項の規定に違反して寄附をした会社の役職員として当該違反行為をした者

二　第二十二条の四第二項の規定に違反して寄附を受けた者（団体にあつては、その役職員又は構成員として当該違反行為をし

**第二二条の五**　何人も、外国人、外国法人又はその主たる構成員が外国人若しくは外国法人である団体その他の組織（金融商品取引法第二条第十六項に規定する金融商品取引所（以下この項において単に「金融商品取引所」という。）に上場されている株式を発行している株式会社のうち定時株主総会において議決権を行使することができる者を定めるための会社法（平成十七年法律第八十六号）第百二十四条第一項に規定する基準日（以下この項において「定時株主総会基準日」という。）を定めた株式会社であつて直近の定時株主総会基準日が一年以内にあつたものにあつては、当該定時株主総会基準日において外国人又は外国法人が発行済株式の総数の過半数に当たる株式を保有していたもの）から、政治活動に関する寄附を受けてはならない。ただし、日本法人であつて、その発行する株式が金融商品取引所において五年以上継続して上場されているもの（新設合併又は株式移転により設立された株式会社（当該新設合併により消滅した会社又は当該株式移転をした会社のすべてが株式会社であり、かつ、それらの発行していた株式が当該新設合併又は当該株式移転に伴い上場を廃止されるまで金融商品取引所において上場されていたものに限る。）のうちその発行する株式が当該新設合併又は当該株式移転に伴い金融商品取引所において上場されてから継続して上場されており、かつ、上場されている期間が五年に満たないものであつて、当該上場されている期間と、当該新設合併又は当該株式移転に伴い上場を廃止された株式がその上場を廃止されるまで金融商品取引所に

た者）

三～五　略

【関係罰則】二八条一・三・四項（公民権停止）、二八条の二（没収）、二八条の三第一・三項（両罰）

**法**（罰則）

**第二六条の二**　次の各号の一に該当する者は、三年以下の禁錮又は五十万円以下の罰金に処する。

一・二　略

三　第二十二条の三第六項、第二十二条の五第一項又は第二十二条の六第三項の規定に違反して寄附を受けた者（団体にあつては、その役職員又は構成員として当該違反行為をした者）

四～六　略

【関係罰則】二七条一項（併科）、二八条（公民権停止）、二八条の二（没収）、二八条の三第一・三項（両罰）

おいて継続して上場されていた期間のうち最も短いものとを合算した期間が五年以上であるものを含む。)がする寄附については、この限りでない。

2　前項本文に規定する者であつて同項ただし書に規定するものは、政治活動に関する寄附をするときは、同項本文に規定する者であつて同項ただし書に規定するものである旨を、文書で、当該寄附を受ける者に通知しなければならない。

【罰則】一項＝二六条の二第三号

**第二二条の六**　何人も、本人の名義以外の名義又は匿名で、政治活動に関する寄附をしてはならない。

2　前項及び第四項の規定(匿名寄附の禁止に係る部分に限る。)は、街頭又は一般に公開される演説会若しくは集会の会場において政党又は政治資金団体に対してする寄附でその金額が千円以下のものについては、適用しない。

3　何人も、第一項の規定に違反してされる寄附を受けてはならない。

4　第一項の寄附に係る金銭又は物品の提供があつたときは、当該金銭又は物品の所有権は、国庫に帰属するものとし、その保管者は、政令で定めるところにより、速やかにこれを国庫に納付する手続をとらなければならない。

5　前項に規定する国庫への納付に関する事務は、政令で定めるところにより、都道府県知事が行うこととする。

【罰則】一項＝二六条の二第四号、三項＝二六条の二第三号

**(政治資金団体に係る寄附の方法の制限)**

**第二二条の六の二**　何人も、政治資金団体の預金又は貯金の口座への振込みによることなく、政治資金団体に対して寄附をしてはならない。ただし、その金額が千円以下の寄附及び不動産の譲渡又

---

**法**〔罰則〕

**第二六条の二**　次の各号の一に該当する者は、三年以下の禁錮又は五十万円以下の罰金に処する。

一・二　略

三　第二十二条の三第六項、第二十二条の五第一項又は第二十二条の六第三項の規定に違反して寄附を受けた者(団体にあつては、その役職員又は構成員として当該違反行為をした者)

四　第二十二条の六第一項の規定に違反して寄附をした者(団体にあつては、その役職員又は構成員として当該違反行為をした者)

五・六　略

【関係罰則】二七条一項(併科)、二八条(公民権停止)、二八条の二(没収)、二八条の三第一・三項(両罰)

は貸付け（地上権の設定を含む。）による寄附については、この限りでない。

2　政治資金団体は、その寄附を受ける者の預金又は貯金の口座への振込みによることなく、政治活動に関する寄附をしてはならない。前項ただし書の規定は、この場合について準用する。

3　何人も、前二項の規定に違反してされる寄附を受けてはならない。

4　第一項若しくは第二項の規定に違反してされる寄附に係る金銭若しくは物品の提供があつたとき又は前項の規定に違反して金銭若しくは物品による寄附を受けたときは、これらの金銭又は物品の所有権は、国庫に帰属するものとし、その保管者又は当該寄附を受けた者は、政令で定めるところにより、速やかにこれを国庫に納付する手続をとらなければならない。

5　前条第五項の規定は、前項の場合について準用する。

（寄附のあつせんに関する制限）

**第二十二条の七**　何人も、政治活動に関する寄附に係る寄附のあつせんをする場合において、相手方に対し業務、雇用その他の関係又は組織の影響力を利用して威迫する等不当にその意思を拘束するような方法で、当該寄附のあつせんに係る行為をしてはならない。

2　政治活動に関する寄附に係る寄附のあつせんをする者は、いかなる方法をもつてするを問わず、寄附をしようとする者の意思に反して、その者の賃金、工賃、下請代金その他性質上これらに類するものからの控除による方法で、当該寄附を集めてはならない。

【罰則】　一項＝二六条の四第一号、二項＝二六条の五第一号

---

**法**〔罰則〕

**第二十六条の四**　次の各号の一に該当する者は、六月以下の禁錮又は三十万円以下の罰金に処する。

一　第二十二条の七第一項の規定に違反して寄附のあつせんに係る行為をした者（団体にあつては、その役職員又は構成員として当該違反行為をした者）

二～四　略

【関係罰則】　二七条一項（併科）、二八条（公民権停止）、二八条の二（没収）、二八条の三第一・三項（両罰）

**法**〔罰則〕

**第二十六条の五**　次の各号の一に該当する者（団体にあつては、その役職員又は構成員として当該違反行為をした者）は、二十万円以下の罰金に処する。

（政治資金パーティーの対価の支払に関する制限）

**第二二条の八**　政治資金パーティーを開催する者は、一の政治資金パーティーにつき、同一の者から、百五十万円を超えて、当該政治資金パーティーの対価の支払を受けてはならない。

2　政治資金パーティーを開催する者は、当該政治資金パーティーの対価の支払を受けようとするときは、あらかじめ、当該対価の支払をする者に対し、当該対価の支払が政治資金パーティーの対価の支払である旨を書面により告知しなければならない。

3　何人も、政治資金パーティーの対価の支払をする場合において、一の政治資金パーティーにつき、百五十万円を超えて、当該政治資金パーティーの対価の支払をしてはならない。

4　第二十二条の六第一項及び第三項並びに前条の規定は、政治資金パーティーの対価の支払について準用する。この場合において、第二十二条の六第一項中「政治活動に関する寄附」とあり、及び同条第三項中「寄附」とあるのは「政治資金パーティーの対価の支払」と、前条第一項中「政治活動に関する寄附に係る寄附のあつせん」とあるのは「政治資金パーティーの対価の支払のあつせん」と、「当該寄附のあつせん」とあるのは「当該対価の支払のあつせん」と、同条第二項中「政治活動に関する寄附に係る寄附のあつせん」とあるのは「政治資金パーティーの対価の支払のあつせん」と、「、寄附」とあるのは「、対価の支払」と、「当該寄附」とあるのは「当該対価として支払われる金銭等」と読み替えるものとする。

---

一　第二十二条の七第二項の規定に違反して寄附を集めた者

二　略

【関係罰則】　二八条一・三・四項（公民権停止）、二八条の三第一・三項（両罰）

**法**〔罰則〕

**第二六条の二**　次の各号の一に該当する者は、三年以下の禁錮又は五十万円以下の罰金に処する。

一～四　略

五　第二十二条の八第四項において準用する第二十二条の六第一項の規定に違反して対価の支払をした者（団体にあつては、その役職員又は構成員として当該違反行為をした者）

六　第二十二条の八第四項において準用する第二十二条の六第三項の規定に違反して対価の支払を受けた者（団体にあつては、その役職員又は構成員として当該違反行為をした者）

【関係罰則】　二七条一項（併科）、二八条（公民権停止）、二八条の二（没収）、二八条の三第一・三項（両罰）

**法**〔罰則〕

**第二六条の三**　次の各号の一に該当する者は、五十万円以下の罰金に処する。

一・二　略

三　第二十二条の八第一項の規定に違反して対価の支払を受けた者（団体にあつては、その役職員又は構成員として当該違反行為をした者）

四　第二十二条の八第二項の規定に違反して告知をしなかつた者（団体にあつては、その役職員又は構成員として当該違反行為をした者）

五　第二十二条の八第三項の規定に違反して対価の支払をした者

5　第二項に規定する告知に係る書面に記載すべき文言については、総務省令で定める。

【罰則】一項＝二六条の三第三号、二項＝二六条の三第四号、三項＝二六条の三第五号、四項において準用する二二条の六第一項＝二六条の二第五号、四項において準用する二二条の六第三項＝二六条の二第六号、四項において準用する二二条の七第一項＝二六条の四第二号、四項において準用する二二条の七第二項＝二六条の五第二号

（団体にあつては、その役職員又は構成員として当該違反行為をした者）

【関係罰則】二八条一・三・四項（公民権停止）、二八条の二（没収）、二八条の三第一・三項（両罰）

**法**（罰則）

**第二六条の四**　次の各号の一に該当する者は、六月以下の禁錮又は三十万円以下の罰金に処する。

一　略

二　第二十二条の八第四項において準用する第二十二条の七第一項の規定に違反して対価の支払のあつせんに係る行為をした者（団体にあつては、その役職員又は構成員として当該違反行為をした者）

三・四　略

【関係罰則】二七条一項（併科）、二八条（公民権停止）、二八条の二（没収）、二八条の三第一・三項（両罰）

**法**（罰則）

**第二六条の五**　次の各号の一に該当する者（団体にあつては、その役職員又は構成員として当該違反行為をした者）は、二十万円以下の罰金に処する。

一　略

二　第二十二条の八第四項において準用する第二十二条の七第二項の規定に違反して対価として支払われる金銭等を集めた者

【関係罰則】二八条一・三・四項（公民権停止）、二八条の三第一・三項（両罰）

**規（政治資金パーティーを告知する文言）**

**第三九条**　法第二十二条の八第五項に規定する総務省令で定める文言は、「この催物は、政治資金規正法第八条の二に規定する政治

（政治活動に関する寄附又は政治資金パーティーの対価の支払への公務員の関与等の制限）

**第二二条の九**　国若しくは地方公共団体の公務員又は行政執行法人（独立行政法人通則法（平成十一年法律第百三号）第二条第四項に規定する行政執行法人をいう。以下同じ。）若しくは特定地方独立行政法人（地方独立行政法人法（平成十五年法律第百十八号）第二条第二項に規定する特定地方独立行政法人をいう。以下同じ。）の職員で次に掲げるものは、その地位を利用して、政治活動に関する寄附を求め、若しくは受け、若しくは自己以外の者がする政治活動に関する寄附に関与し、又は政治資金パーティーに対価を支払つて参加することを求め、若しくは政治資金パーティーの対価の支払を受け、若しくは自己以外の者がするこれらの行為に関与してはならない。

一　国家公務員法第二条第二項に規定する一般職に属する職員（顧問、参与その他の非常勤職員で政令で定めるものを除く。）

二　裁判所職員臨時措置法（昭和二十六年法律第二百九十九号）に規定する裁判官及び裁判官の秘書官以外の裁判所職員（非常勤職員で最高裁判所の規則で定めるものを除く。）

三　国会職員法（昭和二十二年法律第八十五号）第一条に規定する国会職員（同法第二十四条の三に規定する国会職員及び両議院の議長が協議して定める非常勤職員を除く。）

四　自衛隊法（昭和二十九年法律第百六十五号）第二条第五項に規定する隊員（同法第七十一条第一項の規定による訓練招集命令により招集されている者以外の予備自衛官、同法第七十五条の五第一項の規定による訓練招集命令により招集されている者以外の即応予備自衛官及び同法第七十五条の十一第一項の規定

資金パーティーです。」とする。

**法**〔罰則〕

**第二六条の四**　次の各号の一に該当する者は、六月以下の禁錮又は三十万円以下の罰金に処する。

一・二　略

三　第二十二条の九第一項の規定に違反して政治活動に関する寄附を求め、若しくは受け、若しくは自己以外の者がする政治活動に関する寄附に関与し、又は政治資金パーティーに対価を支払つて参加することを求め、若しくは政治資金パーティーの対価の支払を受け、若しくは自己以外の者がするこれらの行為に関与した者

四　第二十二条の九第二項の規定に違反して同条第一項各号に掲げる国若しくは地方公共団体の公務員又は行政執行法人若しくは特定地方独立行政法人の職員に対し同項の規定により当該公務員又は職員がしてはならない行為をすることを求めた者（団体にあつては、その役職員又は構成員として当該違反行為をした者）

【関係罰則】　二七条一項（併科）、二八条（公民権停止）、二八条の二（没収）、二八条の三第一・三項（両罰）

による教育訓練招集命令により招集されている者以外の予備自衛官補を除く。）

五　地方公務員法第三条第二項に規定する一般職に属する職員（地方公営企業等の労働関係に関する法律（昭和二十七年法律第二百八十九号）第三条第四号に規定する職員で政令で定めるもの及び同法附則第五項に規定する単純な労務に雇用される職員を除く。）

六　地方公営企業法（昭和二十七年法律第二百九十二号）第七条に規定する管理者

2　何人も、前項各号に掲げる国若しくは地方公共団体の公務員又は行政執行法人若しくは特定地方独立行政法人の職員に対し、同項の規定により当該公務員又は職員がしてはならない行為をすることを求めてはならない。

【罰則】　一項＝二六条の四第三号、二項＝二六条の四第四号

## 第六章　罰則

**第二三条**　政治団体が第八条の規定に違反して寄附を受け又は支出をしたときは、当該政治団体の役職員又は構成員として当該違反行為をした者は、五年以下の禁錮又は百万円以下の罰金に処する。

【関係罰則】　二七条一項、二八条、二八条の二、二八条の三

**第二四条**　次の各号の一に該当する者（会社、政治団体その他の団体（以下この章において「団体」という。）にあつては、その役職員又は構成員として当該違反行為をした者）は、三年以下の禁錮又は五十万円以下の罰金に処する。

一　第九条の規定に違反して会計帳簿を備えず、又は同条、第十八条第三項若しくは第十九条の四の規定に違反して第九条第一

項の会計帳簿に記載すべき事項の記載をせず、若しくはこれに虚偽の記入をした者
二　第十条の規定に違反して明細書の提出をせず、又はこれに記載すべき事項の記載をせず、若しくはこれに虚偽の記入をした者
三　第十一条の規定に違反して領収書等を徴せず、若しくはこれを送付せず、又はこれに虚偽の記入をした者
四　第十六条第一項（第十九条の十一第二項の規定により読み替えて適用する場合を含む。）の規定に違反して会計帳簿、明細書、領収書等、領収書等を徴し難かつた支出の明細書等又は振込明細書を保存しない者
五　第十六条第一項（第十九条の十一第二項の規定により読み替えて適用する場合を含む。）の規定により保存すべき会計帳簿、明細書、領収書等、領収書等を徴し難かつた支出の明細書等又は振込明細書に虚偽の記入をした者
六　第十五条の規定による引継ぎをしない者
七　第三十一条の規定により求められた説明を拒み、若しくは虚偽の説明をし、又は同条の規定による命令に違反して同条の報告書等の訂正を拒み、若しくはこれらに虚偽の訂正をした者

【関係罰則】二七条、二八条

**第二五条**　次の各号の一に該当する者は、五年以下の禁錮又は百万円以下の罰金に処する。
一　第十二条又は第十七条の規定に違反して報告書又はこれに併せて提出すべき書面の提出をしなかつた者
一の二　第十九条の十四の規定に違反して、政治資金監査報告書の提出をしなかつた者
二　第十二条、第十七条、第十八条第四項又は第十九条の五の規定に違反して第十二条第一項若しくは第十七条第一項の報告書又はこれに併せて提出すべき書面に記載すべき事項の記載をしなかつた者
三　第十二条第一項若しくは第十七条第一項の報告書又はこれに併せて提出すべき書面に虚偽の記入をした者
2　前項の場合（第十七条の規定に係る違反の場合を除く。）において、政治団体の代表者が当該政治団体の会計責任者の選任及び監督について相当の注意を怠つたときは、五十万円以下の罰金に処する。

【関係罰則】二七条、二八条

**第二六条**　次の各号の一に該当する者（団体にあつては、その役職員又は構成員として当該違反行為をした者）は、一年以下の禁錮又は五十万円以下の罰金に処する。
一　第二十一条第一項、第二十一条の二第一項、第二十一条の三第一項及び第二項若しくは第三項又は第二十二条第一項若しくは第二項の規定に違反して寄附をした者
二　第二十一条第三項の規定に違反して寄附をすることを勧誘し、又は要求した者

三　第二十二条の二の規定に違反して寄附を受けた者

【関係罰則】二七条一項、二八条、二八条の二、二八条の三第一・三項

**第二十六条の二**　次の各号の一に該当する者は、三年以下の禁錮又は五十万円以下の罰金に処する。

一　第二十二条の三第一項又は第二項（これらの規定を同条第四項において準用する場合を含む。）の規定に違反して寄附をした会社その他の法人の役職員として当該違反行為をした者

二　第二十二条の三第五項の規定に違反して寄附をすることを勧誘し、又は要求した者（団体にあつては、その役職員又は構成員として当該違反行為をした者）

三　第二十二条の三第六項、第二十二条の五第一項又は第二十二条の六第三項の規定に違反して寄附を受けた者（団体にあつては、その役職員又は構成員として当該違反行為をした者）

四　第二十二条の六第一項の規定に違反して寄附をした者（団体にあつては、その役職員又は構成員として当該違反行為をした者）

五　第二十二条の八第四項において準用する第二十二条の六第一項の規定に違反して対価の支払をした者（団体にあつては、その役職員又は構成員として当該違反行為をした者）

六　第二十二条の八第四項において準用する第二十二条の六第三項の規定に違反して対価の支払を受けた者（団体にあつては、その役職員又は構成員として当該違反行為をした者）

【関係罰則】二七条一項、二八条、二八条の二、二八条の三第一・三項

**第二十六条の三**　次の各号の一に該当する者は、五十万円以下の罰金に処する。

一　第二十二条の四第一項の規定に違反して寄附をした会社の役職員として当該違反行為をした者

二　第二十二条の四第二項の規定に違反して寄附を受けた者（団体にあつては、その役職員又は構成員として当該違反行為をした者）

三　第二十二条の八第一項の規定に違反して対価の支払を受けた者（団体にあつては、その役職員又は構成員として当該違反行為をした者）

四　第二十二条の八第二項の規定に違反して告知をしなかつた者（団体にあつては、その役職員又は構成員として当該違反行為をした者）

五　第二十二条の八第三項の規定に違反して対価の支払をした者（団体にあつては、その役職員又は構成員として当該違反行為をした者）

【関係罰則】二八条一・三・四項、二八条の二、二八条の三第一・三項

**第二十六条の四**　次の各号の一に該当する者は、六月以下の禁錮又は三十万円以下の罰金に処する。

一　第二十二条の七第一項の規定に違反して寄附のあつせんに係る行為をした者（団体にあつては、その役職員又は構成員として当該違反行為をした者）

二　第二十二条の八第四項において準用する第二十二条の七第一項の規定に違反して対価の支払のあつせんに係る行為をした者（団体にあつては、その役職員又は構成員として当該違反行為をした者）

三　第二十二条の九第一項の規定に違反して政治活動に関する寄附を求め、若しくは受け、若しくは自己以外の者がする政治活動に関する寄附に関与し、又は政治資金パーティーに対価を支払つて参加することを求め、若しくは政治資金パーティーの対価の支払を受け、若しくは自己以外の者がするこれらの行為に関与した者

四　第二十二条の九第二項の規定に違反して同条第一項各号に掲げる国若しくは地方公共団体の公務員又は行政執行法人若しくは特定地方独立行政法人の職員に対し同項の規定により当該公務員又は職員がしてはならない行為をすることを求めた者（団体にあつては、その役職員又は構成員として当該違反行為をした者）

【関係罰則】　二七条一項、二八条、二八条の二、二八条の三第一・三項

**第二十六条の五**　次の各号の一に該当する者（団体にあつては、その役職員又は構成員として当該違反行為をした者）は、二十万円以下の罰金に処する。

一　第二十二条の七第二項の規定に違反して寄附を集めた者

二　第二十二条の八第四項において準用する第二十二条の七第二項の規定に違反して対価として支払われる金銭等を集めた者

【関係罰則】　二八条一・三・四項、二八条の三第一・三項

**第二十六条の六**　第十九条の十三第三項の政治資金監査報告書に虚偽の記載をした者は、三十万円以下の罰金に処する。

**第二十六条の七**　第十九条の二十八又は第十九条の三十二第七項の規定に違反して秘密を漏らした者は、一年以下の懲役又は五十万円以下の罰金に処する。

**第二十七条**　第二十三条、第二十四条、第二十五条第一項、第二十六条、第二十六条の二及び第二十六条の四の罪を犯した者には、情状により、禁錮及び罰金を併科することができる。

2　重大な過失により、第二十四条及び第二十五条第一項の罪を犯した者も、これを処罰するものとする。ただし、裁判所は、情状により、その刑を軽減することができる。

【関係罰則】　二八条

**第二八条**　第二十三条から第二十六条の五まで及び前条第二項の罪を犯し罰金の刑に処せられた者は、その裁判が確定した日から五年間（刑の執行猶予の言渡しを受けた者については、その裁判が確定した日から刑の執行を受けることがなくなるまでの間）、公職選挙法に規定する選挙権及び被選挙権を有しない。

２　第二十三条、第二十四条、第二十五条第一項、第二十六条、第二十六条の二、第二十六条の四及び前条第二項の罪を犯し禁錮の刑に処せられた者は、その裁判が確定した日から刑の執行を終わるまでの間若しくは刑の時効による場合を除くほか刑の執行の免除を受けるまでの間及びその後五年間又はその裁判が確定した日から刑の執行を受けることがなくなるまでの間、公職選挙法に規定する選挙権及び被選挙権を有しない。

３　裁判所は、情状により、刑の言渡しと同時に、第一項に規定する者に対し同項の五年間若しくは刑の執行猶予中の期間について選挙権及び被選挙権を有しない旨の規定を適用せず、若しくはその期間のうちこれを適用すべき期間を短縮する旨を宣告し、又は前項に規定する者に対し同項の五年間若しくは刑の執行猶予の言渡しを受けた場合にあつてはその執行猶予中の期間のうち選挙権及び被選挙権を有しない旨の規定を適用すべき期間を短縮する旨を宣告することができる。

４　公職選挙法第十一条第三項の規定は、前三項の規定により選挙権及び被選挙権を有しなくなるべき事由が生じ、又はその事由がなくなつたときについて準用する。この場合において、同条第三項中「第一項又は第二百五十二条」とあるのは、「政治資金規正法第二十八条」と読み替えるものとする。

**第二八条の二**　第二十三条、第二十六条第三号、第二十六条の二第三号、第二十六条の三第二号及び第二十六条の四第三号の規定の違反行為により受けた寄附に係る財産上の利益（第二十二条の六第四項に規定する寄附に係る金銭又は物品を除く。）は、没収する。その全部又は一部を没収することができないときは、その価額を追徴する。

**第二八条の三**　団体の役職員又は構成員が、第二十三条及び第二十六条から第二十六条の五までの規定の違反行為をしたときは、その行為者を罰するほか、その団体に対して当該各条の罰金刑を科する。

２　前項の規定により第二十三条の違反行為につき団体に罰金刑を科する場合における時効の期間は、同条の罪についての時効の期間による。

３　法人でない団体について第一項の規定の適用がある場合には、その代表者がその訴訟行為につきその団体を代表するほか、法人を被告人又は被疑者とする場合の刑事訴訟に関する法律の規定を準用する。

## 第七章　補則

（報告書の真実性の確保のための措置）

**第二九条**　第十二条第一項又は第十七条第一項の規定による報告書を提出する者は、これらにそれぞれ真実の記載がされていることを誓う旨の文書を添えなければならない。

**第三〇条**　削除

（監督上の措置）

**第三一条**　総務大臣又は都道府県の選挙管理委員会は、この法律の規定により提出された届出書類、報告書若しくはこれに添付し、若しくは併せて提出すべき書面（以下この条において「報告書等」という。）に形式上の不備があり、又はこれらに記載すべき事項の記載が不十分であると認めるときは、当該報告書等を提出した者に対して、説明を求め、又は当該報告書等の訂正を命ずることができる。

【罰則】二四条七号

（政治資金の規正に関する事務に係る国庫の負担）

**第三二条**　次の各号に掲げる経費は、国庫の負担とする。

一　第十九条の十六の規定による少額領収書等の写しの開示に要する費用

二　第二十条の規定による公表に要する費用

三　第二十条の二第一項の規定による報告書、書面（第十二条第二項の規定によるものに限る。）及び政治資金監査報告書の保存に要する費用

四　第二十条の二第二項の規定による報告書の閲覧の施設のため

---

**法**〔罰則〕

**第二四条**　次の各号の一に該当する者（会社、政治団体その他の団体（以下この章において「団体」という。）にあつては、その役職員又は構成員として当該違反行為をした者）は、三年以下の禁錮又は五十万円以下の罰金に処する。

一～六　略

七　第三十一条の規定により求められた説明を拒み、若しくは虚偽の説明をし、又は同条の規定による命令に違反して同条の報告書等の訂正を拒み、若しくはこれらに虚偽の訂正をした者

【関係罰則】二七条（併科・重大な過失）、二八条（公民権停止）

に要する費用

**（電子情報処理組織を使用する方法により行う届出等の特例）**

**第三二条の二**　第六条第一項（同条第五項において準用する場合を含む。）若しくは第二項、第六条の三、第七条第一項、第十二条第一項若しくは第二項（第十七条第四項において準用する場合を含む。）、第十四条第一項（第十七条第四項において準用する場合を含む。）、第十七条第一項、第十八条第五項、第十九条第二項、第三項若しくは第四項、第十九条の十四又は第二十九条の規定（以下この条において「届出等関係規定」という。）による届出、提出又は添付のうち総務大臣に対するものは、情報通信技術を活用した行政の推進等に関する法律第六条第一項の規定により同項に規定する電子情報処理組織を使用する方法により行うときは、届出等関係規定にかかわらず、都道府県の選挙管理委員会を経て行うことを要しない。

**（民間事業者等が行う書面の保存等における情報通信の技術の利用に関する法律の適用除外）**

**第三二条の三**　第十六条（第十九条の十一第二項の規定により読み替えて適用する場合を含む。）及び第十九条の三第二項の規定により保存すべき書類については、民間事業者等が行う書面の保存等における情報通信の技術の利用に関する法律（平成十六年法律第百四十九号）第三条及び第四条の規定は、適用しない。

**（課税の特例）**

**第三二条の四**　個人が政治活動に関する寄附をした場合において、当該寄附についてこの法律又は公職選挙法の規定による報告がされたときは、租税特別措置法で定めるところにより、当該個人に対する所得税の課税について特別の措置を講ずる。

**（政令への委任）**

第三三条　この法律の実施のための手続その他その施行に関し必要な事項は、政令で定める。

（事務の区分）

第三三条の二　この法律の規定により都道府県が処理することとされている事務のうち、次に掲げるものは、地方自治法第二条第九項第一号に規定する第一号法定受託事務とする。

一　第六条第一項（同条第五項において準用する場合を含む。）、第六条の三、第七条第一項、第七条の二第一項及び第二項（第十七条第四項において準用する場合を含む。）、第七条の三第一項、第十二条第一項、第十七条第一項及び第三項、第十八条第五項、第十九条第二項及び第三項、第十九条の二、第十九条の十六、第二十条第一項及び第三項、第二十条の二、第二十二条の六第五項（第二十二条の六の二第五項において準用する場合を含む。）並びに第三十一条の規定により都道府県が処理することとされている事務

二　第十八条第一項において適用する第六条第一項、第六条の三、第七条第一項、第七条の二第一項及び第二項（第十八条第一項において適用する第十七条第四項において準用する場合を含む。）、第七条の三第一項、第十二条第一項並びに第十七条第一項及び第三項の規定により都道府県が処理することとされている事務

三　第十八条の二第一項において適用する第六条第一項、第六条の三、第七条第一項、第七条の三第一項、第十二条第一項及び第十七条第一項の規定により都道府県が処理することとされている事務

２　第二十八条第四項において準用する公職選挙法第十一条第三項の規定により市町村が処理することとされている事務は、地方自治法第二条第九項第一号に規定する第一号法定受託事務とする。

附　則　略

# ○政党助成法

（平成六年二月四日
法律第五号）

改正　平五・一一・一二法八九、平六・三・一一法一三、一一・二五法一〇六、平七・一二・二〇法一三六、平一一・七・一六法八七、一二・二二法一六〇、平一四・一二・一三法一五二、平一五・六・六法六七、平一六・六・一八法一二四、一二・一法一五〇、平一八・一二・二〇法一一三、平一九・六・二七法九九、平二六・五・三〇法四二、六・一三法六九、令元・五・三一法一六

注　令和四年六月一七日法律第六八号の改正は、令和四年六月一七日から起算して三年を超えない範囲内において政令で定める日から施行のため、改正を加えてありません。

〈二段対照部分の略号〉
法……政党助成法（罰則）

政党助成法をここに公布する。

政党助成法

目次

## 第一章　総則

（目的）

**第一条**　この法律は、議会制民主政治における政党の機能の重要性にかんがみ、国が政党に対し政党交付金による助成を行うこととし、このために必要な政党の要件、政党の届出その他政党交付金の交付に関する手続を定めるとともに、その使途の報告その他必要な措置を講ずることにより、政党の政治活動の健全な発達の促進及びその公明と公正の確保を図り、もって民主政治の健全な発展に寄与することを目的とする。

（政党の定義）

**第二条**　この法律において「政党」とは、政治団体（政治資金規正法（昭和二十三年法律第百九十四号）第三条第一項に規定する政治団体をいう。以下同じ。）のうち、次の各号のいずれかに該当するものをいう。

一　当該政治団体に所属する衆議院議員又は参議院議員を五人以上有するもの

二　前号の規定に該当する政治団体に所属していない衆議院議員又は参議院議員を有するもので、直近において行われた衆議院議員の総選挙（以下単に「総選挙」という。）における小選挙区選出議員の選挙若しくは比例代表選出議員の選挙又は直近において行われた参議院議員の通常選挙（以下単に「通常選挙」という。）若しくは当該通常選挙の直近において行われた通常選挙における比例代表選出議員の選挙若しくは選挙区選出議員の選挙における当該政治団体の得票総数が当該選挙における有効投票の総数の百分の二以上であるもの

2　前項各号の規定は、他の政党（政治資金規正法第六条第一項（同条第五項において準用する場合を含む。）の規定により政党である旨の届出をしたものに限る。）に所属している衆議院議員又は参議院議員が所属している政治団体については、適用しない。

（政党に対する政党交付金の交付等）

**第三条**　国は、この法律の定めるところにより、政党交付金の交付を受ける政党等に対する法人格の付与に関する法律（平成六年法律第百六号。以下「法人格付与法」という。）第四条第一項の規定による法人である政党に対して、政党交付金を交付する。

2　政党交付金は、議員数割（政党に所属する衆議院議員及び参議院議員の数に応じて交付される政党交付金をいう。以下同じ。）及び得票数割（総選挙の小選挙区選出議員の選挙及び比例代表選出議員の選挙並びに通常

選挙の比例代表選出議員の選挙及び選挙区選出議員の選挙における政党の得票総数に応じて交付される政党交付金をいう。以下同じ。）とする。

**（この法律の運用等）**

**第四条**　国は、政党の政治活動の自由を尊重し、政党交付金の交付に当たっては、条件を付し、又はその使途について制限してはならない。

２　政党は、政党交付金が国民から徴収された税金その他の貴重な財源で賄われるものであることに特に留意し、その責任を自覚し、その組織及び運営については民主的かつ公正なものとするとともに、国民の信頼にもとることのないように、政党交付金を適切に使用しなければならない。

## 第二章　政党の届出

**（政党交付金の交付を受ける政党の届出）**

**第五条**　政党交付金の交付を受けようとする政党は、その年の一月一日（同日が前年において行われた総選挙又は通常選挙に係る次条第一項の選挙基準日前にある場合には、当該選挙基準日とする。以下「基準日」という。）現在における次に掲げる事項を、基準日の翌日から起算して十五日以内に、総務大臣に届け出なければならない。

一　名称（略称を用いている場合には、名称及びその略称）

二　主たる事務所の所在地

三　代表者、会計責任者及び会計責任者に事故があり又は会計責任者が欠けた場合にその職務を行うべき者それぞれ一人の氏名、住所、生年月日及び選任年月日

四　会計監査を行うべき者の氏名、住所、生年月日及び選任年月日

五　所属する衆議院議員又は参議院議員の氏名、住所及び衆議院の小選挙区選出議員若しくは比例代表選出議員又は参議院の比例代表選出議員若しくは選挙区選出議員の別並びに当該衆議院議員又は参議院議員が選出された選挙の期日

六　次に掲げる得票総数

イ　直近において行われた総選挙（以下この号及び第八条第三項において「前回の総選挙」という。）の小選挙区選出議員の選挙における当該政党の得票総数

ロ　前回の総選挙の比例代表選出議員の選挙における当該政党の得票総数
ハ　直近において行われた通常選挙（以下この号及び第八条第三項において「前回の通常選挙」という。）及び当該前回の通常選挙の直近において行われた通常選挙（以下この号及び第八条第三項において「前々回の通常選挙」という。）の比例代表選出議員の選挙における当該政党のそれぞれの得票総数
ニ　前回の通常選挙及び前々回の通常選挙の選挙区選出議員の選挙における当該政党のそれぞれの得票総数
七　支部を有する場合にあっては、当該支部の数、名称及び主たる事務所の所在地並びに代表者、会計責任者及び会計責任者に事故があり又は会計責任者が欠けた場合にその職務を行うべき者それぞれ一人の氏名及び住所
八　その他総務省令で定める事項

2　政党は、前項の規定による届出をする場合には、次に掲げる文書を併せて提出しなければならない。
一　綱領その他の当該政党の目的、基本政策等を記載した文書
二　党則、規約その他の当該政党の組織、管理運営等に関する事項を記載した文書
三　当該政党に所属する衆議院議員又は参議院議員としてその氏名その他の前項第五号に掲げる事項を記載されることについての当該衆議院議員又は参議院議員の承諾書及び同項の規定による届出において当該政党以外の政党に所属している者としてその氏名その他の同号に掲げる事項を記載されていないことを当該衆議院議員又は参議院議員が誓う旨の宣誓書
四　その他総務省令で定める事項を記載した文書

3　政党は、第一項の規定により届け出た事項に異動があったときは、基準日後に総選挙又は通常選挙が行われた場合及び政党が解散し、若しくは目的の変更その他により政治団体でなくなり、又は第二条第一項各号のいずれにも該当しない政治団体となった場合を除き、その異動の日の翌日から起算して七日以内に、その異動に係る事項を第一項の規定の例により届け出なければならない。前項の規定により政党が提出した文書の内容に異動があったときも、同様とする。

4　第一項の規定による届出があったときは、総務大臣は、同項各号に掲げる事項（同項第七号に掲げる事項については、支部の数とする。）を告示しなければならない。これらの事項につき前項前段の規定による届出があったときも、同様とする。

**（総選挙又は通常選挙が行われた場合の届出）**

**第六条**　政党交付金の交付を受けようとする政党は、その年において総選挙又は通常選挙が行われた場合には、

当該選挙により選出された衆議院議員若しくは参議院議員の任期を起算する日（以下この項において「任期の初日」という。）又は当該選挙の期日の翌日（以下この項において「選挙の翌日」という。）のうちいずれか遅い日（当該選挙に係る公示の日から任期の初日又は選挙の翌日のうちいずれか遅い日までの間に他の総選挙又は通常選挙に係る公示の日から任期の初日又は選挙の翌日のうちいずれか遅い日までの期間がかかる場合には、これらの選挙に係る任期の初日又は選挙の翌日のうち最も遅い日とする。以下「選挙基準日」という。）現在における前条第一項各号に掲げる事項を、選挙基準日の翌日から起算して十五日以内に、総務大臣に届け出なければならない。

2　前条第二項から第四項までの規定は、前項の届出について準用する。この場合において、同条第三項中「基準日」とあるのは、「当該届出に係る次条第一項の選挙基準日」と読み替えるものとする。

3　第一項並びに前項において準用する前条第二項及び第三項の場合において、政党は、同条第一項、同条第三項前段（前項において準用する場合を含む。）若しくは第一項の規定により既に届け出た事項又は同条第二項若しくは第三項後段（これらの規定を前項において準用する場合を含む。）の規定により既に提出した文書の内容に異動がないときは、第一項並びに前項において準用する同条第二項及び第三項の規定にかかわらず、総務省令で定めるところにより、これらの規定により届け出るべき事項又は提出すべき文書の一部を省略することができる。

4　第一項の規定は、選挙基準日がその年の十二月に属する場合には、適用しない。

## 第三章　政党交付金の算定等

（政党交付金の総額等）

**第七条**　毎年分として各政党に対して交付すべき政党交付金の算定の基礎となる政党交付金の総額は、基準日における人口（基準日の直近において官報で公示された国勢調査の結果による確定数をいう。）に二百五十円を乗じて得た額を基準として予算で定める。

2　毎年分の議員数割及び得票数割の総額は、前項の総額のそれぞれ二分の一に相当する額とする。

**（政党交付金の額の算定）**

**第八条**　毎年分として各政党（その年分について第五条第一項の届出（第六条第一項の規定の適用がある場合にあっては、同項の届出）をしたものに限る。以下この条において同じ。）に対して交付すべき政党交付金の額は、次項に定める議員数割の額と第三項に定める得票数割の額とを合計した額とする。

２　各政党に対して交付すべき議員数割の額は、議員数割の総額に当該政党に所属する衆議院議員及び参議院議員の数を各政党に所属する衆議院議員及び参議院議員の数を合算した数で除して得た数を乗じて得た額とする。

３　各政党に対して交付すべき得票数割の額は、得票数割の総額の四分の一に相当する額に次に掲げる数をそれぞれ乗じて得た額を合計した額とする。

一　前回の総選挙の小選挙区選出議員の選挙における当該政党の得票総数を当該選挙における各政党の得票総数を合算した数で除して得た数

二　前回の総選挙の比例代表選出議員の選挙における当該政党の得票総数を当該選挙における各政党の得票総数を合算した数で除して得た数

三　次に掲げる数を合算した数の二分の一に相当する数

イ　前回の通常選挙の比例代表選出議員の選挙における当該政党の得票総数を当該選挙における各政党の得票総数を合算した数で除して得た数

ロ　前々回の通常選挙の比例代表選出議員の選挙における当該政党の得票総数を当該選挙における各政党の得票総数を合算した数で除して得た数

四　次に掲げる数を合算した数の二分の一に相当する数

イ　前回の通常選挙の選挙区選出議員の選挙における当該政党の得票総数を当該選挙における各政党の得票総数を合算した数で除して得た数

ロ　前々回の通常選挙の選挙区選出議員の選挙における当該政党の得票総数を当該選挙における各政党の得票総数を合算した数で除して得た数

**第九条**　その年分として各政党（その年分について第五条第一項の届出をしたものに限る。）に対して交付すべき政党交付金の額は、その年の基準日現在において前条の規定により算定した額（次項及び第二十七条第一項において「基準額」という。）とする。

２　前項の規定にかかわらず、同項の基準日の属する年において総選挙又は通常選挙が行われた場合においては、その年分として各政党（その年分について第五条第一項又は第六条第一項の届出をしたものに限る。以下この条において同じ。）に対して交付すべき政党交付金の額は、基準額にその年の一月から当該総選挙又は通常選挙に係る選挙基準日の属する月までの月数を乗じて得た額を十二で除して得た額（次項及び第二十七条第一項において「基準額の月割総額」という。）と、当該選挙基準日現在において算定された前条第一項の額（次項及び第二十七条第一項において「再算定額」という。）に当該選挙基準日の属する月の翌月からその年の十二月までの月数を乗じて得た額を十二で除して得た額とを合計した額とする。

3　前二項の規定にかかわらず、前項の選挙基準日の属する年において当該選挙基準日後に総選挙又は通常選挙が行われた場合においては、その年分として各政党に対して交付すべき政党交付金の額は、基準額の月割総額と、再算定額に当該再算定に係る選挙基準日の属する月の翌月から当該選挙基準日後に行われた総選挙又は通常選挙に係る選挙基準日（以下この条及び第二十七条第一項において「再々算定日」という。）の属する月までの月数を乗じて得た額を十二で除して得た額（第二十七条第一項において「再算定額の月割総額」という。）と、当該再々算定日現在において算定された前条第一項の額（第二十七条第一項において「再々算定額」という。）に当該再々算定日の属する月の翌月からその年の十二月までの月数を乗じて得た額を十二で除して得た額とを合計した額とする。

4　前三項の規定にかかわらず、再々算定日の属する年において当該再々算定日後に総選挙又は通常選挙が行われた場合においては、その年分として各政党に対して交付すべき政党交付金の額は、前項の規定の例により算定した額とする。

**（政党交付金の交付の決定等）**

**第一〇条**　総務大臣は、その年分として交付すべき政党交付金を計上する年度の国の予算が成立したときは、速やかに、前条の規定によりその年分として各政党に対して交付すべき政党交付金の額を算定し、当該政党交付金の交付の決定をしなければならない。

2　総務大臣は、前項の規定による決定の後、総選挙又は通常選挙が行われた場合においては、第六条第一項に定める届出の期限が経過した日以後、速やかに、前条の規定によりその年分として各政党に対して交付すべき政党交付金の額を再び算定し、その額が既にした決定に係る額と異なるときは当該決定を変更し、新たに政党交付金の交付を受けるべき政党があるときはその年分として当該政党に対して交付すべき政党交付金の交付の決定をしなければならない。

3　総務大臣は、前二項の規定により、政党交付金の交付の決定又はその変更をしたときは、速やかに、総務省令で定めるところにより、当該政党交付金の交付を受けるべき政党に対し、その年分として当該政党に対して交付すべき政党交付金の額を通知しなければならない。

4　総務大臣は、前項の通知をしたときは、政党交付金の交付を受けるべき政党の名称及びその年分として各政党に対して交付すべき政党交付金の額を告示しなければならない。

（政党交付金の交付時期等）

**第一一条**　各政党に対して交付すべき政党交付金は、総務省令で定めるところにより、四月にその年分として当該政党に対して交付すべき政党交付金の額の四分の一に相当する額を、七月にその年分として当該政党に対して交付すべき政党交付金の額からその年において既に当該政党に対して交付した政党交付金の額を控除した残額の三分の一に相当する額を、十月にその年分として当該政党に対して交付すべき政党交付金の額からその年において既に当該政党に対して交付した政党交付金の額を控除した残額の二分の一に相当する額を、十二月にその年分として当該政党に対して交付すべき政党交付金の額からその年において既に当該政党に対して交付した政党交付金の額を控除した残額を、それぞれ交付する。

２　政党は、前項の規定により政党交付金の交付を受けようとするときは、総務省令で定めるところにより、総務大臣に対し、請求書を提出しなければならない。この場合において、政党は、法人格付与法第四条第一項の規定による法人である政党である旨を証する登記事項証明書を添付しなければならない。

３　前項の請求書を同項の定めるところにより提出しない政党に対しては、その年分の政党交付金は、交付しない。ただし、その年の十二月の交付時期までに当該請求書の提出があった場合には、当該請求書に係る政党交付金については、総務省令で定めるところにより、交付する。

（交付手続の特例等）

**第一二条**　当該年分として交付すべき政党交付金を計上する年度の国の予算が成立しないこと等の事由により、前二条の規定により難い場合における政党交付金の交付手続、交付時期及び交付時期ごとに交付すべき額については、政令で定めるところにより、特例を設けることができる。

（交付結果の公表）

**第一三条**　総務大臣は、毎年十二月三十一日現在で、総務省令で定めるところにより、その年分として交付した政党交付金の総額及び各政党に対して交付した政党交付金の額を、告示しなければならない。

## 第四章　政党交付金の使途の報告

（政党交付金による支出の定義等）

**第一四条**　この章において「政党交付金による支出」とは、政党のする支出（政治資金規正法第四条第五項に規定する支出をいう。以下同じ。）のうち、政党交付金を充て又は政党基金（特定の目的のために政党交付金の一部を積み立てた積立金をいい、これに係る果実を含む。以下同じ。）を取り崩して充てるもの（借入金の返済及び貸付金の貸付けを除く。）をいい、支部政党交付金の支給を含み、支部政党交付金による支出を含まないものとする。

2　この章において「支部政党交付金」とは、政党の本部から支部（一以上の市町村（特別区を含む。）の区域（地方自治法（昭和二十二年法律第六十七号）第二百五十二条の十九第一項の指定都市の区又は総合区の区域を含む。）又は公職選挙法（昭和二十五年法律第百号）第十二条に規定する選挙区の区域を単位として設けられるものに限る。以下同じ。）に対して支給される金銭等（政治資金規正法第四条第一項に規定する金銭等をいう。以下この項において同じ。）で政党交付金を充て又は政党基金を取り崩して充てるものをいい、一の支部から他の支部に対して支給される金銭等で支部政党交付金を充て又は支部基金（特定の目的のために支部政党交付金の一部を積み立てた積立金をいい、これに係る果実を含む。以下同じ。）を取り崩して充てるものを含むものとする。

3　この章において「支部政党交付金による支出」とは、政党の支部のする支出のうち、支部政党交付金を充て又は支部基金を取り崩して充てるもの（借入金の返済及び貸付金の貸付けを除く。）をいい、支部政党交付金の支給を含むものとする。

（政党の会計帳簿の記載等）

**第一五条**　政党（その年において、政党交付金の交付を受け、若しくは政党交付金による支出をしたもの又は政党基金の残高を有するものに限る。）の会計責任者（会計責任者に事故があり、又は会計責任者が欠けた場合にあってはその職務を行うべき者とし、

---

法（罰則）

**第四五条**　次の各号の一に該当する者は、三年以下の禁錮若しくは五十万円以下の罰金に処し、又はこれを併科する。

一　第十五条第一項の規定に違反して、会計帳簿を備えず、若しくはこれに記載すべき事項を記載せず、同条第二項の規定に違

会計帳簿の記載に係る部分に限り、会計責任者の職務を補佐する者を含む。次条第一項において同じ。）は、政党交付金に係る収支の状況を明らかにするため、会計帳簿を備え、これに次に掲げる事項を記載しなければならない。

一　政党交付金については、その交付を受けた金額及び年月日

二　政党交付金による支出については、これを受けた者の氏名及び住所（その者が団体である場合には、その名称及び主たる事務所の所在地。第十七条第一項において同じ。）並びにその目的、金額及び年月日並びに当該政党交付金による支出に充てた政党交付金の金額又はこれに充てるため取り崩した政党基金の金額

三　政党基金については、その名称及び目的、積み立て又は取り崩した金額及び年月日、その運用により収受した果実の金額及び収受の年月日並びに残高

2　政党の会計責任者（会計責任者に事故があり、又は会計責任者が欠けた場合にあっては、その職務を行うべき者。次条第一項を除き、以下同じ。）は、一件五万円以上の政党交付金による支出をしたときは、その事実を証すべき目的、金額及び年月日を記載した領収書その他の書面（以下「領収書等」という。）を徴さなければならない。ただし、社会慣習その他の事情によりこれを徴し難いときは、この限りでない。

3　政党の会計責任者は、政党基金について、総務省令で定めるところにより、その残高を証する書面（以下「残高証明等」という。）を徴さなければならない。

4　政党の会計責任者は、第一項の会計帳簿、第二項の領収書等及び前項の残高証明等を、第三十一条の規定によりこれらに係る報告書の要旨が公表された日から五年を経過する日まで保存しなければならない。

---

反して領収書等を徴せず、同条第三項の規定に違反して残高証明等を徴せず、同条第四項の規定に違反して会計帳簿、領収書等若しくは残高証明等を保存せず、又は同条第五項の規定に違反して通知をしなかった者

二　略

三　第十五条第一項若しくは第十六条第一項の会計帳簿、第十五条第二項（第十六条第二項において準用する場合を含む。）の領収書等若しくは第十五条第三項（第十六条第二項において準用する場合を含む。）の残高証明等に虚偽の記入をし、又は虚偽の第十五条第五項（第十六条第二項において準用する場合を含む。）の通知をした者

四　略

5　政党の会計責任者は、その支部に対して支部政党交付金を支給するときは、併せて当該支部の会計責任者に対してその旨及び金額を通知しなければならない。

【罰則】一―三・五項＝四五条一・三号、四項＝四五条一号

（政党の支部の会計帳簿の記載等）

**第一六条**　政党の支部（その年において、支部政党交付金の支給を受け、若しくは支部政党交付金による支出をしたもの又は支部基金の残高を有するものに限る。）の会計責任者は、支部政党交付金に係る収支の状況を明らかにするため、会計帳簿を備え、これに次に掲げる事項を記載しなければならない。

一　支部政党交付金については、その支給を受けた金額及び年月日

二　支部政党交付金による支出については、これを受けた者の氏名及び住所（その者が団体である場合には、その名称及び主たる事務所の所在地。第十八条第一項において同じ。）並びにその目的、金額及び年月日並びに当該支部政党交付金による支出に充てた支部政党交付金の金額又はこれに充てるため取り崩した支部基金の金額

三　支部基金については、その名称及び目的、積み立て又は取り崩した金額及び年月日、その運用により収受した果実の金額及び収受の年月日並びに残高

2　前条第二項から第五項までの規定は、政党の支部の会計責任者について準用する。この場合において、同条第二項中「政党交付金による支出」とあるのは「支部政党交付金による支出」と、同条第三項中「政党基金」とあるのは「支部基金」と、同条第四項中「第一項」とあるのは「次条第一項」と、「第二項」とあるのは「同条第二項において準用する第二項」と、「前項」とあるの

**法**〔罰則〕

**第四五条**　次の各号の一に該当する者は、三年以下の禁錮若しくは五十万円以下の罰金に処し、又はこれを併科する。

一　略

二　第十六条第一項の規定に違反して、会計帳簿を備えず、若しくはこれに記載すべき事項を記載せず、同条第二項において準用する第十五条第二項の規定に違反して領収書等を徴せず、第十六条第二項において準用する第十五条第三項の規定に違反して残高証明等を徴せず、第十六条第二項において準用する第十五条第四項の規定に違反して会計帳簿、領収書等若しくは残高証明等を保存せず、又は第十六条第二項において準用する第十五条第五項の規定に違反して通知をしなかった者

三　第十五条第一項若しくは第十六条第一項の会計帳簿、第十五条第二項（第十六条第二項において準用する場合を含む。）の領収書等若しくは第十五条第三項（第十六条第二項において準用する場合を含む。）の残高証明等に虚偽の記入をし、又は虚偽の第十五条第五項（第十六条第二項において準用する場合を含む。）の通知をした者

四　略

は「同条第二項において準用する前項」と、「報告書」とあるのは「支部報告書」と、同条第五項中「その支部」とあるのは「当該政党の他の支部」と、「当該支部」とあるのは「当該他の支部」と読み替えるものとする。

【罰則】一項・二項において準用する一五条二・三・五項＝四五条二・三号、二項において準用する一五条四項＝四五条二号

**（政党の報告書の提出等）**

**第一七条**　第十五条第一項の政党の会計責任者（報告書の記載に係る部分に限り、会計責任者の職務を補佐する者を含む。第二十八条第一項において同じ。）は、十二月三十一日現在で、当該政党のその年における次に掲げる事項（これらの事項がないときは、その旨）を記載した報告書を、同日の翌日から起算して三月以内（その間に総選挙又は通常選挙の公示の日から選挙の期日までの期間がかかる場合（第三十一条において「報告書の提出期限が延長される場合」という。）には、四月以内）に、総務大臣に提出しなければならない。

一　政党交付金については、その総額並びにその交付を受けた金額及び年月日

二　政党交付金による支出については、その総額及び総務省令で定める項目別の金額並びに当該項目ごとの政党交付金による支出に充てた政党交付金の金額又はこれに充てるため取り崩した政党基金の金額

三　政党交付金による支出のうち、人件費その他の総務省令で定める経費以外の経費に係るもので一件当たりの金額（数回にわたってされたときは、その合計金額）が五万円以上のものについては、これを受けた者の氏名及び住所並びにその目的、金額

---

**法（罰則）**

**第四四条**　次の各号の一に該当する者は、五年以下の禁錮若しくは百万円以下の罰金に処し、又はこれを併科する。

一　第十七条第一項若しくは第二十八条第一項の規定に違反して報告書の提出をせず、又は第十七条第二項（第二十八条第二項において準用する場合を含む。）、第二十条第一項、第二十九条第二項若しくは第三十条第一項の規定に違反して政党分領収書等の写し若しくは残高証明等の写し、支部報告書、監査意見書若しくは総括文書の提出をしなかった者

二～四　略

五　第十七条第一項若しくは第二十八条第一項の規定による報告書又は第十七条第二項（第二十八条第二項において準用する場合を含む。）の規定による総括文書（第二十条第一項又は第三十条第一項の規定により提出すべきものを含む。）に記載すべき事項の記載をしなかった者

六　略

七　第十七条第一項若しくは第二十八条第一項の報告書、第十七条第二項（第二十八条第二項において準用する場合を含む。）の政党分領収書等の写し若しくは残高証明等の写し、支部報告書若しくは総括文書（第二十条第一項又は第三十条第一項の規

及び年月日並びに当該政党交付金による支出に充てた政党交付金の金額又はこれに充てるため取り崩した政党基金の金額

四　支部政党交付金については、その支給を受けた支部の名称並びに支給の目的、金額及び年月日

五　政党基金については、その名称及び目的、積み立て又は取り崩した金額及び年月日、その運用により収受した果実の金額及び収受の年月日並びに残高

2　政党の会計責任者は、前項の報告書を提出するときは、総務省令で定めるところにより、次に掲げる書面又は文書を併せて提出しなければならない。

一　前項第三号の政党交付金による支出に係る領収書等の写し（社会慣習その他の事情によりこれを徴し難いときは、その旨並びに当該政党交付金による支出の目的、金額及び年月日を記載した書面又は当該政党交付金による支出の目的を記載した書面並びに金融機関が作成した当該政党交付金による支出に係る振込みの明細書であって支出の金額及び年月日を記載したものの写し。第三十四条第一項並びに第四十四条第一項第一号及び第七号において「政党分領収書等の写し」という。）及び政党基金に係る残高証明等の写し

二　次条第一項の規定により提出を受けた支部報告書及び第十九条第五項において準用する同条第一項の規定により提出を受けた監査意見書並びに次条第二項の規定により提出を受けた支部報告書及び監査意見書（当該政党の支部について第二十条第二項の規定の適用がある場合には、同項の規定により提出を受けたこれらの文書を含む。）

三　前号に掲げる支部報告書に記載された事項を総務省令で定めるところにより集計した総括文書

定により提出すべきこれらの文書を含む。）、第十八条第一項、同条第三項（第二十九条第三項において準用する場合を含む。）若しくは第二十九条第一項若しくは第二項の支部報告書、第十八条第二項（第二十九条第三項において準用する場合を含む。）の支部分領収書等の写し若しくは残高証明等の写し、支部報告書若しくは支部総括文書（第二十条第二項又は第三十条第二項の規定により提出すべきこれらの文書を含む。）又は第十八条第三項（第二十九条第三項において準用する場合を含む。）の支部総括文書に虚偽の記入をした者

2　前項の場合において、政党又はその支部の代表者が当該政党又はその支部の会計責任者の選任及び監督について相当の注意を怠ったときは、五十万円以下の罰金に処する。

四　前項の報告書及び第二号に掲げる支部報告書に記載された事項を総務省令で定めるところにより集計した総括文書

【罰則】　四四条一項二・五・七号・二項

（政党の支部の支部報告書の提出等）

**第一八条**　第十六条第一項の支部の会計責任者（支部報告書の記載に係る部分に限り、会計責任者の職務を補佐する者を含む。第二十九条第一項において同じ。）は、総務省令で定めるところにより、十二月三十一日現在で、当該支部のその年における次に掲げる事項（これらの事項がないときは、その旨）を記載した支部報告書を、同日の翌日から起算して二月以内（その間に総選挙又は通常選挙の公示の日から選挙の期日までの期間がかかる場合には、三月以内）に、当該支部に支部政党交付金の支給をした政党の会計責任者（当該支部が政党の他の支部から支部政党交付金の支給を受けた場合にあっては、当該他の支部の会計責任者とし、当該他の支部が総務省令で定める場合に該当するときは、総務省令で定める者とする。第二十条第二項において同じ。）に提出しなければならない。

一　支部政党交付金については、その総額並びにその支給を受けた金額及び年月日

二　支部政党交付金による支出については、その総額及び総務省令で定める項目別の金額並びに当該項目ごとの支部政党交付金による支出に充てた支部政党交付金の金額又はこれに充てるため取り崩した支部基金の金額

三　支部政党交付金による支出のうち、人件費その他の総務省令で定める経費以外の経費に係るもので一件当たりの金額（数回にわたってされたときは、その合計金額）が五万円以上のものについては、これを受けた者の氏名及び住所並びにその目的、

---

**法**〔罰則〕

**第四四条**　次の各号の一に該当する者は、五年以下の禁錮若しくは百万円以下の罰金に処し、又はこれを併科する。

一　略

二　第十八条第一項、同条第三項（第二十九条第三項において準用する場合を含む。）若しくは第二十九条第一項の規定に違反して支部報告書の提出をせず、又は第十八条第二項若しくは第三項（これらの規定を第二十九条第三項において準用する場合を含む。）、第二十条第二項若しくは第三十条第二項の規定に違反して支部分領収書等の写し若しくは残高証明等の写し、他の支部から提出を受けた支部報告書若しくは監査意見書若しくは支部総括文書の提出をしなかった者

三〜五　略

六　第十八条第一項、同条第三項（第二十九条第三項において準用する場合を含む。）若しくは第二十九条第一項の規定による支部報告書又は第十八条第二項若しくは第三項（これらの規定を第二十九条第三項において準用する場合を含む。）の規定による支部総括文書（第二十条第二項又は第三十条第二項の規定により提出すべきものを含む。）に記載すべき事項の記載をしなかった者

七　第十七条第一項若しくは第二十八条第一項の報告書、第十七条第二項（第二十八条第二項において準用する場合を含む。）の政党分領収書等の写し若しくは残高証明等の写し、支部報告書若しくは総括文書（第二十条第一項又は第三十条第一項の規

金額及び年月日並びに当該支部政党交付金による支出に充てた支部政党交付金の金額又はこれに充てるため取り崩した支部基金の金額

四　支給した支部政党交付金については、その支給を受けた支部の名称並びに支給の目的、金額及び年月日

五　支部基金については、その名称及び目的、積み立て又は取り崩した金額及び年月日、その運用により収受した果実の金額及び収受の年月日並びに残高

2　政党の支部の会計責任者は、前項の支部報告書を提出するときは、総務省令で定めるところにより、次に掲げる書面又は文書を併せて提出しなければならない。

一　前項第三号の支部政党交付金による支出に係る領収書等の写し（社会慣習その他の事情によりこれを徴し難いときは、その旨並びに当該支部政党交付金による支出の目的、金額及び年月日を記載した書面又は当該支部政党交付金による支出の目的を記載した書面並びに金融機関が作成した当該支部政党交付金による支出に係る振込みの明細書であって支出の金額及び年月日を記載したものの写し。第四十条の二第一項並びに第四十四条第一項第二号及び第七号において「支部分領収書等の写し」という。）及び支部基金に係る残高証明等の写し

二　前項の規定により他の支部から提出を受けた支部報告書及び次条第五項において準用する同条第一項の規定により提出を受けた監査意見書（当該政党の他の支部について第二十条第二項の規定の適用がある場合には、同項の規定により提出を受けたこれらの文書を含む。）

三　前号の規定を順次適用した場合において他の支部から提出を受けることとなる当該他の支部以外の支部の支部報告書及び監

定により提出すべきこれらの文書を含む。）、第十八条第一項、同条第三項（第二十九条第三項において準用する場合を含む。）若しくは第二十九条第一項若しくは第二項の支部報告書、第十八条第二項（第二十九条第三項において準用する場合を含む。）の支部分領収書等の写し若しくは残高証明等の写し、支部報告書若しくは支部総括文書（第二十条第二項又は第三十条第二項の規定により提出すべきこれらの文書を含む。）又は第十八条第三項（第二十九条第三項において準用する場合を含む。）の支部総括文書に虚偽の記入をした者

2　前項の場合において、政党又はその支部の代表者が当該政党又はその支部の会計責任者の選任及び監督について相当の注意を怠ったときは、五十万円以下の罰金に処する。

査意見書

四　第二号に掲げる支部報告書に記載された事項を総務省令で定めるところにより集計した支部総括文書

3　政党の支部の会計責任者は、第一項の規定により支部報告書を提出したときは、当該提出した日の翌日から起算して七日以内に、同項の支部報告書及び前項第四号に掲げる支部総括文書を当該支部の主たる事務所の所在地の都道府県の選挙管理委員会に提出しなければならない。

【罰則】　四四条一項二・六・七号・二項

**（監査意見書等の添付）**

**第一九条**　政党の会計責任者は、第十七条第一項の報告書を提出するときは、当該報告書に係る会計帳簿、領収書等及び残高証明等についての会計監査を行うべき者の監査意見を記載した監査意見書を当該報告書に併せて提出しなければならない。

2　政党の会計責任者は、第十七条第一項の報告書を提出するときは、同項各号に掲げる事項について公認会計士又は監査法人が総務省令で定めるところにより行った監査に基づき作成した監査報告書を当該報告書に併せて提出しなければならない。

3　前項の監査報告書を作成した公認会計士又は監査法人に係る公認会計士法（昭和二十三年法律第百三号）第三十二条第二項（同法第三十四条の十の十七第三項、第三十四条の二十一第四項、第三十四条の二十一の二第七項、第三十四条の二十九第四項及び第四十六条の十第二項において準用する場合を含む。）若しくは第三項（同法第三十四条の十の十七第三項、第三十四条の二十一第四項、第三十四条の二十一の二第七項及び第三十四条の二十九第四項において準用する場合を含む。）の規定による調査又は同法第三十四条の四十から第三十四条の六十二までに定める手続につ

---

**法**〔罰則〕

**第四四条**　次の各号の一に該当する者は、五年以下の禁錮若しくは百万円以下の罰金に処し、又はこれを併科する。

一・二　略

三　第十九条第一項（第二十八条第二項において準用する場合を含む。）の規定に違反して監査意見書を提出せず、又は第十九条第二項（第二十八条第二項において準用する場合を含む。）の規定に違反して監査報告書を提出しなかった者

四　第十九条第五項及び第二十九条第四項において準用する第十九条第一項の規定に違反して監査意見書の提出をしなかった者

五〜七　略

2　前項の場合において、政党又はその支部の代表者が当該政党又はその支部の会計責任者の選任及び監督について相当の注意を怠ったときは、五十万円以下の罰金に処する。

**法**〔罰則〕

**第四六条**　第十九条第一項（同条第五項、第二十八条第二項及び第二十九条第四項において準用する場合を含む。）の監査意見書又は第十九条第二項（第二十八条第二項において準用する場合を含

いては、同法第三十三条（同法第三十四条の十の十七第三項、第三十四条の二十一第四項、第三十四条の二十一の二第七項及び第三十四条の二十九第四項において準用する場合を含む。）の規定又は同法第三十四条の四十七、第三十四条の四十九第二項及び第三十四条の五十一の規定は、適用しない。

4　公認会計士又は監査法人が第二項の監査報告書を作成した場合においては、公認会計士法第四十九条の三第二項から第四項までの規定は、政党及び支部の事務所並びに当該監査報告書の作成に関係のある帳簿書類その他の物件については、適用しない。

5　第一項の規定は、第十六条第一項の支部の会計責任者が前条第一項又は第三項の支部報告書を提出する場合について準用する。この場合において、第一項中「会計監査を行うべき者」とあるのは、「当該支部において設けられた会計監査を行うべき者」と読み替えるものとする。

【罰則】一・二項＝四四条一項三号・二項・四六条、五項＝四四条一項四号・二項・四六条

（支部報告書等の提出の特例）

**第二〇条**　政党が第十五条第一項の政党に該当しない場合であっても、その支部から第十八条第一項若しくは第二項又は次項の規定により支部報告書の提出を受けたときは、当該政党の会計責任者は、第十七条第二項第二号から第四号までに掲げる文書を同条第一項に定める期限までに総務大臣に提出しなければならない。

2　政党の支部が第十六条第一項の支部に該当しない場合であっても、当該政党の他の支部から第十八条第一項又は第二項の規定により支部報告書の提出を受けたときは、当該支部の会計責任者は、同条第一項に定める期限までに同条第二項第二号から第四号までに掲げる文書を当該政党の会計責任者に提出するとともに、

---

む。）の監査報告書に虚偽の記載をした者は、三十万円以下の罰金に処する。

**法**（罰則）

**第四四条**　次の各号の一に該当する者は、五年以下の禁錮若しくは百万円以下の罰金に処し、又はこれを併科する。

一　第十七条第一項若しくは第二十八条第一項の規定に違反して報告書の提出をせず、又は第十七条第二項（第二十八条第二項において準用する場合を含む。）、第二十条第一項、第二十九条第二項若しくは第三十条第一項の規定に違反して政党分領収書等の写し若しくは残高証明等の写し、支部報告書、監査意見書若しくは総括文書の提出をしなかった者

二　第十八条第一項、同条第三項（第二十九条第三項において準用する場合を含む。）若しくは第二十九条第一項の規定に違反

これらの文書を当該政党の会計責任者に提出した日の翌日から起算して七日以内に同項第四号に掲げる支部総括文書を同条第三項に規定する選挙管理委員会に提出しなければならない。政党の支部で第十六条第一項の支部に該当しないものが当該政党の他の支部からこの項の規定により支部報告書の提出を受けたときについても、同様とする。

【罰則】一項＝四四条一項一・五・七号・二項、二項＝四四条一項二・六・七号・二項

して支部報告書の提出をせず、又は第十八条第二項若しくは第三項（これらの規定を第二十九条第三項において準用する場合を含む。）、第二十条第二項若しくは第三十条第二項の規定に違反して支部分領収書等の写し若しくは残高証明等の写し、他の支部から提出を受けた支部報告書若しくは監査意見書若しくは支部総括文書の提出をしなかった者

三・四　略

五　第十七条第一項若しくは第二十八条第一項の規定による報告書又は第十七条第二項（第二十八条第二項において準用する場合を含む。）の規定による総括文書（第二十条第一項又は第三十条第一項の規定により提出すべきものを含む。）に記載すべき事項の記載をしなかった者

六　第十八条第一項、同条第三項（第二十九条第三項において準用する場合を含む。）若しくは第二十九条第一項の規定による支部報告書又は第十八条第二項若しくは第三項（これらの規定を第二十九条第三項において準用する場合を含む。）の規定による支部総括文書（第二十条第二項又は第三十条第二項の規定により提出すべきものを含む。）に記載すべき事項の記載をしなかった者

七　第十七条第一項若しくは第二十八条第一項の報告書、第十七条第二項（第二十八条第二項において準用する場合を含む。）の政党分領収書等の写し若しくは残高証明等の写し、支部報告書若しくは総括文書（第二十条第一項又は第三十条第一項の規定により提出すべきこれらの文書を含む。）、第十八条第一項、同条第三項（第二十九条第三項において準用する場合を含む。）若しくは第二十九条第一項若しくは第二項の支部報告書、第十八条第二項（第二十九条第三項において準用する場合を含む。）

## 第五章　政党の解散等に係る措置

（政党が解散した場合等の届出）

**第二十一条**　政党（その年分について第五条第一項又は第六条第一項の届出をしたもの、第十五条第一項の政党に該当するもの及び第十六条第一項の支部をその支部とするものに限る。）が、解散し、若しくは目的の変更その他により政治団体でなくなり、又は第二条第一項各号のいずれにも該当しない政治団体となった場合は、当該政党の代表者であった者は、その日の翌日から起算して十五日以内（総選挙又は通常選挙が行われた場合において、総務省令で定める特別の事情があるときは、総務省令で定める期間内）に、その旨及び年月日並びに基因となった事実を届け出なければならない。

2　前項の規定による届出があったときは、総務大臣は、その旨を告示しなければならない。

（政党が解散した場合等における政党交付金の交付）

**第二十二条**　政党（その年分について第五条第一項又は第六条第一項の届出をしたものに限る。第二十七条第一項において同じ。）が

の支部分領収書等の写し若しくは残高証明等の写し、支部報告書若しくは支部総括文書（第二十条第二項又は第三十条第二項の規定により提出すべきこれらの文書を含む。）又は第十八条第三項（第二十九条第三項において準用する場合を含む。）の支部総括文書に虚偽の記入をした者

2　前項の場合において、政党又はその支部の代表者が当該政党又はその支部の会計責任者の選任及び監督について相当の注意を怠ったときは、五十万円以下の罰金に処する。

前条第一項に規定する場合に該当することとなった場合は、その年分として当該政党に対して交付すべき政党交付金は、交付しない。ただし、同項に規定する場合に該当することとなった日前に交付された政党交付金（次条及び第二十七条第一項において「既交付金」という。）については、この限りでない。

（政党の合併等の場合における政党の届出及び政党交付金の交付）

**第二三条**　二以上の政党（基準日又は選挙基準日のうち合併の日の直近のものに係る第五条第一項又は第六条第一項の届出（以下この項において「直近の届出」という。）をしたものに限る。以下この条において同じ。）が合併した場合において、その年分として当該合併により解散する政党（以下「合併解散政党」という。）に対して交付すべき政党交付金は、前条の規定にかかわらず、当該合併後に存続する政治団体で当該合併の日において第二条第一項各号のいずれかに該当するもの（直近の届出をしたものに限る。以下「存続政党」という。）又は当該合併により設立される政治団体で当該設立の日において同項各号のいずれかに該当するもの（以下「新設政党」という。）に対して交付する。この場合において、当該交付する額は、その年分として合併解散政党に対して交付すべき政党交付金の額から既交付金の額を控除した残額に相当する額とする。

2　二以上の政党が合併する場合において、合併後に存続する政治団体又は合併により設立される政治団体に係る第二条第一項第二号の規定の適用については、合併後に存続する政治団体にあってはその得票総数に当該合併に係る合併解散政党の得票総数を加えた数を、合併により設立される政治団体にあっては当該合併に係る合併解散政党の得票総数を合算した数を、それぞれ当該政治団体の得票総数とみなす。

3　政党の分割が行われる場合において、その年分として当該分割により解散する政党（以下「分割解散政党」という。）に対して交付すべき政党交付金は、前条の規定にかかわらず、当該分割により設立される政治団体で当該設立の日において第二条第一項第一号に該当するもの（以下「分割政党」という。）に対して交付する。この場合において、当該交付する額は、その年分として分割解散政党に対して交付すべき政党交付金の額から既交付金の額を控除した残額に相当する額に当該分割政党にその設立の日現在で所属する衆議院議員又は参議院議員のうち当該分割解散政党に当該解散の日現在で所属していたものの数（以下この項及び第二十五条において「所属議員数」という。）を乗じて得た額を当該分割に係る各分割政党（次項の届出をしたものに限る。）の所属議員数を合算した数で除して得た額とする。

4　存続政党若しくは新設政党又は分割政党は、第一項又は前項の規定により交付を受けるべき政党交付金（以下この条において「未交付金」という。）の交付を受けようとするときは、その合併の日又は分割政党の設立の日の翌日から起算して十五日以内（当該合併の日又は分割政党の設立の日の属する年の十二月の交付時期までの間に限る。）に、その旨、当該合併解散政党の名称、その年分として合併解散政党又は分割解散政党に対して交付されるべき政党交付金の額及び未交付金の額、当該合併の日又は分割政党の設立の日現在における第五条第一項各号（第六号を除く。）に掲げる事項その他総務省令で定める事項を総務大臣に届け出なければならない。

5　存続政党若しくは新設政党又は分割政党は、前項の届出をする場合には、第五条第二項各号に掲げる文書、存続政党及び合併解散政党の間で合意された合併に関する文書の写し（新設政党にあっては各合併解散政党間における合併に関する文書の写しとし、分割政党にあっては分割解散政党における分割に関する文書の写しとする。）その他総務省令で定める文書を併せて提出しなければならない。

6　総務大臣は、第四項の届出を受けたときは、当該届出の日（当該届出が第十条第一項に規定する予算の成立前にされたときは、当該予算の成立の日）後、速やかに、第一項又は第三項の規定により当該届出をした存続政党若しくは新設政党又は分割政党に係る未交付金の額を算定し、これを当該存続政党若しくは新設政党又は分割政党に対して交付する旨の決定をしなければならない。

7　第四項の届出に係る合併又は分割の後、その年において総選挙又は通常選挙があった場合には、当該届出に係る存続政党若しくは新設政党又は分割政党に係る未交付金のうち、当該選挙に係る選挙基準日の属する月の翌月からその年の十二月までの期間に対応する額として政令で定める額は、第一項又は第三項の規定にかかわらず、交付しない。

8　第六条第三項の規定は存続政党が第四項の規定による届出又は第五項の規定による文書の提出をする場合について、第十条第三項及び第四項の規定は総務大臣が第六項の規定による決定をした場合について、それぞれ準用する。この場合において、第六条第三項中「同条第一項」とあるのは「前条第一項」と、「第一項並びに前項において準用する同条第二項及び第三項」とあるのは「第二十三条第四項及び第五項」と、第十条第三項中「当該政党交付金の交付」とあるのは「当該未交付金の交付」と、「その年分として当該政党に対して交付すべき政党交付金の額」とあるのは「当該未交付金の額」と、同条第四項中「前項」とあるのは「第二十三条第八項において準用する前項」と、「政党交付金の交付」とあるのは「未交付金の交付」と、「その年分として各政党に対して交付すべき政党交付金の額」とあるのは「当該未交付金の額」と読み替えるものとする。

9　新設政党又は分割政党が第四項の規定による届出及び第五項の規定による文書の提出をしたときは、その合併の日又は分割政党の設立の日現在において第五条第一項の規定による届出及び同条第二項の規定による文書の提出をしたものとみなして、同条第三項及び第四項、第六条第三項、第二十一条、前条並びに第二十七条の規定を適用する。

（合併に係る政党交付金の算定の特例等）

**第二四条**　存続政党又は新設政党は、第五条第一項又は第六条第一項の規定により届出をするときは、当該合併に係る合併解散政党に係る第五条第一項第六号に掲げるそれぞれの得票総数その他総務省令で定める事項を併せて届け出なければならない。

2　前項の存続政党又は新設政党は、同項の規定による届出をする場合には、存続政党及び合併解散政党の間で合意された合併に関する文書の写し（新設政党にあっては、各合併解散政党間における合併に関する文書の写し）を併せて提出しなければならない。ただし、この項の規定により既に当該文書を提出した場合にあっては、この限りでない。

3　第五条第四項前段の規定は第一項の届出について準用する。この場合において、同条第四項前段中「同項各号に掲げる事項（同項第七号に掲げる事項については、支部の数とする。）」とあるのは、「第二十四条第一項の規定により届出のあった事項」と読み替えるものとする。

4　存続政党又は新設政党に係る第八条第三項各号の規定の適用については、存続政党にあってはその得票総数に当該合併に係る合併解散政党の得票総数を加えた数を当該存続政党の得票総数とみなし、新設政党にあっては当該合併に係る合併解散政党の得票総数を合算した数を当該新設政党の得票総数とみなす。ただし、当該存続政党又は新設政党が第一項の届出をしない場合は、この限りでない。

（分割に係る政党交付金の算定の特例等）

**第二五条**　分割政党は、第五条第一項又は第六条第一項の規定により届出をするときは、当該分割に係る分割解散政党に係る第五条第一項第六号に掲げるそれぞれの得票総数、当該分割政党の所属議員数及び当該分割に係る各分割政党の所属議員数を合算した数、当該分割政党の選挙時所属議員数（当該分割政党にその設立の日現在で所属する衆議院議員又は参議院議員のうち、当該分割解散政党に当該解散の日現在で所属していたものでその選出された総選挙又は通常選挙において当該分割解散政党に所属する候補者であったものの数をいう。以下この条において同じ。）及び当該分割に係る各分割政党の選挙時所属議員数を合算した数その他総務省令で定める事項を併せて届け出なければならない。

2　前項の分割政党は、同項の規定による届出をする場合には、分割解散政党における分割に関する文書の写しを併せて提出しなければならない。ただし、この項の規定により既に当該文書を提出した場合にあっては、この限りでない。

3　第五条第四項前段の規定は、第一項の届出について準用する。この場合において、同条第四項前段中「同項各号に掲げる事項（同項第七号に掲げる事項については、支部の数とする。）」とあるのは、「第二十五条第一項の規定により届出のあった事項」と読み替えるものとする。

4　分割政党に係る第八条第三項各号の規定の適用については、当該分割に係る分割解散政党の得票総数に当該分割政党の選挙時所属議員数を乗じて得た数を当該分割に係る各分割政党（第一項の届出をしたものに限る。）の選挙時所属議員数を合算した数で除して得た数を、当該分割政党の得票総数とみなす。ただし、当該分割政党が第一項の届出をしない場合は、この限りでない。

**（合併及び分割が併せて行われた場合等の措置）**

**第二十六条**　前三条に定めるもののほか、合併及び分割が併せて行われた場合その他の場合における政党の届出、政党交付金の交付その他の措置に関し必要な事項については、政令で定める。

**（政党でなくなった政治団体として存続する場合の措置）**

**第二十七条**　政党が第二条第一項各号のいずれにも該当しない政治団体となった場合は、次の各号に掲げる場合の区分に応じ、当該各号に定める額の交付金（以下この条において「特定交付金」という。）を当該政治団体に対して交付する。

一　その年分として当該政党に対して交付すべき政党交付金の額が第九条第一項の規定により算定される場合　基準額にその年の一月から当該政党が第二条第一項各号の規定に該当しなくなった日（以下この項において「政党でなくなった日」という。）の属する月までの月数を乗じて得た額を十二で除して得た額から既交付金の額を控除した残額

二　その年分として当該政党に対して交付すべき政党交付金の額が第九条第二項の規定により算定される場合　基準額の月割総額と、再算定額に当該選挙基準日の属する月の翌月から当該政党でなくなった日の属する月までの月数を乗じて得た額を十二で除して得た額とを合計した額から既交付金の額を控除した残額

三　その年分として当該政党に対して交付すべき政党交付金の額が第九条第三項の規定により算定される場合　基準額の月割総額と、再算定額の月割総額と、再々算定額に当該再々算定日の属する月の翌月から当該政党でなくなった日の属する月までの月数を乗じて得た額を十二で除して得た額とを合計した額から既交付金の額を控除した残額

四　その年分として当該政党に対して交付すべき政党交付金の額が第九条第四項の規定により算定される場合　前号の規定の例により算定した額

2　前項の規定に該当する政治団体が、同項の規定により特定交付金の交付を受けようとする場合において、第二十一条第一項の規定による届出をするときは、その旨、前項の規定により当該政治団体に対して交付されるべき特定交付金の額、第五条第一項各号（第五号及び第六号を除く。）に掲げる事項その他総務省令で定める事項を併せて届け出なければならない。

3　第一項の規定に該当する政治団体は、前項の届出をする場合には、綱領その他当該政治団体の目的、基本政策等を記載した文書、党則、規約その他の当該政治団体の組織、管理運営等に関する事項を記載した文書及び総務省令で定める事項を記載した文書を併せて提出しなければならない。

4　第二項の届出があった場合においては、当該届出があった日後最初に到来する第十一条第一項の規定による政党交付金の交付時期に、第六項において準用する第十条第一項の規定により決定した額に相当する額の全額を交付する。

5　政党交付金の交付について第十二条の規定の適用がある場合における前項の規定の適用に関し必要な事項は、総務省令で定める。

6　第五条第四項前段の規定は第二項の届出について、第六条第三項の規定は第二項の規定による届出及び第三項の規定による文書の提出をする場合について、第十条（第二項を除く。）の規定は第二項の届出があった場合について、第十一条第二項及び第三項の規定は第一項の規定に該当する政治団体が同項の規定に基づき特定交付金の交付を受けようとする場合について、第十三条の規定は第一項の政治団体に対して交付した特定交付金の額について、第二十一条及び第二十二条の規定は第二項の届出をした政治団体について、それぞれ準用する。この場合において、第五条第四項前段中「同項各号」とあるのは「第一項各号（第五号及び第六号を除く。）」と、「とする。）」とあるのは「とする。）及び第二十七条第二項の総務省令で定める事項」と、第六条第三項中「同条第一項」とあるのは「前条第一項」と、「第一項並びに前項において準用する同条第二項及び第三項」とあるのは「第二十七条第二項及び第三項」と、第十条第一項中「成立したときは」とあるのは「成立した日前に第二十七条第二項の届出があった場合にあっては当該予算が成立した日後、当該成立した日以後に同項の届出があった場合にあっては当該届出の日後」と、「前条」とあるのは「同条第一項」と、「その年分として各政党」とあるのは「同条第二項の届出をした政治団体」と、「政党交付金の額」とあるのは「特定交付金の額」と、「当該政党交付金の交付」とあるのは「当該特定交付金の交付」と、同条第三項中「前二項」とあるのは「第二十七条第六項において準用する第一項」と、「政党交付金の交付の決定又はその変更」とあるのは「特定交付金の交付の決定」と、「当該政党交付金の交付を受けるべき政党」とあるのは「当該特定交付金の交付を受けるべき政治団体」と、「その年分として当該政党に対して交付すべき政党交付金」とあるのは「当該特定交付金」と、同条第四項中「前項」とあるのは「第二十七条第六項において準用する前項」と、「政党交付金の交付を受けるべき政党」とあるのは「特定交付金の交付を受けるべき政治団体」と、「その年分として各政党に対して交付すべき政党交付金」とあるのは「当該政治団体に対して交付すべき特定交付金」と、第十一条第二項中「法人である政党」とあるのは「法人である政治団体」と、同条第三項中「提出しない政党」とあるのは「提出しない政治団体」と、「政党交付金」とあるのは「特定交付金」と、第二十一条第一項中「若しくは」とあるのは「又は」と、「なくなり、又は第二条第一項各号のいずれにも該当しない政治団体となった」とあるのは「なくなった」と、「当該政党」とあるのは「当該政治団体」と、第二十二条中「前条第一項」とあるのは「第二十七条第六項において準用する前条第一項」と、「当該政党」とあるのは「当該政治団体」と、「政党交付金は」とあるのは「特定交付金は」と、「政党交付金（次条及び第二十七条第一項において「既交付金」という。）」とあるのは「特定交付金」と読み替えるものとする。

7　第一項に規定する場合において同項に規定する政治団体が特定交付金の交付を受けたとき及び第十五条第一項の政党が第一項に規定する政治団体に該当することとなった場合においては、当該政治団体を政党とみなし、当該特定交付金を政党交付金とみなして、前章及び次条から第三十条までの規定（これらの規定に係る罰則を含む。）を適用する。

**（解散等に係る報告書の提出の特例）**

**第二八条**　第十五条第一項の政党が解散し、又は目的の変更その他により政治団体でなくなった場合は、当該政党の会計責任者で

---

**法**（罰則）

**第四四条**　次の各号の一に該当する者は、五年以下の禁錮若しくは百万円以下の罰金に処し、又はこれを併科する。

あった者は、総務省令で定めるところにより、その事実が生じた日現在で、第十七条第一項各号に掲げる事項（これらの事項がないときは、その旨。以下この項において同じ。）を記載した報告書（その年の前年における同条第一項各号に掲げる事項を記載した報告書が提出されていないときは、当該報告書を含む。）を総務大臣に提出しなければならない。

2　第十七条第二項及び第十九条第一項から第四項までの規定は、前項の報告書の提出をする場合について準用する。この場合において、第十七条第二項第二号中「次条第一項」とあるのは「第二十九条第一項」と、「第十九条第五項において準用する同条第一項」とあるのは「同条第四項において準用する第十九条第一項」と、「並びに次条第二項」とあるのは「（第二十九条第一項第一号に掲げる場合において提出を受けたこれらの文書に限る。）並びに第二十九条第三項において準用する次条第二項」と、「支部について第二十条第二項」とあるのは「支部の会計責任者であった者について第三十条第二項」と、同項第四号中「前項」とあるのは「第二十八条第一項」と読み替えるものとする。

【罰則】　一項・二項において準用する一七条二項＝四四条一項一・五・七号・二項、二項において準用する一九条一・二項＝四四条一項三号・二項・四六条

（解散等に係る政党の支部報告書の提出の特例）

**第二九条**　第十六条第一項の支部が次の各号のいずれかに該当することとなった場合には、当該支部の会計責任者であった者は、総務省令で定めるところにより、その事実が生じた日現在で、第十八条第一項各号に掲げる事項（これらの事項がないときは、その旨。以下この項において同じ。）を記載した支部報告書（その年の前年における同条第一項各号に掲げる事項を記載した支部報告

---

一　第十七条第一項若しくは第二十八条第一項の規定に違反して報告書の提出をせず、又は第十七条第二項（第二十八条第二項において準用する場合を含む。）、第二十条第一項、第二十九条第二項若しくは第三十条第一項の規定に違反して政党分領収書等の写し若しくは残高証明等の写し、支部報告書、監査意見書若しくは総括文書の提出をしなかった者

二　第十八条第一項、同条第三項（第二十九条第三項において準用する場合を含む。）若しくは第二十九条第一項の規定に違反して支部報告書の提出をせず、又は第十八条第二項若しくは第三項（これらの規定を第二十九条第三項において準用する場合を含む。）、第二十条第二項若しくは第三十条第二項の規定に違反して支部分領収書等の写し若しくは残高証明等の写し、他の支部から提出を受けた支部報告書若しくは監査意見書若しくは支部総括文書の提出をしなかった者

三　第十九条第一項（第二十八条第二項において準用する場合を含む。）の規定に違反して監査意見書を提出せず、又は第十九条第二項（第二十八条第二項において準用する場合を含む。）の規定に違反して監査報告書を提出しなかった者

四　第十九条第五項及び第二十九条第四項において準用する第十九条第一項の規定に違反して監査意見書の提出をしなかった者

五　第十七条第一項若しくは第二十八条第一項の規定による報告書又は第十七条第二項（第二十八条第二項において準用する場合を含む。）の規定による総括文書（第二十条第一項又は第三十条第一項の規定により提出すべきものを含む。）に記載すべき事項の記載をしなかった者

六　第十八条第一項、同条第三項（第二十九条第三項において準用する場合を含む。）若しくは第二十九条第一項の規定による

書が提出されていないときは、当該支部報告書を含む。）を次の各号に掲げる場合の区分に応じ、当該各号に定める者に提出しなければならない。
一　当該支部をその支部とする政党が解散し、又は目的の変更その他により政治団体でなくなった場合　当該支部に支部政党交付金（第十四条第二項に規定する支部政党交付金をいう。以下この項において同じ。）の支給をした政党の会計責任者であった者（当該支部が政党の他の支部から支部政党交付金の支給を受けた場合にあっては、当該他の支部の会計責任者であった者とし、当該他の支部が総務省令で定める場合に該当するときは、総務省令で定める者とする。次条第二項において同じ。）
二　当該支部が解散した場合その他総務省令で定める場合（前号に掲げる場合に該当する場合を除く。）　当該支部に支部政党交付金の支給をした政党の会計責任者（当該支部が政党の他の支部から支部政党交付金の支給を受けた場合にあっては、当該政党及び当該他の支部の会計責任者）
2　前項第二号に掲げる場合において、同項の支部報告書の提出を受けた政党の会計責任者は、総務省令で定めるところにより、当該支部報告書及び第四項において準用する第十九条第一項の規定により提出を受けた監査意見書を総務大臣に提出しなければならない。
3　第十八条第二項及び第三項の規定は、第一項の支部報告書を提出する場合について準用する。この場合において、同条第二項中「書面又は文書」とあるのは「書面又は文書（第二十九条第一項第二号に掲げる場合にあっては、第一号に掲げる書面）」と、同項第二号中「前項」とあるのは「第二十九条第一項」と、「次条第五項において準用する同条第一項」とあるのは「同条第四項において準用する同条第一項」とあるのは「同条第四項に

支部報告書又は第十八条第二項若しくは第三項（これらの規定を第二十九条第三項において準用する場合を含む。）の規定による支部総括文書（第二十条第二項又は第三十条第二項の規定により提出すべきものを含む。）に記載すべき事項の記載をしなかった者
七　第十七条第一項若しくは第二十八条第一項の報告書、第十七条第二項（第二十八条第二項において準用する場合を含む。）の政党分領収書等の写し若しくは残高証明等の写し、支部報告書若しくは総括文書（第二十条第一項又は第三十条第一項の規定により提出すべきこれらの文書を含む。）、第十八条第一項、同条第三項（第二十九条第三項において準用する場合を含む。）若しくは第二十九条第一項若しくは第二項の支部報告書、第十八条第二項（第二十九条第三項において準用する場合を含む。）の支部分領収書等の写し若しくは残高証明等の写し、支部報告書若しくは支部総括文書（第二十条第二項又は第三十条第二項の規定により提出すべきこれらの文書を含む。）又は第十八条第三項（第二十九条第三項において準用する場合を含む。）の支部総括文書に虚偽の記入をした者
2　前項の場合において、政党又はその支部の代表者が当該政党又はその支部の会計責任者の選任及び監督について相当の注意を怠ったときは、五十万円以下の罰金に処する。

**法**（罰則）
**第四六条**　第十九条第一項（同条第五項、第二十八条第二項及び第二十九条第四項において準用する場合を含む。）の監査意見書又は第十九条第二項（第二十八条第二項において準用する場合を含む。）の監査報告書に虚偽の記載をした者は、三十万円以下の罰金に処する。

おいて準用する第十九条第一項」と、「当該政党の他の支部について第二十条第二項」とあるのは「第二十九条第一項第一号に掲げる場合において提出を受けたこれらの文書に限るものとし、当該政党の他の支部の会計責任者であった者について第三十条第二項」と読み替えるものとする。

4　第十九条第一項の規定は、第一項又は前項において準用する第十八条第三項の支部報告書を提出する場合について準用する。この場合において、第十九条第一項中「会計監査を行うべき者」とあるのは、「当該支部において設けられた会計監査を行うべき者」と読み替えるものとする。

【罰則】　一項＝四四条一項二・六・七号・二項、二項＝四四条一項一・七号・二項、三項において準用する一八条二・三項＝四四条一項二・六・七号・二項、四項において準用する一九条一項＝四四条一項四号・二項・四六条

**第三〇条**　前条第一項第一号に掲げる場合において、政党が第十五条第一項の政党に該当していなかった場合であっても、その支部の会計責任者であった者から前条第一項、同条第三項において準用する第十八条第二項又は次項の規定により支部報告書の提出を受けたときは、当該政党の会計責任者であった者は、総務省令で定めるところにより、第二十八条第二項において準用する第十七条第二項第二号から第四号までに掲げる文書を総務大臣に提出しなければならない。

2　前条第一項第一号に掲げる場合において、政党の支部が第十六条第一項の支部に該当していなかった場合であっても、当該政党の他の支部の会計責任者であった者から前条第一項又は同条第三項において準用する第十八条第二項の規定により支部報告書の提出を受けたときは、当該支部の会計責任者であった者は、総務省

---

**法**（罰則）

**第四四条**　次の各号の一に該当する者は、五年以下の禁錮若しくは百万円以下の罰金に処し、又はこれを併科する。

一　第十七条第一項若しくは第二十八条第一項の規定に違反して報告書の提出をせず、又は第十七条第二項（第二十八条第二項において準用する場合を含む。）、第二十条第一項、第二十九条第二項若しくは第三十条第一項の規定に違反して政党分領収書等の写し若しくは残高証明等の写し、支部報告書、監査意見書若しくは総括文書の提出をしなかった者

二　第十八条第一項、同条第三項（第二十九条第三項において準用する場合を含む。）若しくは第二十九条第一項の規定に違反して支部報告書の提出をせず、又は第十八条第二項若しくは第三項（これらの規定を第二十九条第三項において準用する場合

令で定めるところにより、前条第三項において準用する第十八条第二項第二号から第四号までに掲げる文書を当該政党の会計責任者であった者に提出するとともに、これらの文書を当該政党の会計責任者であった者に提出した日の翌日から起算して七日以内に前条第三項において準用する第十八条第二項第四号に掲げる支部総括文書を前条第三項において準用する第十八条第三項に規定する選挙管理委員会に提出しなければならない。政党の支部で第十六条第一項の支部に該当していなかったものの会計責任者であった者が当該政党の他の支部の会計責任者であった者からこの項の規定により支部報告書の提出を受けたときについても、同様とする。

【罰則】一項＝四四条一項一・五・七号・二項、二項＝四四条一項二・六・七号・二項

を含む。）、第二十条第二項若しくは第三十条第二項の規定に違反して支部分領収書等の写し若しくは残高証明等の写し、他の支部から提出を受けた支部報告書若しくは監査意見書若しくは支部総括文書の提出をしなかった者

三・四　略

五　第十七条第一項若しくは第二十八条第一項の規定による報告書又は第十七条第二項（第二十八条第二項において準用する場合を含む。）の規定による総括文書（第二十条第一項又は第三十条第一項の規定により提出すべきものを含む。）に記載すべき事項の記載をしなかった者

六　第十八条第一項、同条第三項（第二十九条第三項において準用する場合を含む。）若しくは第二十九条第一項の規定による支部報告書又は第十八条第二項若しくは第三項（これらの規定を第二十九条第三項において準用する場合を含む。）の規定による支部総括文書（第二十条第二項又は第三十条第二項の規定により提出すべきものを含む。）に記載すべき事項の記載をしなかった者

七　第十七条第一項若しくは第二十八条第一項の報告書、第十七条第二項（第二十八条第二項において準用する場合を含む。）の政党分領収書等の写し若しくは残高証明等の写し、支部報告書若しくは総括文書（第二十条第一項又は第三十条第一項の規定により提出すべきこれらの文書を含む。）、第十八条第一項、同条第三項（第二十九条第三項において準用する場合を含む。）若しくは第二十九条第一項若しくは第二項の支部報告書、第十八条第二項（第二十九条第三項において準用する場合を含む。）の支部分領収書等の写し若しくは残高証明等の写し、支部報告書若しくは支部総括文書（第二十条第二項又は第三十条第二項

## 第六章　報告書等の公表

（報告書等の要旨の公表）

**第三十一条**　総務大臣は、定期報告文書（第十七条第一項の報告書並びに同条第二項の支部報告書及び総括文書（第二十条第一項の規定により提出すべきこれらの文書を含む。）をいう。以下この条及び第三十二条の二第一項において同じ。）又は解散等報告文書（第二十八条第一項の報告書並びに同条第二項において準用する第十七条第二項又は第二十九条第二項の支部報告書及び総括文書（前条第一項の規定により提出すべきこれらの文書を含む。）をいう。第三十二条の二第一項において同じ。）を受理したときは、総務省令で定めるところにより、官報により、その要旨を公表しなければならない。この場合において、定期報告文書については、報告書の提出期限が延長される場合その他特別の事情がある場合を除き、当該定期報告文書が提出された年の九月三十日までに公表するものとする。

（報告書等の保存及び閲覧）

**第三十二条**　総務大臣は、第五条第一項、同条第三項（第六条第二項において準用する場合を含む。）、第六条第一項、第二十一条第一項（第二十七条第六項において準用する場合を含む。）、第二十三

の規定により提出すべきこれらの文書を含む。）又は第十八条第三項（第二十九条第三項において準用する場合を含む。）の支部総括文書に虚偽の記入をした者

2　前項の場合において、政党又はその支部の代表者が当該政党又はその支部の会計責任者の選任及び監督について相当の注意を怠ったときは、五十万円以下の罰金に処する。

条第四項、第二十五条第一項又は第二十七条第二項の規定による届出書及びこれらに併せて提出すべき文書をこれらの規定による届出に係る告示をした日から五年を経過する日まで保存しなければならない。

２　総務大臣は、第十七条第一項の報告書、第十七条第二項（第二十八条第二項において準用する場合を含む。）又は第二十九条第二項の支部報告書、監査意見書及び総括文書（第二十条第一項又は第三十条第一項の規定により提出すべきこれらの文書を含む。）、第十九条第一項（第二十八条第二項において準用する場合を含む。）の監査意見書並びに第十九条第二項（第二十八条第二項において準用する場合を含む。）の監査報告書を、前条の規定による要旨の公表をした日から五年を経過する日まで保存しなければならない。

３　都道府県の選挙管理委員会は、第十八条第三項（第二十九条第三項において準用する場合を含む。）の支部報告書及び支部総括文書（第二十条第二項又は第三十条第二項の規定により提出すべきこれらの文書を含む。）並びに第十九条第五項及び第二十九条第四項において準用する第十九条第一項の監査意見書（第五項、次条第三項及び第三十八条において「都道府県提出文書」という。）を、総務大臣が前条の規定による要旨の公表をした日から五年を経過する日まで保存しなければならない。

４　何人も、第一項に規定する告示をした日又は第二項に規定する要旨の公表をした日から五年間、総務大臣に対し、総務省令で定めるところにより、第一項に規定する届出書若しくはこれに併せて提出すべき文書又は第二項に規定する報告書、支部報告書、総括文書、監査意見書若しくは監査報告書の閲覧を請求することができる。

５　何人も、第二項に規定する要旨の公表をした日から五年間、都道府県の選挙管理委員会に対し、当該選挙管理委員会の定めるところにより、当該要旨の公表に係る都道府県提出文書の閲覧を請求することができる。

（報告書等に係る情報の公開）

**第三十二条の二**　定期報告文書若しくは解散等報告文書又はこれらに併せて提出すべき書面若しくは文書で第三十一条の規定により当該定期報告文書又は解散等報告文書の要旨が公表される前のものに係る行政機関の保有する情報の公開に関する法律（平成十一年法律第四十二号）第三条の規定による開示の請求があった場合においては、当該要旨が公表される日前は同法第九条第一項の決定を行わない。

２　前項に規定する開示の請求があった場合における行政機関の保有する情報の公開に関する法律の規定の適用については、同法第十条第一項中「開示請求があった日から三十日以内」とあるのは「政党助成法（平成六年法律第五号）第三十一条の規定により要旨が公表された日から同日後三十日を経過する日までの間」と、同法第十一条中「開示請求があった日から六十日以内」とあるのは「政党助成法第三十一条の規定により要旨が公表された日から同日後六十日を経過する日までの間」とする。

3　都道府県は、第一項の規定の例により、都道府県提出文書に係る情報の開示を行うものとする。

## 第七章　政党交付金の返還等

**第三三条**　総務大臣は、政党（第二十七条第一項の規定に該当する政治団体を含む。第三項及び第四項を除き、以下この条、次条及び第四十条において同じ。）がこの法律の規定に違反して政党交付金（第二十七条第一項に規定する特定交付金を含む。第三項を除き、以下この条、次条及び第四十条において同じ。）の交付の決定（既にされた決定の変更を含む。）を受けたものである場合には、政令で定めるところにより、当該政党が政党交付金の全部又は一部の交付を受けていないときにあってはその政党交付金の全部又は一部の交付を停止し、当該政党が政党交付金の全部又は一部の交付を受けているときにあっては当該政党（当該政党が解散し、又は目的の変更その他により政治団体でなくなった場合にあっては、その代表者であった者とする。）に対し期限を定めてその交付を受けた政党交付金の全部又は一部の返還を命ずることができる。

2　総務大臣は、政党交付金の交付を受けた政党が次の各号のいずれかに該当することとなったときは、総務省令で定めるところにより、当該政党（当該政党が解散し、又は目的の変更その他により政治団体でなくなった場合にあっては、その代表者であった者とする。第六項、第八項及び第九項において同じ。）に対し、期限を定めて、当該各号に掲げる場合の区分に応じ、当該各号に定める額に相当する額の政党交付金の返還を命ずることができる。

一　当該政党がその年において交付を受けた政党交付金の総額（その年の十二月三十一日における政党基金の残高がその年の前年の十二月三十一日における政党基金の残高を下回る場合には、当該下回る額を加算した額とする。）から、当該政党がその年においてした政党交付金による支出（第十四条第一項に規定する政党交付金による支出をいう。以下この条において同じ。）の総額（その年の十二月三十一日における政党基金の残高がその年の前年の十二月三十一日における政党基金の残高を上回る場合には、当該上回る額を加算した額とする。）を控除して残余がある場合　当該残額

二　当該政党の支部がその年において支給を受けた支部政党交付金（第十四条第二項に規定する支部政党交付金をいう。以下この条において同じ。）の総額（その年の十二月三十一日における支部基金の残高がその年の前年の十二月三十一日における支部基金の残高を下回る場合には、当該下回る額を加算した額とする。）

から、当該政党の支部がその年においてした支部政党交付金による支出（第十四条第三項に規定する支部政党交付金による支出をいう。以下この条において同じ。）の総額（その年の十二月三十一日における支部基金の残高がその年の前年の十二月三十一日における支部基金の残高を上回る場合には、当該上回る額を加算した額とする。）を控除して残余がある場合　この号に該当するすべての支部に係る当該残額の合計額

三　当該政党が解散（第二十三条第一項に規定する二以上の政党の合併又は同条第三項に規定する政党の分割によるものを除く。以下この項において同じ。）をし、又は目的の変更その他により政治団体でなくなった場合において、その年の一月一日から第二十一条第一項の届出をした日までに交付を受けた政党交付金の総額（当該届出をした日（届出がないときは、その年の十二月三十一日。以下この号において同じ。）における政党基金の残高がその年の前年の十二月三十一日における政党基金の残高を下回る場合には、当該下回る額を加算した額とする。）から、当該政党がその年の一月一日から当該解散をし又は目的の変更その他により政治団体でなくなった日（以下この項において「解散等の日」という。）までにした政党交付金による支出の総額（当該解散等の日における政党基金の残高がその年の前年の十二月三十一日における政党基金の残高を上回る場合には、当該上回る額を加算した額とする。）を控除して残余があるとき　当該残額及び当該届出をした日における政党基金の残高の合計額

四　当該政党が解散をし、若しくは目的の変更その他により政治団体でなくなった場合又は第二十九条第一項第二号に掲げる場合において、当該政党の支部がその年の一月一日から第二十一条第一項の届出があった日（同号に掲げる場合にあっては、総務省令で定める日。以下この号において同じ。）までに支給を受けた支部政党交付金の総額（当該届出があった日（届出がないときは、その年の十二月三十一日。以下この号において同じ。）における支部基金の残高がその年の前年の十二月三十一日における支部基金の残高を下回る場合には、当該下回る額を加算した額とする。）から、当該支部がその年の一月一日から当該解散等の日（第二十九条第一項第二号に掲げる場合にあっては、その事実があった日。以下この号において同じ。）までにした支部政党交付金による支出の総額（当該解散等の日における支部基金の残高がその年の前年の十二月三十一日における支部基金の残高を上回る場合には、当該上回る額を加算した額とする。）を控除して残余があるとき　この号に該当するすべての支部に係る当該残額及び当該届出があった日における支部基金の残高の合計額

3　合併解散政党若しくは分割解散政党又はこれらの政党の支部がその年において当該合併又は分割による解散の日までに交付又は支給を受けた政党交付金及び支部政党交付金で当該解散の日までに政党交付金による支出

又は支部政党交付金による支出に充てていないもの（政党基金又は支部基金として積み立てられたものを除く。以下この項において同じ。）並びにこれらの政党又はその支部が当該解散の日において有していた政党基金及び支部基金を引き継いだ当該合併に係る存続政党若しくは新設政党又は当該分割に係る分割政党（以下この条において「存続政党等」という。）は、総務省令で定めるところにより、その旨を総務大臣に届け出なければならない。この場合において、当該政党交付金及び支部政党交付金は当該合併又は分割の日に当該存続政党等に対し政党交付金として交付されたものとみなし、当該政党基金及び支部基金は当該合併又は分割の日に当該存続政党等に対し政党交付金として交付され、かつ、その日に政党基金として積み立てられたものとみなして、第四章、第二十八条から第三十条まで並びに第一項及び第二項の規定（これらの規定に係る罰則を含む。）を適用する。

4　存続政党等が前項の届出をしない場合には、当該合併又は分割は、第二十三条第一項に規定する二以上の政党の合併又は同条第三項に規定する政党の分割でないものとみなして、第二項第三号及び第四号の規定を適用する。

5　第二十一条第三項の規定は第三項の届出について、第三十二条第一項及び第四項の規定は当該届出に係る届出書について、それぞれ準用する。

6　総務大臣は、第一項又は第二項の規定により、政党交付金の交付を停止し、又は政党交付金の返還を命ずるときは、当該政党に対して、理由を示してその旨及び当該停止に係る政党交付金の額又は返還すべき政党交付金の額を通知しなければならない。

7　総務大臣は、前項の通知をしたときは、総務省令で定めるところにより、その旨、当該政党の名称及び当該停止に係る政党交付金の額又は返還すべき政党交付金の額を告示しなければならない。

8　第一項の規定により政党交付金の返還を命ぜられた政党は、政令で定めるところにより、その返還すべき政党交付金の受領の日から納期日までの日数に応じ、当該政党交付金の額（その一部を納付した場合におけるその後の期間については、既納額を控除した額）につき年十四・六パーセントの割合で計算した加算金を国に納付しなければならない。

9　第一項又は第二項の規定により政党交付金の返還を命ぜられた政党が納期日までにこれを納付しなかったときは、政令で定めるところにより、納期日の翌日から納付の日までの日数に応じ、その未納額につき年十四・六パーセントの割合で計算した延滞金を国に納付しなければならない。

10　総務大臣は、第一項、第二項及び前二項の場合において、政令で定めるところにより、その年分として交付すべき政党交付金のうち交付していないもの又はその年の翌年以後に交付すべき政党交付金の額から、返還を命ぜられた政党交付金又は加算金若しくは延滞金の額を控除することができる。

11 第六項の規定は、総務大臣が前項の規定による控除をする場合について準用する。この場合において、第六項中「当該停止に係る政党交付金の額又は返還すべき政党交付金の額」とあるのは、「当該控除した政党交付金又は加算金若しくは延滞金の額」と読み替えるものとする。

12 第一項の規定により返還すべき政党交付金又はこれに係る加算金若しくは延滞金は、国税滞納処分の例により、徴収することができる。この場合において、当該政党交付金又はこれに係る加算金若しくは延滞金の先取特権の順位は、国税及び地方税に次ぐものとする。

**第三四条** 総務大臣は、第五条第一項、第六条第一項、第二十三条第四項又は第二十七条第二項の規定による届出をした政党が当該届出をした日の属する年において提出すべき第十七条第一項の報告書、同条第二項の政党分領収書等の写し若しくは残高証明等の写し、支部報告書、監査意見書若しくは総括文書（第二十条第一項の規定により提出すべきこれらの文書を含む。）、第十九条第一項の監査意見書又は同条第二項の監査報告書（以下この項において「報告書等」という。）を提出しないときは、総務省令で定めるところにより、当該報告書等の提出があるまで、その年分として当該政党に対して交付すべき政党交付金の全部又は一部の交付を停止することができる。

2 前条第六項及び第七項の規定は、総務大臣が前項の規定により同項に規定する交付を停止する場合について準用する。この場合において、同条第六項及び第七項中「当該停止に係る政党交付金の額又は返還すべき政党交付金の額」とあるのは、「当該停止に係る政党交付金の額」と読み替えるものとする。

## 第八章　雑則

（報告書等の真実性の確保のための措置）

**第三五条** 第十七条第一項若しくは第二十八条第一項の規定により報告書を提出し、又は第十八条第一項、同条第三項（第二十九条第三項において準用する場合を含む。）若しくは第二十九条第一項の規定により支部報告書を提出する者は、これらにそれぞれ真実の記載がされていることを誓う旨の文書を添付しなければならない。

**第三六条** 削除

（届出書類等の説明聴取等）

**第三七条**　総務大臣又は都道府県の選挙管理委員会は、この法律の規定により提出された届出書類、報告書、支部報告書若しくはこれらに併せて提出すべき書面若しくは文書（以下この条において「届出書類等」という。）に形式上の不備があり、又はこれらに記載すべき事項の記載が不十分であると認めるときは、当該届出書類等を提出した者に対して、説明を求め、又は当該届出書類等の訂正を命ずることができる。

【罰則】　四五条四号

（政党交付金に関する事務に係る財政上の措置）

**第三八条**　国は、都道府県提出文書の保存及び閲覧のための経費について財政上必要な措置を講ずるものとする。

（民間事業者等が行う書面の保存等における情報通信の技術の利用に関する法律の適用除外）

**第三八条の二**　第十五条第四項（第十六条第二項において準用する場合を含む。）の規定により保存すべき書類については、民間事業者等が行う書面の保存等における情報通信の技術の利用に関する法律（平成十六年法律第百四十九号）第三条及び第四条の規定は、適用しない。

（審査請求の制限）

**第三九条**　この法律の規定による処分その他公権力の行使に当たる行為又はその不作為については、審査請求をすることができない。

（端数計算）

**第四〇条**　この法律の規定により毎年分として各政党に対して交付すべき政党交付金の額を算定する場合において、千円未満の端数があるときは、その端数金額を切り捨てる。

（電磁的記録又は電磁的方法による提出）

---

**法**（罰則）

**第四五条**　次の各号の一に該当する者は、三年以下の禁錮若しくは五十万円以下の罰金に処し、又はこれを併科する。

一～三　略

四　第三十七条の規定により求められた説明を拒み、若しくは虚偽の説明をし、又は同条の規定による命令に違反して同条の届出書類等の訂正を拒み、若しくはこれらに虚偽の訂正をした者

**第四〇条の二**　第十八条第一項若しくは第二十九条第一項の支部報告書、第十八条第二項（第二十九条第三項において準用する場合を含む。以下この項において同じ。）の支部分領収書等の写し若しくは残高証明等の写し、第十八条第二項の支部報告書、監査意見書若しくは支部総括文書（第二十条第二項の規定により同項に規定する政党の会計責任者に提出すべきこれらの文書及び第三十条第二項の規定により同項に規定する政党の会計責任者であった者に提出すべきこれらの文書を含む。）、第十九条第五項及び第二十九条第四項において準用する第十九条第一項の監査意見書（第十八条第一項又は第二十九条第一項の支部報告書に併せて提出すべきものに限る。）又は第三十五条の文書（第十八条第一項又は第二十九条第一項の支部報告書に添付すべきものに限る。）の提出については、総務省令で定めるところにより、当該文書又は書面の提出に代えて電磁的記録（電子的方式、磁気的方式その他人の知覚によっては認識することができない方式で作られる記録であって、電子計算機による情報処理の用に供されるものとして総務省令で定めるものをいう。）の提出又は電磁的方法（電子情報処理組織を使用する方法その他の情報通信の技術を利用する方法であって総務省令で定めるものをいう。次項において同じ。）をもって行うことができる。この場合においては、当該文書又は書面により提出が行われたものとみなす。

2　前項の規定により、文書又は書面の提出が電磁的方法により行われたときは、第十八条第一項、第二十条第二項若しくは第二十九条第一項第二号に規定する政党の会計責任者又は同項第一号若しくは第三十条第二項に規定する政党の会計責任者であった者の使用に係る電子計算機に備えられたファイルへの記録がされた時に当該政党の会計責任者又は政党の会計責任者であった者に到達したものとみなす。

**（政令への委任）**

**第四一条**　この法律を適用する場合における衆議院議員又は参議院議員の数及び総選挙又は通常選挙に係る得票総数の算定に関し必要な事項は、政令で定める。

2　前項に定めるもののほか、この法律の実施のための手続その他その執行に関し必要な事項は、政令で定める。

**（総務省令への委任）**

**第四二条**　この法律の規定による届出書、会計帳簿、報告書、総括文書、支部報告書、支部総括文書、監査意見書、監査報告書その他の書類の様式、記載要領その他の必要な事項は、総務省令で定める。

**（事務の区分）**

**第四二条の二**　第十八条第三項（第二十九条第三項（第二十七条第七項において適用する場合を含む。）において準用し、及び第二十七条第七項において適用する場合を含む。）、第二十条第二項及び第三十条第二項（これらの規定を第二十七条第七項において適用する場合を含む。）、第三十二条第三項及び第五項並びに第三十七条の規定により都道府県が処理することとされている事務は、地方自治法第二条第九項第一号に規定する第一号法定受託事務とする。

## 第九章　罰則

**第四三条**　政党（政治団体を含む。以下この条及び第四十八条において同じ。）が偽りその他不正な行為により、政党交付金（第二十七条第一項に規定する特定交付金を含む。）の交付を受けたときは、当該政党の役職員又は構成員として当該行為をした者は、五年以下の懲役若しくは二百五十万円以下の罰金に処し、又はこれを併科する。

【罰則】　四八条一項

**第四四条**　次の各号の一に該当する者は、五年以下の禁錮若しくは百万円以下の罰金に処し、又はこれを併科する。

一　第十七条第一項若しくは第二十八条第一項の規定に違反して報告書の提出をせず、又は第十七条第二項（第二十八条第二項において準用する場合を含む。）、第二十条第一項、第二十九条第二項若しくは第三十条第一項の規定に違反して政党分領収書等の写し若しくは残高証明等の写し、支部報告書、監査意見書若しくは総括文書の提出をしなかった者

二　第十八条第一項、同条第三項（第二十九条第三項において準用する場合を含む。）若しくは第二十九条第一項の規定に違反して支部報告書の提出をせず、又は第十八条第二項若しくは第三項（これらの規定を第二十九条第三項において準用する場合を含む。）、第二十条第二項若しくは第三十条第二項の規定に違反して支部分領収書等の写し若しくは残高証明等の写し、他の支部から提出を受けた支部報告書若しくは監査意見書若しくは支部総括文書の提出をしなかった者

三　第十九条第一項（第二十八条第二項において準用する場合を含む。）の規定に違反して監査意見書を提出せず、又は第十九条第二項（第二十八条第二項において準用する場合を含む。）の規定に違反して監査報告書を提出しなかった者

四　第十九条第五項及び第二十九条第四項において準用する第十九条第一項の規定に違反して監査意見書の提出をしなかった者

五　第十七条第一項の規定による報告書又は第十七条第二項（第二十八条第一項の規定による総括文書又は第二十八条第二項において準用する場合を含む。）の規定による総括文書（第二十条第一項又は第三十条第一項の規定により提出すべきものを含む。）に記載すべき事項の記載をしなかった者

六　第十八条第一項、同条第三項（第二十九条第三項において準用する場合を含む。）若しくは第二十九条第一項の規定による支部報告書又は第十八条第二項若しくは第三項（これらの規定を第二十九条第三項において準用する場合を含む。）の規定による支部総括文書（第二十条第二項又は第三十条第二項の規定により提出すべきものを含む。）に記載すべき事項の記載をしなかった者

七　第十七条第一項若しくは第二十八条第一項の報告書、第十七条第二項（第二十八条第二項において準用する場合を含む。）の政党分領収書等の写し若しくは残高証明等の写し、支部報告書若しくは総括文書（第二十条第一項又は第三十条第一項の規定により提出すべきこれらの文書を含む。）、第十八条第一項、同条第三項（第二十九条第三項において準用する場合を含む。）若しくは第二十九条第一項若しくは第二項の支部報告書、第十八条第二項（第二十九条第三項において準用する場合を含む。）の支部分領収書等の写し若しくは残高証明等の写し、支部報告書若しくは支部総括文書（第二十条第二項又は第三十条第二項の規定により提出すべきこれらの文書を含む。）又は第十八条第三項（第二十九条第三項において準用する場合を含む。）の支部総括文書に虚偽の記入をした者

2　前項の場合において、政党又はその支部の代表者が当該政党又はその支部の会計責任者の選任及び監督について相当の注意を怠ったときは、五十万円以下の罰金に処する。

【罰則】重過失の処罰＝四七条

**第四五条**　次の各号の一に該当する者は、三年以下の禁錮若しくは五十万円以下の罰金に処し、又はこれを併科する。

一　第十五条第一項の規定に違反して、会計帳簿を備えず、若しくはこれに記載すべき事項を記載せず、同条第二項の規定に違反して領収書等を徴せず、同条第三項の規定に違反して残高証明等を徴せず、同条第四項の規定に違反して会計帳簿、領収書等若しくは残高証明等を保存せず、又は同条第五項の規定に違反して通知をしなかった者

二　第十六条第一項の規定に違反して、会計帳簿を備えず、若しくはこれに記載すべき事項を記載せず、同条第二項において準用する第十五条第二項の規定に違反して領収書等を徴せず、第十六条第二項において準用する第十五条第三項の規定に違反して残高証明等を徴せず、第十六条第二項において準用する第十五条第四

項の規定に違反して会計帳簿、領収書等若しくは残高証明等を保存せず、又は第十六条第二項において準用する第十五条第五項の規定に違反して通知をしなかった者

三　第十五条第一項若しくは第十六条第一項の会計帳簿、第十五条第二項（第十六条第二項において準用する場合を含む。）の領収書等若しくは第十五条第三項（第十六条第二項において準用する場合を含む。）の残高証明等に虚偽の記入をし、又は虚偽の第十五条第五項（第十六条第二項において準用する場合を含む。）の通知をした者

四　第三十七条の規定により求められた説明を拒み、若しくは虚偽の説明をし、又は同条の規定による命令に違反して同条の届出書類等の訂正を拒み、若しくはこれらに虚偽の訂正をした者

【罰則】重過失の処罰＝四七条

**第四六条**　第十九条第一項（同条第五項、第二十八条第二項及び第二十九条第四項において準用する場合を含む。）の監査意見書又は第十九条第二項（第二十八条第二項において準用する場合を含む。）の監査報告書に虚偽の記載をした者は、三十万円以下の罰金に処する。

【罰則】四八条二項

**第四七条**　重大な過失により、第四十四条第一項又は第四十五条の違反行為をした者は、当該各条の刑を科する。ただし、情状により、その刑を減軽することができる。

**第四八条**　政党の役職員又は構成員が、第四十三条の違反行為をしたときは、その行為者を罰するほか、当該政党に対し同条の罰金刑を科する。

2　監査法人の社員が、その監査法人の業務に関し、第四十六条の違反行為をしたときは、その行為者を罰するほか、当該監査法人に対し同条の罰金刑を科する。

3　第一項の規定により第四十三条の違反行為につき政党に罰金刑を科する場合における時効の期間は、同条の罪についての時効の期間による。

4　政党について第一項の規定の適用がある場合においては、その代表者が訴訟行為につき政党を代表するほか、法人を被告人又は被疑者とする場合の刑事訴訟に関する法律の規定を準用する。

**附　則**　略

# 関係法令

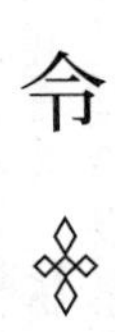

# ○国会法〔抄〕（昭和二二年四月三〇日法律第七九号）

最終改正　令四・四・二二法二九

## 第十三章　辞職、退職、補欠及び資格争訟

〔議員辞職の許可〕

**第一〇七条**　各議院は、その議員の辞職を許可することができる。但し、閉会中は、議長においてこれを許可することができる。

〔議員の退職〕

**第一〇八条**　各議院の議員が、他の議院の議員となつたときは、退職者となる。

**第一〇九条**　各議院の議員が、法律に定めた被選の資格を失つたときは、退職者となる。

**第一〇九条の二**　衆議院の比例代表選出議員が、議員となつた日以後において、当該議員が衆議院名簿登載者（公職選挙法（昭和二十五年法律第百号）第八十六条の二第一項に規定する衆議院名簿登載者をいう。以下この項において同じ。）であつた衆議院名簿届出政党等（同条第一項の規定による届出をした政党その他の政治団体をいう。以下この項において同じ。）以外の政党その他の政治団体で、当該議員が選出された選挙における衆議院名簿届出政党等であるもの（当該議員が衆議院名簿登載者であつた衆議院名簿届出政党等（当該衆議院名簿届出政党等に係る合併又は分割（二以上の政党その他の政治団体の設立を目的として一の政党その他の政治団体が解散し、当該二以上の政党その他の政治団体が設立されることをいう。次項において同じ。）が行われた場合における当該合併後に存続する政党その他の政治団体若しくは当該合併により設立された政党その他の政治団体又は当該分割により設立された政党その他の政治団体を含む。）を含む二以上の政党その他の政治団体の合併により当該合併後に存続するものを除く。）に所属する者となつたとき（議員となつた日において所属する者である場合を含む。）は、退職者となる。

②　参議院の比例代表選出議員が、議員となつた日以後において、当該議員が参議院名簿登載者（公職選挙法第八十六条の三第一項に規定する参議院名簿登載者をいう。以下この項において同じ。）であつた参議院名簿届出政党等（同条第一項の規定による届出をした政党その他の政治団体をいう。以下この項において同じ。）以外の政党その他の政治団体で、当該議員が選出された選挙における参議院名簿届出政党等であるもの（当該議員が参議院名簿登載者であつた参議院名簿届出政党等（当該参議院名簿届出政党等に係る合併又は分割が行われた場合における当該合併後に存続する政党その他の政治団体若しくは当該合併により設立された政党その他の政治団体又は当該分割により設立された政党その他の政治団体を含む。）を含む二以上の政党その他の政治団体の合併により当該合併後に存続するものを除く。）に所属する者となつたとき（議員となつた日において所属する者である場合を含む。）は、退職者となる。

〔欠員の通知〕

**第一一〇条**　各議院の議員に欠員が生じたときは、その院の議長は、内閣総理大臣に通知しなければならない。

〔資格争訟〕

**第一一一条**　各議院において、その議員の資格につき争訟があるときは、委員会の審査を経た後これを議決する。

② 前項の争訟は、その院の議員から文書でこれを議長に提起しなければならない。

〔弁護人〕

**第一一二条** 資格争訟を提起された議員は、二人以内の弁護人を依頼することができる。

② 前項の弁護人の中一人の費用は、国費でこれを支弁する。

〔被告議員の地位〕

**第一一三条** 議員は、その資格のないことが証明されるまで、議院において議員としての地位及び権能を失わない。但し、自己の資格争訟に関する会議において弁明はできるが、その表決に加わることができない。

# ○地方自治法〔抄〕（昭和二二年四月一七日法律第六七号）

最終改正　令四・一二・一六法一〇四

## 第二編　普通地方公共団体

### 第六章　議会

#### 第八節　議員の辞職及び資格の決定

〔議員の辞職〕

**第一二六条** 普通地方公共団体の議会の議員は、議会の許可を得て辞職することができる。但し、閉会中においては、議長の許可を得て辞職することができる。

〔失職及び資格決定〕

**第一二七条** 普通地方公共団体の議会の議員が被選挙権を有しない者であるとき、又は第九十二条の二（第二百八十七条の二第七項において準用する場合を含む。以下この項において同じ。）の規定に該当するときは、その職を失う。その被選挙権の有無又は第九十二条の二の規定に該当するかどうかは、議員が公職選挙法第十一条、第十一条の二若しくは第二百五十二条又は政治資金規正法第二十八条の規定に該当するため被選挙権を有しない場合を除くほか、議会がこれを決定する。この場合においては、出席議員の三分の二以上の多数によりこれを決定しなければならない。

② 前項の場合においては、議員は、第百十七条の規定にかかわらず、その会議に出席して自己の資格に関し弁明することはできるが決定に加わることができない。

③ 第百十八条第五項及び第六項の規定は、第一項の場合について

準用する。

〔失職の時期〕

**第一二八条**　普通地方公共団体の議会の議員は、公職選挙法第二百二条第一項若しくは第二百六条第一項の規定による異議の申出、同法第二百二条第二項若しくは第二百六条第二項の規定による審査の申立て、同法第二百三条第一項、第二百七条第一項、第二百十条若しくは第二百十一条の訴訟の提起に対する決定、裁決又は判決が確定するまでの間（同法第二百十条第一項の規定による訴訟を提起することができる場合において、当該訴訟が提起されなかつたとき、当該訴訟についての訴えを却下し若しくは訴状を却下する裁判が確定したとき、又は当該訴訟が取り下げられたときは、それぞれ同項に規定する出訴期間が経過するまで、当該裁判が確定するまで又は当該取下げが行われるまでの間）は、その職を失わない。

## 第七章　執行機関

### 第二節　普通地方公共団体の長

#### 第一款　地位

〔知事・市町村長〕

**第一三九条**　都道府県に知事を置く。

②　市町村に市町村長を置く。

〔長の任期〕

**第一四〇条**　普通地方公共団体の長の任期は、四年とする。

②　前項の任期の起算については、公職選挙法第二百五十九条及び第二百五十九条の二の定めるところによる。

〔長の兼職の禁止〕

**第一四一条**　普通地方公共団体の長は、衆議院議員又は参議院議員と兼ねることができない。

②　普通地方公共団体の長は、地方公共団体の議会の議員並びに常勤の職員及び短時間勤務職員と兼ねることができない。

〔長の兼業禁止〕

**第一四二条**　普通地方公共団体の長は、当該普通地方公共団体に対し請負をする者及びその支配人又は主として同一の行為をする法人（当該普通地方公共団体が出資している法人で政令で定めるものを除く。）の無限責任社員、取締役、執行役若しくは監査役若しくはこれらに準ずべき者、支配人及び清算人たることができない。

〔長の失職・被選挙権喪失による失職〕

**第一四三条**　普通地方公共団体の長が、被選挙権を有しなくなつたとき又は前条の規定に該当するときは、その職を失う。その被選挙権の有無又は同条の規定に該当するかどうかは、普通地方公共団体の長が公職選挙法第十一条、第十一条の二若しくは第二百五十二条又は政治資金規正法第二十八条の規定に該当するため被選挙権を有しない場合を除くほか、当該普通地方公共団体の選挙管理委員会がこれを決定しなければならない。

②　前項の規定による決定は、文書をもつてし、その理由をつけてこれを本人に交付しなければならない。

③　第一項の規定による決定についての審査請求は、都道府県にあつては総務大臣、市町村にあつては都道府県知事に対してするものとする。

④　前項の審査請求に関する行政不服審査法（平成二十六年法律第六十八号）第十八条第一項本文の期間は、第一項の決定があつた日の翌日から起算して二十一日とする。

〔選挙又は当選の無効による失職の時期〕

**第一四四条**　普通地方公共団体の長は、公職選挙法第二百二条第一

項若しくは第二百六条第一項の規定による異議の申出、同法第二百二条第二項若しくは第二百六条第二項の規定による審査の申立て、同法第二百三条第一項、第二百七条第一項、第二百十条若しくは第二百十一条の訴訟の提起に対する決定、裁決又は判決が確定するまでの間（同法第二百十条第一項の規定による訴訟を提起することができる場合において、当該訴訟が提起されなかつたとき、当該訴訟についての訴えを却下し若しくは訴状を却下する裁判が確定したとき、又は当該訴訟が取り下げられたときは、それぞれ同項に規定する出訴期間が経過するまで、当該裁判が確定するまで又は当該取下げが行われるまでの間）は、その職を失わない。

〔長の退職〕

**第一四五条**　普通地方公共団体の長は、退職しようとするときは、その退職しようとする日前、都道府県知事にあつては三十日、市町村長にあつては二十日までに、当該普通地方公共団体の議会の議長に申し出なければならない。但し、議会の同意を得たときは、その期日前に退職することができる。

**第三款　補助機関**

〔副知事・副市町村長の設置及び定数〕

**第一六一条**　都道府県に副知事を、市町村に副市町村長を置く。ただし、条例で置かないことができる。

②　副知事及び副市町村長の定数は、条例で定める。

〔副知事・副市町村長の選任〕

**第一六二条**　副知事及び副市町村長は、普通地方公共団体の長が議会の同意を得てこれを選任する。

〔副知事・副市町村長の任期〕

**第一六三条**　副知事及び副市町村長の任期は、四年とする。ただし、普通地方公共団体の長は、任期中においてもこれを解職することができる。

〔副知事・副市町村長の欠格事由〕

**第一六四条**　公職選挙法第十一条第一項又は第十一条の二の規定に該当する者は、副知事又は副市町村長となることができない。

②　副知事又は副市町村長は、公職選挙法第十一条第一項の規定に該当するに至つたときは、その職を失う。

〔副知事・副市町村長の退職〕

**第一六五条**　普通地方公共団体の長の職務を代理する副知事又は副市町村長は、退職しようとするときは、その退職しようとする日前二十日までに、当該普通地方公共団体の議会の議長に申し出なければならない。ただし、議会の承認を得たときは、その期日前に退職することができる。

②　前項に規定する場合を除くほか、副知事又は副市町村長は、その退職しようとする日前二十日までに、当該普通地方公共団体の長に申し出なければならない。ただし、当該普通地方公共団体の長の承認を得たときは、その期日前に退職することができる。

## ○国家公務員法〔抄〕（昭和二二年一〇月二一日法律第一二〇号）

**最終改正**　令三・六・一六法七五

**注**　令和四年六月一七日法律第六八号の改正は、令和四年六月一七日から起算して三年を超えない範囲内において政令で定める日から施行のため、改正を加えてありません。

### 第三章　職員に適用される基準

#### 第七節　服務

**（政治的行為の制限）**

**第一〇二条**　職員は、政党又は政治的目的のために、寄附金その他の利益を求め、若しくは受領し、又は何らの方法を以てするを問わず、これらの行為に関与し、あるいは選挙権の行使を除く外、人事院規則で定める政治的行為をしてはならない。

②　職員は、公選による公職の候補者となることができない。

③　職員は、政党その他の政治的団体の役員、政治的顧問、その他これらと同様な役割をもつ構成員となることができない。

### 第四章　罰則

**第一一一条の二**　次の各号のいずれかに該当する者は、三年以下の禁錮又は百万円以下の罰金に処する。

一　略

二　第百二条第一項に規定する政治的行為の制限に違反した者

## ○政治的行為（昭和二四年九月一九日人事院規則一四―七）

**最終改正**　令四・二・一八人規一―七九

人事院は、国家公務員法に基き、政治的行為に関し次の人事院規則を制定する。（昭和二十四年九月十九日施行）

### 政治的行為

**（適用の範囲）**

1　法及び規則中政治的行為の禁止又は制限に関する規定は、臨時的任用として勤務する者、条件付任用期間の者、休暇、休職又は停職中の者及びその他理由のいかんを問わず一時的に勤務しない者をも含む全ての一般職に属する職員に適用する。ただし、顧問、参与、委員その他人事院の指定するこれらと同様な諮問的な非常勤の職員（法第六十条の二第一項に規定する短時間勤務の官職を占める職員を除く。）が他の法令に規定する禁止又は制限に触れることなしにする行為には適用しない。

2　法又は規則によつて禁止又は制限される職員の政治的行為は、すべて、職員が、公然又は内密に、職員以外の者と共同して行う場合においても、禁止又は制限される。

3　法又は規則によつて職員が自ら行うことを禁止又は制限される政治的行為は、すべて、職員が自ら選んだ又は自己の管理に属する代理人、使用人その他の者を通じて間接に行う場合においても、禁止又は制限される。

4　法又は規則によつて禁止又は制限される職員の政治的行為は、第六項第十六号に定めるものを除いては、職員が勤務時間外において行う場合においても、適用される。

**（政治的目的の定義）**

5　法及び規則中政治的目的とは、次に掲げるものをいう。政治的目的をもつてなされる行為であつても、第六項に定める政治的行為に含まれない限り、法第百二条第一項の規定に違反するものではない。

一　規則一四—五に定める公選による公職の選挙において、特定の候補者を支持し又はこれに反対すること。

二　最高裁判所の裁判官の任命に関する国民審査に際し、特定の裁判官を支持し又はこれに反対すること。

三　特定の政党その他の政治的団体を支持し又はこれに反対すること。

四　特定の内閣を支持し又はこれに反対すること。

五　政治の方向に影響を与える意図で特定の政策を主張し又はこれに反対すること。

六　国の機関又は公の機関において決定した政策（法令、規則又は条例に包含されたものを含む。）の実施を妨害すること。

七　地方自治法（昭和二十二年法律第六十七号）に基く地方公共団体の条例の制定若しくは改廃又は事務監査の請求に関する署名を成立させ又は成立させないこと。

八　地方自治法に基く地方公共団体の議会の解散又は法律に基く公務員の解職の請求に関する署名を成立させ若しくは成立させず又はこれらの請求に基く解散若しくは解職に賛成し若しくは反対すること。

**（政治的行為の定義）**

6　法第百二条第一項の規定する政治的行為とは、次に掲げるものをいう。

一　政治的目的のために職名、職権又はその他の公私の影響力を利用すること。

二　政治的目的のために寄附金その他の利益を提供し又は提供せずその他政治的目的をもつなんらかの行為をなし又はなさないことに対する代償又は報復として、任用、職務、給与その他職員の地位に関してなんらかの利益を得若しくは得ようと企て又は得させようとすることあるいは不利益を与え、与えようと企て又は与えようとおびやかすこと。

三　政治的目的をもつて、賦課金、寄附金、会費又はその他の金品を求め若しくは受領し又はなんらの方法をもつてするを問わずこれらの行為に関与すること。

四　政治的目的をもつて、前号に定める金品を国家公務員に与え又は支払うこと。

五　政党その他の政治的団体の結成を企画し、結成に参与し若しくはこれらの行為を援助し又はそれらの団体の役員、政治的顧問その他これらと同様な役割をもつ構成員となること。

六　特定の政党その他の政治的団体の構成員となるように又はならないように勧誘運動をすること。

七　政党その他の政治的団体の機関紙たる新聞その他の刊行物を発行し、編集し、配布し又はこれらの行為を援助すること。

八　政治的目的をもつて、第五項第一号に定める選挙、同項第二号に定める国民審査の投票又は同項第八号に定める解散若しくは解職の投票において、投票するように又はしないように勧誘運動をすること。

九　政治的目的のために署名運動を企画し、主宰し又は指導しその他これに積極的に参与すること。

十　政治的目的をもつて、多数の人の行進その他の示威運動を企画し、組織し若しくは指導し又はこれらの行為を援助すること。

十一　集会その他多数の人に接し得る場所で又は拡声器、ラジオその他の手段を利用して、公に政治的目的を有する意見を述べること。

十二　政治的目的を有する文書又は図画を国又は行政執行法人の庁舎（特定独立行政法人にあつては、事務所。以下同じ。）、施設等に掲示し又は掲示させその他政治的目的のために国又は行政執行法人の庁舎、施設、資材又は資金を利用し又は利用させること。

十三　政治的目的を有する署名又は無署名の文書、図画、音盤又は形象を発行し、回覧に供し、掲示し若しくは配布し又は多数の人に対して朗読し若しくは聴取させ、あるいはこれらの用に供するために著作し又は編集すること。

十四　政治的目的を有する演劇を演出し若しくは主宰し又はこれらの行為を援助すること。

十五　政治的目的をもつて、政治上の主義主張又は政党その他の政治的団体の表示に用いられる旗、腕章、記章、えり章、服飾その他これらに類するものを製作し又は配布すること。

十六　政治的目的をもつて、勤務時間中において、前号に掲げるものを着用し又は表示すること。

十七　なんらの名義又は形式をもつてするを問わず、前各号の禁止又は制限を免れる行為をすること。

7　この規則のいかなる規定も、職員が本来の職務を遂行するため当然行うべき行為を禁止又は制限するものではない。

8　各省各庁の長及び行政執行法人の長は、法又は規則に定める政治的行為の禁止又は制限に違反する行為又は事実があつたことを知つたときは、直ちに人事院に通知するとともに、違反行為の防止又は矯正のために適切な措置をとらなければならない。

**附　則　略**

## ○公選による公職（昭和二四年六月二九日 人事院規則一四―五）

最終改正　令二・一一・一六人規一四―五―六

人事院は、国家公務員法に基き、公選による公職に関し次の人事院規則を制定する。（昭和二十四年六月二十九日施行）

公選による公職

法及び規則中公選による公職とは、次に掲げるものの職とする。

一　衆議院議員
二　参議院議員
三　地方公共団体の長
四　地方公共団体の議会の議員

**附　則**　略

## ○特別職の職員の給与に関する法律〔抄〕（昭和二四年一二月一二日 法律第二五二号）

最終改正　令四・一一・一八法八二

**附　則**

1・2　略

3　当分の間、内閣総理大臣、国務大臣、内閣官房副長官、常勤の内閣総理大臣補佐官、副大臣、大臣政務官又は常勤の大臣補佐官がこの法律の規定に基づいて支給された給与の一部に相当する額を国庫に返納する場合には、当該返納による国庫への寄附については、公職選挙法（昭和二十五年法律第百号）第百九十九条の二の規定は、適用しない。

# ○特定電気通信役務提供者の損害賠償責任の制限及び発信者情報の開示に関する法律〔抄〕

（平成一三年一一月三〇日法律第一三七号）

最終改正　令四・五・二五法四八

（公職の候補者等に係る特例）

**第四条**　前条第二項の場合のほか、特定電気通信役務提供者は、特定電気通信による情報（選挙運動の期間中に頒布された文書図画に係る情報に限る。以下この条において同じ。）の送信を防止する措置を講じた場合において、当該措置により送信を防止された情報の発信者に生じた損害については、当該措置が当該情報の不特定の者に対する送信を防止するために必要な限度において行われたものである場合であって、次の各号のいずれかに該当するときは、賠償の責めに任じない。

一　特定電気通信による情報であって、選挙運動のために使用し、又は当選を得させないための活動に使用する文書図画（以下この条において「特定文書図画」という。）に係るものの流通によって自己の名誉を侵害されたとする公職の候補者等（公職の候補者又は候補者届出政党（公職選挙法（昭和二十五年法律第百号）第八十六条第一項又は第八項の規定による届出をした政党その他の政治団体をいう。）若しくは衆議院名簿届出政党等（同法第八十六条の二第一項の規定による届出をした政党その他の政治団体をいう。）若しくは参議院名簿届出政党等（同法第八十六条の三第一項の規定による届出をした政党その他の政治団体をいう。）をいう。次号において同じ。）から、当該名誉を侵害したとする情報（以下この条において「名誉侵害情報」という。）、名誉が侵害された旨、名誉が侵害されたとする理由及び当該名誉侵害情報が特定文書図画に係るものである旨（以下この条において「名誉侵害情報等」という。）を示して当該特定電気通信役務提供者に対し名誉侵害情報の送信を防止する措置（以下この条において「名誉侵害情報送信防止措置」という。）を講ずるよう申出があった場合に、当該特定電気通信役務提供者が、当該名誉侵害情報の発信者に対し当該名誉侵害情報等を示して当該名誉侵害情報送信防止措置を講ずることに同意するかどうかを照会した場合において、当該発信者が当該照会を受けた日から二日を経過しても当該発信者から当該名誉侵害情報送信防止措置を講ずることに同意しない旨の申出がなかったとき。

二　特定電気通信による情報であって、特定文書図画に係るものの流通によって自己の名誉を侵害されたとする公職の候補者等から、名誉侵害情報等及び名誉侵害情報の発信者の電子メールアドレス等（公職選挙法第百四十二条の三第三項に規定する電子メールアドレス等をいう。以下この号において同じ。）が同項又は同法第百四十二条の五第一項の規定に違反して表示されていない旨を示して当該特定電気通信役務提供者に対し名誉侵害情報送信防止措置を講ずるよう申出があった場合であって、当該情報の発信者の電子メールアドレス等が当該情報に係る特定電気通信の受信をする者が使用する通信端末機器（入出力装置を含む。）の映像面に正しく表示されていないとき。

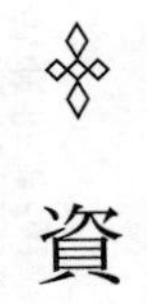

# 資料

## 衆議院議員総選挙における主体別選挙運動

| | 小選挙区 | | 比例区 |
|---|---|---|---|
| | 候補者 | 候補者届出政党 | 名簿届出政党等 |
| 選挙事務所 | 候補者１人につき１箇所(法131条１項１号)<br>（政令で定めるところにより、交通困難等の状況のある区域は３箇所まで） | 候補者を届け出た選挙区ごとに１箇所（法131条１項１号）<br>（政令で定めるところにより、交通困難等の状況のある区域は３箇所まで） | 当該名簿を届け出た選挙区（ブロック）の区域内の都道府県ごとに１箇所（法131条１項２号） |
| 自動車、船舶及び拡声機 | 使用できる（法141条１項１号）。<br>候補者１人につき、<br>・自動車１台又は船舶１隻(使用できる自動車の種類に制限あり（法141条６項、令109条の３))。<br>・拡声機１そろい（個人演説会の会場において別に１そろい使用できる。）。 | 使用できる（法141条２項）。<br>届け出た候補者に係る選挙区を包括する都道府県ごとに、<br>・自動車１台又は船舶１隻(種類制限なし)<br>都道府県の区域内の選挙区において届け出た候補者の数が３人を超える場合には、その超える数が10人を増すごとに自動車１台又は船舶１隻を追加する。<br>・拡声機１そろい<br>都道府県の区域内の選挙区において届け出た候補者の数が３人を超える場合には、その超える数が10人を増すごとに１そろいを追加する（政党演説会の会場において別に１そろい使用できる。）。 | 使用できる（法141条３項）。<br>届け出た名簿に係る選挙区(ブロック)ごとに、<br>・自動車１台又は船舶１隻(種類制限なし)<br>名簿登載者が５人を超える場合には、その超える数が10人を増すごとに自動車１台又は船舶１隻を追加する。<br>・拡声機１そろい<br>名簿登載者が５人を超える場合には、その超える数が10人を増すごとに１そろいを追加する（政党等演説会の会場において別に１そろい使用できる。）。 |
| 文書図画の頒布　選挙運動用ビラ | 頒布できる（法142条１項１号)。<br>種類　都道府県選挙管理委員会に届け出た２種類以内<br>大きさ　29.7×21センチ（Ａ４判）以内(法142条８項)<br>枚数　７万枚以内<br>・新聞折込みその他政令で定める方法によらなければ頒布できない(法142条６項、令109条の６)。<br>・候補者の選挙事務所内、個人演説会の会場内又は街頭演説の場所<br>・候補者を届け出た候補者届出政党の選挙事務所内、政党演説会の会場内又は | 頒布できる（法142条２項)。<br>種類　制限なし<br>大きさ　42×29.7センチ（Ａ３判）以内(法142条８項)<br>枚数　４万枚に当該都道府県における届出候補者の数を乗じた枚数以内（選挙区ごと４万枚以内)<br>・新聞折込みその他政令で定める方法によらなければ頒布できない(法142条６項、令109条の６)。<br>・候補者届出政党の選挙事務所内、政党演説会の会場内又は街頭演説の場所<br>・候補者届出政党が届け出た候補者の選 | 頒布できる（法142条３項)。<br>種類　名簿を届け出た選挙区(ブロック)ごとに２種類以内<br>大きさ　制限なし<br>枚数　制限なし<br>・新聞折込みその他政令で定める方法によらなければ頒布できない(法142条６項、令109条の６)。<br>・名簿届出政党等の選挙事務所内、政党等演説会の会場内又は街頭演説の場所<br>・名簿届出政党等である候補者届出政党の選挙事務所内、政党演説会の会場内又は街頭演説の場所 |

| | | | | |
|---|---|---|---|---|
| | | 街頭演説の場所<br>・候補者届出政党である名簿届出政党等の選挙事務所内、政党等演説会の会場内又は街頭演説の場所<br>・候補者が所属する名簿届出政党等の選挙事務所内、政党等演説会の会場内又は街頭演説の場所<br>・都道府県選挙管理委員会の証紙が必要（法142条7項）。<br>・頒布責任者及び印刷者の氏名（法人名）及び住所の記載が必要（法142条9項）。 | 挙事務所内、個人演説会の会場内又は街頭演説の場所<br>・候補者届出政党である名簿届出政党等の選挙事務所内、政党等演説会の会場内又は街頭演説の場所<br>・都道府県選挙管理委員会の証紙（選挙区ごとに区分されたもの）が必要（法142条7項）。<br>・頒布責任者及び印刷者の氏名（法人名）及び住所並びに当該候補者届出政党の名称の記載が必要（法142条9項）。 | ・上記候補者届出政党が届け出た候補者の選挙事務所内、個人演説会の会場内又は街頭演説の場所<br>・名簿届出政党等の所属候補者の選挙事務所内、個人演説会の会場内又は街頭演説の場所<br>・証紙は不要。<br>・頒布責任者及び印刷者の氏名（法人名）及び住所並びに当該名簿届出政党等の名称及び法142条3項のビラである旨を表示する記号の記載が必要（法142条9項）。 |
| | 通常葉書 | 頒布できる（法142条1項1号）。<br>枚数　3万5,000枚<br>・日本郵便株式会社において選挙用である旨の表示をしたものでなければならない（法142条5項）。 | 頒布できる（法142条2項）。<br>枚数　2万枚に当該都道府県における届出候補者数を乗じた枚数<br>・日本郵便株式会社において選挙用である旨の表示をしたものでなければならない（法142条5項）。 | 制度なし。 |
| パンフレット又は書籍の頒布 | | 制度なし。 | 頒布できる（法142条の2第1項）。<br>種類　候補者届出政党又は名簿届出政党等の本部において直接発行するパンフレット又は書籍で国政に関する重要政策及びこれを実現するための基本的な方策等を記載したもの又はこれらの要旨等を記載したものとして、総務大臣に届け出たそれぞれ1種類<br>・候補者届出政党又は名簿届出政党等の選挙事務所内、政党演説会若しくは政党等演説会の会場内又は街頭演説の場所における頒布ができる（法142条の2第2項1号）。<br>・候補者届出政党若しくは名簿届出政党等に所属する候補者の選挙事務所内、個人演説会の会場内又は街頭演説の場所における頒布ができる（法142条の2第2項2号）。<br>・候補者の氏名又は氏名類推事項を記載することができない（法142条の2第3項）。<br>・表紙に候補者届出政党又は名簿届出政党等の名称、頒布責任者、印刷者の氏名（法人名）及び住所並びに第1項のパンフレット又は書籍である旨を表示する記号の記載が必要（法142条の2第4項）。 | |
| ウェブサイト等利用の文書図画の頒布 | | 頒布できる（法142条の3第1項）。<br>・「ウェブサイト等を利用する方法」とは、インターネット等を利用する方法のうち電子メールを利用する方法を除いたものをいう（法142条の3第1項）。<br>・選挙期日の前日までに頒布されたものは、法129条の規定にかかわらず、選挙の当日においても受信者の端末に表示させることができる状態に置いたままにすることができる（法142条の3第2項）。<br>・頒布する者は、その者の電子メールアドレスその他のインターネット等を利用する方法によりその者に連絡をする際に必要となる情報が、受信者の端末に正しく表示されるようにしなければならない（法142条の3第3項）。 | | |

<table>
<tr><th colspan="2" rowspan="2"></th><th colspan="2">小選挙区</th><th>比例区</th></tr>
<tr><th>候補者</th><th>候補者届出政党</th><th>名簿届出政党等</th></tr>
<tr><td colspan="2">電子メール利用の文書図画の頒布</td><td colspan="3">頒布できる（法142条の４第１項）。※名簿登載者（比例単独候補者）による頒布を名簿届出政党等による頒布とみなす規定がある（法142条の４第３項）。<br>・下記の者に対し、かつ、それぞれに定める電子メールアドレスでなければ、送信をすることができない（法142条の４第２項）。<br>①あらかじめ、選挙運動用電子メールの送信を求める旨又は送信同意の通知をした者<br>自ら通知した電子メールアドレス<br>②送信者の政治活動用電子メールを継続的に受信している者であって、あらかじめ、選挙運動用電子メールを送信する旨の通知に対し、その受信している政治活動用電子メールに係る全ての電子メールアドレスへの送信拒否通知をしなかった者<br>送信拒否通知をした電子メールアドレス以外の当該政治活動用電子メールに係る自ら通知した電子メールアドレス<br>・送信者は、法142条の４第５項各号に定める事実を証する記録を保存しなければならない（法142条の４第５項）。<br>・送信拒否の電子メールアドレスを明らかにして選挙運動用電子メールの送信拒否通知を受けたときは、当該電子メールアドレスに選挙運動用電子メールを送信してはならない（法142条の４第６項）。<br>・送信者は、下記の事項を正しく表示しなければならない（法142条の４第７項）。<br>選挙運動用電子メールである旨<br>送信者の氏名又は名称<br>送信者に対し、法142条の４第６項の通知を行うことができる旨<br>電子メールその他のインターネット等を利用する方法により法142条の４第６項の通知を行う際に必要となる電子メールアドレスその他の通知先</td></tr>
<tr><td colspan="2">インターネット等利用の有料広告</td><td colspan="3">何人も、その者の行う選挙運動のための公職の候補者の氏名若しくは政党等の名称又はこれらのものが類推できるような事項を表示した広告を、有料で、掲載させることはできない※（法142条の６第１項）。<br>※政党等に関する有料広告の掲載について特例がある（法142条の６第４項）。<br>候補者届出政党及び名簿届出政党等は、広告（法142条の６第１項及び法152条１項の広告を除くものとする。）であって、当該政党等の選挙運動用ウェブサイト等を表示させることができる機能（リンク機能）を有するものを、有料で、掲載することができる。</td></tr>
<tr><td rowspan="3">文書図画の掲示</td><td rowspan="3">ポスター・立札・看板の類</td><td colspan="3">①選挙事務所用（法143条１項１号）<br>枚数　選挙事務所ごとに通じて３以内（法143条７項）<br>大きさ　350×100センチ以内（法143条９項）</td></tr>
<tr><td colspan="3">②選挙運動用自動車又は船舶用（法143条１項２号）<br>枚数　制限なし<br>大きさ　273×73センチ以内（法143条９項）</td></tr>
<tr><td>③演説会場用（法143条１項４号）<br>会場内は、枚数、大きさの制限なし。<br>・掲示責任者の氏名及び住所の記載が必要（令110条）。</td><td>③演説会場用（法143条１項４号）<br>会場内は、枚数、大きさの制限なし。<br>・掲示責任者の氏名、住所及び候補者届出政党の名称の記載が必要（令110条）。</td><td>③演説会場用（法143条１項４号）<br>会場内は、枚数、大きさの制限なし。<br>・掲示責任者の氏名、住所及び名簿届出政党等の名称の記載が必要（令110条）。</td></tr>
</table>

| | | | |
|---|---|---|---|
| | ・会場前の掲示について特例がある（法164条の２）。 | ・会場前の掲示について特例がある（法164条の２）。 | ・会場前の掲示について特例がある（法164条の２）。 |
| | ④選挙運動用ポスター（法143条１項５号）<br>枚数　公営掲示場ごとに１枚（法143条３項）<br>大きさ　42×30センチ以内（法144条４項）<br>・掲示責任者及び印刷者の氏名（法人名）及び住所の記載が必要（法144条５項）。 | ④選挙運動用ポスター（法143条１項５号）<br>枚数　候補者を届け出た都道府県ごとに1,000枚に届出候補者の数を乗じた枚数以内（ただし、届け出た候補者に係る選挙区ごとに1,000枚以内）（法144条１項１号）<br>大きさ　85×60センチ以内（法144条４項）<br>・届け出た候補者に係る選挙区内の任意の場所に掲示することができる。ただし、一定の公営施設には掲示することができず、また、居住者等の承諾が必要（法145条１項、２項）<br>・都道府県選挙管理委員会の検印又は証紙（選挙区ごとに区分されたもの）が必要（法144条２項）。<br>・掲示責任者及び印刷者の氏名（法人名）及び住所並びに候補者届出政党の名称の記載が必要（法144条５項）。 | ④選挙運動用ポスター（法143条１項５号）<br>種類　中央選挙管理会に届け出たもの３種類以内（法144条４項）<br>枚数　届け出た名簿に係る選挙区（ブロック）ごとに500枚に名簿登載者の数を乗じた枚数以内（法144条１項２号）<br>大きさ　85×60センチ以内（法144条４項）<br>・届け出た名簿に係る選挙区内の任意の場所に掲示することができる。ただし、一定の公営施設には掲示することができず、また、居住者等の承諾が必要（法145条１項、２項）。<br>・中央選挙管理会の検印又は証紙が必要（法144条２項）。<br>・掲示責任者及び印刷者の氏名（法人名）及び住所並びに名簿届出政党等の名称及び144条４項のポスターである旨を表示する記号の記載が必要（法144条５項）。 |
| | ⑤個人演説会告知用ポスター（法143条１項４号の３）<br>枚数　公営掲示場ごとに１枚（法143条３項）<br>大きさ　42×10センチ以内（法143条11項）<br>・選挙運動用ポスターと合わせて作成することができる（法143条12項）。<br>・掲示責任者の氏名及び住所の記載が必要（法143条13項）。 | ⑤制度なし。 | |
| 映写の類 | 演説会場用（法143条１項４号の２）<br>・屋内の演説会場内においてその演説会の開催中掲示できる。 | | |
| ちょうちん | 掲示できる（法143条１項１号、２号、４号）。<br>個数　選挙事務所、選挙運動用自動車又は船舶、演説会場において、それぞれ１個（法143条10項）<br>大きさ　高さ85×直径45センチ以内（法143条10項） | | |

| | 小選挙区 | | 比例区 |
|---|---|---|---|
| | 候補者 | 候補者届出政党 | 名簿届出政党等 |
| その他 | 候補者が使用するたすき、胸章、腕章の類に数量、寸法に特に制限はない（法143条１項３号）。 | | 制度なし。 |
| 新聞広告 | できる（法149条１項、規則19条）。<br>総務省令で定めるところにより、同一寸法で、いずれか１の新聞に、選挙運動の期間中、５回に限る。 | できる（法149条１項、規則19条）。<br>総務省令で定めるところにより、当該都道府県における当該候補者届出政党の届出候補者の数に応じて総務省令で定める寸法で、いずれか１の新聞に、選挙運動の期間中、総務省令で定める回数に限る。 | できる（法149条２項、規則19条）。<br>総務省令で定めるところにより、当該選挙区における当該名簿届出政党等の名簿登載者の数に応じて総務省令で定める寸法で、いずれか１の新聞に、選挙運動の期間中、総務省令で定める回数に限る。 |
| 選挙公報 | 都道府県選挙管理委員会が１回発行（法167条１項）。<br>公職の候補者の氏名、経歴、政見、写真等を掲載する。 | | 都道府県選挙管理委員会が１回発行（法167条２項）。<br>名簿届出政党等の名称及び略称、政見、名簿登載者の氏名、経歴及び当選人となるべき順位等を掲載する。 |
| 演説会 | 開催できる（法161条）。<br>回数制限なし。同時開催は５箇所までとなる（法164条の２）。 | 開催できる（法161条）。<br>回数制限なし。同時開催は選挙区ごとに２箇所までとなる（法164条の２）。 | 開催できる（法161条）。<br>回数制限なし。同時開催は選挙区ごとに８箇所までとなる（法164条の２）。 |
| 街頭演説 | 下記の条件のもとに開催できる（法164条の５）。<br>・演説者はその場にとどまり、都道府県選挙管理委員会が候補者１人につき１を交付する標旗を掲げる（法164条の５）。<br>・午後８時から翌日午前８時までを除く（法164条の６）。<br>・選挙運動に従事する者（運転手及び船員を除き、運転手の助手その他労務を提供する者を含む。）は、候補者１人につき15人以内とし、都道府県選挙管理委員会が交付する腕章を付けなければならない（法164条の７）。 | 下記の条件のもとに開催できる（法164条の５）。<br>・停止している選挙運動用自動車又は選挙運動用船舶の上及びその周囲で行う（法164条の５）。<br>・午後８時から翌日午前８時までを除く（法164条の６）。<br>・従事する運動員の人数に制限はない。 | 下記の条件のもとに開催できる（法164条の５）。<br>・演説者がその場にとどまり、中央選挙管理会が、届け出た衆議院名簿にかかる選挙区ごとに、当該衆議院比例代表選挙において選挙すべき議員の数に相当する数を交付する標旗を掲げて行う（法164条の５）。<br>又は<br>停止している選挙運動用自動車、選挙運動用船舶の上及びその周囲で行う（法164条の５）。<br>・午後８時から翌日午前８時までを除く（法164条の６）。<br>・従事する運動員の人数に制限はない。 |
| 連呼行為 | ・演説会場及び街頭演説の場所並びに選挙運動用自動車及び船舶の上以外での連呼行為はできない（法140条の２）。<br>・選挙運動用自動車又は船舶の上ですることができる連呼行為は、午前８時から午後８時までの間に限られる。 | | |

# 参議院議員通常選挙における主体別選挙運動

（※）　参議院名簿登載者のうち、法第86条の３第１項後段の規定により優先的に当選人となるべき候補者としてその氏名及び当選人となるべき順位が参議院名簿に記載されている者（以下、「特定枠候補者」という。）

| | 選挙区 | | 比例代表 | | 参考（選挙区） |
|---|---|---|---|---|---|
| | 選挙区の候補者 | 合同選挙区の候補者（鳥取県及び島根県、徳島県及び高知県） | 名簿登載者 | 名簿届出政党等 | 推薦団体 |
| 選挙事務所 | 候補者１人につき１箇所（法131条１項４号）<br>（政令で定めるところにより、交通困難等の状況のある区域は５箇所まで） | 候補者１人につき２箇所（法131条１項４号）<br>（政令で定めるところにより、交通困難等の状況のある区域は10箇所まで） | 名簿登載者１人につき１箇所（法131条１項３号）<br>※特定枠候補者を除く。 | 都道府県ごとに１箇所（法131条１項３号） | 制度なし。 |
| 自動車、船舶及び拡声機 | 使用できる（法141条１項１号）。<br>候補者１人につき<br>・自動車１台又は船舶１隻（使用できる自動車の種類に制限あり（法141条６項、令109条の３））。<br>・拡声機１そろい（個人演説会の会場において別に１そろい使用できる。）。 | 使用できる（法141条１項１号）。<br>候補者１人につき<br>・自動車２台又は船舶２隻（両者を使用する場合は通じて２、使用できる自動車の種類に制限あり（法141条６項、令109条の３））。<br>・拡声機２そろい（個人演説会の会場において別に１そろい使用できる。）。 | 使用できる（法141条１項２号）。<br>候補者１人につき<br>・自動車２台又は船舶２隻（両者を使用する場合は通じて２、使用できる自動車の種類に制限あり（法141条６項、令109条の３））。<br>・拡声機２そろい（個人演説会の会場において別に１そろい使用できる。）。<br>※特定枠候補者を除く。 | 制度なし。 | 制度なし。 |
| 文書図画の頒布　選挙運動用ビラ | 頒布できる（法142条１項２号）。<br>種類　都道府県選挙管理委員会に届け出た２種類以内<br>大きさ　29.7×21センチ（A４判）以内（法142条８項）<br>枚数　衆議院の小選挙区が１の場合は10万枚、１を超える場合には、１を増すごとに１万5,000枚を加えた数（上限30万枚）<br>・新聞折込みその他政令で定める方法によらなければ頒布できない（法142条６項、令109条の６）。<br>候補者の選挙事務所内、個人演説会の会場内又は街頭演説の場所 | 頒布できる（法142条１項２号）。<br>種類　参議院合同選挙区選挙管理委員会に届け出た２種類以内<br>大きさ　29.7×21センチ（A４判）以内（法142条８項）<br>枚数　衆議院の小選挙区が１の場合は10万枚、１を超える場合には、１を増すごとに１万5,000枚を加えた数（上限30万枚）<br>・新聞折込みその他政令で定める方法によらなければ頒布できない（法142条６項、令109条の６）。<br>候補者の選挙事務所内、個人演説会の会場内又は街頭演説の場所 | 頒布できる（法142条１項１号の２）。<br>種類　中央選挙管理会に届け出た２種類以内<br>大きさ　29.7×21センチ（A４判）以内（法142条８項）<br>枚数　25万枚<br>・新聞折込みその他政令で定める方法によらなければ頒布できない（法142条６項、令109条の６）。<br>名簿登載者の選挙事務所内、個人演説会の会場内若しくは街頭演説の場所又は名簿届出政党等の選挙事務所内<br>・中央選挙管理会の証紙が必要（法142条７項）。<br>・頒布責任者及び印刷者の氏 | 制度なし。 | 制度なし。 |

| | 選挙区 | | 比例代表 | | 参考（選挙区） |
|---|---|---|---|---|---|
| | 選挙区の候補者 | 合同選挙区の候補者<br>（鳥取県及び島根県、徳島県及び高知県） | 名簿登載者 | 名簿届出政党等 | 推薦団体 |
| | ・都道府県選挙管理委員会の証紙が必要(法142条7項)。<br>・頒布責任者及び印刷者の氏名（法人名）及び住所の記載が必要（法142条9項）。 | ・参議院合同選挙区選挙管理委員会の証紙が必要（法142条7項）。<br>・頒布責任者及び印刷者の氏名（法人名）及び住所の記載が必要（法142条9項）。 | 名(法人名)及び住所並びに当該名簿登載者に係る名簿届出政党等の名称及び法142条1項1号の2のビラである旨を表示する記号の記載が必要(法142条9項)。<br>※特定枠候補者を除く。 | | |
| 通常葉書 | 頒布できる(法142条1項2号)。<br>枚数　衆議院議員の小選挙区が1の場合は3万5,000枚、1を超える場合には1を増すごとに2,500枚を加えた数<br>・日本郵便株式会社において、選挙用である旨の表示をしたものでなければならない（法142条5項）。 | 頒布できる(法142条1項2号)。<br>枚数　衆議院議員の小選挙区が1の場合は3万5,000枚、1を超える場合には1を増すごとに2,500枚を加えた数<br>・日本郵便株式会社において、選挙用である旨の表示をしたものでなければならない（法142条5項）。 | 頒布できる（法142条1項1号の2）。<br>枚数　15万枚<br>・日本郵便株式会社において、選挙用である旨の表示をしたものでなければならない（法142条5項）。<br>※特定枠候補者を除く。 | 制度なし。 | 制度なし。 |
| パンフレット又は書籍の頒布 | 制度なし。 | | | 頒布できる（法142条の2第1項）。<br>種類　名簿届出政党等の本部において直接発行するパンフレット又は書籍で国政に関する重要政策及びこれを実現するための基本的な方策等を記載したもの又はこれらの要旨等を記載したものとして、総務大臣に届け出たそれぞれ1種類<br>・名簿届出政党等の選挙事務所内、政党等演説会の会場内又は街頭演説の場所における頒布ができる（法142条の2第2項1号）。<br>・名簿届出政党等に所属する候補者（名簿登載者を含 | 制度なし。 |

| | | | |
|---|---|---|---|
| | | む。）の選挙事務所内、個人演説会の会場内又は街頭演説の場所における頒布ができる（法142条の２第２項２号）。<br>・候補者（名簿登載者を含む。名簿届出政党等の代表者を除く。）の氏名又は氏名類推事項を記載することができない（法142条の２第３項）。<br>・表紙に名簿届出政党等の名称、頒布責任者、印刷者の氏名（法人名）及び住所並びに第１項のパンフレット又は書籍である旨を表示する記号の記載が必要（法142条の２第４項）。 | |
| ウェブサイト等利用の文書図画の頒布 | 頒布できる（法142条の３第１項）。<br>・「ウェブサイト等を利用する方法」とは、インターネット等を利用する方法のうち電子メールを利用する方法を除いたものをいう（法142条の３第１項）。<br>・選挙期日の前日までに頒布されたものは、法129条の規定にかかわらず、選挙の当日においても受信者の端末に表示させることができる状態に置いたままにすることができる（法142条の３第２項）。<br>・頒布する者は、その者の電子メールアドレスその他のインターネット等を利用する方法によりその者に連絡をする際に必要となる情報が、受信者の端末に正しく表示されるようにしなければならない（法142条の３第３項）。 | | |
| 電子メール利用の文書図画の頒布 | 頒布できる（法142条の４第１項）。<br>・下記の者に対し、かつ、それぞれに定める電子メールアドレスでなければ、送信をすることができない（法142条の４第２項）。<br>①あらかじめ、選挙運動用電子メールの送信を求める旨又は送信同意の通知をした者<br>自ら通知した電子メールアドレス<br>②送信者の政治活動用電子メールを継続的に受信している者であって、あらかじめ、選挙運動用電子メールを送信する旨の通知に対し、その受信している政治活動用電子メールに係る全ての電子メールアドレスへの送信拒否通知をしなかった者<br>送信拒否通知をした電子メールアドレス以外の当該政治活動用電子メールに係る自ら通知した電子メールアドレス<br>・送信者は、法142条の４第５項各号に定める事実を証する記録を保存しなければならない（法142条の４第５項）。<br>・送信拒否の電子メールアドレスを明らかにして選挙運動用電子メールの送信拒否通知を受けたときは、当該電子メールアドレスに選挙運動用電子メールを送信してはならない（法142条の４第６項）。<br>・送信者は、下記の事項を正しく表示しなければならない（法142条の４第７項）。<br>選挙運動用電子メールである旨<br>送信者の氏名又は名称<br>送信者に対し、法142条の４第６項の通知を行うことができる旨<br>電子メールその他のインターネット等を利用する方法により法142条の４第６項の通知を行う際に必要となる電子メールアドレスその他の通知先<br>※特定枠候補者による頒布は、参議院名簿届出政党等によるものとみなすこととされている（法142条の４第４項）。 | | 制度なし※<br>※確認団体は頒布できる（法142条の４第１項４号）。 |

<table>
<tr><th rowspan="2" colspan="2"></th><th colspan="2">選挙区</th><th colspan="2">比例代表</th><th>参考（選挙区）</th></tr>
<tr><th>選挙区の候補者</th><th>合同選挙区の候補者<br>（鳥取県及び島根県、徳島県及び高知県）</th><th>名簿登載者</th><th>名簿届出政党等</th><th>推薦団体</th></tr>
<tr><td colspan="2">インターネット等利用の有料広告</td><td colspan="5">何人も、その者の行う選挙運動のための公職の候補者の氏名若しくは政党等の名称又はこれらのものが類推できるような事項を表示した広告を、有料で、掲載させることはできない※（法142条の6第1項）。<br>※政党等に関する有料広告の掲載について特例がある（法142条の6第4項）。<br>名簿届出政党等及び確認団体は、広告（法142条の6第1項及び法152条1項の広告を除くものとする。）であって、当該政党等の選挙運動用ウェブサイト等を表示させることができる機能（リンク機能）を有するものを、有料で、掲載することができる。</td></tr>
<tr><td rowspan="4">文書図画の掲示</td><td rowspan="4">ポスター・立札・看板の類</td><td colspan="4">①選挙事務所表示用（法143条1項1号）<br>枚数　選挙事務所ごとに通じて3以内（法143条7項）<br>大きさ　350×100センチ以内（法143条9項）<br>※特定枠候補者を除く。</td><td>①制度なし。</td></tr>
<tr><td colspan="3">②選挙運動用自動車又は船舶用（法143条1項2号）<br>枚数　枚数制限なし<br>大きさ　273×73センチ以内（法143条9項）<br>※特定枠候補者を除く。</td><td>②制度なし。</td><td>②制度なし。</td></tr>
<tr><td>③演説会場用（法143条1項4号）<br>会場内は、枚数、大きさの制限なし。<br>・掲示責任者の氏名及び住所の記載が必要（令110条）。<br>会場前の掲示について特例あり(法164条の2)。<br>・都道府県選挙管理委員会の交付する表示を付けた立札及び看板の類を1枚以上掲示しなければならない。<br>・当該看板類は、当該選挙ごとに通じて5を超えることができない。<br>・当該看板類の大きさは、273×73センチ以内<br>※当該看板類は、会場外のいずれの場所においても、選挙運動のために使用することができる。</td><td>③演説会場用（法143条1項4号）<br>会場内は、枚数、大きさの制限なし。<br>・掲示責任者の氏名及び住所の記載が必要（令110条）。<br>会場前の掲示について特例あり(法164条の2)。<br>・参議院合同選挙区選挙管理委員会の交付する表示を付けた立札及び看板の類を1枚以上掲示しなければならない。<br>・当該看板類は、当該選挙ごとに通じて10を超えることができない。<br>・当該看板類の大きさは、273×73センチ以内<br>※当該看板類は、会場外のいずれの場所においても、選挙運動のために使用することができる。</td><td>③演説会場用（法143条1項4号）<br>枚数　会場内は制限なし<br>会場前には、会場ごとに通じて2（法143条8項）<br>大きさ　会場内は制限なし<br>会場前は273×73センチ以内（法143条9項）<br>・掲示責任者の氏名及び住所並びに名簿登載者に係る名簿届出政党等の名称の記載が必要（令110条）。<br>※特定枠候補者を除く。</td><td>③制度なし。</td><td>③演説会場用（法201条の4第6項2号）<br>枚数　会場内は制限なし<br>演説会場前には、会場ごとに通じて2（法201条の4第9項、143条8項）<br>大きさ　会場内は制限なし<br>会場前は273×73センチ以内（法201条の4第9項、143条9項）<br>・掲示者の氏名及び住所並びに当該推薦団体の名称の記載が必要（令129条の3）。</td></tr>
<tr><td>④選挙運動用ポスター（法143条1項5号）</td><td>④選挙運動用ポスター（法143条1項5号）</td><td>④選挙運動用ポスター（法143条1項5号）</td><td>④制度なし。</td><td>④制度なし。</td></tr>
</table>

| | | | | | | |
|---|---|---|---|---|---|---|
| | | 枚数　公営掲示場ごとに1枚（法143条3項）<br>大きさ　42×30センチ以内（法144条4項）<br>・掲示責任者及び印刷者の氏名（法人名）及び住所の記載が必要（法144条5項）。 | 枚数　公営掲示場ごとに1枚（法143条3項）<br>大きさ　42×30センチ以内（法144条4項）<br>・掲示責任者及び印刷者の氏名（法人名）及び住所の記載が必要（法144条5項）。 | 枚数　7万枚（法144条1項2号の2）<br>大きさ　42×30センチ以内（法144条4項）<br>・任意の場所に掲示することができる。ただし、一定の公営施設には掲示することができず、また、居住者等の承諾が必要（法145条1項、2項）。<br>・中央選挙管理会の検印又は証紙が必要（法144条2項）。<br>・掲示責任者及び印刷者の氏名(法人名)及び住所並びに名簿登載者に係る名簿届出政党等の名称の記載が必要（法144条5項）。<br>※特定枠候補者を除く。 | | |
| | | ⑤個人演説会告知用ポスター（法143条1項4号の3）<br>枚数　公営掲示場ごとに1枚（法143条3項）<br>大きさ　42×10センチ以内（法143条11項）<br>・選挙運動用ポスターと合わせて作成することができる（法143条12項）。<br>・掲示責任者の氏名及び住所の記載が必要（法143条13項）。 | ⑤個人演説会告知用ポスター（法143条1項4号の3）<br>枚数　公営掲示場ごとに1枚（法143条3項）<br>大きさ　42×10センチ以内（法143条11項）<br>・選挙運動用ポスターと合わせて作成することができる（法143条12項）。<br>・掲示責任者の氏名及び住所の記載が必要（法143条13項）。 | ⑤制度なし。 | | ⑤推薦演説会用周知ポスター（法201条の4第6項1号）<br>枚数　1の推薦演説会場につき500枚をこえることができない（法201条の4第7項）<br>大きさ　42×30センチ以内（法201条の4第9項、144条4項）<br>・当該選挙区内の特定の候補者の氏名又は氏名類推事項を記載してはならない（法201条の4第8項）。<br>・都道府県選挙管理委員会（合同選挙区選挙については参議院合同選挙区選挙管理委員会）の検印又は証紙が必要（法201条の4第9項、144条2項前段）。 |

| | | 選挙区 | | 比例代表 | | 参考（選挙区） |
|---|---|---|---|---|---|---|
| | | 選挙区の候補者 | 合同選挙区の候補者（鳥取県及び島根県、徳島県及び高知県） | 名簿登載者 | 名簿届出政党等 | 推薦団体 |
| | | | | | | ・推薦団体の名称、掲示責任者の氏名及び住所の記載が必要（法201条の4第9項、144条5項）。<br>・掲示場所の規制あり（法201条の4第9項、145条）。 |
| | 映写の類 | 演説会場用（法143条1項4号の2）<br>・屋内の演説会場内においてその演説会の開催中掲示できる。<br>※特定枠候補者を除く。 | | | 制度なし。 | 演説会場用（法201条の4第6項3号）<br>・屋内の推薦演説会場内においてその推薦演説会の開催中掲示できる。 |
| | ちょうちん | 掲示できる（法143条1項1号、2号、4号）。<br>個数　選挙事務所、選挙運動用自動車又は船舶、演説会場において、それぞれ1個（法143条10項）<br>大きさ　高さ85×直径45センチ以内（法143条10項）<br>※特定枠候補者を除く。 | | | 掲示できる（法143条1項1号）。<br>個数　選挙事務所に1個（法143条10項）<br>大きさ　高さ85×直径45センチ以内（法143条10項） | 制度なし。 |
| | その他 | 候補者が使用するたすき、胸章、腕章の類に数量、寸法に特に制限はない（法143条1項3号）。<br>※特定枠候補者を除く。 | | | 制度なし。 | 制度なし。 |
| 新聞広告 | | できる（法149条4項、規則19条）。<br>総務省令で定めるところにより、同一寸法で、いずれか一の新聞に、選挙運動の期間中、5回に限る。 | できる（法149条4項、規則19条）。<br>総務省令で定めるところにより、同一寸法で、いずれか一の新聞に、選挙運動の期間中、10回に限る。 | 制度なし。 | できる（法149条3項、規則19条）。<br>総務省令で定めるところにより、名簿登載者の数に応じて総務省令で定める寸法で、いずれか1の新聞に、選挙運動の期間中、総務省令で定める回数に限る。 | 制度なし。 |
| 選挙公報 | | 都道府県選挙管理委員会が1回発行（法167条1項）。<br>公職の候補者の氏名、写真、経歴、政見等を掲載する。 | 都道府県選挙管理委員会が1回発行（法167条1項）。<br>公職の候補者の氏名、写真、経歴、政見等を掲載する。 | 制度なし。<br>（法168条3項により、名簿届出政党等は、当該名簿届出政党等が申請する掲載文の2分の1以上に相当する部分で名簿登載 | 都道府県選挙管理委員会が1回発行（法167条2項）。<br>名簿届出政党等の名称及び略称、政見、名簿登載者の氏名、経歴及び写真等を掲載する。 | 制度なし。 |

| | | | | | |
|---|---|---|---|---|---|
| | | | 者の紹介に努めることとされている。) | | |
| 演説会 | 開催できる（法161条）。<br>回数制限なし。同時開催は5箇所までとなる（法164条の2）。 | 開催できる（法161条）。<br>回数制限なし。同時開催は10箇所までとなる（法164条の2）。 | 開催できる（法161条）。<br>回数、同時開催数については制限なし。<br>※特定枠候補者を除く。 | 制度なし。 | 推薦候補者の属する選挙区につき、当該推薦候補者の数の４倍（参議院合同選挙区にあっては８倍）に相当する回数以内で、当該推薦候補者の選挙運動のための推薦演説会を開催することができる（法201条の４第１項）。 |
| 街頭演説 | 下記の条件のもとに開催できる（法164条の５）。<br>・演説者はその場にとどまり、都道府県選挙管理委員会が候補者１人につき１を交付する標旗を掲げる（法164条の５）。<br>・午後８時から翌日午前８時までを除く（法164条の６）。<br>・選挙運動に従事する者（運転手及び船員を除き、運転手の助手その他労務を提供する者を含む。）は、候補者１人につき15人以内とし、都道府県選挙管理委員会が交付する腕章を付けなければならない（法164条の７）。 | 下記の条件のもとに開催できる（法164条の５）。<br>・演説者はその場にとどまり、参議院合同選挙区選挙管理委員会が候補者１人につき２を交付する標旗を掲げる（法164条の５）。<br>・午後８時から翌日午前８時までを除く（法164条の６）。<br>・選挙運動に従事する者（運転手及び船員を除き、運転手の助手その他労務を提供する者を含む。）は、候補者１人につき、それぞれ演説を行う場所ごとに15人以内とし、参議院合同選挙区選挙管理委員会が交付する腕章を付けなければならない（法164条の７）。 | 下記の条件のもとに開催できる（法164条の５）。<br>・演説者はその場にとどまり、中央選挙管理会が候補者１人につき６を交付する標旗を掲げる（法164条の５）。<br>・午後８時から翌日午前８時までを除く（法164条の６）。<br>・選挙運動に従事する者（運転手及び船員を除き、運転手の助手その他労務を提供する者を含む。）は、名簿登載者１人につき演説を行う場所ごとに15人以内とし、中央選挙管理会が交付する腕章を付けなければならない（法164条の７）。<br>※特定枠候補者を除く。 | 制度なし。 | |
| 連呼行為 | ・演説会場及び街頭演説の場所並びに選挙運動用自動車及び船舶の上以外での連呼行為はできない（法140条の２）。<br>・選挙運動用自動車又は船舶の上ですることができる連呼行為は、午前８時から午後８時までの間に限られる。（※ 特定枠候補者を除く。) | | | | 制度なし。 |

# 地方選挙における選挙種別ごとの選挙運動

| 態様／関係条文 | | 選挙種別 | 知事 | 都道府県議 | 指定都市の市長 | 指定都市の市議 | 指定都市以外の市長（特別区を含む。） | 指定都市以外の市議（特別区を含む。） | 町村長 | 町村議 |
|---|---|---|---|---|---|---|---|---|---|---|
| 選挙事務所 | 設置数 | 法131条1項<br>令109条2項 | 候補者1人につき1箇所に限る。<br>ただし、次の府県は増置することができる。<br>2箇所～岩手、福島、茨城、群馬、埼玉、千葉、神奈川、岐阜、静岡、愛知、京都、広島、愛媛、熊本、鹿児島<br>3箇所～東京、新潟、長野、大阪、兵庫、福岡、長崎、沖縄<br>4箇所～北海道 | 候補者1人につき1箇所に限る。 | | | | | | |
| | 標札 | 法131条3項 | 選管が交付する標札を入口に掲示しなければならない。 | 標札の掲示は義務づけられていない。 | | | | | | |
| | 設置者 | 法130条1項 | 公職の候補者又は推薦届出者に限る。 | | | | | | | |
| | 移動の回数 | 法131条2項 | 1日につき1回を超えて、移動（廃止に伴う設置を含む。）することができない。 | | | | | | | |
| | 設置場所 | 法132条 | 制限なし<br>ただし、選挙当日には、投票所の入口から300m以外の区域に限り設置することができる。 | | | | | | | |
| 自動車・船舶 | 台数 | 法141条1項 | 候補者1人につき自動車1台又は船舶1隻のほか使用することはできない。 | | | | | | | |
| | 表示 | 法141条5項 | 当該選挙に関する事務を管理する選挙管理委員会の定める表示をしなければならない。 | | | | | | | |
| | 自動車の種別 | 法141条1項 | 構造上宣伝を主たる目的とする自動車は使用できない。 | | | | | | | |
| | | 法141条6項<br>令109条の3 | 政令で定める乗用の自動車に限られる（構造上宣伝を主たる目的とする宣伝用自動車を除く。）。<br>イ　乗車定員10人以下の乗用自動車でロ又はハ以外のもの(二輪自動車（側車付のものを含む。）以外の自動車は、上面、側面又は後面の全部又は一部が構造上開放されているもの及び上面の全部又は一部が構造上開閉できるものを除く。)<br>ロ　乗車定員4人以上10人以下の小型自動車（上面、側面又は後面の全部又は一部が構造上開放されているもの及び上面の全部又は一部が構造上開閉できるものを除く。）<br>ハ　四輪駆動式の自動車で車両重量2トン以下のもの（上面、側面又は後面の全部又は一部が構造上開放されているものを除く。） | | | | | | | 小型貨物自動車又は政令で定める乗用の自動車（左記のイ、ロ、ハ）に限られる。 |
| | 乗車（船）人員 | 法141条の2 | 候補者、運転手1人、船員以外の運動員は、4人を超えて乗車（船）できず、また、運動員は腕章を着用しなければならない。 | | | | | | | |
| | 車上の運動 | 法141条の3 | 走行中の自動車の上においては、連呼行為を除き、選挙運動はできない。<br>ただし、停止した自動車の上では演説、連呼行為をすることができる。 | | | | | | | |

| | | | | | | | | | | | |
|---|---|---|---|---|---|---|---|---|---|---|---|
| 拡声機 | 台数 | | 法141条1項 | 候補者1人について1そろいのほか、使用することはできない。<br>ただし、個人演説会（演説を含む。）の開催中、その会場において別に1そろいを使用することができる。 | | | | | | | |
| 拡声機 | 表示 | | 法141条5項 | 当該選挙に関する事務を管理する選挙管理委員会の定める表示をしなければならない。<br>個人演説会（演説を含む。）の開催中、その会場において使用するものについては表示を要しない。 | | | | | | | |
| 文書頒布 | ビラ（※ビラの頒布H31.3.1から施行） | 枚数 | 法142条1項3、4、5、6、7号 | 候補者1人につき、当該都道府県の衆議院（小選挙区選出）議員の選挙区の数が、<br>1である場合、選管に届け出た2種類以内　10万枚<br>1を超える場合、1を増すごとに1万5,000枚を追加（その数が30万枚を超える場合には、30万枚） | 候補者1人につき　選管に届け出た2種類以内　1万6,000枚 | 候補者1人につき　選管に届け出た2種類以内　7万枚 | 候補者1人につき　選管に届け出た2種類以内　8,000枚 | 候補者1人につき　選管に届け出た2種類以内　1万6,000枚 | 候補者1人につき　選管に届け出た2種類以内　4,000枚 | 候補者1人につき　選管に届け出た2種類以内　5,000枚 | 候補者1人につき　選管に届け出た2種類以内　1,600枚（R2.12.12から施行） |
| | | 頒布方法 | 法142条6項、令109条の6 | 新聞折込、選挙事務所内、個人演説会の会場内又は街頭演説の場所 | | | | | | | |
| | | 規格 | 法142条8項 | 29.7×21cm以内 | | | | | | | |
| | | 内容 | 法142条7項、9項 | 証紙を貼らなければならない。頒布責任者及び印刷者の氏名及び住所を記載しなければならない。 | | | | | | | |
| | 通常葉書 | 枚数 | 法142条1項3、4、5、6、7号 | 候補者1人につき、当該都道府県の衆議院（小選挙区選出）議員の選挙区の数が、<br>1である場合、3万5,000枚<br>1を超える場合、1を増すごとに2,500枚を追加 | 候補者1人につき　8,000枚 | 候補者1人につき　3万5,000枚 | 候補者1人につき　4,000枚 | 候補者1人につき　8,000枚 | 候補者1人につき　2,000枚 | 候補者1人につき　2,500枚 | 候補者1人につき　800枚 |
| | | 表示 | 法142条5項 | 日本郵便株式会社において、選挙用である旨の表示をしたものでなければならない。 | | | | | | | |
| | 回覧行為 | | 法142条12項 | 選挙運動のために使用する回覧板その他の文書を回覧させることは頒布とみなされて禁止される。<br>ただし、選挙運動用自動車、船舶に文書を取り付けて走行すること、候補者がたすき等を着用したままで行動し、回覧することは許される。 | | | | | | | |
| | ウェブサイト等利用の文書図画の頒布 | | 法142条の3第1、2、3項 | 「ウェブサイト等を利用する方法」とは、放送を除く電気通信の送信により、文書図画をその受信をする者が使用する通信端末の映像面に表示させる方法のうち、「電子メールを利用する方法」を除いたものをいう。<br>選挙期日の前日までに頒布されたものは、法129条の規定にかかわらず、選挙の当日においても受信者の端末に表示させることができる状態に置いたままにすることができる。<br>頒布する者は、その者の電子メールアドレスその他のインターネット等を利用する方法によりその者に連絡をする際に必要となる情報が、受信者の端末に正しく表示されるようにしなければならない。 | | | | | | | |
| | 電子メール利用の文書図画の頒布 | | 法142条の4第1項 | 候補者及び確認団体に限り頒布することができる。 | | | | | 候補者に限り頒布することができる。 | | |

| 態様／関係条文 | | 選挙種別 | 知事 | 都道府県議 | 指定都市の市長 | 指定都市の市議 | 指定都市以外の市長（特別区を含む。） | 指定都市以外の市議（特別区を含む。） | 町村長 | 町村議 |
|---|---|---|---|---|---|---|---|---|---|---|
| 文書頒布 | | 法142条の4第2項 | 下記の者に対し、かつ、それぞれに定める電子メールアドレスでなければ、送信をすることができない。<br>① あらかじめ、選挙運動用電子メールの送信を求める旨又は送信同意の通知をした者<br>自ら通知した電子メールアドレス<br>② 送信者の政治活動用電子メールを継続的に受信している者であって、あらかじめ、選挙運動用電子メールを送信する旨の通知に対し、その受信している政治活動用電子メールに係る全ての電子メールアドレスへの送信拒否通知をしなかった者<br>送信拒否通知をした電子メールアドレス以外の当該政治活動用電子メールに係る自ら通知した電子メールアドレス | | | | | | | |
| | | 法142条の4第5項 | 送信者は、法142条の4第5項各号に定める事実を証する記録を保存しなければならない。 | | | | | | | |
| | | 法142条の4第6項 | 送信拒否の電子メールアドレスを明らかにして選挙運動用電子メールの送信拒否通知を受けたときは、当該電子メールアドレスに選挙運動用電子メールを送信してはならない。 | | | | | | | |
| | | 法142条の4第7項 | 送信者は、下記の事項を正しく表示しなければならない。<br>○ 選挙運動用電子メールである旨<br>○ 送信者の氏名又は名称<br>○ 送信者に対し、法142条の4第6項（電子メールの送信拒否）の通知を行うことができる旨<br>○ 電子メールその他のインターネット等を利用する方法により法142条の4第6項の通知を行う際に必要となる電子メールアドレスその他の通知先 | | | | | | | |
| | インターネット等利用の有料広告 | 法142条の6第1、4項 | 何人も、その者の行う選挙運動のための公職の候補者の氏名若しくは政党等の名称又はこれらのものが類推できるような事項を表示した広告を有料で掲載させることはできない。 | | | | | | | |
| | | | ただし、確認団体は、広告（法142条の6第1項及び法152条1項の広告を除く。）であって、確認団体の選挙運動用ウェブサイト等を表示させることができる機能（リンク機能）を有するものを、有料で掲載することができる。 | | | | | | | |
| 新聞広告 | 掲載 | 法149条4項<br>規則19条 | 同一寸法で、いずれか1の新聞に、4回を限り広告できる。 | 同一寸法で、いずれか1の新聞に、2回を限り広告できる。 | | | | | | |
| | | | 横9.6㎝、縦2段組内で、記事下に限り、色刷りは認めない。 | | | | | | | |
| | 頒布・掲示 | 法149条5項 | 上記の広告を掲載した新聞は、法142条、法143条にかかわらず、販売を業とする者が通常の方法で頒布し又は都道府県の選挙管理委員会の指定する場所に掲示することができる。 | | | | | | | |
| 選挙公報 | | 法167条<br>法172条の2 | 選挙ごとに1回 | 条例で定めている場合は発行することができる。 | | | | | | |
| 署名運動 | | 法138条の2 | 選挙に関し、投票を得若しくは得しめ又は得しめない目的をもって選挙人に対し署名運動をすることはできない。 | | | | | | | |
| | 法定外文書 | 法143条1項 | 下記の文書図画のほか、選挙運動用文書を掲示することはできない。 | | | | | | | |

| 区分 | 項目 | 細目 | 根拠 | 内容 |
|---|---|---|---|---|
| 文書掲示 | 選挙事務所表示 | | 法143条１項１号 | 選挙事務所を表示するため、その場所において、ポスター、立札、ちょうちん及び看板の類を掲示することができる。 |
| | | 数量<br>規格 | 法143条７項 | ポスター、立札、看板の類の数は、選挙事務所ごとに、通じて３を超えることができない。 |
| | | | 法143条９項 | ポスター、立札、看板の類の大きさは、縦350cm × 横100cmを超えることはできない。 |
| | | | 法143条10項 | ちょうちんは１個に限られ、その大きさは高さ85cm、直径45cmを超えることはできない。 |
| | 自動車・船舶に取り付けて使用するもの | | 法143条１項２号 | 選挙運動用自動車、船舶にはポスター、立札、ちょうちん及び看板の類を取り付けて掲示できる。 |
| | | 規格<br>数量 | 法143条９項 | ポスター、立札、看板の類の大きさは縦273cm × 横73cmを超えることはできない。 |
| | | | 法143条10項 | ちょうちんは１個に限られ、その大きさは高さ85cm、直径45cmを超えることはできない。 |
| | 胸章・腕章・たすき | | 法143条１項３号 | 候補者が着用する限り、数、規格、記載内容に制限はない。 |
| | 個人演説会場で掲示するもの | | 法143条１項４号、４号の２ | 演説会場において、演説会の開催中、ポスター、立札、ちょうちん及び看板の類を掲示することができる。表面に掲示責任者の氏名、住所を記載しなければならない（令110）。<br>屋内の演説会場において、演説会の開催中、映写等の類を掲示することができる。 |
| | | 規格<br>数量 | 法143条９項 | ポスター、立札、看板の類の大きさは縦273cm × 横73cmを超えることはできない（屋内の演説会場内においては制限なし）。 |
| | | | 法143条10項 | ちょうちんは１個に限られ（下記参照）、その大きさは高さ85cm、直径45cmを超えることはできない。 |
| | | 会場内部 | | ポスター、立札、看板の類の数、記載内容の制限はない。 |
| | | 会場外部 | 法164条の２<br>令125条の２<br>法143条８項<br>法143条10項 | ○　開催中、次の立札又は看板の類を、１以上、会場前の公衆の見やすい場所に掲示しなければならない。<br>・縦273cm、横73cmを超えてはならない。<br>・都道府県選挙管理委員会の定める表示をしなければならない。表面に掲示責任者の氏名、住所を記載する。<br>・当該選挙ごとに通じて５を超えることができない。<br>○　この立札又は看板以外の選挙運動用文書図画（例：ちょうちん）は会場外部には掲示できない。<br>○　会場表示に使用するもの以外のものは、いずれの場所にも掲示することができる（ただし法145条１項、２項の制限が準用）。<br>○　ポスター、立札及び看板の類は、会場ごとに、通じて２を超えることができない。<br>○　ちょうちんは１個に限られる（会場内に掲示した場合、会場外には掲示できない。）。 |

| 態様／関係条文 | | | | 知事 | 都道府県議 | 指定都市の市長 | 指定都市の市議 | 指定都市以外の市長（特別区を含む。） | 指定都市以外の市議（特別区を含む。） | 町村長 | 町村議 |
|---|---|---|---|---|---|---|---|---|---|---|---|
| 文書掲示 | 個人演説会告知用ポスター | | 第143条1項4号の3 | 掲示できる。 | 制度なし | | | | | | |
| | | | 法143条6項 | 選挙の当日においても掲示しておくことができる。 | | | | | | | |
| | | | 法143条12項 | 選挙運動用ポスターと合わせて作成、掲示できる。 | | | | | | | |
| | | 数量 | 法143条3項 | 候補者1人につき法定ポスター掲示場ごとに1枚に限る。 | | | | | | | |
| | | 規格 | 法143条11項 | 長さ42cm、幅10cmを超えてはならない。 | | | | | | | |
| | 選挙運動用ポスター | | 法143条1項5号 | 掲示できる。 | | | | | | | |
| | | | 法143条6項 | 選挙の当日においても掲示しておくことができる。 | | | | | | | |
| | | 規格 | 法144条4項 | 長さ42cm×幅30cmを超えてはならない（知事選挙の場合、個人演説会告知用ポスターと合わせて作成、掲示することができる。（最大長さ42cm×幅40cm））。 | | | | | | | |
| | | 内容 | 法144条5項 | 表面に掲示責任者及び印刷者の氏名（法人にあっては名称）及び住所を記載しなければならない。 | | | | | | | |
| | | 数量 | 法143条3項<br>法143条4項<br>法144条の2第8項<br>法144条3項4項<br>法144条1、2項<br>法144条の4<br>法145条<br>規則18条 | 候補者1人につき法定ポスター掲示場ごとに1枚に限る。<br>証紙、検印は不要。 | ①　法144条の2第8項により条例で掲示場を設けた場合（義務制に準じる掲示場）、掲示場ごとに候補者1人につき1枚に限り掲示することができる。<br>この場合、証紙、検印は不要。<br>②　法144条の4により条例で掲示場を設けた場合（任意制掲示場）、当該掲示場ごとに候補者1人につき1枚を掲示できる。<br>③　掲示場を設けない場合、法145条の制限に従う限り任意の場所に掲示することができる。<br>②、③の場合、下記の数量制限がある。また、当該選挙に関する事務を管理する選挙管理委員会の行う検印を受け、又はその交付する証紙を貼らなければ掲示できない。 | | | | | | |
| | | | | | 候補者1人当たり 1,200枚 | 候補者1人当たり 4,500枚 | 候補者1人当たり 1,200枚 | 候補者1人当たり 1,200枚 | 候補者1人当たり 1,200枚 | 候補者1人当たり 500枚 | 候補者1人当たり 500枚 |
| | | | | | ※法145条<br>国、地方公共団体が所有し若しくは管理するもの又は不在者投票管理者の管理する投票を記載する場所には掲示できない。ただし、橋りょう、電柱、公営住宅並びに地方公共団体の管理する食堂及び浴場には掲示することができる。他人の工作物に掲示する場合、居住者等の承諾が必要。 | | | | | | |

| 区分 | 項目 | 細目 | 条文 | 内容 | |
|---|---|---|---|---|---|
| | 映写等の類 | | 法143条2項 | 選挙運動のために、アドバルーン、ネオンサイン、電光による表示、映写等の類を掲示する行為（屋内の演説会場の映写等の類を除く。）は、禁止行為とみなされる。 | |
| 言論 | 言論による選挙運動は、<br>① 禁止されるもの（特定の建物及び施設における演説、政見放送及び経歴放送以外の放送施設利用、候補者以外の者が開催する演説会、戸別訪問）<br>② 方法につき制限されるもの（個人演説会、街頭演説、連呼行為、政見放送、経歴放送）<br>③ 自由なもの（幕間利用による演説、電話利用による選挙運動、個々面接）<br>がある。 | | | | |
| 言論 | 連呼行為 | | 法140条の2 | 演説会場及び街頭演説（演説を含む。）の場所でするもの、午前8時から午後8時までの間に選挙運動用自動車、船舶の上でするものを除き、連呼行為をすることはできない。 | |
| 言論 | 戸別訪問 | | 法138条 | 選挙に関し、投票を得若しくは得しめ又は得しめない目的をもって戸別訪問をすることはできない。 | |
| 言論 | 演説 | 特定の建物 | 法166条 | 国又は地方公共団体が所有し又は管理する建物（公営住宅を除く。）、汽車、電車、バス、船舶、停車場、病院、診療所等において選挙運動のための演説等をすることはできない。<br>ただし、公営施設において個人演説会を開催する場合は、選挙運動のための演説等をすることができる。 | |
| 言論 | 演説 | 個人演説会 | 法164条の3 | 候補者は、個人演説会を開催することができる。<br>候補者以外の者が選挙運動のためにする演説会を開催すること、2人以上の候補者の合同演説会を開催することは禁止されている。 | |
| 言論 | 演説（個人演説会） | 演説者 | 法162条<br>法164条の4 | 個人演説会において演説する者は候補者に限られない。また、録音盤を使用することもできる。 | |
| 言論 | 演説（個人演説会） | 他の選挙 | 法165条の2 | 他の選挙の投票当日には、その投票所を設けた場所の入口から300メートル以内の区域では、午前0時から投票所の閉鎖時刻までの間は、個人演説会を開催することはできない。 | |
| 言論 | 演説（個人演説会） | 開催箇所 | 法164条の2 | 同時に開催できるのは5箇所に限られる。 | 制限なし |
| 言論 | 演説（個人演説会） | 公営施設 | 法161条<br>法163条 | 学校、公民館、地方公共団体が管理する公会堂及び市町村の選管が指定する施設を利用して個人演説会を開催することができる。<br>この場合、2日前までに市町村の選挙管理委員会に届け出ることが必要。 | |
| 言論 | 演説（個人演説会） | その他 | 法161条の2 | 公営施設以外の施設を利用して、個人演説会を開催することもできる。 | |
| 言論 | 演説 | 街頭演説 | 法164条の5 | 演説者がその場所にとどまり、選挙管理委員会が交付する標旗を掲げて行う場合を除き、街頭演説を行うことはできない。いわゆる流し演説はできない。<br>標旗は候補者1人に対して1本が交付される。 | |
| 言論 | 演説（街頭演説） | 演説者 | 法164条の5<br>法164条の4 | 街頭演説において演説する者は候補者に限られない。また、録音盤を使用することもできる。 | |
| 言論 | 演説（街頭演説） | 時間 | 法164条の6 | 街頭演説は、午前8時から午後8時までの間に限ってすることができる。 | |
| 言論 | 演説（街頭演説） | 従事員 | 法164条の7 | 街頭演説において選挙運動に従事する者は、候補者本人、運転手及び船員を除き、候補者1人につき15人を超えることはできない。<br>上記の選挙運動者は、乗車（船）用腕章又は街頭演説用腕章を着用しなければならない。 | |

| 態様／関係条文 | | | 選挙種別 | 知事 | 都道府県議 | 指定都市の市長 | 指定都市の市議 | 指定都市以外の市長（特別区を含む。） | 指定都市以外の市議（特別区を含む。） | 町村長 | 町村議 |
|---|---|---|---|---|---|---|---|---|---|---|---|
| 言論 | 放送 | 政見放送 | 法150条<br>令111条の4<br>政見放送等実施規程 | NHK及び民法のテレビ、ラジオにより放送ができる。<br>・NHK～テレビ、ラジオ各2回<br>・民　法～テレビ、ラジオを通じて4回。その内訳は都道府県の選管が定める。 | 制度なし | | | | | | |
| | | 経歴放送 | 法151条 | ラジオおおむね5回及びテレビ1回 | 制度なし | | | | | | |
| | | その他 | 法151条の5 | 政見放送、経歴放送の他、放送設備を使用して選挙運動のための放送をし又はさせることはできない。 | | | | | | | |

六訂（補訂）版
公職選挙関係小六法

平成15年１月20日　初　版　発　行
平成16年５月20日　二 訂 版 発 行
平成19年３月20日　三 訂 版 発 行
平成21年５月25日　四 訂 版 発 行
平成25年６月10日　五 訂 版 発 行
平成27年３月20日　五訂（補訂）版発行
平成27年４月10日　五訂(補訂)版２刷発行
平成28年６月１日　五訂（補訂二）版発行
平成31年３月15日　六 訂 版 発 行
令和５年３月10日　六訂（補訂）版発行

編　集　選挙犯罪研究会
発行者　星　沢　卓　也
発行所　東京法令出版株式会社

112-0002　東京都文京区小石川５丁目17番３号　03(5803)3304
534-0024　大阪市都島区東野田町１丁目17番12号　06(6355)5226
062-0902　札幌市豊平区豊平２条５丁目１番27号　011(822)8811
980-0012　仙台市青葉区錦町１丁目１番10号　022(216)5871
460-0003　名古屋市中区錦１丁目６番34号　052(218)5552
730-0005　広島市中区西白島町11番９号　082(212)0888
810-0011　福岡市中央区高砂２丁目13番22号　092(533)1588
380-8688　長野市南千歳町1005番地
〔営業〕TEL 026(224)5411 FAX 026(224)5419
〔編集〕TEL 026(224)5412 FAX 026(224)5439
https://www.tokyo-horei.co.jp/

© Printed in Japan, 2003
落丁本・乱丁本はお取替えいたします。

ISBN978-4-8090-1458-1